太空智能推演技术

杨海涛　潘耀宗　张　健
姜海洋　王浩宇　朱俊鹏　著

中国宇航出版社
·北京·

图书在版编目（CIP）数据

太空智能推演技术 / 杨海涛等著. -- 北京 : 中国宇航出版社, 2023.9

ISBN 978-7-5159-2284-3

Ⅰ.①太… Ⅱ.①杨… Ⅲ.①航天战－作战模拟－计算机仿真－研究 Ⅳ.①E864

中国国家版本馆CIP数据核字(2023)第179844号

责任编辑 马　喆　　**封面设计** 王晓武

出　版
发　行 中国宇航出版社

社　址 北京市阜成路8号　**邮　编** 100830
(010)68768548

网　址 www.caphbook.com

经　销 新华书店

发行部 (010)68767386　(010)68371900
(010)68767382　(010)88100613（传真）

零售店 读者服务部　(010)68371105

承　印 北京中科印刷有限公司

版　次 2023年9月第1版
2023年9月第1次印刷

规　格 787×1092

开　本 1/16

印　张 15　**彩　插** 4面

字　数 380千字

书　号 ISBN 978-7-5159-2284-3

定　价 98.00元

前　言

近些年来，随着人工智能、大数据和云计算等技术的快速发展，融合新技术的智能系统在体系论证、方法训练、仿真推演等方面取得了深度应用，并产生了深远的影响。高新信息技术的发展，为传统仿真推演领域带来了革命性的改变，各类人工智能新型算法与仿真技术的碰撞，促进了仿真推演技术发生了质的升华——以智能推演技术为基础的仿真系统应运而生，从此，我们能够从“虚拟”中学习“现实”。

以智能推演技术为基础的仿真系统是以面向多领域应用为目的而构建的模拟仿真系统，可结合陆、海、空等领域的重要技术、关键要素、各类方案及装备性能进行综合分析，能够模拟现实环境和态势，以实现计划决策辅助和体系效能评估。目前，世界各大国充分认识到智能推演技术在促进多领域变革中的巨大作用，并且力求通过其来评估装备系统和决策方案的效能，从而提升仿真训练的效果。

美国一直将智能化与仿真列为重要的国防关键技术，在智能推演仿真系统的研发方面处于世界领先地位。美国防部于1992年制定了“国防建模与仿真倡议”，同年7月将“综合仿真环境”列为维持美军优势的关键技术；1995年国防技术信息中心发布“建模与仿真（M&S）主计划”，提出了建模与仿真的六大目标。2019年，美国在柯特兰空军基地建立了分布式任务作战中心（DMOC），可将美国空军、陆军、海军和海军陆战队资源联接起来，提供一种逼真的合成战场环境，以开展联合分布式训练；除此之外，美国还建有主管建模与仿真的国家仿真模拟中心（NSC），用于联接军方、工业部门和学术机构，并且在国际仿真模拟相关技术中占据主导地位，其负责的项目旨在联合军事训练、工业部门和学术界为军事仿真、智能推演和训练决策提供技术支撑。经过数年的发展，美国已经具备了不同类型、不同层级的智能推演仿真系统，如战区/战役级、任务/作战级、工程级等仿真系统。战区/战役级主要用于体系间或部队间的对抗推演，任务/作战级主要用于系统的作战效能评估、战术层次的仿真推演，工程级主要用于对装备或者装备组件进行细粒度的仿真。美军典型的智能推演仿真系统有扩展型防空仿真系统（EADSIM）、联合战区级仿真系统（JTLS）、联合分析系统（JAS）、联合仿真系统（JSIMS）等。EADSIM是美军中应用较为广泛的任务级作战仿真系统，以灵活的规则集来控制平台实体的行为，内置丰富的传感器、通信等模型。JTLS是一个交互式的战区级仿真系统，最初用于军事战略、作战计划的分析，目前主要用于联合作战训练和演习；JTLS包含多兵种的联合作战仿真，能够进行应急计划和联合战术分析、制定和评估，作战单元结构和武器系统配置的分析，并且拥有与实际系统的接口，能够实现人/装备在回路的仿真。JAS是一个战役级作战仿真系统，同样包含多兵种的联合作战，能够对作战计划的制定和执行进行评估。JSIMS是联合战役级作战仿真系统，采用分布式技术，能够面向陆、海、空、天、电等多领域开展作战仿真，同时能够与实际的作战系统实现交互。美国海军分析中心（CNA）开发了一款基于智能体的作战仿真软件——EINSTein，是一个专门研究地面作战自组织涌现行为的仿真工具。这些智能推演仿真系统能够利用人工智能、博弈论，对抗推演分析和战士模拟训练等众多方法来帮助作战人员衡量对手的意图，从而对各种刺激手段做出正确的反应。

除美国之外，世界其他国家和组织也非常重视智能推演技术的研究，欧洲成立了欧洲仿真特殊兴趣组（ESSIG），并组建了智能推演研究工作组，开展了对并行和分布式仿真推演、仿真互操作性等基础技术的研究，并且每年举行军事和民用仿真、训练和教育论坛，吸收产业界、高校等最新的成果。俄罗斯于2018年宣布组建“时代”军事创新科技园，开展新物理原理武器、小型航天器等先进系统的科学研究及智能仿真模拟，研制用于开发武器、军事和专业技术设备的人工智能技术。

我国智能技术已发展四十余年，尤其早期技术的积累在近些年逐渐开花结果，使得智能推演技术得到了飞速发展。例如，通用战场三维可视化系统，采用开放式系统架构，能够对战场信息以三维的方式进行可视化；航空兵作战对抗及辅助决策系统面向航空兵战术对抗模拟训练，为航空兵开展战术对抗模拟训练提供支持；DWK分布式仿真平台是一种基于组件的仿真开发系统，能够针对需求开发模型进行战术、战役级的仿真。联合防空仿真系统（JadSim）是面向空中进攻与防空反导作战研究、装备论证和模拟训练的任务级智能推演仿真系统，能够对陆、海、空等各类作战平台和武器系统进行建模，支持较大规模作战实体参与的快速推演和大样本仿真；上海交通大学和伦敦大学学院合作开发了一款类似于EINSTein的大规模集群智能推演仿真平台——MAgent，能够分析智能体的策略和大规模智能体的行为涌现，不同之处是MAgent的技术基础是深度强化学习中最新的研究成果。

尽管世界各国发展智能推演仿真系统的势头如火如荼，但太空应用与智能推演的结合尚不成熟。本书在结合递归神经网络、卷积神经网络、长短时记忆神经网络等现阶段深度学习多种算法模型的基础上，从轨道智能预报、太空态势呈现、聚集态势认知、智能序列规划、智能机动规划五大方面，详细阐述太空应用与智能推演结合的相关技术与算法实例，在带领读者认识太空智能推演发展现状的同时，为读者深入学习并研究太空智能推演技术提供必要的知识储备与算法基础。

目　录

第1章　轨道智能预报技术 …… 1

1.1　轨道预报技术概述 …… 1

1.1.1　天基节点轨道预报技术现状 …… 1

1.1.2　轨道数学模型分析 …… 3

1.2　深度神经网络发展现状 …… 8

1.2.1　递归神经网络 …… 10

1.2.2　长短时记忆神经网络 …… 13

1.3　太空信息网络天基节点轨道预报模型优化 …… 18

1.3.1　长短时记忆神经网络预报基本思路 …… 18

1.3.2　长短时记忆神经网络预报模型优化 …… 20

1.3.3　长短时记忆神经网络天基节点轨道预报流程 …… 23

1.3.4　天基节点轨道预报实验分析 …… 25

1.4　太空信息网络天基节点轨道预报评估框架 …… 28

1.4.1　天基节点预报评估框架 …… 28

1.4.2　天基节点轨道预报对比评估标准 …… 29

1.4.3　长短时记忆神经网络改进前后对比评估 …… 30

1.4.4　数学模型与神经网络预报对比评估 …… 37

1.4.5　预报误差置信度评估 …… 38

参考文献 …… 41

第2章　太空态势呈现技术 …… 44

2.1　太空态势呈现技术概述 …… 44

2.1.1　天基节点态势呈现技术现状 …… 44

2.1.2　卷积神经网络 …… 46

2.1.3 裸眼三维呈现基本方法 …… 49
2.2 基于卷积神经网络的裸眼三维视差图生成模型 …… 51
2.2.1 模型构建 …… 51
2.2.2 选择层重构原理 …… 53
2.3 裸眼三维成像效果分析 …… 54
2.3.1 模型计算设置 …… 54
2.3.2 定量分析 …… 55
2.3.3 定性分析 …… 55
参考文献 …… 58
第3章　聚集态势认知技术 …… 59
3.1 聚集态势认知技术基础 …… 59
3.1.1 传统视频群体异常行为识别的研究现状 …… 59
3.1.2 基于深度学习的视频行为识别研究现状 …… 61
3.2 战场聚集行为智能识别 …… 62
3.2.1 战场聚集行为特性分析 …… 62
3.2.2 基于深度学习的战场聚集态势认知模型 …… 63
3.3 基于多尺度特征融合的战场聚集态势认知方法 …… 64
3.3.1 战场聚集态势认知概述 …… 64
3.3.2 基于多尺度特征融合的三维卷积神经网络 …… 65
3.3.3 作战目标聚集行为数据集构建与防止过拟合策略 …… 71
3.3.4 实验与分析 …… 73
3.4 轻量化战场聚集态势认知方法 …… 76
3.4.1 高效率深度学习模型 …… 76
3.4.2 轻量化聚集态势认知算法 …… 79
3.4.3 实验与结果分析 …… 82
3.4.4 面向作战仿真系统的战场聚集行为实时识别平台的实现 …… 83
参考文献 …… 89
第4章　智能序列规划算法 …… 92
4.1 智能序列规划概述 …… 92

4.1.1　多智能体序列决策研究现状 …… 92
4.1.2　马尔可夫决策理论 …… 93
4.2　基本概念及作战仿真系统智能化分析 …… 104
4.2.1　基本概念 …… 104
4.2.2　任务级作战仿真系统智能化分析 …… 106
4.2.3　仿真装备实体的行为策略自动生成 …… 110
4.3　基于模型的多智能体离线规划算法 …… 112
4.3.1　理论基础 …… 112
4.3.2　蒙特卡洛Q值函数 …… 116
4.3.3　Q_{MC}的收敛性证明 …… 120
4.3.4　基于Q_{MC}的离线规划算法 …… 121
4.4　基于模型的多智能体在线分布式规划算法 …… 129
4.4.1　理论基础 …… 129
4.4.2　分布式蒙特卡洛树搜索方法 …… 131
4.4.3　算法复杂度分析 …… 139
4.4.4　算法性能比较 …… 139
4.5　无模型的深度多智能体强化学习算法 …… 144
4.5.1　深度多智能体强化学习的几个难点问题 …… 144
4.5.2　深度多智能体强化学习算法 …… 147
4.5.3　基准测试环境和超参数设置 …… 153
4.5.4　算法性能分析 …… 155
参考文献 …… 159
第5章　智能机动规划技术 …… 169
5.1　智能机动规划技术概述 …… 169
5.1.1　发展背景及意义 …… 169
5.1.2　研究现状 …… 172
5.2　基于深度强化学习的作战仿真实体决策框架 …… 179
5.2.1　基本概念 …… 179
5.2.2　作战仿真实体决策行为框架 …… 180
5.2.3　基于深度强化学习的作战仿真实体决策过程构建 …… 183

5.3　融合监督学习机制的深度强化学习算法 …… 184
5.3.1　相关理论 …… 184
5.3.2　基于值函数的监督式强化学习 …… 186
5.3.3　算法实验验证及分析 …… 189
5.4　基于深度强化学习的双网络机动决策算法 …… 192
5.4.1　问题描述 …… 192
5.4.2　仿真实体建模 …… 193
5.4.3　双网络机动决策算法 …… 195
5.4.4　算法实验验证及分析 …… 200
5.5　基于参数传递的多智能体深度强化学习算法 …… 204
5.5.1　相关理论 …… 204
5.5.2　多智能体深度强化学习中的主要问题 …… 207
5.5.3　基于参数传递的多智能体深度确定性策略梯度算法 …… 209
5.5.4　算法实验验证及分析 …… 214
5.6　深度强化学习算法应用实例分析 …… 219
5.6.1　智能算法与仿真平台联结方案 …… 219
5.6.2　作战想定设计及相关参数设置 …… 220
5.6.3　仿真实验及结果分析 …… 222
参考文献 …… 226

第 1 章　轨道智能预报技术

轨道是各类航天器在太空中运行的路线，是太空技术研究中不可或缺的要素。航天器在遵循自我运行轨道的同时，必须具有预知、感测其他航天器运行轨道的能力，才能进行交会作业或避免发生碰撞事故。因此，轨道预报技术是各类航天应用研究的基础，更是太空智能推演技术的基础。由于低轨卫星大气阻力摄动难以计算准确，并且随着太空中航天器数量的增多，传统的轨道预报技术存在较大的误差。为了适应日趋复杂的太空环境，近些年来各类轨道预报技术逐渐趋于智能化发展，并与神经网络等人工智能模型算法相结合。尽管如此，现存的轨道智能预报技术中仍存在许多不足，有诸多问题亟待解决。

以各类卫星为主的天基节点是太空信息网络中最基本的组成单元，对天基节点的轨道预报是太空智能推演技术态势感知与呈现中必不可少的要素。因此，本章将着重介绍以天基节点为主的轨道智能预报技术的发展现状，阐述现存轨道智能预报技术中存在的长期预报出现发散的问题，并提出通过神经网络解决此问题的方法，同时讲解递归神经网络和长短时记忆神经网络在轨道预报技术中的应用与不足，分析制约预报精度和效率的原因。本章还将针对长短时记忆神经网络轨道预报精度和效率问题，来分析长短时记忆神经网络的长短时记忆模块和长短时神经网络构成模型，并对二者进行改进，此外，根据其神经网络特性，设计了对天基节点轨道预报的新流程。同时为研究该预报方法的可靠性，本章还提出了一种综合对比评估和置信度评估方法的评估框架，为天基节点轨道预报方法的选择提供具有工程参考价值的评估结果。

1.1　轨道预报技术概述

1.1.1　天基节点轨道预报技术现状

在太空空间网络中，天基节点为具有高效能的低轨侦察卫星、通信卫星等应用型卫星，天基节点的轨道预报原理源自卫星轨道预报原理[1,2]。目前，国际上主要通过数学模型对卫星轨道进行预报。卫星的数学预报模型大致分为三类：数值模型、解析模型和半解析模型。

数值模型是轨道预报中最经典的方法，主要基于轨道数学方程模型和计算初值，通过层层递推得到下一时刻节点的位置或瞬时轨道，且未给出轨道变化的一般分析表达式[3]。常用的数值模型 Adams－Cowell 为目前精密定轨的主要方法[4]。随着测控技术发展，轨道数学模型中的相关摄动力模型也在逐步优化，使数值模型的精度有了较大提高；而算法的逐步积分解算，使得长时间轨道预报在逐步递进计算中耗时增长，且无法获取轨道随时间变化的规律。

解析模型可以给出解的表达式。在轨道预报中，通过此表达式求出任意时刻的轨道数据，因此能展现轨道随时间变化的规律。低轨道卫星运行受摄动力影响较大，因此解析法对各摄动力模型都进行了定义，包括大气阻力、地球非球形引力、太阳光压辐射等近地轨道运行所受摄动力。摄动力模型精度不高以及模型参数的误差，导致其低阶分析解的预报精度比较低，而高阶分析解的过程又十分繁琐，计算效率较低，甚至无解。

半解析法是结合解析法和数值法形成的一种方法。通过半解析法能分析出轨道的变化规律，且精度比解析法要高[5]。在实际运用中，采用数值法计算轨道周期和长期摄动；采用解析法来表达计算周期的摄动；由于此方法采用的数值法需用直角坐标形式的运动模型，造成位置和速度分量变化迅速，故需采用较短的时间步长，造成计算过程复杂。解析法将轨道要素分解为短周期、长周期、长期三种摄动，导致出现临界值问题，造成计算结果精确度低[6]。半解析法精度差于数值法，计算效率与解析法相似，故使用范围并不是很广泛。

北美防空司令部（North American Aerospace Defense Command，NORAD）提供的两行轨道根数（Two - Line Elements，TLE）结合解析模型进行轨道预报是目前针对卫星轨道预报的主流方法，该模型包含了近地轨道所受摄动力相关模型，具备较高的预报精度。NORAD 的 TLE 需要在简化常规扰动（Simplified General Perturbation Version4，SGP4）解析模型中进行计算。SGP4 适用于近地空间目标轨道周期小于 225 min 的卫星[7]。NORAD 每一个季度对大部分节点的 TLE 初值进行更新。

目前对卫星轨道预报精度的研究，一方面集中在 TLE 初值，另一方面集中在对各摄动力模型的优化。TLE 平均根数通过特定的算法去掉了相应的扰动项，故其预报方法也必须采用相同的方式重构扰动项[8]。因此，TLE 需要在 NORAD 公开的 SGP4 模型中进行轨道计算，才能最大限度地保证预报精度。通过使用 SGP4 模型对低轨道 352×318 的空间碎片轨道进行预报[9]，并将预报的结果与标称轨道数据进行对比，可以发现 SGP4 模型的最大偏差在 6 km 左右。而如果将 TLE 的历史数据作为观测数据进行轨道拟合[10]，并将拟合的轨道代入 SGP4 模型中，发现其 6 天的预报精度由 65 km 提高到 13 km。

由于 NORAD 并未公开 TLE 算法，只是定期更新 TLE 数据，造成我国对他国太空信息网络天基节点的应用卫星长期轨道预报精度降低。在解决此问题上，有扩展卡尔曼滤波[11]、容积卡尔曼滤波[12]、无迹卡尔曼滤波[13]等几种方法，其核心思想都是将 SGP4 模型当作黑箱处理，将观测数据作为该模型的输出，将问题转化为已知输出求输入，计算出修正轨道的双行元初值。实际应用表明：通过历元状态滤波算法进行双行元修正，在修正 1 天、2 天、3 天后预报 5 天的轨道精度分别为 12.100 7 km、11.458 1 km、9.548 3 km；通过扩展卡尔曼滤波算法对空间碎片双行元初值及轨道进行预报，在间断修正 4 天后预报 3 天和 5 天的轨道精度分别为 10 km 和 18 km。因此，现有的滤波方法在修正轨道初值后依然存在发散问题。

摄动力模型是影响低轨卫星在轨运行的主要因素。大气阻力、地球非球形引力、太阳光压辐射等为低轨卫星在轨运行时所受的主要摄动力，这些摄动力的非线性变化使得模型的建立也存在误差，误差随着计算的积累而增大。因此对摄动力模型的优化改进也是提高轨道精度的一个思路。

影响近地空间卫星轨道的首要因素是稀薄大气。目前常用的大气阻力模型有 MSIS 模型、CIRA 模型、DTM 模型以及 Jacchia 模型[15]，根据不同高度、不同密度进行建模分析，反映出大气阻力变化。但在实际空间环境中，大气密度除了跟高度有关之外，还与温度、气流等因素相关，且由于大气环境的非线性特征，故上述模型的精度依然较低。为解决这类问题，多采用测量数据对大气密度进行修正，普遍的实验结果表明，修正过的大气密度，其预报精度误差降低了 50%[16]。

地球非球形形状和其内部分布质量目前未知，使得地球重力场模型需借助表面重力测量、高度计数据以及卫星跟踪数据来建立。1972 年，美国国家航空航天局（National Aeronautics and Space Administration，NASA）建立了从 GEM1 到 GEM10 一系列重力场模型，计算阶数为 12～22 阶。1994 年 NASA 又发布了 70×70 的重力场模型 JGM－1，随后又不断对模型进行改进，目前 JGM－3 在实际应用上被公认为是一个比较精确的全球重力场模型。目前重力场模型依然在不断发展，NASA 联合俄亥俄州大学，通过采用 40 颗卫星的跟踪数据以及 GPS 和 TDRSS 卫星的跟踪数据，对重力场模型进行了优化，提出了 360×360 的 EGM96 重力场模型[17]。

太阳光压受卫星自身表面积大小以及节点运行姿态的影响。在运行过程中，由于卫星承受光压面积不断变化，要精准计算出卫星所受光压大小比较困难，故在一般的模型中，将光压赋一个定值。在长期轨道预报中，由于光压定值的限制，其误差会随着时间逐渐积累，从而造成长期预报误差呈现发散趋势。

通常卫星轨道预报误差主要为法向、航向和径向误差三个分量。对于轨道高度在 300～600 km 之间的节点，轨道数据的航向误差大于法向和径向误差。由以上摄动力模型分析可知，各分量的预报误差会随着时间而逐渐积累，这就说明摄动力模型和卫星预报精度紧密相关。

综合以上卫星轨道预报现状可知，在对他国太空信息网络低轨天基节点的轨道预报中，很难获取对方天基节点的轨道数据，造成无法及时修正轨道，数学模型在长期轨道预报中存在误差发散现象。因此，本章针对以上问题，提出一种通过神经网络对天基节点的历史轨道数据进行训练，提取出样本数据中的特征，再由神经网络对轨道数据进行预报的方法，从而摆脱预报过程中对轨道的修正，为研究天基节点的轨道智能预报提供一个新的思路。

1.1.2　轨道数学模型分析

1.1.2.1　轨道预报数学模型

(1) 轨道预报坐标系

太空信息网络天基节点中的卫星在空间围绕地球做周期运行，通常采用地心惯性坐标系、地固坐标系等坐标系作为轨道参考系。考虑到不同参考系之间的转化需要经过较复杂的计算，为了保证数据变化的规律性和一致性，本节中对天基节点轨道位置的描述以卫星的地心惯性直角坐标系为基础，如图 1－1 所示：O 为地球中心，也是地心惯性直角坐标系的原点；x_i 在赤道平面内，指向春分点；y_i 在赤道平面内，垂直于 x_i；z_i 沿地球自转轴，指向北极。

根据实际需求的不同，不同坐标系之间数据可以互相转换，转换方法不是本节的主要内容，故在此不做赘述。

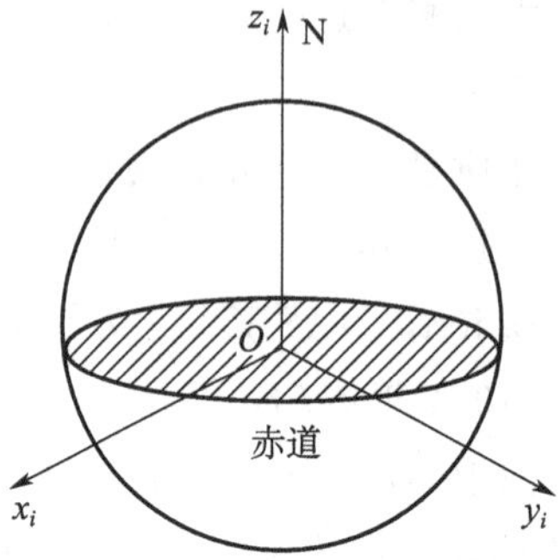

图 1－1　地心惯性坐标系

（2）轨道预报摄动模型

太空信息网络大部分天基节点为低轨道卫星，其所处的低空复杂空间环境会受到不同外力影响，这些外力从力学角度上可分为天体引力和非引力两种类型[18]。其中天体引力主要来自地球、太阳、月球以及其他星体；非引力主要来自太阳光压、大气阻力、地球辐射压、潮汐、相对论效应、空间复杂射线等[19]。天体引力对卫星的影响较大，目前有较多的引力模型，并且这些模型的精度也在不断提高；而非引力的很多模型目前存在建模不准确或无法建立合适模型的问题。这些外力具体描述见表 1－1。

表 1－1　卫星在轨所受外力描述

摄动模型	模型描述
地球引力	主要涵盖地球中心引力和非球形不规则引力
第三体引力	主要涵盖非地球的其他星体引力，包括太阳、月球等
大气阻力	主要为空间稀薄大气引起的阻力
太阳光压	太阳光辐射到卫星表面而产生的压力
潮汐	对地球引力产生变化，包括海洋潮流、固体潮
地球辐射压	涵盖地球反射及本身产生的红外辐射
相对论效应	卫星高速运行产生的额外加速度
其他因素	地磁场、空间射线等

综合表中的摄动模型，将卫星在空间所受外力由式（1－1）表示

$$\boldsymbol{F}=\boldsymbol{F}_1+\boldsymbol{F}_2+\boldsymbol{F}_3+\boldsymbol{F}_4+\boldsymbol{F}_5+\boldsymbol{F}_6+\boldsymbol{F}_7+\boldsymbol{F}_8 \tag{1-1}$$

式中，$\boldsymbol{F}_1$ 为地球引力；$\boldsymbol{F}_2$ 为第三体引力；$\boldsymbol{F}_3$ 为大气阻力；$\boldsymbol{F}_4$ 为太阳光压影响；$\boldsymbol{F}_5$ 为地球潮

汐影响；$\boldsymbol{F}_6$ 为地球辐射压影响；$\boldsymbol{F}_7$ 为相对论影响合力；$\boldsymbol{F}_8$ 其他未知的动力学因素合力。下面对影响卫星的几种摄动力模型进行简单分析。

地球引力主要包括地心引力和非球形引力，非球形引力是所有模型中对卫星运行精度影响最大的模型，也是建模难度最大的引力模型[20]。目前使用较多的地球引力场模型主要有 GEM 系列模型、JGM 系列模型、EGM 系列模型等，模型的精度和计算阶次也在不断提高[21]。高阶项的模型由于计算的多次迭代，更适合卫星在空间受到的引力影响分析。在常用的模型中通过勒让德递推公式进行轨道递推。目前主流的 JGM－3 就是一个 70×70 的高阶模型。

第三体作用也是卫星所受到的摄动力影响之一，第三体主要指日月，计算模型所用的直角坐标系采用地心惯性坐标系，计算如式（1－2）、式（1－3）所示

$$\boldsymbol{F}_2(m,\boldsymbol{r}')=-m\left(\frac{\Delta}{\Delta^3}+\frac{\boldsymbol{r}'}{\boldsymbol{r}'^3}\right) \tag{1-2}$$

$$\Delta=\boldsymbol{r}-\boldsymbol{r}' \tag{1-3}$$

式中，m 为日月质量；$\boldsymbol{r}$ 为卫星的地心位置矢量；$\boldsymbol{r}'$ 为日月引力体的地心位置矢量；计算所用的天体质量、天体位置信息，相关星历能够提供。研究表明，对于卫星，其模型精度的量级为 10^{-7}，基本满足对卫星轨道预报高精度的需求。

大气阻力对天基节点有较明显的影响。卫星的运行环境存在稀薄大气，由于卫星自身具有太阳能电池板，与空间的接触面积大，其受到的大气阻力对节点在 24 小时的位置影响高达几十千米。由此可见，大气阻力模型的精确性是影响轨道预报精度的重要因素之一。大气阻力的基本模型如式（1－4）、(1－5）所示

$$\boldsymbol{F}_3=-\frac{1}{2}\left(\frac{AS}{m}\right)\rho\boldsymbol{V}\boldsymbol{V} \tag{1-4}$$

$$\boldsymbol{V}=\boldsymbol{v}-\boldsymbol{v}_a \tag{1-5}$$

式中，A 为阻力系数，主要跟卫星材料、形状以及大气成分等因素有关；S/m 为面质比，S 为卫星与大气接触的面积，m 为卫星的质量；$\boldsymbol{V}$ 为卫星与大气的相对运动速度；$\boldsymbol{v}$ 为卫星运行速度；$\boldsymbol{v}_a$ 为大气本身运动速度。在大气阻力模型中，大气密度 ρ 在不同位置、不同时间都在不断变化；大气运动速度 $\boldsymbol{v}_a$ 在不同位置、不同时间也不相同；卫星自身形状的不规则，导致其表面积 S 与实际值也存在误差；由于以上几种参数并不是确定的常量，故最终影响模型精度。

太阳光压摄动和潮汐力摄动主要在中高轨卫星的轨道预报中考虑，目前，轨道预报的 SGP4 模型中并未包含这几类计算模型。但不可否认的是，这些摄动对低轨卫星的影响依然存在，在长时间预报过程中，随着不断迭代，误差也会逐渐累积，由于我国监测网的局限性，无法及时准确地对他国卫星进行轨道修正，故使用数学模型对其进行长期预报会产生较大预报误差，精度会随时间降低。

目前还没有相对论因素对卫星轨道影响的模型，但卫星在轨道高速运行，其产生的额外加速度，会造成运行速度和质量变化。目前在航天领域这种变化的研究尚属于空白，故在轨道预报中也并未做细致的建模研究，其对轨道的影响也并未有明确的数据说明。

1.1.2.2　数学模型预报精度实验及分析

（1）数学模型预报精度实验

首先选取美国太空信息网络中的某一颗低轨成像卫星，作为太空信息网络的天基节点，在军用领域其成像能力可为太空信息网络提供情报支援，在网络中发挥着比较重要的作用。

本节实验考虑到低轨卫星实测数据的不完整性和测量技术的误差，以 STK 中的高精度轨道预报（High-Precision Orbit Propagator，HPOP）作为标准轨道进行分析。

HPOP 使用微分方程的数值积分来生成星历数据，HPOP 中包括地球引力场模型、第三体引力、大气阻力和太阳光压等几种不同的受力模型。HPOP 应用了几种不同运动方式的数值积分技术和方法，在保证准确性的基础上，不同的积分方法有效提高了计算效率。在 HPOP 中用户可以进行很多力模型选择和参数设定，从而生成高精度的轨道星历。

实验选取美国 TacSat2 成像卫星，根据轨道参数在 STK 中构建卫星轨道模型，TacSat2 于 2006 年 12 月发射，轨道为 413 km×424 km 的近圆轨道，这是典型的低轨可对地进行观测的成像卫星。

预报初始时间设置为 UTC 2007 年 7 月 1 日 12：00：00 至 2007 年 7 月 21 日 12：00：00 共 20 天的轨道数据，预报时间间隔为 10 min，接着由 HPOP 生成 20 天的轨道标准星历数据；再由标准轨道拟合出 TLE，将 TLE 带入 SGP4 模型中解析出 5 天、20 天的轨道数据，在计算过程中未对轨道数据进行修正，最后将两组数据进行对比，从而得到 SGP4 模型的预报误差，如图 1-2～图 1-4 所示。

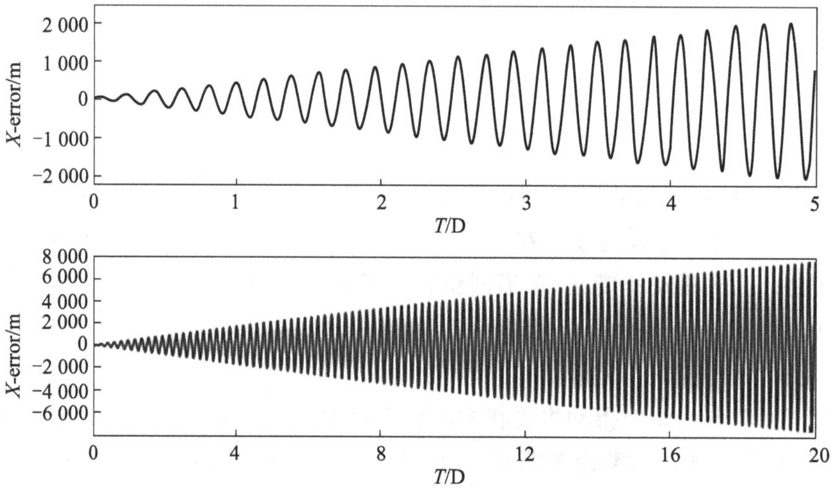

图 1-2　SGP4 模型 X 轴预报误差

分析可知，在地心惯性坐标系下，由于我国缺少该卫星的轨道数据，无法及时进行轨道更新，在前 1～2 天内轨道预报误差均保持在很小的范围内，预报误差在百米级别，发散随着预报时长增加越来越严重。低轨卫星受地球引力和大气阻力摄动的影响最大，而在 SGP4 模型中两种摄动力模型与实际情况存在误差，且误差会随着计算不断累积而增大，

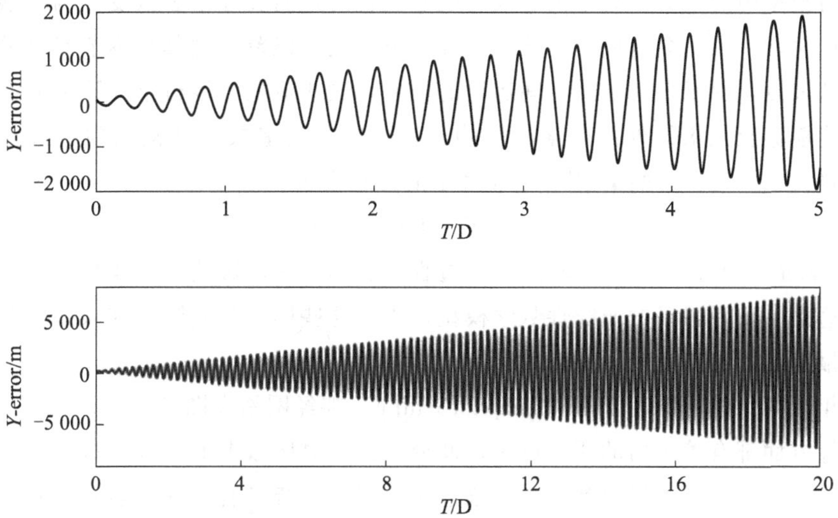

图 1 - 3　SGP4 模型 *Y* 轴预报误差

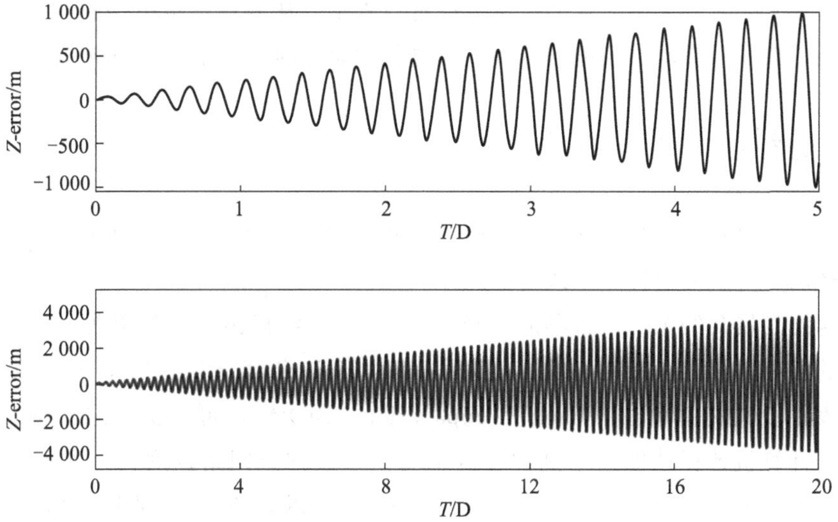

图 1 - 4　SGP4 模型 *Z* 轴预报误差

故数学模型在对低轨卫星进行长期预报过程中精度逐渐降低。

(2) 数学模型预报精度分析

数学模型在长期预报中预报精度逐渐降低，造成这种现象的原因主要有两方面：一方面是对他国卫星数据掌握不全，轨道更新不及时，另一方面是摄动力模型误差。

在实际需求中，对他国卫星进行长期轨道预报，一方面受限于 TLE 更新时间较慢，另一方面受限于我国自身的监测网分布局限性，由于监测数据不完备无法及时进行轨道修正，必然会出现长期预报结果的发散。由于美国并未公开 TLE 算法，特殊情况下一旦停止对 TLE 的更新，势必造成卫星轨道预报精度的下降，这对低轨卫星的影响尤为严重。

摄动力模型中的相关参数是固定或者线性变化的，而实际中参数变化为非线性，与时间没有直接关联，因此会造成轨道外推过程中出现较大误差。尤其是本节研究的太空信息网络的天基节点，由于多为低轨空间运行的卫星，这些卫星的运行空间环境复杂，且存在很多无法建模甚至是未知外部因素的影响，这些因素是造成数学模型预报误差的主要因素。此处将式（1－1）中的 $\boldsymbol{F}$ 用一个非确定的方程表示

$$W=\boldsymbol{F}(x) \tag{1-6}$$

式中，x 为轨道坐标系；$\boldsymbol{F}(\cdot)$ 为轨道运行过程中受到的一切影响轨道运行的外在因素和内在因素，这是一个不明确的非线性数学模型，由于这些模型与实际存在误差，所以数学模型长期预报精度的提高受到了很大的限制。

近几年研究火热的深度学习（Deep Learning）神经网络在图像识别、图像分割、图像姿态估计等方面都有着杰出的研究成果，此外，其在时序数据的训练预报方面也得到了广泛的应用。这表明神经网络对数学模型描述不精确的系统具有较好的学习能力。

本书将神经网络引入对天基节点轨道预报的应用中，采用神经网络对天基节点的历史轨道数据进行学习，通过神经网络训练掌握样本数据之间内在的关系模型 W，并根据学习到的特征对未来时刻天基节点的轨道数据进行外推，从而在预报中摆脱对数学模型轨道更新的依赖，摆脱对摄动力模型的依赖，通过新的思路对天基节点进行轨道数据的预报。

1.2 深度神经网络发展现状

深度学习通过对样本数据的训练，提取出样本数据中隐含的复杂映射关系，将其转换成便于神经网络理解的属性类别或特征。

神经网络发展几经沉浮，最早的神经网络是 1957 年提出的感知器神经网络模式，受限于当时的各种因素并没有得到发展。直到 20 世纪 80 年代末期，Hinton 等人在《自然》杂志上发表了反向传播算法（Back－Propagation，BP）[22]，再一次促进了神经网络的发展。但由于计算机计算性能达不到神经网络需求，故神经网络发展再一次搁浅。到了 20 世纪 90 年代，有学者提出了浅层神经网络模型，诸如支持向量机（Support Vector Machines，SVM）、遗传算法、分类器等，这些模型的研究使得神经网络取得了较大的发展，但神经网络理论分析难度大，训练方法复杂，在 20 世纪中后期，神经网络依然没有得到广泛的应用。

到了 21 世纪，随着云计算对大数据并行处理能力的提高，神经网络开始快速发展。2000 年，多伦多大学的 Hinton 教授提出了对比散度（Contrastive Divergence，CD）学习算法，奠定了深度学习的基础[23]。2006 年，Hinton 教授和学生 Ruslan 在《科学》上发表论文，针对深度学习神经网络的特性阐述了以下观点[24]：

神经网络的隐含层有较强的数据学习能力，对多维数据的隐含关系能准确把握，并能够根据所学的数据特征对数据进行识别、分类、可视化分析；

神经网络训练过程中网络参数的赋值与更新有一定难度，提出了通过“逐层初始化”

可以解决此问题，其可通过无监督学习来实现。

传统的神经网络主要包括：BP神经网络、径向基神经网络（Radial Basis Function，RBF)、感知神经网络、线性神经网络、自组织神经网络。

BP神经网络具有较好的非线性映射能力，但训练很慢，在实际应用中时效性较差，且在训练过程中还存在训练无解的情况。RBF神经网络学习收敛速度快，但当样本数据不充分时，也容易出现训练无解的情况，并且大部分情况下难以反映出网络输出与输入之间的隐含关系。感知神经网络模型比较容易实现，但其只适用于线性可分问题，不具备非线性处理能力。线性神经网络能进行线性预测，但只能反映其线性关系，训练性能受到网络规模、样本数据集大小的限制。自组织神经网络输出层引入拓扑结构，模拟了生物学中神经网络的竞争过程，但其主要适用于模式分类和识别等问题。

随着研究的发展，目前出现了深度学习的神经网络，能解决传统神经网络训练时间长、训练数据规模有限、训练精度不高的问题。主流的神经网络有受限玻尔兹曼机(Restricted Boltzmann Machine，RBM)[25]、自编码器（Auto－Encoder，AE)[26]、递归神经网络(Recurrent Neural Network，RNN)[27]、卷积神经网络（Convolutional Neural Network，CNN)[28]等。

RBM属于无监督学习的神经网络，主要采用深度置信网（Deep Belief Networks，DBN）实现无监督的逐层训练，解决了训练模型参数赋值与更新最优的问题，因此极大提高了神经网络的性能[29]。但在训练中，多个RBM堆叠组成的深度玻尔兹曼机结构相对复杂，该网络不具备按时间序列递推预报功能。

自编码器为无监督神经网络，具有十分简单的神经网络结构，且在训练过程中不需要标签数据进行补偿，它常用来训练一种样本数据的表达以及一种有效的编码方法，该结构不具备时序处理能力。

递归神经网络对样本数据的输入涉及相应的时间序列，在语音分析和语言识别上有大量的研究并取得了丰富的成果；递归神经网络按照时间序列逐一处理输入的样本数据，同时在隐含层存储训练所得前一时刻序列隐含特征的“状态向量”，以提高训练的准确性，相比其他神经网络，它能根据掌握的特征按照时间序列进行递推，这种神经网络比较适合对太空信息网络节点轨道时序数据的训练与预报。

卷积神经网络在处理多维数据方面有大量研究，在图像的监测、识别、分割、特征提取等方面都有着较高的准确率。它主要由局部连接、权值共享、池化层和多网络层这4种思想来实现网络的自然属性。将卷积神经网络运用到对卫星裸眼三维显示视差图生成的研究中，根据训练好的网络特点，提取出图像中的特征，为解决传统裸眼三维视差图背景空洞和粘连的问题提供了思路。

递归神经网络和卷积神经网络均属于深度监督学习下的网络模型。监督学习通过对目标函数的学习，得到输出函数与期望函数之间的误差；根据误差的大小，不断调整神经网络内部的可调参数，提高训练结果的准确性，减小误差。

近些年出现一些利用神经网络对太空信息网络的中高轨道具有导航功能的天基节点定

轨精度的研究，这些中高轨天基节点由于受大气阻力较小，其轨道运行比低轨节点要平稳，误差数据的变化相对平稳，故预报精度较高。对低轨节点而言，虽然借助神经网络的研究依然较少，但递归神经网络和卷积神经网络的特性为低轨天基节点轨道预报与显示研究提供了新的研究思路。

1.2.1 递归神经网络

传统的递归神经网络主要用于处理时间序列数据，递归神经网络中的隐含层具备对时序数据建模的能力[30]。换言之，隐含层具备反馈调节能力，能对下一个时间序列隐含层的权值进行微调。递归神经网络的主要结构如图 1-5 所示。

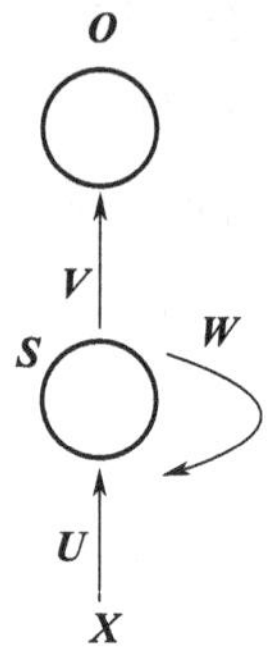

图 1-5 递归神经网络基本结构

X 是一个向量，它表示输入层的值；**S** 是一个向量，它表示了隐含层的值；**U** 是输入层到隐含层的权值矩阵；**O** 是一个向量，表示输出层的值；**V** 是隐含层到输出层的权值矩阵；**W** 为权重矩阵，即为将上一时刻的值作为本时刻输入的权值。

1.2.1.1 递归神经网络工作原理

RNN 和其他神经网络最大区别就在于内部具有了时序概念，其深度主要表现在时序逻辑的输入和输出之间，且每一个时序可理解为单独的一个训练单元，下一时刻的训练结果会受前一时刻参数影响。在对 RNN 进行研究时，可通过多个时间间隔把 RNN 展开，将连接以无环形式具体化，RNN 按照时序逐一展开能够更加直观地理解其网络结构与工作原理。

将 RNN 网络结构按照时序展开，如图 1-6 所示。

在 t 时刻隐含层接收到输入 X_t 后，隐含层的值是 S_t ，输出是 O_t 。S_t 不仅仅取决于 X_t ，还取决于 S_{t-1} ，RNN 的前向计算方法如式（1-7）、式（1-8）所示

$$O_t = \sum_{j=1}^{n} W_j^t g(\boldsymbol{V}S_t) \tag{1-7}$$

$$S_t = f(\boldsymbol{U}X_t + \boldsymbol{W}S_{t-1}) \tag{1-8}$$

式（1-7）是全部输出层的计算公式，输出层是一个全连接层，即它的每一个时间节点都和隐含层每一个时间节点相连。**V** 是输出层权值矩阵，$g(\cdot)$ 是激活函数。式（1-8）是隐含层的计算公式，**U** 是输入 **X** 的权值矩阵，**W** 是上一时刻的 S_{t-1} 作为本时刻输入的权

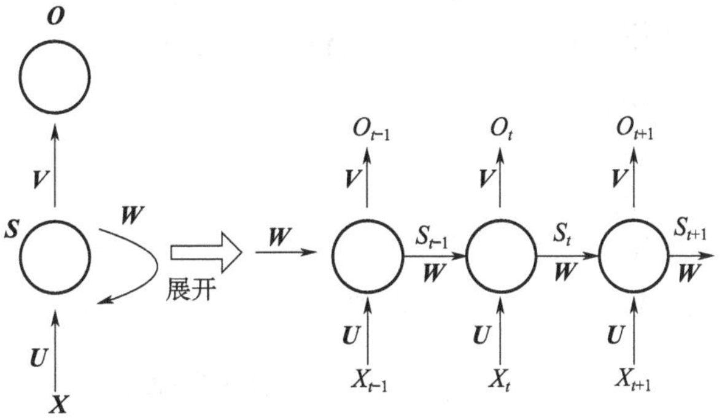

图 1-6　递归神经网络展开结构

值矩阵，$f(\cdot)$ 是激活函数。

RNN 需要经过一定训练才能掌握样本数据中隐含的数学关系。在训练过程中主要从两个方向进行计算，分别为前向计算和反向计算。前向计算按照输入层、隐含层、输出层的顺序进行，是一个通过神经网络训练对样本数据隐含关系进行数学映射的过程。反向计算将输出值与真实值误差通过输出层反馈到前面时刻的隐含层和输入层，在此过程中将网络中的参数值对误差的影响进行评估，并对参数的值进行调整[31]。

反向计算是 RNN 网络预报精度的关键所在，其涉及的隐含关系和参数的修正对预报精度来说至关重要，对于隐含关系，由式（1-9）定义

$$A_t = \frac{1}{2}\sum_{j=1}^{n}\left[m_i^t - \delta\left(O_j^t\right)\right]^2 \tag{1-9}$$

式中，m_j^t 为实际值；$\delta\left(O_j^t\right)$ 为输出量 O_t 的第 j 个分量；A_t 为第 t 个样本的目标函数值。

反向计算通过计算输出与实际的误差，求隐含关系对待估参数的偏导数，首先计算隐含层与输出层之间参数的偏导，如式（1-10）所示

$$\frac{\partial A_t}{\partial W_j^t} = \frac{\partial A_t}{\partial \delta\left(O_j^t\right)}\frac{\partial \delta\left(O_j^t\right)}{\partial O_j^t}\frac{\partial O_j^t}{\partial W_j^t} \tag{1-10}$$

$$\begin{cases} \dfrac{\partial A_t}{\partial \delta\left(O_j^t\right)} = \left[\delta\left(O_j^t\right) - m_j^t\right] = -\mathrm{e}_j^t \\ \dfrac{\partial \delta\left(O_j^t\right)}{\partial O_j^t} = \delta'\left(O_j^t\right) \\ \dfrac{\partial O_j^t}{\partial W_j^t} = g\left(\boldsymbol{V}S_t\right) \end{cases} \tag{1-11}$$

由于 $\delta'\left(O_j^t\right)$ 结构表达式未知，为神经网络训练中所要掌握的隐含关系，将式（1-11）代入式（1-10）中，得到

$$\frac{\partial A_t}{\partial W_j^t} = -\mathrm{e}_j^t\delta'\left(O_j^t\right)g\left(\boldsymbol{V}S_t\right) \tag{1-12}$$

再计算输入层和隐含层之间参数的偏导数如式（1-13）所示

$$\frac{\partial A_t}{\partial U_j^t} = \frac{\partial A_t}{\partial g\left(\boldsymbol{V}S_t\right)}\frac{\partial g\left(\boldsymbol{V}S_t\right)}{\partial S_t}\frac{\partial S_t}{\partial U_j^t} \tag{1-13}$$

$$\begin{cases}\dfrac{\partial A_t}{\partial g(\boldsymbol{V}S_t)}=\dfrac{\partial A_t}{\partial O_j^t}\dfrac{\partial O_j^t}{\partial g(\boldsymbol{V}S_t)}=-\sum_{j=1}^{n}\mathrm{e}_j^t W_j^t\\ \dfrac{\partial g(\boldsymbol{V}S_t)}{\partial S_t}=g'(\boldsymbol{V})\\ \dfrac{\partial S_t}{\partial U_j^t}=f'(\boldsymbol{X})\end{cases} \tag{1-14}$$

将式（1-14）代入式（1-13）中，得到

$$\frac{\partial A_t}{\partial U_j^t}=-\sum_{j=1}^{n}(\mathrm{e}_j^t W_j^t)g'(\boldsymbol{V})f'(\boldsymbol{X}) \tag{1-15}$$

由上述公式能计算出隐含关系对各层参数的梯度。

RNN 的训练过程如图 1-7 所示，神经网络的训练精度、训练效率跟样本数据的结构、参数的修正、数据隐含关系等内容息息相关，是神经网络改善预报结果的关键点所在。

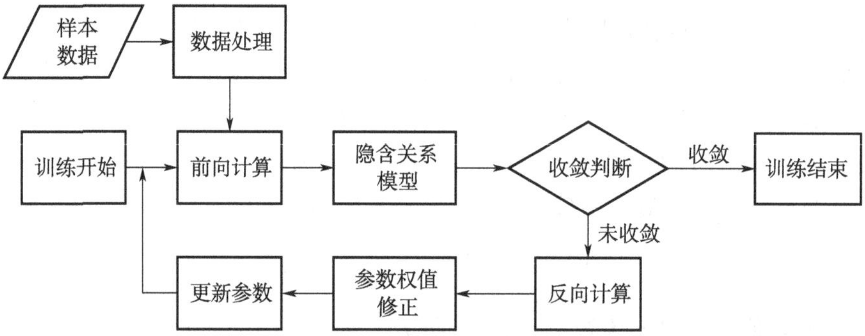

图 1-7　递归神经网络训练流程图

1.2.1.2　递归神经网络性能分析

由 1.2.1.1 节可知 RNN 在训练期间具有前向传播和反向传播特点。前向传播即按照时序逐一进行计算；后向传播将最后一个时序积累的计算残差传递回来，并修正前面输出层权值。反向传播的主要目的是进行端到端训练，这有利于提高训练的精度。当第一条时序数据输入后，通过隐含层的反馈能影响第二层，第二条时序数据输入后会影响第三层，以此类推，最后一层时序数据输入后，隐含层输出反馈依次往前对每一层的输出进行权值微调，从而提高输出层的准确度。

这种微调主要通过输出数据与原始数据的误差函数进行，通过对多元自变量进行偏微分运算，能够降低误差函数的误差值。偏微分从最后一层开始，依次往前进行计算，前一层的权值微调依赖于后一层的反馈，由于偏微分从最后一层依次开始，对于时序序列较长的数据集，偏微分的结果在最后会趋向于零，造成梯度消失。如果时序较长，剩下的层数将无法进行微调，造成训练结果的隐含关系无法满足预报精度要求，且由于前层神经网络的参数并未得到修正，因此误差依然存在。那么若使用 RNN 对太空信息网络天基节点轨道数据进行预报，则会使得预报前期数据误差较大。

1.2.2　长短时记忆神经网络

为解决 RNN 梯度消失的问题，本节将长短时记忆神经网络（Long Short - Term Memory Neural Network，LSTM）引入太空信息网络天基节点轨道数据预报之中。LSTM 神经网络在 1997 年由 Sepp Hochreiter 和 Jurgen Schmidhuber 提出，是一种建立在 RNN 基础上的新型深度学习神经网络[32]。LSTM 神经网络是从结构上优化和修正的 RNN，主要将 RNN 中的隐含层改为 LSTM 模块，主要目的是建立一个长期依赖模型，确定时序数据的最佳时延，在长期时序预报中不会发生梯度消失的现象，是一个适用于长时间序列数据训练和预报的神经网络模型。

1.2.2.1　长短时记忆神经网络结构

LSTM 神经网络由输入层、隐含层、输出层组成。它与 RNN 不同之处在于隐含层包含一个可存储信息的存储模块（见图 1 - 8），存储模块中的存储单元具有自连接、自适应和逻辑门控制信息流能力。在输入和输出层有两个逻辑门分别控制输入和输出层对存储模块的激活和调用。存储单元的核心是一个循环连接的线性单元，被称为自连接记忆单元（Constant Error Carousel，CEC），自连接记忆单元的激活代表存储状态的激活，由于自连接记忆单元的存在，逻辑门通过学习可以实现自主开启和关闭，因此 RNN 中的梯度消失问题得到了解决。

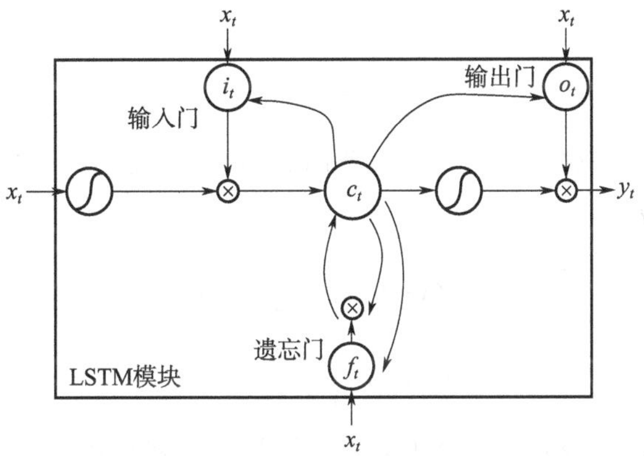

图 1 - 8　长短时记忆存储模块结构

图 1 - 8 中将输入时序设为 $x = (x_1, x_2, \cdots, x_T)$，将输出时序设为 $y = (y_1, y_2, \cdots, y_T)$，式中 T 为预报序列。在对轨道数据预报时，输入 x 为地心惯性坐标系下 X，Y，Z 轴方向的数据；输出 y 为后续时间的预报 X，Y，Z 数据。LSTM 神经网络的主要目的是在先验信息的条件下对下一个时间序列数据进行预报，而不是通过多少个步骤进行数据的预报。为了实现这个目标，输入的时序数据将通过下面的公式进行迭代计算[33]

$$i_t = \sigma(W_{ix}x_t + W_{im}m_{t-1} + W_{ic}c_{t-1} + b_i) \tag{1-16}$$

$$f_t = \sigma(W_{fx}x_t + W_{fm}m_{t-1} + W_{fc}c_{t-1} + b_f) \tag{1-17}$$

$$o_t = \sigma(W_{ox}x_t + W_{om}m_{t-1} + W_{oc}c_t + b_o) \tag{1-18}$$

$$c_t = f_t \odot c_{t-1} + i_t \odot g(W_{cx}x_t + W_{cm}m_{t-1} + b_c) \tag{1-19}$$

$$m_t = o_t \odot h(c_t) \tag{1-20}$$

在 LSTM 神经网络中，首先构建了 3 个门用来控制信息的流通量，i_t 、f_t 、o_t 分别为输入门、遗忘门和输出门，不同的门对信息流的控制有不同的作用，具体如下[34]。

输入门 i_t ：主要控制流入存储单元（Memory Cell）的信息量。

遗忘门 f_t ：主要控制前一时刻的存储单元累积到当前时刻存储单元的量。

输出门 o_t ：主要控制某一时刻存储单元中的信息流流入当前隐藏状态 m_t 中。

c_t 是存储单元激活函数，m_t 代表隐藏的输出数据。式（1-19）表达了 LSTM 神经网络结构中历史信息积累，主要通过存储单元这个自连接来实现。在积累过程中，通过遗忘门来限制上一时刻的存储单元信息，并靠输入门来限制新信息。这也反映了存储单元的自连接是线性累积。

式（1-20）表达了当前的隐藏状态 m_t 是由 c_t 计算而来，由于 c_t 是以线性的方式自我更新的，故先将其加入带有非线性功能的 $h(\cdot)$ 中，接着输出门 o_t 的过滤得到当前隐藏状态 m_t 。

$\boldsymbol{W}$ 为权值矩阵，$\boldsymbol{b}$ 为误差向量，主要被用来在输入层、输出层和存储模块中建立连接，对预测信息流中的数据进行修正。

式中⊙代表由两个矢量生成标量的过程，$\sigma(\cdot)$ 为标准的逻辑函数，如式（1-21）所示

$$\sigma(x) = \frac{1}{1+e^{-x}} \tag{1-21}$$

$g(\cdot)$ 和 $h(\cdot)$ 都为逻辑函数，且取值范围分别为 [−2，2] 和 [−1，1]，如式（1-22）、式（1-23）所示

$$g(x) = \frac{4}{1+e^{-x}} - 2 \tag{1-22}$$

$$h(x) = \frac{2}{1+e^{-x}} - 1 \tag{1-23}$$

在一个存储单元内部分别有三个不同的逻辑门，分别是输入门、输出门和遗忘门[35]。当输入信息流过期后，遗忘门能够重置存储模块中的信息，同时也对 CEC 参数进行修正；当遗忘门打开时，存储单元将输入门的数据写入；当遗忘门关闭时，存储单元会清除之前的内容；当输出门打开时，神经网络将数据读入存储单元；而当输入门打开时，LSTM 神经网络的其他部分将读取存储单元中的数据。

由图 1-8 可知，输出门的输出对存储单元的输出有直接影响，假设输出门关闭，那么输出结果为 0，则会造成大量数据信息丢失，影响 LSTM 神经网络训练结果。由于 LSTM 神经网络中存在 CEC，CEC 和每一个门的连接都有权值，故在输入门、输出门和遗忘门的输入数据中，都有 CEC 参加[36]。在 LSTM 神经网络工作中，每个门能让 CEC 自动避免多余的输入和误差信号，这在 RNN 中是无法实现的，这是二者最大的区别所在，

也是 LSTM 神经网络相比 RNN 的优势所在。

1.2.2.2　长短时记忆神经网络训练原理

LSTM 神经网络的训练主要是由缩短反向传播（Back Propagation Through Time，BPTT）和对梯度下降优化方法改良的实时递归学习算法（Real Time Recurrent Learning，RTRL）实现。其反向传播的理论和 RNN 相同，在 LSTM 神经网络中反向传播是提高预报精度的主要方法。

LSTM 神经网络训练所得的隐含关系一般取最小值，当误差值到达存储单元时，首先会被拦截，然后再进入存储单元，误差可以一直不断地流回，并在存储单元外生成误差流，这个误差流以指数形式衰减。因此 LSTM 神经网络在时间序列长期依赖的条件下有能力处理任意的时间滞后。

LSTM 神经网络在训练过程中与 RNN 最大的不同在于 RNN 有 2 个值作为输入，LSTM 神经网络有 3 个值作为输入。这 3 个输入依次为输入层节点的输出向量、前一时刻隐含层存储单元的输出向量和本时刻存储单元存储的信息。设 $\boldsymbol{A}_i^t$ 为 t 时刻输入门的输入向量，那么输入门的输出则由激活函数得到，t 时刻输入门的输出向量表达式如式（1-24）所示

$$\boldsymbol{B}_i^t = f(\boldsymbol{A}_i^t) \tag{1-24}$$

同样遗忘门的输入向量也为 3 个，设 $\boldsymbol{A}_f^t$ 为 t 时刻遗忘门的输入向量，那么遗忘门的输入也由通过的激活函数得到，t 时刻遗忘门输入向量表达式如式（1-25）所示

$$\boldsymbol{B}_f^t = f(\boldsymbol{A}_f^t) \tag{1-25}$$

由 1.2.2.1 节可知，存储单元的输入主要由输入层的输出向量与前一时刻隐含层的输出向量组成。设 $\boldsymbol{A}_c^t$ 为 t 时刻存储单元的输入向量，通过遗忘门来判断是否将历史信息保留，如式（1-26）所示

$$M_c^t = \boldsymbol{B}_f^t M_c^{t-1} + \boldsymbol{B}_i^t g(\boldsymbol{A}_c^t) \tag{1-26}$$

输出门的输入向量主要由输入层的输出向量、前一时刻隐含层存储单元的输出向量以及本时刻存储单元自身保存的信息组成。设 $\boldsymbol{A}_o^t$ 为 t 时刻输出门的输入向量，t 时刻输出门的输出向量表达式如式（1-27）所示

$$\boldsymbol{B}_o^t = f(\boldsymbol{A}_o^t) \tag{1-27}$$

故存储单元的输出向量如式（1-28）所示

$$\boldsymbol{B}_c^t = \boldsymbol{B}_o^t p(M_c^t) \tag{1-28}$$

式中，$p(\cdot)$ 为激活函数。

隐含层的输出向量为存储单元的输出向量，同时为输出层的输入向量，其表达式如式（1-29）所示

$$\boldsymbol{A}_k^t = \sum_{c=1}^{H} w_{ck} \boldsymbol{B}_{\mathrm{c}}^t \tag{1-29}$$

式中，H 为隐含层的层数；w_{ck} 为权值。输出层最终的输出向量如式（1-30）所示

$$\boldsymbol{B}_k^t = f(\boldsymbol{A}_k^t) \tag{1-30}$$

LSTM 神经网络训练过程实际是一个累加的过程，因此它的导数也累加，从而解决了 RNN 由于导数最后逼近 0 而出现的梯度消失问题。

1.2.2.3　长短时记忆神经网络性能分析

为验证 LSTM 神经网络预报的性能，以地心惯性坐标系 X，Y，Z 的数据作为样本，通过 LSTM 神经网络进行训练和预报。本实验采用他国太空信息网络中的天基节点进行研究，依然选取 TacSat2 美国科学成像卫星；由 STK 的 HPOP 计算出 100 天节点轨道 X，Y，Z 数据作为实验样本数据；样本数据以 1 min 为间隔采样，进行未来 5 天、10 天、20 天的预报。

本实验选择 X 轴轨道预报数据进行分析，主要分析了 LSTM 神经网络训练效率和预报精度。表 1－2 列出了在不同的训练次数下，对预报结果的最大绝对误差、训练时间统计结果。

表 1－2　长短时记忆神经网络预报性能分析表

训练次数	20	50	100	150	200
最大绝对误差/km	650	608	486	524	612
训练时间/s	600	1 500	3 000	4 500	6 000

由表 1－2 分析可知，LSTM 神经网络的预报误差，在训练 100 次时结果好于 20、50 次；但当其训练次数超过 100 次后，在 150 次、200 次时预报精度逐渐下降，这是由于随着训练次数的增加，训练所耗时长也随之增加，LSTM 神经网络会发生过拟合的现象，从而导致训练精度下降。训练次数的增加，使得 LSTM 神经网络大量重复计算，增加了整个网络的训练负担，不仅占据了存储单元的存储空间，也降低了训练的效率。

根据表 1－2 所示，选取 100 作为训练次数赋值，由于数据量大，选取预报后期部分数据进行展示，其每分钟预报结果与样本数据真实值对比图如图 1－9～图 1－11 所示。

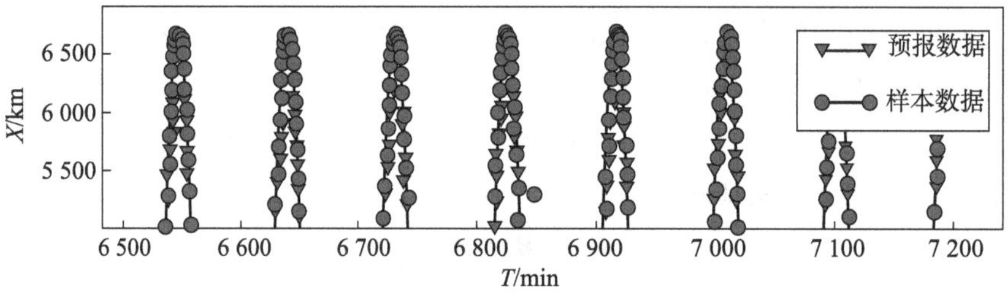

图 1－9　X 轴短期预报分析图

从图形的变化情况分析可知，预报数据随着样本数据的变化周期进行周期性变化，这说明 LSTM 神经网络通过训练能够掌握样本数据周期性变化的内在关联，其训练能力比较突出。倒三角形的预报数据与圆形的样本数据拟合效果较差，由于竖轴的数据间隔刻度较大，预报精度不高，故 LSTM 神经网络预报精度还无法达到实际对轨道预报的要求。

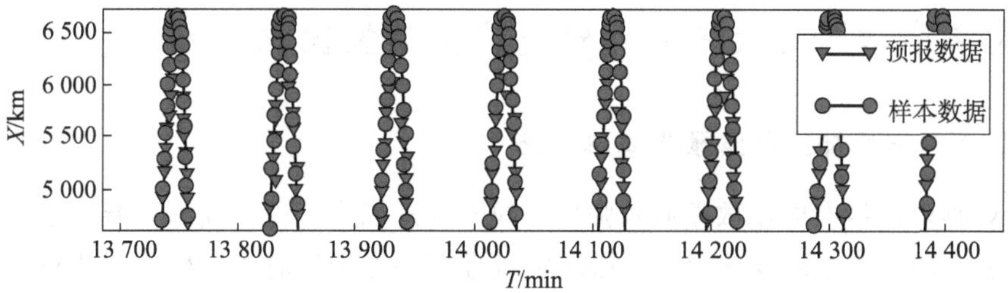

图 1-10　X 轴中期预报分析图

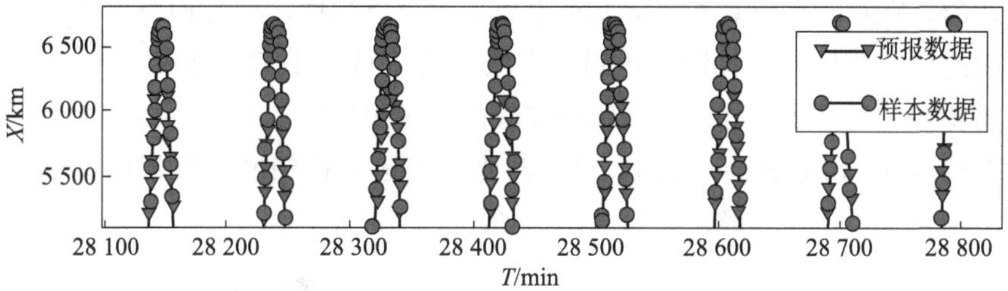

图 1-11　X 轴长期预报分析图

由于 RNN 的反向传播，对权值微调的导数计算在长时序列中结果会趋于零，所以训练的权值更新变化十分小，最终导致整个训练过程出现局部最优解的情况，使得其对时序数据的预报结果精度偏低。从图 1-9～图 1-11 分析得出，LSTM 神经网络掌握样本数据变化规律较出色。这说明 LSTM 神经网络的提出对 RNN 出现的梯度下降或梯度消失现象有着明显的改良，在长期预报过程中没有发生梯度消失的现象。

LSTM 神经网络实际是将每一层的存储单元设计成多种功能的“门”结构，由于“门”结构直接互联，所以在参数微调过程中，偏微分的计算结果直接通过这些“门”传播，不再通过存储单元进行传播，因此可将权值毫无衰减地传递给下一层。无论梯度传播多远，权值都不会出现完全消失现象，体现出 LSTM 神经网络良好的稳定性，其在长时序数据预测的精确度上相比 RNN 有较大提高。

虽然 LSTM 神经网络为反馈误差提供了更加有效的训练过程，使得在梯度下降的情况下，反馈权值不会快速消失，但是，从理论上来说，LSTM 神经网络依然不能从根本上摆脱梯度消失的可能性。随着数据量的增大，训练次数的增多，时间步长的不可调整，一方面会降低 LSTM 神经网络训练的效率，另一方面影响数据预报的精度。虽然增加网络结构层数能弥补训练精度的不足，但也会降低训练的效率，且训练结果的精度在训练层数达到某一值后，将无法再提升，出现过拟合的情况，故一般的训练层数不宜过多，两层最好。本节实验建立了两层 LSTM 神经网络，并对这两层神经网络训练了 100 次，得到实验结果。故在下文中需将 LSTM 神经网络进行改进，提高训练效率和预报精度。

1.3 太空信息网络天基节点轨道预报模型优化

1.3.1 长短时记忆神经网络预报基本思路

LSTM 神经网络对时序数据有较强的非线性处理能力，通过训练，能掌握天基节点轨道样本数据中隐含关系的变化规律。LSTM 神经网络在训练时，对数据间的隐含关系由一种便于自身网络理解的黑箱表示，这种黑箱由 LSTM 神经网络中的记忆单元存储。这种隐含关系通过网络的不断训练，也在调整变化，这种动态变化的表现形式对外界是不可知且无法描述的。在对太空信息网络天基节点轨道预报过程中，神经网络的预报结果能不能逼近同时刻的样本数据才是关键，达到这个效果就可认为 LSTM 神经网络能充分体现出样本数据的特性，且具备良好的训练结果和较高的预报精度。

要对 LSTM 神经网络进行优化，首先需要了解递归神经网络建模的基本模型，二者基本模型结构一致，递归神经网络模型结构如图 1－12 所示。

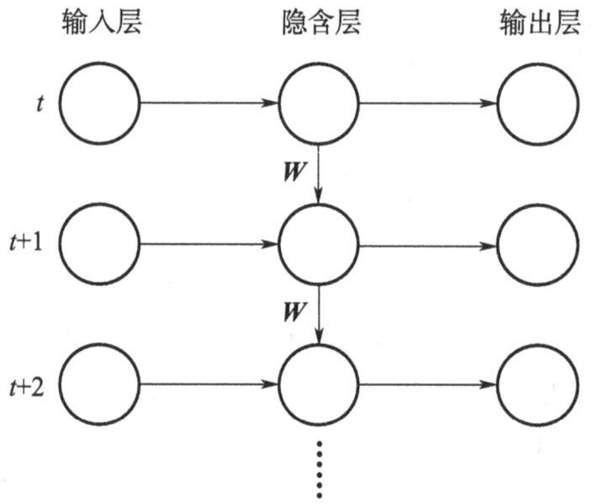

图 1－12　递归神经网络基本模型结构

递归神经网络的输入信号为当前时间 t ，随着时间序列的增加进行逐层递归。隐含层在输出权值矩阵给输出层的同时将隐含层节点的信号输出给下一层 $t+1$ 时刻的隐含层，通过 $\boldsymbol{W}$ 对下一隐含层的隐含关系及其权值参数进行修正，以最大限度地提高训练精度。此模型不仅是递归神经网络的基础模型，也是 LSTM 神经网络的基本模型，二者最大的不同就在于 LSTM 神经网络是将递归神经网络的隐含层构建为 LSTM 结构，如图 1－13 所示。

LSTM 神经网络相比传统递归网络增加了三个门结构和一个内部存储单元。从功能上分析，输入门输入信号 t 控制输入层，门开则允许当前的时间信号 t 进入隐含层，门关则禁止；输出门控制是否将当前输出层的权值信号输出给下一层，门开则允许输出给下一隐含层，门关则禁止；遗忘门控制是否存储当前存储单元的存储信息，门开则存储，门关则删除[37]。

由图 1－13 可知，LSTM 神经网络根据时间将样本数据分隔开，每一时刻输入定量的

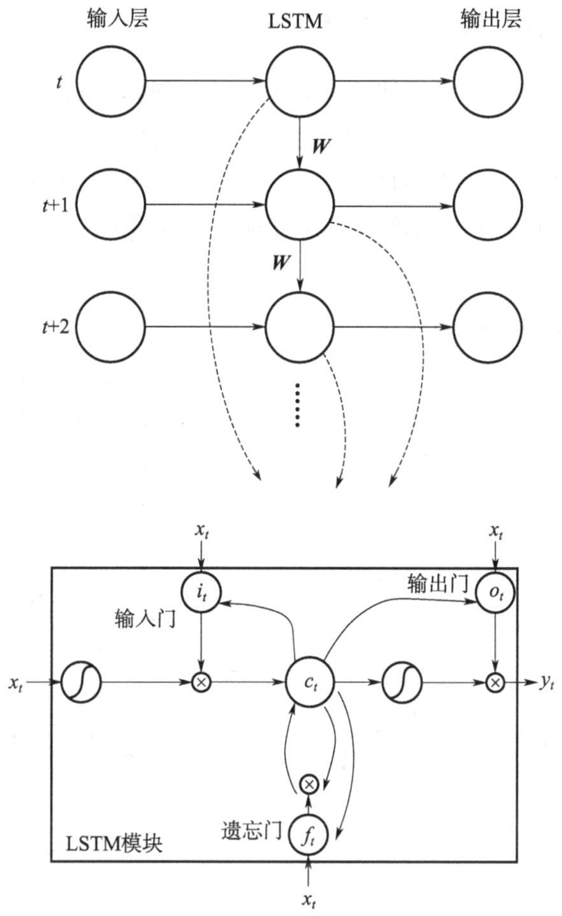

图 1-13　长短时记忆神经网络基本模型结构

样本数据进行训练，将训练得到的隐含关系和参数作为此时刻的样本数据输入到下一层的隐含层，下一时刻根据上一层的信息和本时刻输入的样本数据进行训练，得到新的隐含关系和参数，输出给下一层隐含层，整个训练过程如此进行直至样本数据全部训练完。

对于小规模样本数据，遗忘门开启对隐含关系和参数的存储能够提高训练的精度，且对时效性的影响并不是很明显。但对于大规模样本数据来说，每一时刻隐含层的输出信息都要进行存储，随着训练进行，存储单元会存储每个时刻的隐含关系和参数，由于存储单元可存储空间有限，最终新的隐含关系和参数将无法存储。

在训练过程中每一个训练时刻都要对存储单元所有存储信息进行遍历，相应时刻的样本数据根据存储的各个时刻的隐含关系和参数依次进行训练，一方面拉长训练时间，降低神经网络训练效率，另一方面由于后期新的隐含关系及参数无法存储，会降低后期预报的精度，甚至出现发散。

对 LSTM 神经网络结构进行改造，考虑到太空信息网络天基节点轨道数据规模较大，因此将遗忘门始终置于关闭状态，以提高训练速度和计算效率。但遗忘门关闭后，LSTM 不具备存储功能，也会造成训练精度下降，故在下文为解决此问题提出了两种改进方法。

1.3.2 长短时记忆神经网络预报模型优化

LSTM 神经网络的训练结果能够较准确地学习到样本数据的变化规律；但 LSTM 神经网络模型和 LSTM 模块结构的局限性以及样本数据的大规模特性，造成预报精度与实际值之间存在较大的误差，预报精度还达不到实际使用所需的要求。本节将针对 LSTM 模块的内部结构和 LSTM 神经网络模型两方面进行优化改进，以提高训练效率和预报精度。

1.3.2.1 长短时记忆模块结构优化

改进的 LSTM 模块是对 LSTM 模型结构的延伸，由于改进思路是将遗忘门全程关闭，故会造成存储单元无法存储相关参数，因此本节通过在 LSTM 模块中添加一个时间门 K_t 来实现对存储单元灵活关闭或开启。模型结构如图 1-14 所示。

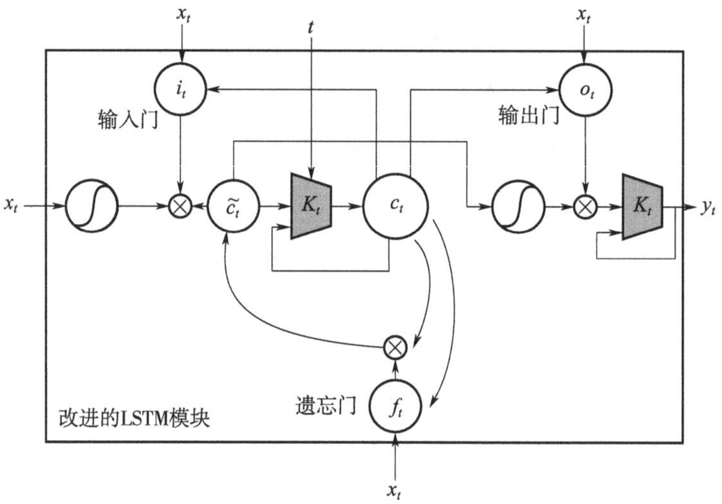

图 1-14 改进的 LSTM 模块内部结构图

时间门 K_t 的开启和关闭由独立的跳变时间脉冲所控制，当时间门打开，存储单元的 c_t 和 f_t 将进行更新存储。这些时间脉冲由 3 个参数控制：第一个参数 τ 控制实时脉冲周期；第二个参数 r_{on} 控制整个周期中时间门持续打开阶段的比例；第三个参数 s 控制改进的 LSTM 模块中每一个存储单元脉冲的相移。这些参数在训练过程中都要进行学习，尽管可能出现变化，但时间门依然有成熟的线性公式进行描述，如式（1-31）、式（1-32）所示。通过类比去修正线性存储单元之间的梯度传递。

$$\varphi_t = \frac{(t-s)\ \mathrm{mod}\tau}{\tau} \tag{1-31}$$

$$K_t=\begin{cases}\dfrac{2\varphi_t}{r_{\mathrm{on}}}, & \text{if } \varphi_t<\dfrac{1}{2}r_{\mathrm{on}}\\ 2-\dfrac{2\varphi_t}{r_{\mathrm{on}}}, & \text{if } \dfrac{1}{2}r_{\mathrm{on}}\leqslant\varphi_t<r_{\mathrm{on}}\\ \alpha\varphi_t, & \text{otherwise}\end{cases} \tag{1-32}$$

φ_t 是过渡变量，代表在跳变周期中的各个阶段。时间门 K_t 有三个主要阶段，第一个阶段时间门由 0 变为 1；第二个阶段由 1 变为 0；在第三个阶段，时间门关闭，维持当前的存储元状态。

丢失率 α 在时间门 K_t 关闭阶段发挥着积极作用。当传递重要梯度信息的线性单元中发生参数丢失，时间门就会关闭，因此就彻底避免了梯度消失的现象发生，由于时间门关闭，也较好地保存了当前存储单元中的信息，保证了样本数据训练的精确性。最后记录时间门开启阶段允许梯度误差有效传递的为 K_t 的线性倾斜率。

传统 RNN 具有参数变化极少的特点，且参数无法随着时间而任意变换。改进的 LSTM 模块的参数更新是可以随意被不规则变化的采样时间 t_j 执行，而 RNN 则需要事件驱动的异步数据作为输入才能工作。本节将 c_j 定义为存储单元在 t_j 时刻的状态，同样 c_{j-1} 定义为存储单元在 t_{j-1} 时刻的状态。通过由时间门 K_t 控制的存储单元更新的 $\tilde{c}_j$ 和 $\tilde{f}_j$ 去重写改进前 LSTM 的 c_j 和 f_j 的更新

$$\tilde{c}_j=f_j\odot c_{j-1}+i_j\odot\sigma_c(x_jW_{xc}+f_{j-1}W_{hc}+b_c) \tag{1-33}$$

$$c_j=k_j\odot\tilde{c}_j+(1-k_j)\odot c_{j-1} \tag{1-34}$$

$$\tilde{f}_j=o_j\odot\sigma_h(\tilde{c}_j) \tag{1-35}$$

$$f_j=k_j\odot\tilde{h}_j+(1-k_j)\odot f_{j-1} \tag{1-36}$$

LSTM 模块的关键缺点是具有记忆衰减率。在不接受额外权值输入的情况下，为了尽可能长时间地保持初始记忆状态 c_0，在经过 n 个更新步骤后 LSTM 模块的遗忘门几乎全部打开，保留隐藏层的所有历史信息。其表达式如式（1-37）所示[38]

$$f_j=k_j\odot c_{n-1}=(1-\varepsilon)\odot(f_{n-1}\odot c_{n-2})=\cdots=(1-\varepsilon)^n\odot c_0 \tag{1-37}$$

这意味着记忆衰减率 $\varepsilon<1$，在 LSTM 模块中训练精度随着时间呈指数衰减，造成训练后期精度的降低，导致预报结果出现较严重的发散。相反，改进的 LSTM 模块当时间门 K_t 打开时才会发生衰减，存储单元进行更新；当时间门 K_t 关闭时，避免其衰减且会较好地保存记忆状态。这样改进的优点是相比之前的 LSTM 模块不仅会提高训练精度，同时也会提高训练效率，缩短训练时间。

同时，由于控制时间门 K_t 的时间脉冲的传输特性，高电平时间门打开，低电平时间门关闭，这样的时间间隔差也使得存储单元更新较少。当单个脉冲周期时长为 τ 时，存储单元的更新持续时间为 $\tau\cdot r_{\mathrm{on}}$，这使得改进的 LSTM 更新的次数要少于改进前的次数。由此存储单元在时间门 K_t 打开阶段存储信息不会溢出，确保了存储信息更新的精确性。

在训练期间，虽然存储单元相比较改进前存储次数减少，但并不影响梯度的反向传播。由于隐含层的存储具有循环特性，改进的 LSTM 模块通过训练对参数进行调整，调

整的参数可以使存储单元具有更长的可调节存储长度，促进前后时刻存储单元中存储信息的连贯性，提高训练的精度。

1.3.2.2　长短时记忆神经网络模型改进

LSTM 模块中添加的时间门 K_t 减少了对存储单元的更新次数，使得每一时刻隐含层输出的隐含关系和参数并不会全部都被存储，为了保证预报的高精确度，在时间门 K_t 打开时，必须保证所存储的隐含关系和参数是准确的，没有太明显的训练误差。

每一时刻中都包含一定量的样本数据，在此将这些样本数据量定义为 T 。固定的样本数据量 T 非常适合 RNN 在各方面的应用，但在大规模的数据训练前，T 是人为设定一个值，由于输入数据内在关系的不可预知性，所以后续时刻数据与前面时刻数据的相关性也非一成不变，这会造成训练所得隐含关系和参数的差异性，因此这样的数据量 T 在训练过程中就显得不够灵活。一旦出现参数丢失或者隐含关系不准确的特殊情况，就会造成接下来每一时刻训练所得出的隐含关系和参数也出现偏差，且这种偏差会随着时间而不断积累，无法得到更正，因此造成整体训练结果的发散，从而影响预报精度的准确性。

由于时间门 K_t 只在开启时将训练所得的隐含关系和参数进行存储，因此，若时间门开启时存储的隐含关系和参数恰好是存在训练偏差的，这种偏差带入到下一时间的训练中造成预报精度的下降是不可逆的。故需要保证每一个时刻隐含层输出的隐含关系和参数是精准的。

要保证隐含层输出的高精度就要使前一时刻隐含层中的样本数据能够叠加到下一层中。随着时间的增加，每一隐含层训练的样本数据也在增加，任何时刻隐含层输出的隐含关系和参数都是在训练了前面所有时刻和本时刻的样本数据后进行的更新，因此不论哪一时刻的隐含关系和参数出现丢失或者不精确，都会在本时刻隐含层输出时得到修正，且会随着更新的次数越来越精确。

从时效性角度考虑，虽然隐含层中的样本数据在增加，但由于时间门 K_t 的存在，并不会造成存储单元对隐含关系和参数的多次存储，且每一次存储都是精确的。另一方面由于计算机硬件的计算性能有很大的扩展空间，故样本数据的叠加对整体时效性的影响不大。设 M_t 为进入隐含层样本数据的总量，如式（1－38）所示

$$M_t = \sum_{t=1}^{N} T_t \tag{1-38}$$

从理论分析，相比改进前 LSTM 神经网络的模型，改进的 LSTM 神经网络模型所得训练参数更加准确，即便某一时刻训练所得隐含关系和参数出现偏差，依然不会影响后续训练结果，不仅不会出现前期的最优解，而且预报数据也会收敛。具体模型构造如图 1－15 所示。

从图 1－15 可知，LSTM 神经网络模型将数据分为 N 段，每段数据的样本数据量为 T ，这就是本时段的样本数据量，在时刻 t 输入一段数据，并通过逻辑门输入隐含层中进行训练；在时刻 $t+1$，进入隐含层的样本数据为时刻 t 的数据和本时刻的数据共 $2T$ 。根据式（1－38）可知，随着时间的增长，M 值也随着增加，进入隐含层的样本数据也在不

断累加。因此，每一时刻根据样本数据训练所得新的隐含关系与参数，这些特征能最大程度保持与样本数据的关联性。LSTM 神经网络对隐含关系和参数的优化更新，持续到样本数据全部训练结束。

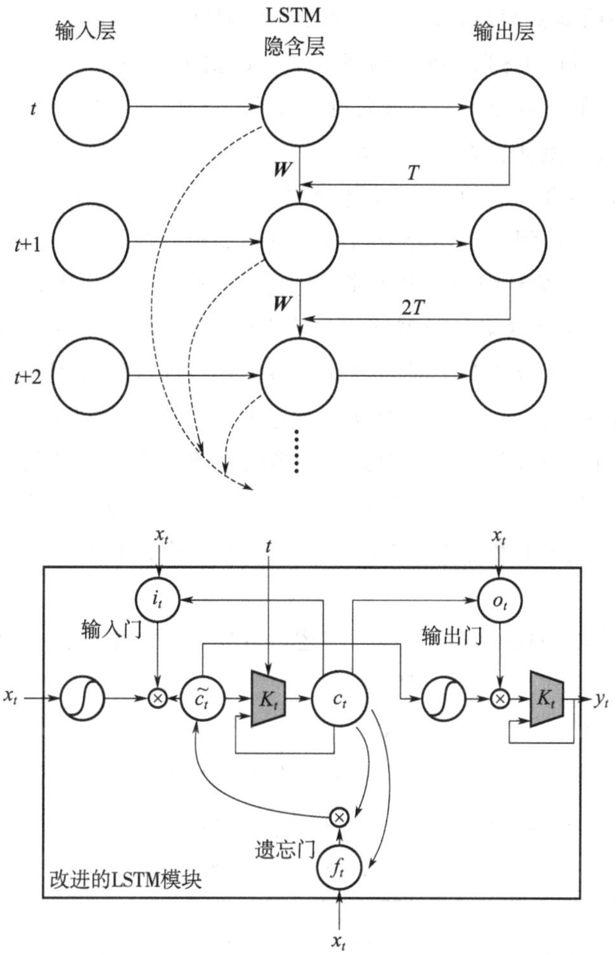

图 1-15　改进的 LSTM 神经网络模型结构图

1.3.3　长短时记忆神经网络天基节点轨道预报流程

由 LSTM 神经网络的特性可知，在给定的训练参数和样本数据下，训练好的神经网络具有较好的外推能力，在外推的过程中，根据训练所掌握的规律和参数可保持在较长时间内的预报准确性。

1.3.3.1　样本数据来源

本节对 LSTM 神经网络进行轨道分析的样本数据来自 HPOP，为保证实验结果的可比较性，本节将 STK 中的 HPOP 生成的高精度轨道预报星历作为天基节点轨道在 LSTM 神经网络训练中的样本数据，同时其也作为误差分析中的标准数据对预报结果进行误差分析。本节实验依然选取 TacSat2 美国科学成像卫星作为天基节点。采用相同的天基节点主要是方便后文神经网络预报方法和数学模型的比较，保证比较的精准性和科学性。

1.3.3.2 轨道预报流程

从 STK 软件中的高精度预报器 HPOP 计算出训练所需的样本数据。通过对大量样本数据的多次训练，改进的 LSTM 神经网络能掌握数据中的隐含关系，同时在训练过程中，通过前向和反向传播的参数调整，不断优化和更新引起轨道数据变化的因素模型，这些模型包括地球引力、太阳摄动、大气阻力等。

综合上述分析，结合改进的 LSTM 神经网络的特点，制定基于改进的 LSTM 神经网络天基节点的轨道预报流程，主要分为训练阶段和预报阶段。

训练阶段是 LSTM 神经网络轨道预报的主体阶段，训练主体则为天基节点的历史轨道数据，根据 LSTM 神经网络的模型结构，输入网络模型中的数据按照时间段逐一训练，故神经网络会自动将数据分为多个时间段，并将每一段训练的数据带入下一层，极大提高了训练的效率。LSTM 神经网络完成对样本数据的训练后，得到相应的隐含关系和参数。

预报阶段通过训练阶段掌握的隐含关系和参数，将样本数据的采样间隔作为预报时间的间隔，对数据进行预报。在预报过程中，隐含关系发挥着极大的作用，是预报数据的主体来源，而参数则对预报的数据进行微调，修正预报数据的偏移量，以减小误差值，提高预报精度。

为方便对训练阶段和预报阶段的数学描述，首先定义一个表达模型，通过此模型表示训练样本的状态量，如式（1－39）所示

$$\boldsymbol{A}=(a:b,c)^{XX} \tag{1-39}$$

式中，$\boldsymbol{A}$ 为状态量名称，XX 为模型，a 为样本数据的采样间隔，b 为样本数据的起始采样时间点，c 为样本数据的终止采样时间点。其预报模型见表 1－3、表 1－4。

表 1－3 训练阶段

训练阶段	
训练样本	神经网络训练隐含关系
$(T:T_0,T_1)^{\mathrm{HPOP}}$	$W_1=f_1()$
$(T:T_0,T_1)^{\mathrm{HPOP}}$	$W_2=f_2()$
$(T:T_0,T_1)^{\mathrm{HPOP}}$	$W_2=f_3()$

表 1－4 预报阶段

预报阶段			
神经网络输入	预报模型	预报时长	神经网络输出
$(T:T_0,T_1)^{\mathrm{HPOP}}$	W_1	T_2-T_1	$X(T:T_1,T_2)^{\mathrm{NN}}$
$(T:T_0,T_1)^{\mathrm{HPOP}}$	W_2	T_2-T_1	$Y(T:T_1,T_2)^{\mathrm{NN}}$
$(T:T_0,T_1)^{\mathrm{HPOP}}$	W_3	T_2-T_1	$Z(T:T_1,T_2)^{\mathrm{NN}}$

$f(\cdot)$ 为神经网络训练样本数据所得的隐含关系，根据天基节点在空间不同坐标系上

的样本数据，有着不同的预报模型。NN 代表改进的 LSTM 神经网络。

训练阶段、预报阶段是改进的 LSTM 神经网络对天基节点轨道实施预报的两个重要阶段，两个阶段逐次进行，推动整个改进的 LSTM 神经网络的工作流程，也是对 LSTM 神经网络工作原理的具体实现，对下一步的实验验证的实施有着实际的参考意义。

1.3.4　天基节点轨道预报实验分析

本节主要对太空信息网络的天基节点轨道预报方法进行实验验证，分别对天基节点做短期、中期、长期轨道预报，短期预报时间为 5 天，中期预报时间为 10 天，长期预报时间为 20 天。预报数据以地心惯性坐标轴的 X，Y，Z 轴数据描述天基节点在空间的位置。

根据制定的天基节点轨道预报流程，首先对天基节点轨道的样本数据进行训练，接着根据训练总结的隐含关系和参数，分别做短期、中期和长期轨道预报，将预报结果与样本数据直接对比，分析改进的 LSTM 神经网络预报的天基节点轨道数据值与样本值之间的拟合程度。

由于样本数据的采样间隔为 1 min，故训练数据和预报数据的时间间隔都为 1 min，且在后期实验分析阶段，也都以 1 min 为间隔进行数据分析，5 天为 7 200 min，10 天为 14 400 min，20 天为 28 800 min，每 1 min 为一个预报数据量。

根据实际工程经验与反复实验，本实验 LSTM 神经网络关键参数配置如下，训练层数为 2，训练次数为 100，每时刻训练样本数 bitch _ size 为 500。

1.3.4.1　天基节点轨道中期预报实验分析

本实验选取天基节点 UTC 2007 年 7 月 1 日 12：00：00 至 2007 年 10 月 8 日 12：00：00 共 100 天的数据作为学习样本，为保证预报的精确性，样本数据采样间隔为 1 min。预报后 10 天的轨道数据，给出天基节点在地心惯性系下 X，Y，Z 轴方向的 10 天预报值与样本值比较图。横轴代表每分钟，10 天一共为 14 400 min，如图 1 - 16～图 1 - 18 所示。

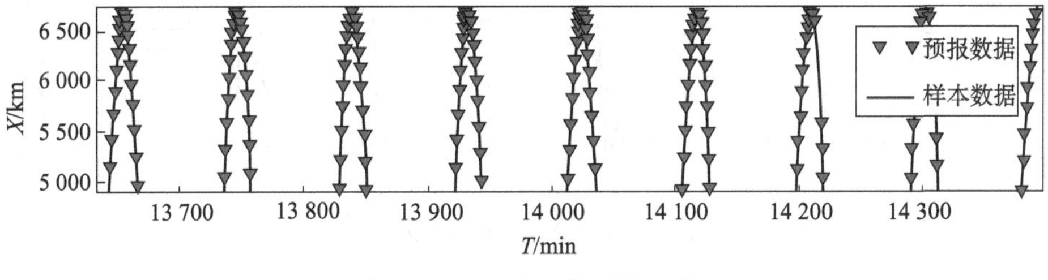

图 1 - 16　X 轴中期预报结果

由于天基节点中期预报数据量大，横轴数据量有 14 400 个，受限于篇幅，实验结果主要展示预报后期轨道位置最高点的变化情况。

从以上实验结果分析得出，改进的 LSTM 神经网络中期预报结果较好，预报数据的倒三角形与样本数据变化的实线拟合度较高。这说明经过改进的 LSTM 神经网络较好地把握了样本数据内在隐含关系和参数，并能对 10 天内的天基节点轨道数据进行预报。

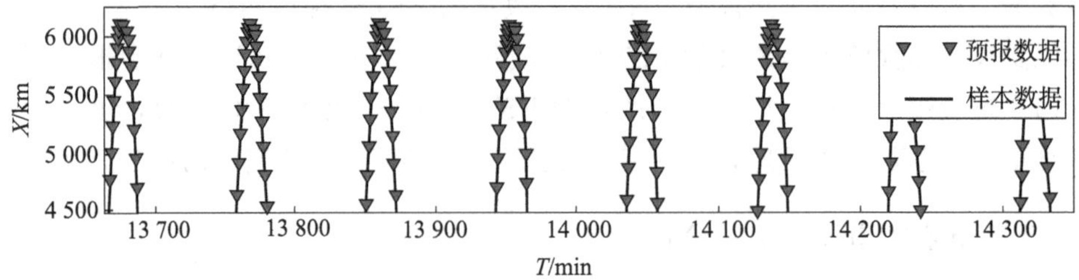

图 1-17　Y 轴中期预报结果

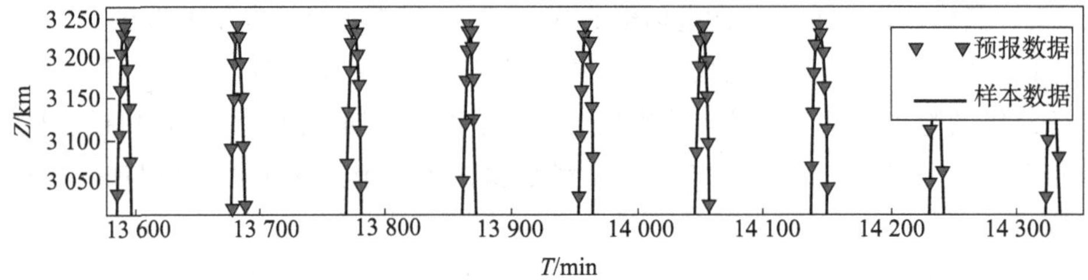

图 1-18　Z 轴中期预报结果

1.3.4.2　天基节点轨道短期预报实验分析

本实验选取天基节点 UTC 2007 年 7 月 1 日 12：00：00 至 2007 年 10 月 8 日 12：00：00 共 100 天的数据作为学习样本，为保证预报的精确性，样本数据采样间隔为 1 min。经过改进的 LSTM 神经网络训练后，预报后 5 天的轨道数据，给出了天基节点在地心惯性系下 X，Y，Z 轴方向的 5 天预报值与样本值的比较图。横轴代表每分钟，5 天一共为 7 200 min，如图 1-19～图 1-21 所示。

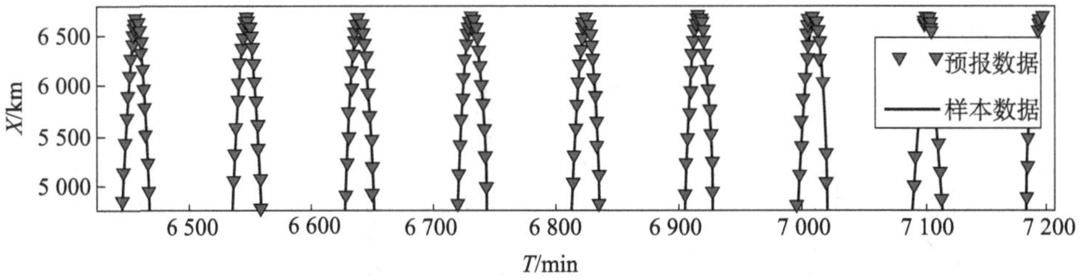

图 1-19　X 轴短期预报结果

由于天基节点预报数据量有 7 200 个，故实验结果给出的图形是整体预报中的一部分，展出部分是预报阶段后期样本数据变化的顶点，也是预报后期容易出现较大误差的时刻。

从以上实验结果分析得出，天基节点的短期轨道预报数据的倒三角形与样本数据变化的实线拟合度较高。这说明改进的 LSTM 神经网络训练结果准确学习到样本数据内在的隐含关系，其参数调整也保证了预报精度。

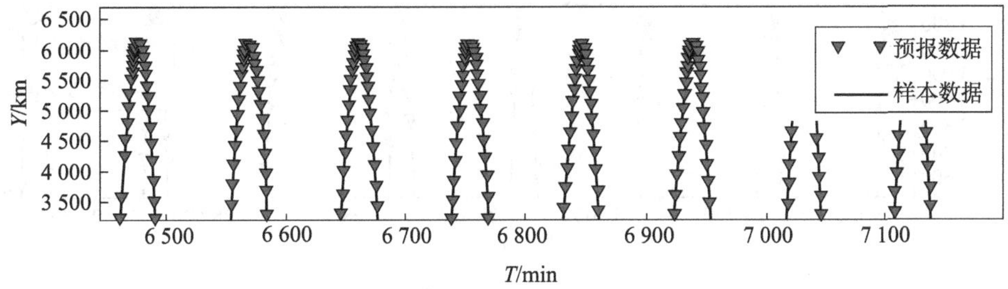

图 1－20　Y 轴短期预报结果

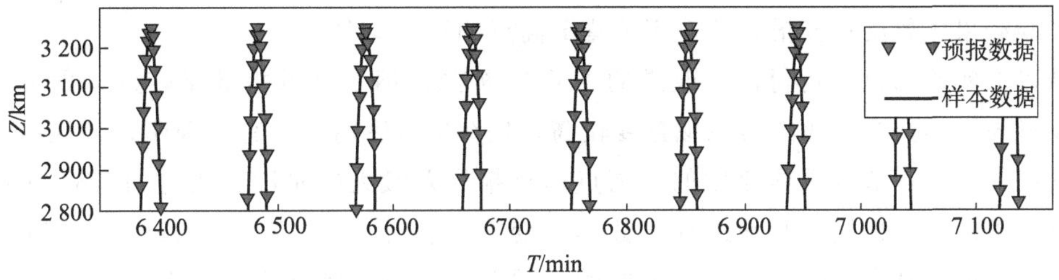

图 1－21　Z 轴短期预报结果

1.3.4.3　天基节点轨道长期预报实验分析

本实验选取天基节点 UTC 2007 年 7 月 1 日 12：00：00 至 2007 年 10 月 8 日 12：00：00 共 100 天的数据作为学习样本，为保证预报的精确性，采样间隔为 1 min。预报后 20 天的轨道数据，给出天基节点在地心惯性系下 X，Y，Z 轴方向的 20 天预报值与样本值的比较图。横轴代表每分钟，20 天一共为 28 800 min，如图 1－22～图 1－24 所示。

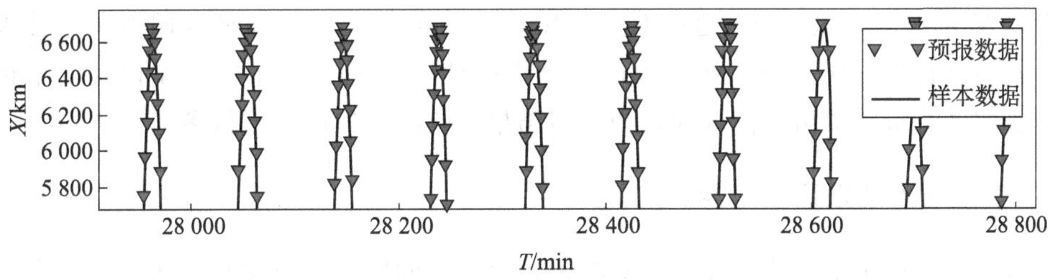

图 1－22　X 轴长期预报结果

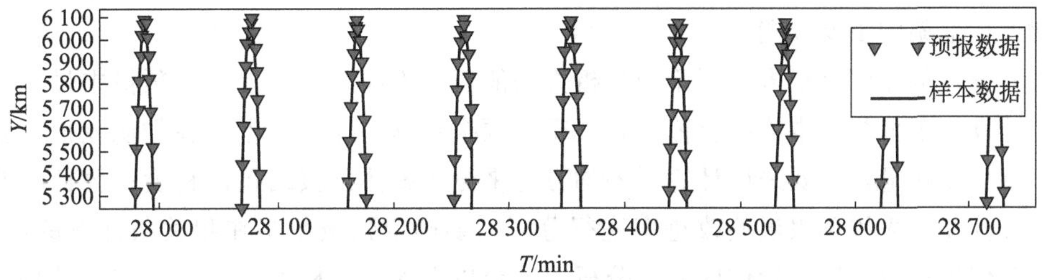

图 1－23　Y 轴长期预报结果

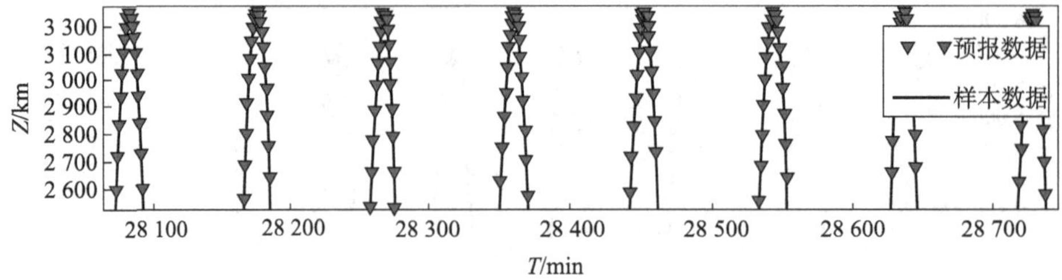

图 1-24　Z 轴长期预报结果

由于天基节点长期预报的数据量很大，每一个轴的数据量都有 28 800 个，受限于篇幅，实验结果主要展示预报后期轨道位置最高点的变化情况。

从以上实验结果分析得出，改进的 LSTM 神经网络长期预报效果较好，预报数据的倒三角形与样本数据变化的实线拟合度较高，且在预报后期并没有出现明显的误差。同时还能看出，在天基节点数据变化的最高点即预报误差最大的阶段，改进的 LSTM 神经网络模型预报的数据也能较好地跟样本数据的变化相吻合，没有出现改进前 LSTM 神经网络在最高点或最低点预报值与真实值的明显误差。这说明经过改进的 LSTM 神经网络在训练后把握到数据的规律，并能根据所掌握的规律对 20 天内的天基节点轨道数据进行预报。

1.4　太空信息网络天基节点轨道预报评估框架

本节针对改进的 LSTM 神经网络对天基节点轨道预报效果进行评估。首先，构建了天基节点预报评估框架；其次，根据评估框架对改进的 LSTM 神经网络预报误差与改进前的 LSTM 神经网络预报误差进行对比；然后，对改进的 LSTM 神经网络预报结果与传统数学模型进行均方误差值、误差改进率分析；最后，对改进的 LSTM 神经网络预报误差进行置信度分析，给出置信区间，为预报结果的实际工程应用提供参考。

1.4.1　天基节点预报评估框架

天基节点轨道预报评估主要是针对轨道预报方法的优劣进行量化分析。在本节中，天基节点轨道预报评估是对改进的 LSTM 神经网络在轨道预报方面优缺点分析的关键。由于在轨道预报分析中，误差分析一般被作为评估预报效果的主要方法，故可将误差分析作为构建评估框架的主要依据。

误差分析的方法有很多种，不同分析方法能反映不同特性：在轨道预报中最常见的就是直接计算预报值与样本值的差值，直观得到预报数据与样本数据存在的误差值；要分析预报误差的变化量，一般采用计算误差均方值来分析整体预报结果的精度；要评估改进网络的预报性能，采用预报误差改进率进行分析；要确定预报数据在相关条件下的可信度，可对误差值进行置信度、置信区间的分析。结合以上误差分析方法见表 1-5，能保证对比分析方法的科学性，提高实验数据的说服力和可信度。

表 1-5　误差分析方法

误差分析阶段			
样本数据	预报数据	误差样本数据	误差分析方法
$(T: T_0, T_1)^{HPOP}$	$X(T: T_1, T_2)^{NN}$		误差均方值
$(T: T_0, T_1)^{HPOP}$	$Y(T: T_1, T_2)^{NN}$		误差改进率
$(T: T_0, T_1)^{HPOP}$	$Z(T: T_1, T_2)^{NN}$		误差置信区间、置信度

结合上述误差分析方法，将其归纳为对比和置信度两种分析类型，这两种类型的评估能从不同角度反映改进的 LSTM 神经网络对天基节点轨道预报的性能，因此评估框架也依据这两类分析方法构建，具体如图 1-25 所示。

图 1-25　评估框架

对比评估将数据直接误差、误差均方值以及误差改进率作为评估主要指标。置信度评估将误差数据的置信度以及置信区间作为评估指标。

1.4.2　天基节点轨道预报对比评估标准

从实验结果分析可知，预报数据不仅掌握了样本数据的变化规律，且预报结果和实际数据也能较好拟合。由于篇幅受限，实验结果图片的横轴是以天基节点轨道的实际值作为参考，每一个刻度间隔为 1 000 km，因此预报值跟实际值之间较小的差距在实际上的差值都比较大，故需要对误差进行相关分析，本节根据对比评估涉及的分析方法，给出对比评估指标的计算公式。

1.4.2.1　直接误差与误差均方值

改进的 LSTM 神经网络与改进前的性能评估，直接采用预报数据与样本数据的误差值进行比较

$$e = \hat{x} - x \tag{1-40}$$

式中，e 为误差值；$\hat{x}$ 为预报值；x 为样本值。

在轨道预报评估中，评估预报误差的标准主要有均值、均方值以及最大值[39]。均值是指在某一时间段里，预报误差绝对值的平均值，均方值指的是在一定时间段里误差平方的平均值，最大值为预报时间段内误差的最大值，即最坏情况。由于均方值通常被用来表征误差分布情况，具有较好的说服力，故在对天基节点轨道预报误差的分析中采用误差的

均方值进行分析

$$MSE = \frac{1}{M}\sum_{i=1}^{M}(x - \hat{x})^2 \tag{1-41}$$

式中，M 为特定时间段中参与计算的点的个数；x 为真实值；$\hat{x}$ 为预报值。

误差评定标准的引入，是对天基节点预报评估的重要指标之一，根据预报数据误差随时间的变化情况，不仅能分析出预测值相比样本值的变化情况，还能直观地对改进前的LSTM神经网络算法进行预测精度的对比。

1.4.2.2 预报误差改进率

预报误差改进率即为改进幅度，为改进的LSTM神经网络最大误差相比较改进前神经网络或者数学模型预报最大误差变化率。改进率是对新方法改进效果的量化评估，改进率越大，改进效果就越好。同时对同一事物不同时刻的改进率分析，能直观比较出神经网络的预报效果[40]。本节主要对改进的LSTM神经网络与数学模型进行改进率比较。预报误差改进率的表达式为

$$imp\_rate = \frac{Max_{\mathrm{Dyn}} - Max_{\mathrm{NN}}}{Max_{\mathrm{Dyn}}} \tag{1-42}$$

式中，imp_rate 为预报误差改进率；Max_{Dyn} 为数学模型预报的最大误差值；Max_{NN} 为改进的神经网络最大误差值。

1.4.3 长短时记忆神经网络改进前后对比评估

结合式（1-41）、式（1-42），本节主要对改进前和改进后的LSTM神经网络的预报误差进行对比评估。实验过程中，网络层数、训练次数、样本数据保持一致，通过对比评估一方面比较出改进的LSTM神经网络的预报效果，另一方面对改进的LSTM神经网络的训练时效性进行评估。

1.4.3.1 天基节点 X 轴数据误差对比评估

将LSTM神经网络改进前和改进后不同时长预报误差进行评估，如图1-26～图1-28所示。

从 X 轴短期预报误差对比评估可知，改进后的预报误差相比改进前提高了两个数量级，预报最大绝对误差由改进前将近500 km缩小到不超过3 km，改进后的LSTM神经网络精度得到较大改善。

从 X 轴中期预报误差对比评估可知，改进的LSTM神经网络预报误差相对改进前的有较大的改善，改进前中期预报最大误差接近600 km，而改进后的最大预报误差未超过3 km，此预报精度达到了对天基节点位置预测的要求。

从 X 轴长期预报误差对比评估可知，改进的神经网络预报误差比改进前提高了两个数量级，改进前长期预报最大误差接近600 km，而改进后的最大预报误差未超过5 km，预报精度基本达到了对天基节点位置预测的要求。

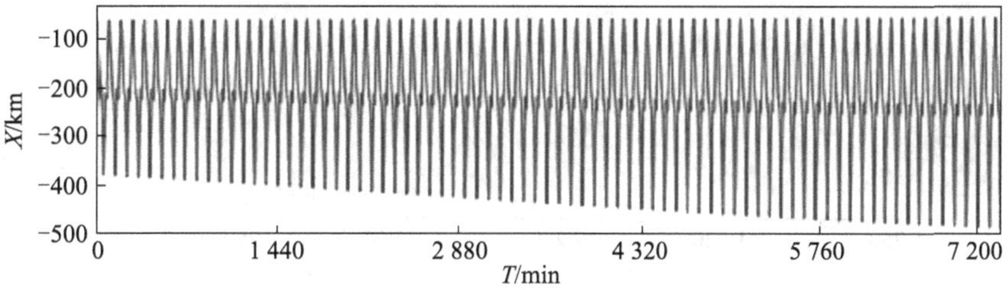

(a) 改进前误差

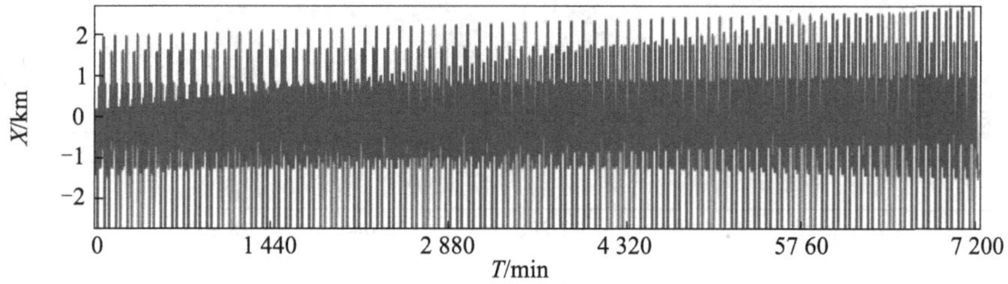

(b) 改进后误差

图 1－26　改进前和改进后 LSTM 神经网络 X 轴短期预报误差

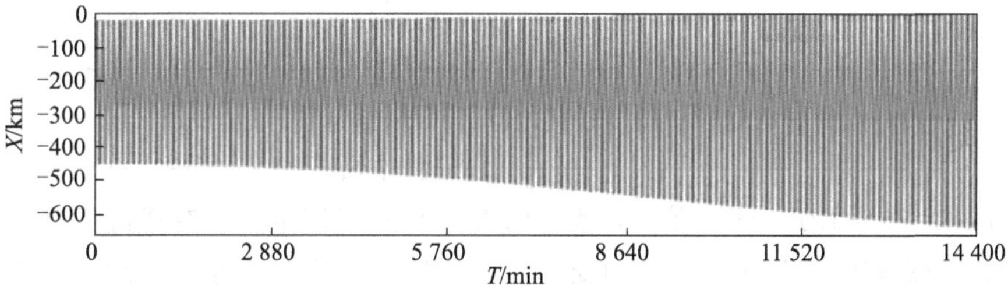

(a) 改进前误差

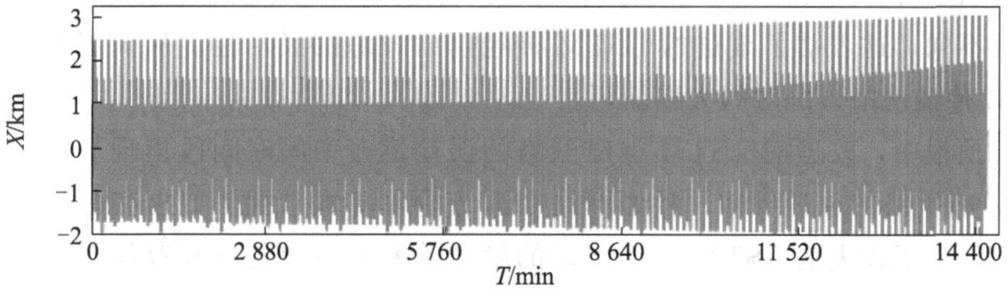

(b) 改进后误差

图 1－27　改进前和改进后 LSTM 神经网络 X 轴中期预报误差

表 1－6 给出改进前和改进后 LSTM 神经网络不同预报时长误差的均方值以及神经网络训练时间。

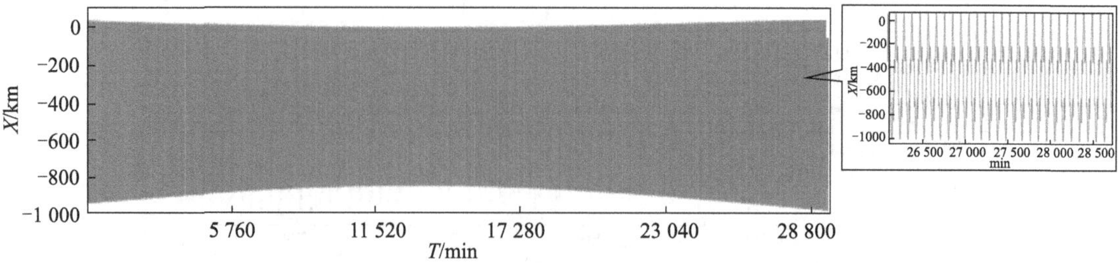

(a) 改进前误差

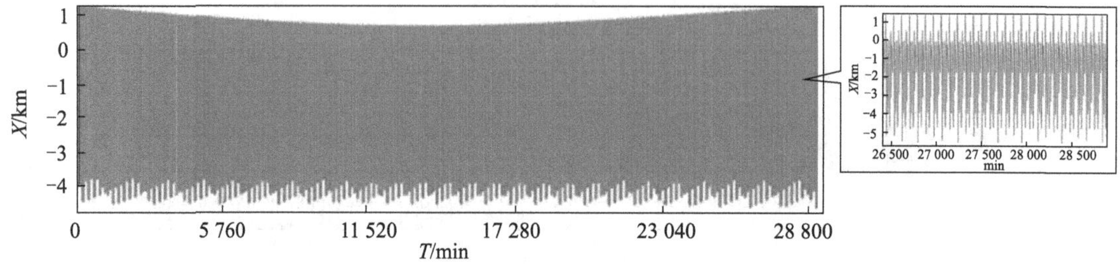

(b) 改进后误差

图 1-28　改进前和改进后 LSTM 神经网络 *X* 轴长期预报误差

表 1-6　改进前和改进后 LSTM 神经网络 *X* 轴预报误差均方值对比分析

	短期误差/km	中期误差/km	长期误差/km	训练时长/s
改进前 LSTM	256.18	289.47	377.25	3 000
改进后 LSTM	1.04	1.13	1.50	500

综合图 1-26～图 1-28 三幅图，改进的 LSTM 神经网络从短期到长期预报，最大误差在增加，这跟表 1-6 误差均方值的变化规律相吻合。对比短期预报数据与中期和长期预报数据可以发现，同时刻预报数据存在差异，改进的 LSTM 神经网络在每一次训练后，预报的数据不同，这表明了改进的 LSTM 神经网络训练的灵活性。从训练时长来看，改进的 LSTM 神经网络训练时间大幅缩短。

在长期预报中，改进前 LSTM 神经网络的误差值在中间时间段出现了明显收敛，结合 LSTM 神经网络的原理可知，神经网络在训练阶段基本掌握了数据变化规律，出现收敛的效果，但由于改进前 LSTM 神经网络的隐含关系和参数是重复存储的，一方面造成存储单元存储空间不足，后续更新无法进行，误差又开始出现发散；另一方面网络训练数据量不断累积，造成训练时间变长，效率降低。

不论改进前还是改进后，*X* 轴的均方误差随着预报时长的增加而增加，在天基节点轨道预报过程中，预报的精度也会随着预报时长的增加而下降。从数值变化量分析可知，改进前和改进后的长期预报与短期预报均方值的变化量分别为 121.07 km 和 0.46 km，这表明改进的 LSTM 神经网络收敛性较好。

1.4.3.2　天基节点 *Y* 轴数据误差对比评估

将 LSTM 神经网络改进前后不同时长的预报误差进行对比评估，如图 1-29～图 1-

31 所示。

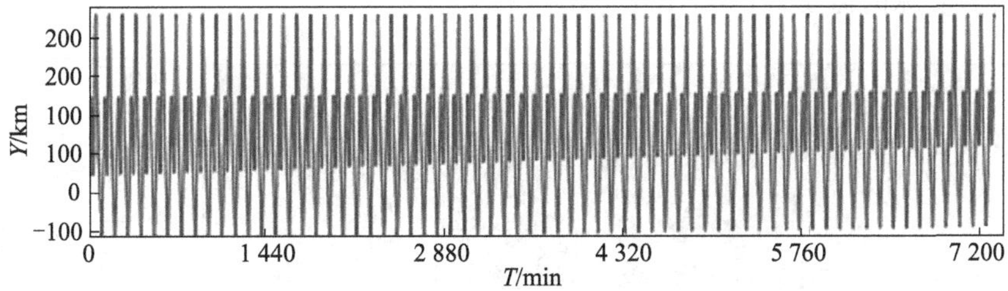

(a) 改进前误差

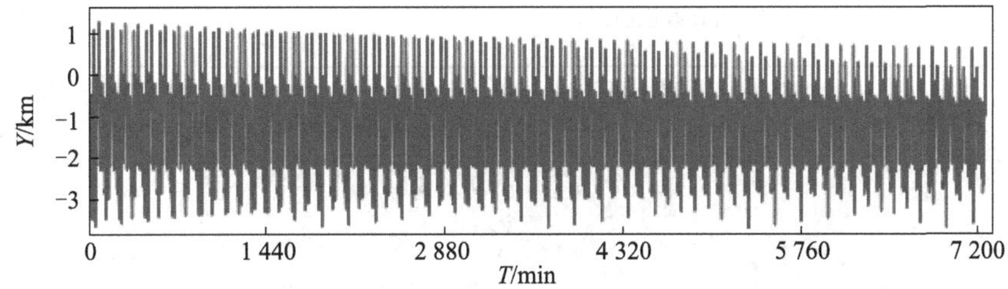

(b) 改进后误差

图 1 - 29　改进前和改进后 LSTM 神经网络 Y 轴短期预报误差

从 Y 轴短期预报误差对比评估可以看出，改进后的预报精度相对于改进前有了明显提高，其最大绝对误差由 300 km 缩小至 3 km，改进后的 LSTM 神经网络预报精度得到较大改善。

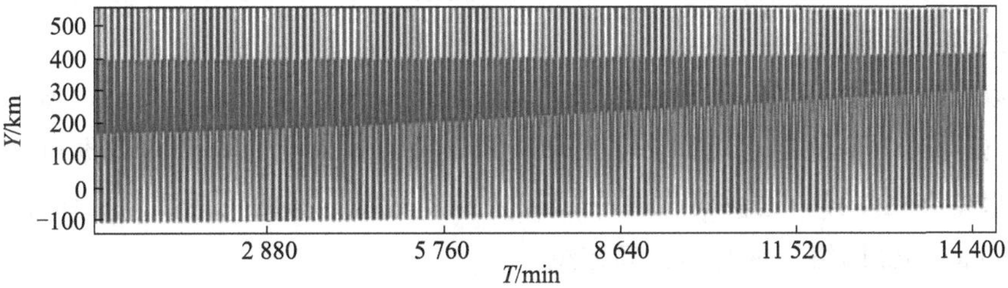

(a) 改进前误差

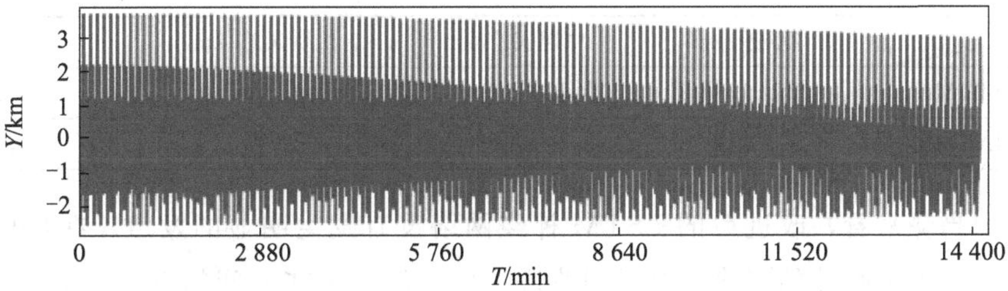

(b) 改进后误差

图 1 - 30　改进前和改进后 LSTM 神经网络 Y 轴中期预报误差

从 Y 轴中期预报误差对比评估可以看出，改进后的预报误差相比改进前有了较大的改善，其最大绝对误差由改进前的 500 km 缩小到不超过 4 km，改进后的预报精度满足天基节点位置预测实际的需要。

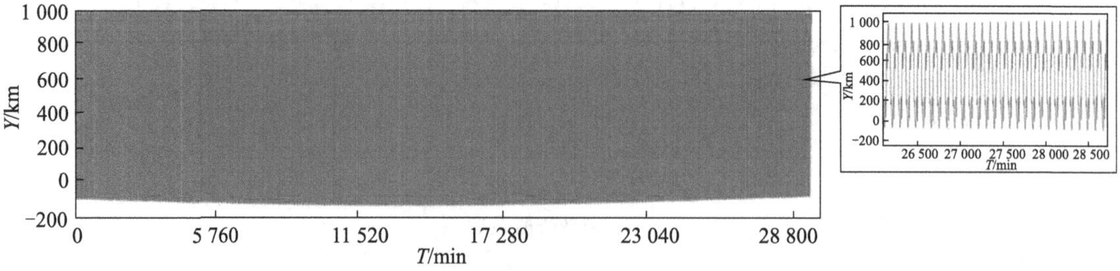

(a) 改进前误差

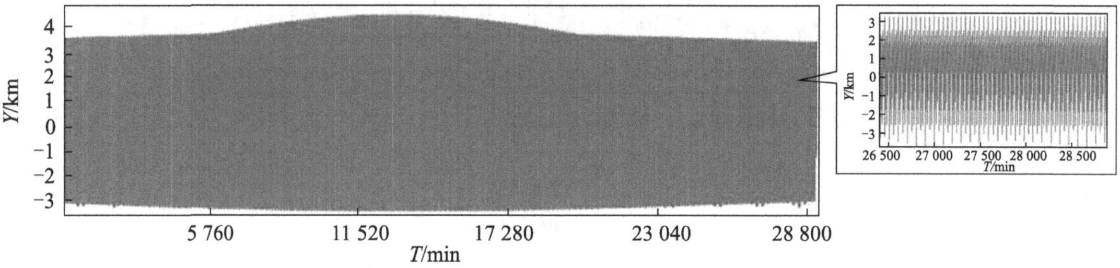

(b) 改进后误差

图 1－31　改进前和改进后 LSTM 神经网络 Y 轴长期预报误差

从 Y 轴长期预报误差分析可以看出，改进后的预报误差相比改进前有了较大的改善，其最大绝对误差由改建前的 1 000 km 缩小到不超过 5 km，改进后的预报精度满足天基节点位置预测的实际需要。

综合以上对比评估可知，Y 轴预报误差从短期到长期，预报最大误差在增加。这验证了表 1－7 误差均方值的变化规律。中期和长期预报数据对比短期预报数据可知，相同时刻的预报误差存在差异，这说明改进的 LSTM 神经网络训练的灵活性。从训练时长来看，改进的 LSTM 神经网络训练时间大幅缩短。

表 1－7　改进前和改进后 LSTM 神经网络 Y 轴预报误差均方值对比分析

	短期误差/km	中期误差/km	长期误差/km	训练时长/s
改进前 LSTM	212.76	346.71	458.24	3 000
改进后 LSTM	1.22	1.42	2.01	500

从图像趋势来看，改进后的 LSTM 神经网络没有发生明显的发散，在短期和中期预报过程中误差呈现收敛的态势，这说明改进的模型保证了在时间门 K_t 打开阶段存入的隐含关系和参数是准确的，证明了改进模型的有效性。这说明对长时序样本数据进行训练时 LSTM 神经网络很难发生梯度消失现象。

改进后的 LSTM 神经网络在 Y 轴预报数据的长期预报阶段中，预报中间最大预报误差出现凸起，这说明隐含层在训练过程中出现了预报隐含关系和参数不准或偶然丢失的情况；但在后期这种现象又渐渐消失，这说明改进的模型并不会将这种误差逐渐累积，能很好地保证映射关系和参数的更新不受前面误差的积累影响，当时间门 K_t 再次打开时，存入存储单元的映射关系不受前面预报误差所影响，这也得益于对神经网络模型的改进。

从数值上分析可知，改进前和改进后的长期预报与短期预报均方值的变化量分别为 245.48 km 和 0.76 km，相比改进前，改进后的 LSTM 神经网络收敛性较好。

1.4.3.3　天基节点 Z 轴数据误差对比评估

将 LSTM 神经网络改进前和改进后不同时长的预报数据误差进行对比评估，如图 1－32～图 1－34 所示。

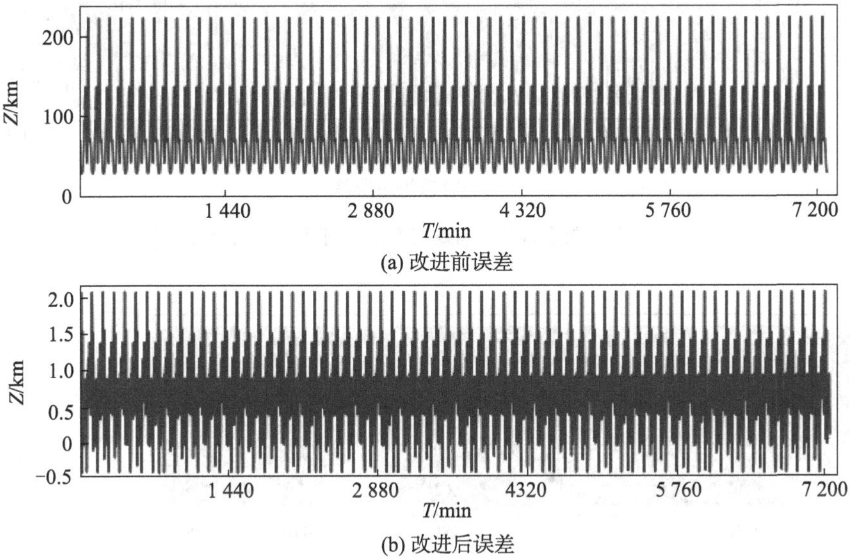

图 1－32　改进前和改进后 LSTM 神经网络 Z 轴短期预报误差

从 Z 轴短期预报误差对比评估可以看出，改进前的最大预报绝对误差为 200 km，改进后的最大预报绝对误差为 2 km，相比改进前提高了两个数量级，改进后的 LSTM 神经网络精度得到较大改善。

从 Z 轴中期预报误差对比评估可以看出，改进后的预报误差精度较改进前有了很大提高，改进前的最大绝对误差值为 250 km 左右，改进后的最大绝对误差不超过 2 km，其预报精度满足天基节点位置预测的实际应用需求。

从 Z 轴长期预报误差对比评估可以看出，改进后的预报误差相比改进前提高了两个数量级，其最大绝对误差由改进前的 400 km 缩小到不超过 2 km，改进后的预报精度满足天基节点位置预测的实际需要。改进前和改进后 LSTM 神经网络 Z 轴预报误差均方值对比分析见表 1－8。

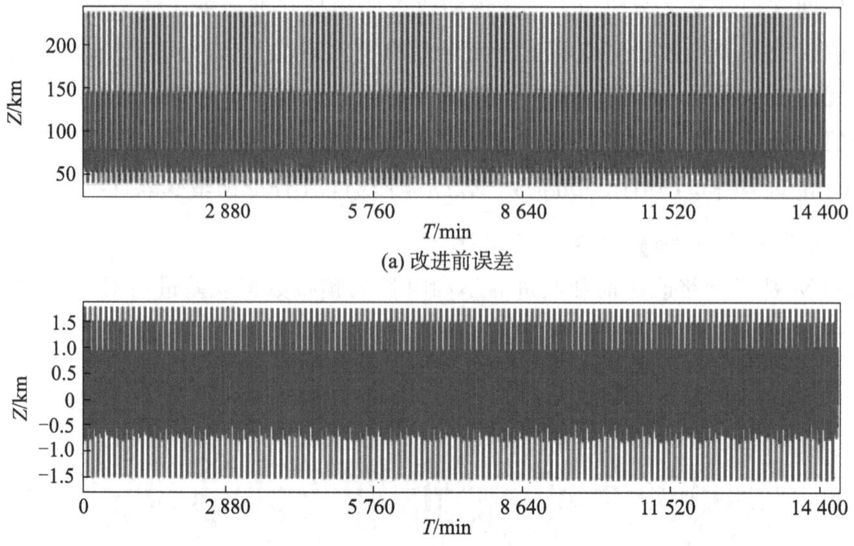

(a) 改进前误差

(b) 改进后误差

图 1－33　改进前和改进后 LSTM 神经网络 Z 轴中期预报误差

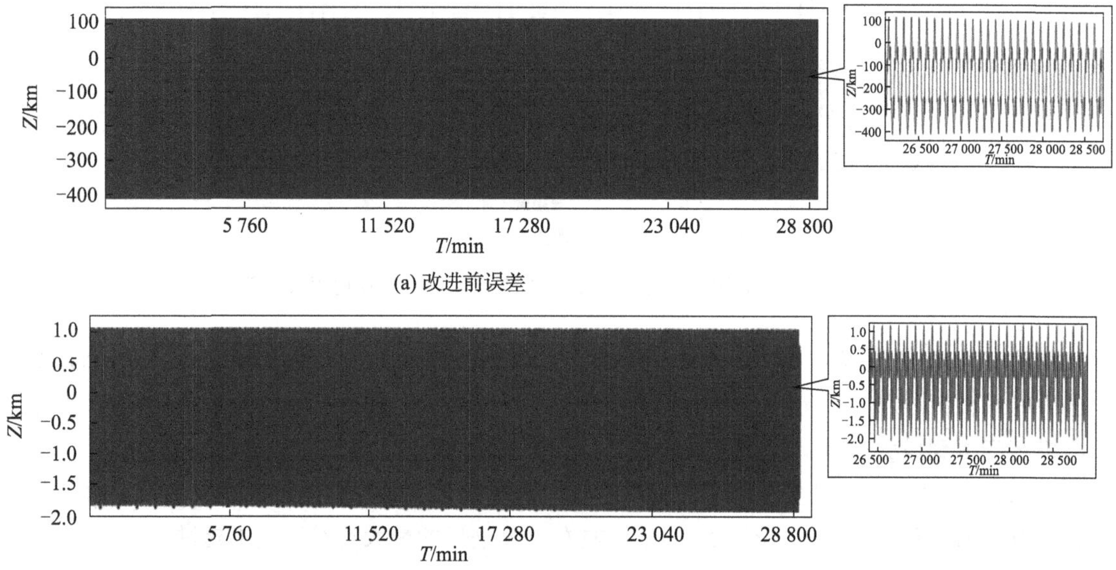

(a) 改进前误差

(b) 改进后误差

图 1－34　改进前和改进后 LSTM 神经网络 Z 轴长期预报误差

表 1－8　改进前和改进后 LSTM 神经网络 Z 轴预报误差均方值对比分析

	短期误差/km	中期误差/km	长期误差/km	训练时长/s
改进前 LSTM	113.62	144.51	201.12	3 000
改进后 LSTM	0.84	0.86	0.88	500

相比较 X 轴和 Y 轴，Z 轴预报误差整体变化比较平稳。这主要与地心惯性坐标轴有

关，Z 轴是节点运行竖直方向上的量，由轨道六要素可知，Z 值可计算出节点的轨道倾角，因为节点的轨道倾角是恒定不变的，故 Z 轴预报数据的变化相比 X、Y 轴要规律。对比改进前和改进后的 LSTM 神经网络，改进前的 LSTM 神经网络在精度上与改进后的 LSTM 神经网络有较大的差距，训练时间也大幅缩短。

从数值上分析可知，Z 轴各预报时期的均方误差都明显小于 X、Y 轴，这是由于 Z 轴样本数据变化的规律性使得 LSTM 神经网络较准确地掌握了数据变化的特性，预报过程中都能够较好地根据训练的特点对数据进行预报，Z 轴长期预报的均方误差与短期预报的均方误差为 0.04 km，相比改进前的 87.5 km，改进的 LSTM 神经网络收敛性较好，训练效率得到了提升。

1.4.4　数学模型与神经网络预报对比评估

本节对未进行轨道更新的数学模型和改进的 LSTM 神经网络的预报模型误差进行对比评估，结合 1.4.2 节的误差均方值和改进率两种方法进行对比评估，根据计算结果，比较两种方法的优点和缺点。

1.4.4.1　误差均方值对比评估

1.4.2 节对未经轨道更新的天基节点的数学预报模型误差进行了分析，并给出了短期和长期误差分析结果，该模型的天基节点进行轨道更新的预报误差随着时间逐渐发散，且时间越长发散越明显。在 20 天的长期预报中，最大发散误差接近 10 km，且预报精度越来越低，为具体分析改进的 LSTM 神经网络与数学模型预报的效果，首先采用误差均方值进行对比评估。

根据式（1－41）对数学模型和改进的 LSTM 神经网络的每个预报时期的误差均方值进行计算，计算结果如表 1－9、表 1－10 所示。

表 1－9　数学模型误差均方值

	X 轴/km	Y 轴/km	Z 轴/km
短期预报	0.43	0.58	0.41
中期预报	1.19	1.48	0.82
长期预报	4.12	5.21	2.35

表 1－10　改进的 LSTM 神经网络误差均方值

	X 轴/km	Y 轴/km	Z 轴/km
短期预报	1.04	1.22	0.84
中期预报	1.13	1.42	0.86
长期预报	1.50	2.01	0.88

由短期预报结果可知，改进的 LSTM 神经网络的预报误差大于未经轨道更新的数学模型，这种现象的出现与神经网络的预报特性有关，由于改进的 LSTM 神经网络完全摆脱了对数学模型的依赖，不受数学计算模型和轨道更新数据的限制，根据训练所得隐含关

系和参数进行预报，只能将误差控制在一个合理范围内，无法十分精确预报每一时刻的精准轨道数据，其精度相比较通用的数学模型已经满足实际需要。

将表 1-9 和表 1-10 进行对比可知，在短期预报阶段，改进的 LSTM 神经网络与数学模型相比，三个坐标轴的误差均方值更大，数学模型误差都在百米级别，预报精度较高，而改进的 LSTM 神经网络误差都在 1～2 km 之间。故在短期的预报中，数学模型预报精度要优于改进的 LSTM 神经网络。

在中期预报阶段中，两种方法的误差均方值差别不大，在 X、Y 轴的误差数值上，改进的 LSTM 神经网络的均方误差要稍微优于数学模型，且都在 1～2 km 之间，未经轨道更新的数学模型在 Z 轴的数据要稍微优于改进的 LSTM 神经网络，且二者都在百米之内。因此两种方法在中期预报效果相当。

在长期预报阶段中，未经轨道更新的数学模型的误差均方值要大于改进的 LSTM 神经网络的误差均方值，前者的误差均方值在 2～6 km 之间，后者的均方误差值不超过 2 km，从数学模型的特性来看，在长期预报中，由于对他国天基节点轨道数据的把握不够完全，无法及时进行轨道修正造成后期误差发散严重，预报精度越来越差。改进的 LSTM 神经网络没有出现明显的发散，且短期和长期之间的误差值差别不大。故在天基节点长期轨道预报中，改进的 LSTM 神经网络预报模型要明显优于数学模型。

1.4.4.2 预报误差改进率对比评估

式（1-42）给出了改进率的计算模型，表 1-11 给出了改进的 LSTM 神经网络优化后预报精度的改进程度。

表 1-11 LSTM 神经网络预报精度的改进程度

	X 轴/%	Y 轴/%	Z 轴/%
短期预报	−58.65%	−52.46%	−51.19%
中期预报	5.31%	4.23%	4.65%
长期预报	63.59%	61.42%	62.55%

从表 1-11 数据可以看出，在短期预报中，改进率都为负数，改进的 LSTM 神经网络预报效果不及数学模型。在中期预报中，改进率较小，改进的 LSTM 神经网络和数学模型的中期预报效果相当，但由于改进率都为正值，神经网络预报精度略微优于数学模型。在长期预报中，改进率都在 60%之上，改进的 LSTM 神经网络预报效果要明显优于数学模型。

改进的 LSTM 神经网络长期预报阶段的精度要优于数学模型，数据分析证明，在长期预报阶段，改进的 LSTM 神经网络在控制预报数据发散的能力上有很大的提升。

1.4.5 预报误差置信度评估

由于空间运行环境的不稳定性，天基节点轨道运行会产生波动，造成预报精度降低。因此，给出预报误差的置信区间就比给出预报数据本身具有更大的实际意义。

将上述计算所得误差的期望值设为 μ，且置信区间为 $[\mu_1, \mu_2]$ 是在置信度（$1-\alpha$）下，误差值的分布范围[41]。在误差分析中，这是参数估计的一种方法，有两个主要分析方法：第一个是置信度 $1-\alpha$，在随机区间 $[\mu_1, \mu_2]$ 中计算参数的概率；第二个是随机区间的期望长度，期望长度越小越准确。这两种方法相互补充。结合误差值样本数据和标准方差，能计算出可靠置信度下数据的置信区间。本节以“线性最小方差”方法得到预报误差的置信度和置信区间。

期望值的置信区间是在总体 $X \sim N(\mu, \sigma^2)$ 的前提下提出的。由中心极限定理知，当 n 充分大时，无论 X 服从什么分布，都近似有[42]

$$Z=\frac{\overline{X}-EX}{\sqrt{\frac{DX}{n}}} \sim N(0,1) \tag{1-43}$$

设 $X \sim N(\mu, \sigma^2)$，$\overline{X} \sim N\left(\mu, \frac{\sigma^2}{n}\right)$，因此满足

$$\begin{aligned} E\overline{X} &= \mu \\ D\overline{X} &= \frac{\sigma^2}{n} \end{aligned} \tag{1-44}$$

则有随机变量

$$Z=\frac{\overline{X}-\mu}{\sqrt{\frac{\sigma^2}{n}}} \sim (0,1) \tag{1-45}$$

对于置信度为 $1-\alpha$，令

$$P\left\{\left|\frac{\overline{X}-\mu}{\sqrt{\frac{\sigma^2}{n}}}\right| \leqslant z_{\frac{\alpha}{2}}\right\}=1-\alpha \tag{1-46}$$

则有

$$P\left\{\overline{X}-\frac{\sigma}{\sqrt{n}}z_{\frac{\alpha}{2}} \leqslant \mu \leqslant \overline{X}+\frac{\sigma}{\sqrt{n}}z_{\frac{\alpha}{2}}\right\}=1-\alpha \tag{1-47}$$

则 μ 的置信度为 $1-\alpha$ 的置信区间为

$$\left[\overline{X}-\frac{\sigma}{\sqrt{n}}z_{\frac{\alpha}{2}}, \overline{X}+\frac{\sigma}{\sqrt{n}}z_{\frac{\alpha}{2}}\right] \tag{1-48}$$

由分析可知，置信区间长短表示估计的精度，区间短则精度高，反之则低。置信区间长度 L 表达式如下所示

$$L=\frac{2\sigma}{\sqrt{n}}z_{\frac{\alpha}{2}} \tag{1-49}$$

由公式分析可知，L 随 n 的增大而减小（α 给定时），根据实际需求设置置信度，对于 $1-\alpha$ 不同的值，可以得到不同的置信区间。

置信度 $1-\alpha$ 越大，置信区间越长[43]。为便于工程参考，本节分别计算了在置信度为 90%、95%和 99%条件下的预报误差置信区间，在计算过程中，为便于实际参考，将误差

值全部转为正数进行计算，计算结果如表 1－12～表 1－14 所示。

表 1－12　90%置信度下预报误差置信区间

	X 轴/km	Y 轴/km	Z 轴/km
短期预报	[0.12,1.10]	[0.14,1.48]	[0.02,1.02]
中期预报	[0.06,1.37]	[0.38,1.72]	[0.19,1.17]
长期预报	[1.25,2.90]	[1.12,3.09]	[0.21,1.22]

表 1－13　95%置信度下预报误差置信区间

	X 轴/km	Y 轴/km	Z 轴/km
短期预报	[0.02,1.20]	[0.03,1.59]	[0.00,1.10]
中期预报	[0.00,1.50]	[0.31,1.84]	[0.10,1.27]
长期预报	[1.10,3.06]	[0.93,3.28]	[0.13,1.32]

表 1－14　99%置信度下预报误差置信区间

	X 轴/km	Y 轴/km	Z 轴/km
短期预报	[0.00,1.38]	[0.00,1.84]	[0.00,1.28]
中期预报	[0.00,1.75]	[0.05,2.11]	[0.00,1.46]
长期预报	[0.79,3.37]	[0.56,3.66]	[0.00,1.49]

表 1－12～表 1－14 给出了不同置信度下的各时期预报误差均值的置信区间，90%置信度的置信区间较小，实际参考范围太小，参考作用不强；99%置信度的置信区间较大，实际参考范围太大，精度不高。置信区间越大置信度越高，同时精度在降低。在工程应用中，一般采用 95%置信度的置信区间作为参考，保证置信区间的可靠度和精度。因此，本节对天基节点预报误差的分析在实际应用中，参考 95%置信度下的置信区间是合理的。

参考文献

[1] 李德仁，沈欣，龚雅健，等．论我国空间信息网络的构建［J］．武汉大学学报（信息科学版），2015，40（6）：711－715.

[2] 王大鹏，赵培，刘立祥．空间信息网发展态势及关键技术［J］．国际太空，2016（4）：42－47.

[3] 刘一帆．基于SGP4模型的低轨道航天器轨道预报方法研究［D］．哈尔滨：哈尔滨工业大学，2009.

[4] 中国人民解放军总装备部军事训练教材工作委员会．航天器轨道确定［M］．北京：国防工业出版社，2003：20－30.

[5] 李彬，桑吉章，宁津生．空间碎片半解析法轨道预报精度性能分析［J］．红外与激光工程，2015，44（11）：3310－3316.

[6] 卢伟．基于阻力参数估计的低轨卫星轨道确定与预报［D］．哈尔滨：哈尔滨工业大学，2008.

[7] 苍中亚．低轨空间目标轨道预报的精度改进及应用［D］．南京：南京信息工程大学，2016.

[8] 李卫平，秋宏兴，党琦．瞬时根数到两行根数的转换方法研究［J］．现代雷达，2012，34（12）：38－40.

[9] 韩蕾，陈磊，周伯昭．SGP4/SDP4模型用于空间碎片轨道预测的精度分析［J］．中国空间科学技术，2004，24（04）：65－71.

[10] 刘卫，王荣兰，刘四清，等．TLE预报精度改进及碰撞预警中的应用［J］．空间科学学报，2014，22（5）：273－277.

[11] 史纪鑫，曲广吉．用SGP4模型和卡尔曼滤波实现空间碎片轨道预报［J］．航天器环境工程，2005（12）：58－60.

[12] 管洪杰，姚志成，刘岩，等．基于容积卡尔曼滤波（CKF）算法的卫星轨道实时预报方法［J］．科学技术与工程，2013，13（32）：9622－9625.

[13] 郑作亚，陈永奇，卢秀山．UKF算法及其在GPS卫星轨道短期预报中的应用［J］．武汉大学学报（信息科学版），2008，33（03）：249－252.

[14] Creon L，William M. ImprovedOrbit Predictions using Two－line Elements［J］. Advances in Space Research，2011，47（7）：1107－1115.

[15] 黄卫东，张育林．分布式卫星轨道构形的大气摄动分析及修正方法［J］．宇航学报，2005，26（5）：649－652.

[16] 卢明，李智，陈冒银．NRLMSISE－00大气模型的分析和验证［J］．装备学院学报，2010，21（04）：57－61.

[17] Montenbruck O，Gill E，Lutze F. Satellite Orbits：Models，Methods，and Applications［J］. Applied Mechanics Reviews，2002，55（2）：2504－2510.

[18] 韩保民，许厚泽．重力场恢复中的基于星载GPS的低轨卫星简化动力学定轨方法研究［J］．地球物理学进展，2007，22（1）：73－79.

[19] 蒋兴伟，王晓慧，彭海龙，等．海洋二号卫星精密定轨方法设计及实现［J］．中国工程科学，2013，

15 (7): 19 - 24.

[20] 田家磊，赵东明，张中凯，等．非球形引力位中 J _ 3 项对轨道的影响及应用 [J]. 测绘工程，2014，23 (1): 50 - 52.

[21] 张小达，李小龙，张鹏．地球重力场标准探讨 [J]. 航天标准化，2009 (4): 1 - 4.

[22] Rumelhart, David E, Hinton, et al. Learning Representations by Back - propagating Errors [J]. Nature, 1986, 323 (6088): 533 - 536.

[23] Bengio Y, Delalleau O. Justifying and Generalizing Contrastive Divergence [J]. Neural Computation, 2014, 21 (6): 1601 - 1621.

[24] Hinton G E, Salakhutdinov R R. Reducing the Dimensionality of Data with Neural Networks [J]. Science (New York, N. Y.), 2006, 313 (5786): 504.

[25] 翟继友．基于深度置信网络的语义相关度计算模型 [J]. 科学技术与工程，2014，14 (32): 58 - 62.

[26] Yu D, Deng L. DeepLearning and Its Applications to Signal and Information Processing [Exploratory DSP] [J]. IEEE Signal Processing Magazine, 2010, 28 (1): 145 - 154.

[27] Huang P S, Kim M, Hasegawa - Johnson M, et al. JointOptimization of Masks and Deep Recurrent Neural Networks for Monaural Source Separation [J]. IEEE/ACM Transactions on Audio Speech & Language Processing, 2015, 23 (12): 2136 - 2147.

[28] Liu M, Shi J, Li Z, et al. Towards Better Analysis of Deep Convolutional Neural Networks [J]. IEEE Transactions on Visualization & Computer Graphics, 2017, 23 (1): 91.

[29] 李海峰，李纯果．深度学习结构和算法比较分析 [J]. 河北大学学报 (自然科学版)，2012，32 (5): 538 - 544.

[30] 彭程．基于递归神经网络的中文自然语言处理技术研究 [D]. 南京：东南大学，2014.

[31] Graves A. Supervised Sequence Labelling with Recurrent NeuralNetworks [M]. Springer Berlin Heidelberg, 2012: 45 - 55.

[32] 孙瑞奇．基于 LSTM 神经网络的美股股指价格趋势预测模型的研究 [D]. 北京：首都经济贸易大学，2015.

[33] Ma X, Tao Z, Wang Y, et al. LongShort - term Memory Neural Network for Traffic Speed Prediction using Remote Microwave Sensor Data [J]. Transportation Research Part C Emerging Technologies, 2015, 54: 187 - 197.

[34] Hochreiter S, Schmidhuber J. Long short - term memory [J]. Neural Computation, 1997, 9 (8): 1735 - 1780.

[35] 唐寅．长短时记忆神经网络模型改进 [J]. 时代金融，2016 (24): 281 - 282.

[36] 刘杰．LSTM 神经网络在 Android 平台上的实现 [D]. 天津：南开大学，2015.

[37] Hochreiter S, Schmidhuber J. Long short - term memory [J]. Neural Computation, 1997, 9 (8): 1735 - 1780.

[38] Sutskever I, Vinyals O, Le Q V. Sequence to Sequence Learning with Neural Networks [J]. Advances in Neural Information Processing Systems. 2014, 4: 3104 - 3112.

[39] 曹磊．基于深度神经网络补偿模型的轨道预报技术 [D]. 南京：南京航空航天大学，2014.

[40] Li X，Zhou J，Guo R. High - precision Orbit Prediction and Error Control Techniques for COMPASS Navigation Satellite [J]. Chinese Science Bulletin，2014，59 (23)：2841 - 2849.

[41] 李磊. 带置信区间的短期电价预测方法 [D]. 杭州：浙江大学，2007.

[42] 陈传法，王冬，郭恒庆. DEM 平均误差置信区间估计 [J]. 中国矿业大学学报，2011，40 (4)：647 - 652.

[43] 岑忠，丁勇. 泊松分布参数的最短置信区间 [J]. 中国卫生统计，2010，27 (2)：133 - 135.

第 2 章　太空态势呈现技术

通过第 1 章的研究，我们给出了较为精准的长期轨道预报方法，这在一定程度上实现了在太空智能推演中对太空网络中的天基节点进行精确的轨道预报，使我们能够在推演中把握一个回归周期的太空网络运行态势，为指挥人员制定任务规划提供参考。但总的来看，由于太空网络涉及空间、地面等多个领域，单纯的轨道预报无法提供多方位快速的信息认知。因此，为了直观地给出卫星的过境时间、方向以及运行态势，同时兼顾地面、水上等节点的信息，更有效地支撑推演中的太空综合态势生成，保障指挥决策，我们还需要在所获取的态势信息的基础上建立精确度高、全局性好、交互性强的态势呈现系统。

太空智能推演的态势呈现系统应当具备提高决策者的沉浸感的能力，从而使其能够在大脑中快速形成理性认识，提高决策效率。目前，三维态势的呈现大多以需要佩戴 3D 眼镜的呈现技术为主，这类技术设备繁重且效果一般。与此相比，裸眼三维则无须佩戴特殊设备，就能使决策者感受到逼真的轨道运行情况。因此，考虑到智能推演中对太空网络综合态势呈现的需要，本章将着重讲解以裸眼三维技术为主的态势呈现技术，同时将卷积神经网络引入与此技术相关的算法研究中，并提出新的生成算法，以达到能够更加清晰地显示天基节点轨道特征、实现轨道预报结果高效应用的目的，从而为提高决策效率提供有力的支撑。

2.1　太空态势呈现技术概述

2.1.1　天基节点态势呈现技术现状

对空间态势的合理显示可以帮助指挥人员直接地掌握天基节点过境地区和自主运行的整体情况。在太空领域，国内高校及科研院所对天基节点的态势呈现方法有着大量研究，并对卫星呈现技术进行了深入探索，不论在理论钻研还是在工程实践上均取得了大量成果。清华大学设计了一套对轨道姿态控制进行呈现的方法，该方法将卫星轨道、卫星姿态与计算机图形学相结合，采用三维实时动态呈现技术进行显示。此呈现技术可对卫星运行的轨道和卫星姿态控制进行显示，同时也能够动态显示在发射和测控中卫星的轨道和姿态[1]。北京航空航天大学将卫星轨道数学模型与计算机技术有机结合，设计了一套轨道仿真与显示系统，对轨道运行进行显示。该系统主要采用三维动态呈现技术进行显示。此技术能为用户提供卫星运行过程中的三维动态显示，能协调用户完成飞行方法的设计、验证、决定等过程。解放军国防科技大学的 ATR 实验室通过 VC 编程，结合 OpenGL 开发了一套空间目标监视系统，该监视系统能够实现卫星轨道运行状态的二维和三维呈现。解放军信息工程大学也开发了一套可以对卫星轨道运行进行呈现的系统，其主要采用二维和三维呈现技术，满足用户对空间信息网络、姿态控制等方面的需求[2]。

目前，国外针对空间态势的显示也做了大量的研究。印度 ISRO 卫星中心下属的控制系统研究所，设计了一套比较简单的轨道原型显示软件。此软件的输入数据仅为偏航误差、滚转误差和俯仰误差，软件输出主要是由计算机三维动画显示轨道和姿态运行状态。该软件主要采用了多视角绘图和双缓冲呈现技术，在实际显示过程中保证了显示的连贯性，增强了显示的真实感[3]。商业软件方面，首推美国 Analytical Graphics（AGI）公司开发的卫星工具包（System ToolKit，STK）。STK 能够迅速分析复杂的陆、海、空、天任务，根据集成的数学模型，快速提供易于用户理解的图表和文本结果，并对实验对象的实验结果进行二维、三维呈现。在实际应用中，这些分析结果和呈现技术为确定卫星运行和规划最佳解决方法提供了参考。AGI 公司开发的 STK 为商业软件，价格高昂，且代码并未公开，无法根据实际需要对软件进行扩展，可复用性差；在 Matlab 中也集成了由第三方开发的卫星星座工具箱，美国 PSS 公司（Princeton Satellite Systems）研制的 SCT（Satellite Contorl Toolbox）是一套面向卫星系统动力学与控制的 Matlab 工具箱，支持对卫星轨道和控制的设计。在实际操作中发现，Matlab 程序的执行效率不高，且对用户界面开发有限。由于 Matlab 的闭源，针对空间信息网络节点轨道显示和控制，无法开发独立的软件产品。

当前，天基节点的态势呈现主要分为二维和传统三维两种，这两种技术在显示过程中存在明显的不足：二维显示存在直观性弱、视角受限的缺点；传统的三维呈现需要特定设备辅助，且易导致用户产生眩晕迷失的困扰，其整体性较弱。与这两者相比，基于硬件呈现技术发展而新兴起的裸眼三维呈现方法，使人们在不使用 3D 眼镜的前提下，由双眼直接观看到立体三维的显示效果，目前在游戏、电影、广告、医疗、交通、军事等领域有着广泛的应用。裸眼三维呈现技术能有效避免视角小的缺点，同时又摆脱了对辅助设备的依赖，增强了显示的逼真性，便于指挥人员把握天基节点的运行状态。现今美军正在采用裸眼三维和虚拟现实显示等技术升级显示系统，在航空、航天侦察、星际遥感测绘等军事领域已经应用裸眼三维呈现，来进行航空、航天模拟训练以及航天器追踪，取得了较好的研究效果。

但即使裸眼三维有着超越传统呈现技术的许多优势，其也存在着明显的缺陷。裸眼三维呈现目前所采用的主流算法在处理过程中会出现背景空洞和粘连等问题，对图像显示的效果造成了极为不利的影响。目前，在图像处理领域，通过神经网络进行了大量的研究，并在图像提取方面取得了巨大的成功。以卷积神经网络为代表的智能算法在图像分类、姿态识别、人脸识别等应用领域有着极高的准确率，非常适用于对图像特征的提取。CNN 通过卷积和采样可以生成图像的特征图，将生成的多个特征图进行叠加就能够得到图片的视差图，而视差图是形成裸眼三维必不可少的过程。由于传统算法的局限性，在生成视差图的同时容易出现背景空洞问题，需要在后续对背景空洞进行补图处理。对于空洞来说无法做到完全补全，还需要消耗大量的计算时间，与此相比，通过 CNN 生成的特征图不存在背景空洞问题，且很好地保留了图片中的各种特征信息，同时还对得到的特征图进行了降维处理，在一定程度上保持了特征尺度不变的特性，这使得特征图具有良好的泛化能力。

综合以上背景，本章将裸眼三维呈现技术作为天基节点态势呈现方法的主要实现手段，并以卷积神经网络为主要方法，研究裸眼三维呈现关键视差图的生成，分析并解决传统方法存在的背景空洞和粘连等问题，为天基节点态势呈现研究提供一种新的思路。

2.1.2 卷积神经网络

2.1.2.1 卷积神经网络简介

卷积神经网络是深度学习中发展较快的一种神经网络模型，主要满足对二维输入数据的处理[4]。每层卷积神经网络由二维平面构成，每个二维平面由多个独立的神经元组成，且相邻的神经元互相连接。卷积神经网络有一个权值共享的网络结构，这使得卷积神经网络更加贴近生物神经网络；同时对网络深度和广度的调整，还可以改变网络的容量。因此，卷积神经网络能有效地降低网络模型的复杂程度，具备更少的权值参数和网络连接数，使训练更加容易。

2.1.2.2 卷积神经网络结构

典型的卷积神经网络主要由输入层、卷积层、上采样层、全连接层和输出层构成[5]。在本节中，将原始图像 $\boldsymbol{W}$ 作为卷积神经网络的输入数据，用 $\boldsymbol{S}_i$ 表示卷积神经网络的第 i 层特征图，如式（2-1）所示

$$\boldsymbol{S}_0 = \boldsymbol{W} \tag{2-1}$$

假设 $\boldsymbol{S}_i$ 是卷积层，那么 $\boldsymbol{S}_i$ 的计算过程如式（2-2）所示

$$\boldsymbol{S}_i = f(\boldsymbol{S}_{i-1} \otimes \boldsymbol{H}_i + \boldsymbol{b}_i) \tag{2-2}$$

式中，$\boldsymbol{H}_i$ 为第 i 层卷积核的权值向量；“⊗”为卷积核与第 $i-1$ 层特征图的卷积运算，由于卷积运算的结果是存在一定偏移的，故需要第 i 层的偏移向量 $\boldsymbol{b}_i$ 进行修正，再由非线性的激励函数 $f(x)$ 计算出第 i 层的特征图 $\boldsymbol{S}_i$ 。

卷积层之后通常是上采样层，上采样层根据相关的上采样规则对卷积完成后的特征图进行采样[6]，这一层的主要任务是对特征图进行相应的降维处理，其次还要保持特征图的尺度不变特点。假设 $\boldsymbol{S}_i$ 是上采样层，即有式（2-3）所示

$$\boldsymbol{S}_i = upsamling(\boldsymbol{S}_{i-1}) \tag{2-3}$$

通过多层卷积层和上采样层的互相传递，在全连接网络层对提取出来的特征进行相关的分类，总结出输入的概率分布 Y 。卷积神经网络实际上通过一个原始矩阵 $\boldsymbol{S}_0$ 进行多层数据变换和降维处理，最后将得到的结果映射到新的数学特征表达公式中，如式（2-4）所示

$$Y(i) = P[L = l_i \mid \boldsymbol{S}_0 : (\boldsymbol{H}, \boldsymbol{b})] \tag{2-4}$$

式中，l_i 为第 i 个标签类别，分析可得卷积神经网络对输入数据进行训练的主要目的是最小化损失函数 $L(\boldsymbol{H}, \boldsymbol{b})$ 。通过前向传导的输入 $\boldsymbol{S}_0$，由损失函数得出其与期望值之间的差异，该差异通常称为“残差”。均方误差（Mean Squared Error，MSE）函数，以及负对

数似然（Negative Log Likelihood，NLL）函数为两种比较常见的损失函数[8]。如式（2－5）、式（2－6）所示

$$MSE(\boldsymbol{H},\boldsymbol{b})=\frac{1}{|Y|}\sum_{i=1}^{|Y|}[Y(i)-\hat{Y}(i)]^2 \tag{2-5}$$

$$NLL(\boldsymbol{H},\boldsymbol{b})=-\sum_{i=1}^{|Y|}\log Y(i) \tag{2-6}$$

在计算过程中会出现权值过度拟合的问题，损失函数最后通过增加 L 范数来控制权值的过拟合，由参数 λ 控制其强度，如式（2－7）所示

$$E(\boldsymbol{H},\boldsymbol{b})=L(\boldsymbol{H},\boldsymbol{b})+\frac{\lambda}{2}\boldsymbol{W}^{\mathrm{T}}\boldsymbol{W} \tag{2-7}$$

在训练过程中，使用梯度下降方法进行卷积神经网络的优化。残差通过梯度下降进行反向传播，传播过程中更新卷积神经网络每一层的可训练参数（$\boldsymbol{H}$，$\boldsymbol{b}$）。学习速率参数 η 主要对残差的反向传递进行控制，如式（2－8）、式（2－9）所示

$$\boldsymbol{H}_i(t+1)=\boldsymbol{H}_i(t)-\eta\frac{\partial E(H,b)}{\partial H_i(t)} \tag{2-8}$$

$$\boldsymbol{b}_i(t+1)=\boldsymbol{b}_i(t)-\eta\frac{\partial E(H,b)}{\partial b_i(t)} \tag{2-9}$$

图 2－1 为一个简化的卷积神经网络结构图，从图中可知该网络由卷积层 C_1、C_2 和采样层 S_1、S_2 互相交替构成。首先，通过滤波器（卷积核）将输入的原始图像与偏移向量进行卷积计算，在第一个卷积层 C_1 得到特征图。然后，针对特征图的局部区域，进行加权平均求和处理后增加相应偏移向量，经过非线性的激励函数，在第一个采样层 S_1 生成新的特征图。接着重复之前的流程，将特征图在 C_2 卷积层进行卷积，再经过第二个采样层 S_2 得到特征图。最终得到的特征图输出被向量化，再进入神经网络进行学习。

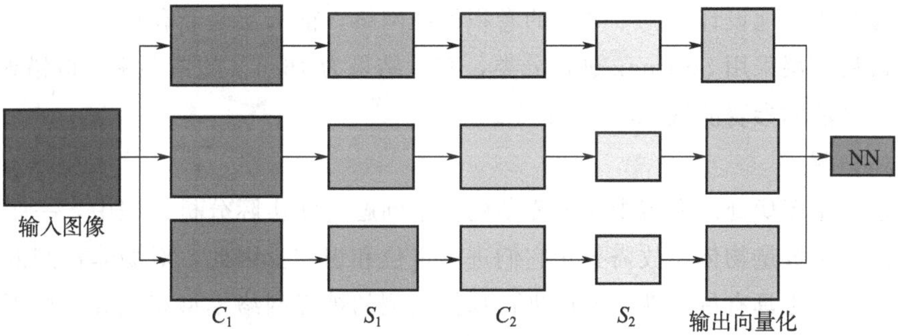

图 2－1 卷积神经网络模型结构图

2.1.2.3 卷积神经网络工作原理与应用

（1）卷积神经网络工作原理

CNN 的工作原理按照网络结构和特性，可以分为模型定义、网络训练以及网络预测三个部分。

首先要对训练网络模型进行定义。根据网络所要训练的数据量以及数据本身结构特

征，设计网络模型的层数、训练次数、训练目标，以及网络中的各种参数。目前，在网络模型定义和设计上有着不少的研究，大量实际应用可为参数选择提供有益参考。由于卷积神经网络的模型复杂，目前在其网络模型的理论研究和量化评估方面还十分欠缺相应的研究，这也是卷积神经网络未来发展必须要解决的问题。

接着是网络训练，神经网络具备反向传播特性。卷积神经网络通过反向传播对网络中的误差参数进行训练，在训练过程中会出现过拟合和反馈梯度消失现象，这些因素直接影响神经网络训练结果的收敛性能。为解决此问题，在网络训练阶段，研究人员做了大量的研究，提出了很多有效的改进方法，主要通过预训练对神经网络不同训练层的参数进行相互独立的分布，采用高斯分布等方法对网络参数进行初始化[10]。随着卷积神经网络应用研究范围扩大，其模型规模也在不断地扩大，这对神经网络的训练策略和训练结构提出了新要求。

最后是网络预测，首先将输入数据进行前向传播，在神经网络的每一层上输出相应特征图，再将特征图输入全连接层，在全连接层通过神经网络的训练，分类输出相应的隐含关系。研究表明，卷积神经网络在进行前向传播时，网络前层特征具有很强的泛化能力和识别能力[11]。将这些能力进行迁移，可以在更广阔的范围内得到良好的应用，这也将是卷积神经网络发展的重要方向。

（2）卷积神经网络应用范围

CNN 目前在图像处理领域有着较强的图像特征提取、识别、分类能力，在很多应用领域有着大量的研究。

①图像分类

图像分类是一个对图像进行分析的过程，主要是在若干的图像类别中，将其划分为其中的一类，突出了对图像整体语义的判定过程。2011 年 AlexNet 首次将深度学习应用于大规模图像分类，他设计了一个 8 层的卷积神经网络，前 5 层是卷积层，后 3 层为全连接层，其中最后一层采用 Softmax 进行分类，实验结果为 16.4％的错误率，该错误率比第 2 名使用传统方法的参赛队低 10％左右[12]。

②物体检测

物体检测是图像处理领域中比较复杂的一个问题。在实际分析过程中，一张图像包括不同类别的多个数量物体，故需要对它们进行定位和识别。因此，对物体检测的准确率相比物体分类来说更具有挑战性，所以进行物体检测的神经网络模型相比分类要更复杂。将卷积神经网络运用于物体检测中，首先使用非深度学习算法[13]来提出待检测的候选区域，接着通过卷积神经网络提取每个候选区域的特征，最后将这些特征一并在线性支持向量机中进行运算，从而检测出图片中的物体。

③人物姿态估计

CNN 在姿态估计中对光照的影响有着较高的鲁棒性。用一个向量表达一个图片中的人物，对图片的正规化操作，将所有姿态统一放缩到某个程度，用基于 AlexNet 的深度神经网络对输入的原始图像做一个大概的估计，因此训练所得神经网络模型可以对输入图像中的人物姿态取得粗略的估计，最后，通过一个全连接层得到一个 2 维向量，将其作为输出结果。

④图像分割

首先通过目前主流的分类网络（AlexNet，VGG，GoogleNet），可以在其保存部分训练所得参数的基础上进行修改，将其转变为可进行图像分割的神经网络模型。接着，把深层和浅层的网络特征进行集合。最终经过一个反卷积层将图像放大到原始图像大小，由此获得更精准的图像分割结果。

⑤人脸识别

首先构造一个多层的卷积神经网络，通过大量训练对人脸的特征进行提取，在此过程中使用人脸判别作为训练过程中的监督信号。然后通过户外脸部数据库（Labeled Faces in the Wild，LFW）对提取的特征进行验证，结果表明，该网络模型取得了高于 97%的识别率，大大超过了传统算法。

2.1.3　裸眼三维呈现基本方法

2.1.3.1　裸眼三维呈现原理

从人眼结构分析，裸眼三维图像的形成主要是由于人的两眼存在平均距离为6.5 cm的距离差。这使得人的左眼和右眼看到的同一物体存在细微的差别，称之为视差[14]。人大脑接收到左眼和右眼传输的信息后，通过大脑的视觉中枢进行图像合成处理，产生具有深度感的立体图像[15]。

裸眼三维的立体显示，首先依赖于硬件裸眼三维呈现器，裸眼三维呈现器能够为观看者提供具有视差的左眼和右眼图像，通过物理光学方法或空分光学方法将要显示的图像分别传送进人的左右眼，再由大脑形成图像裸眼三维的效果。就目前主流的方法来看，裸眼三维的立体显示主要有以下几种方法[16]。

视差屏障法，此方法主要原理是在显示器表面专门设计一层光线障碍，通过此光线障碍将图像分为对应的左视图和右视图，此方法结构简单，成像效果较好，但其会使得屏幕亮度和分辨率有所下降。

柱状透镜法，此方法主要是在显示器表面设计一层精密透镜，由于人眼观看显示器的角度比较随意，所以采用透镜能够改变光的线路，使得人的左眼看到的是左视图，右眼看到的是右视图，此方法不受屏幕亮度的影响，但在实际应用中，由于使用途径的单一，此方法一般用于大型屏幕的显示设备上。

指向光源法，背光源配合显示的图像以交替显示的方法将左右图像的光线分别投射到人的左右眼中，使用 LED 背光模组，通过硬件显示器面板，按奇偶列像素传播的光线路径，将视差图像分离后形成左右视图，左右视图进入人的左右眼，最终由人的大脑形成立体三维效果[17]。

不论使用何种方法进行裸眼三维呈现，主要原理是进入人左右眼的图像存在视差，通过人大脑对图像进行合成，产生裸眼三维的效果。显示器主要是将生成的左右眼视差投射进人的眼睛，而裸眼三维的核心是要生成具有视差的左右眼视差图。

2.1.3.2 裸眼三维图像生成算法

结合计算机图像处理技术，目前常见的裸眼三维视频生成方法主要有：基于水平视差的裸眼三维呈现算法[18]，基于深度图像视点绘制（Depth Image - Based Rendering，DIBR）算法等[19]。

基于水平视差方法的裸眼三维呈现技术，通过利用人眼和大脑图像处理的特性，在裸眼观察的前提下，借助硬件设备呈现出具有空间深度的影像[20]。在转换的过程中，通过平滑置换算法将右视图以全局视差移动，通过反向映射得到左视图。水平视差方法在处理过程中存在计算量过大、图像效果欠佳等问题，且易出现空洞等现象。

水平视差法原理如图 2 - 2 所示，由原图生成的视差灰度图通过平滑置换方法生成视差序列图，由于生成的视差图会产生空洞，所以通过平滑粘连补图方法对视差图进行补图处理；将生成的左、右平滑灰度图再次通过置换生成左、右视差序列图，在此过程中产生了粘连效果。最后通过消除粘连方法生成左眼视差图和右眼视差图，借助特殊的三维硬件显示设备就能实现图片的三维效果。

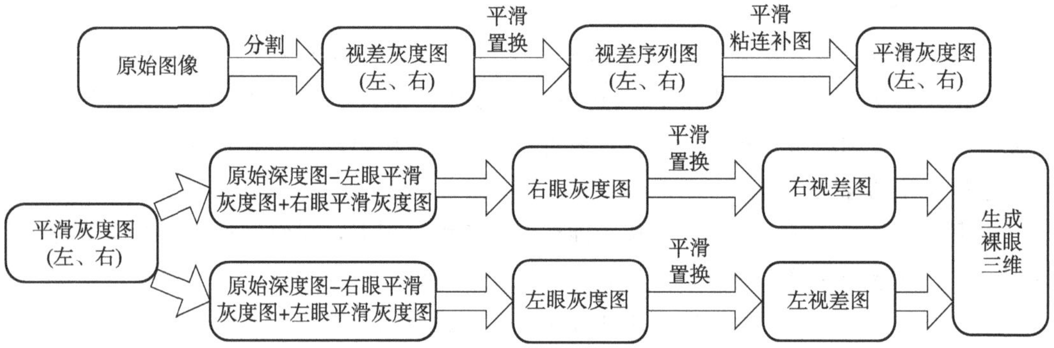

图 2 - 2　水平视差法原理图

DIBR 技术的主要工作原理是通过参考图像及其相应的深度图合成具有新视点的视图，即新视图，再通过新视图构成立体图像对。参考图像和深度图可分别通过普通摄像机和深度摄像机拍摄获得。在实际操作中，深度图像由一般水平视差算法生成，借助 DIBR 技术通过三维图像变换生成新视图，因此新视图往往出现空洞现象，还需要在后续的操作中对图像进行补图处理。

DIBR 算法工作流程如图 2 - 3 所示，将参考图片和相应深度图作为输入，通过 DIBR 算法，选取适当参数生成多个视点的视图。在所得视图中，包含左视图、右视图，以及在空间位置上的对称图像。再将生成视图融合成一幅图像，经过硬件裸眼三维呈现器，就能实现裸眼三维呈现的效果。

在 DIBR 算法中，生成多视点空洞的主要原因是输入的深度图像存在背景空洞，要改善生成视差图的效果，关键在于避免深度图产生背景空洞，故需要在生成深度图上做相应的改进。由 1.4 节可知卷积神经网络在图像处理能力上有着较高的准确率，故将其作为深度图处理方法能较好地改善视差图质量不高的问题。因此，将卷积神经网络生成的深度图和原图作为 DIBR 的输入，构建新的模型，解决背景空洞等问题。

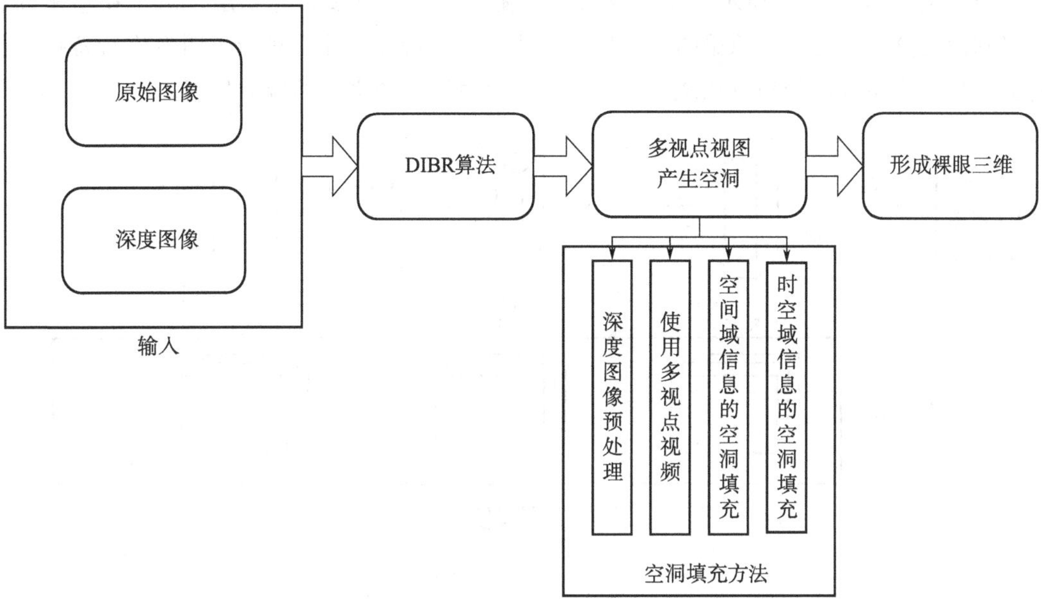

图 2－3　DIBR 算法原理图

2.2　基于卷积神经网络的裸眼三维视差图生成模型

由 2.1 节的分析可知，通过卷积神经网络生成特征图，并将其叠加得到深度图，具有保真度高的特征。

当前裸眼三维图像生成工作主要包含两步：首先，从左视图估计一个准确的深度图，并使用深度图像视点绘制 DIBR 算法渲染正确的右视图；接着，直接对右视图进行回归处理。由于深度图采用了水平视差法，存在背景空洞，因此在 DIBR 计算过程中也会出现像素空洞。

本书通过建立卷积神经网络模型来计算概率视差序列图，将视差序列图叠加得到深度图，并将其作为中间媒介输入，再将输入图像进行卷积计算后叠加，通过使用各层的选择层来模拟 DIBR 方法。在训练过程中，视差序列图由模型生成，且不存在背景空洞的现象，在生成后不用跟实际视差图进行比较分析，整个训练过程以水平视差表达和绘图展现的双重目的的实现而结束。此模型通过各层选择层能够进行端到端训练。

2.2.1　模型构建

最近的研究证明，把全连接输入层的特征图结合起来，将有利于进行图片像素的重构，这在人脸识别、姿态估计、物体检测等应用的特征提取上有着较高的准确率。鉴于本节研究内容中对无背景空洞、无背景粘连深度图的需求，为了保证裸眼三维视差图的高效性和准确性，把卷积神经网络引入本节中，将卷积神经网络与 DIBR 算法进行结合，构建一种新的模型。

模型设计如图 2-4 所示，将左视图作为输入分别通过多个卷积层，由于在卷积训练中得到的是分辨率远小于原始图片的特征碎片，这些特征碎片在对新的图像进行特征预测时会产生大量不同的卷积特征映射图，因此需要对这些图进行相应的处理。

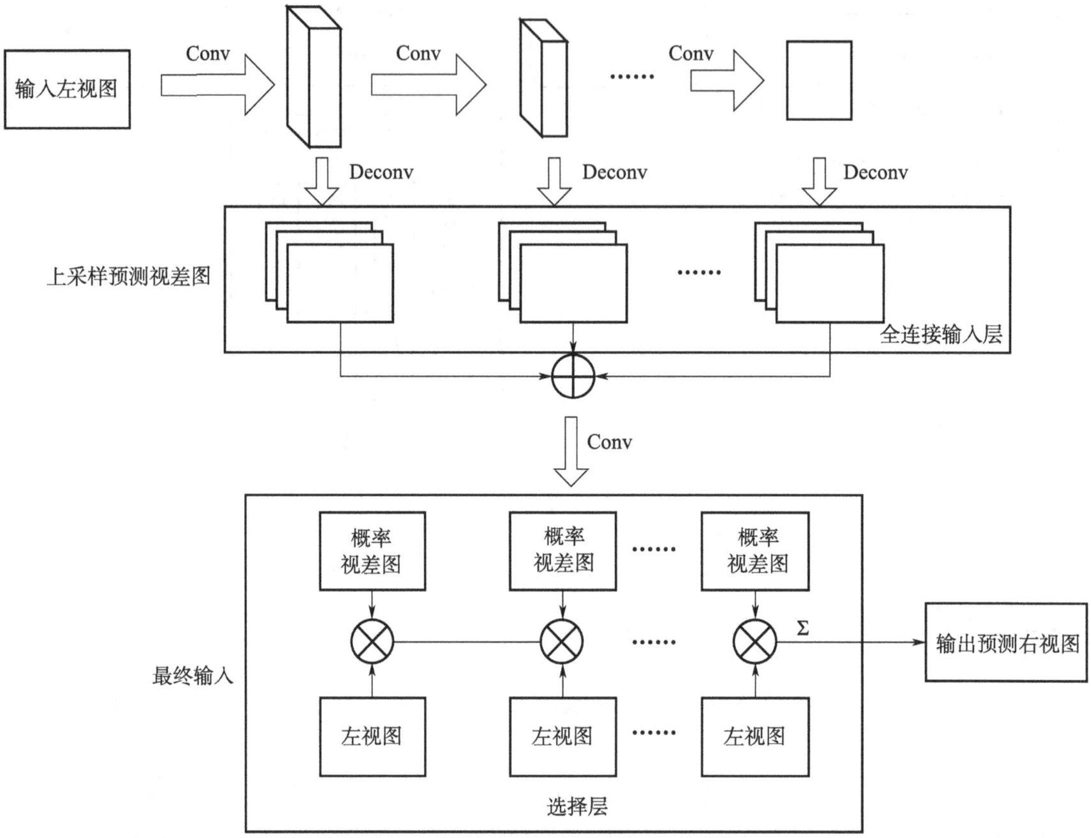

图 2-4　模型结构

在每个卷积层后有一个分支，通过解卷积对上一层输出的图像进行上采样，上采样层的操作即为池化层，将每一卷积层计算过后的特征映射图，进行聚合统计计算，不仅能对特征图进行降维处理，还保证了每一层图片尺寸的稳定。

全连接层中，首先将每一层的特征映射图进行叠加得到最终的特征图，再将每一层得到的每个特征图进行叠加，得到与输入图像尺寸要求一致的深度图，将此深度图在每一个空间位置的通道上分别进行运算得到多个概率视差图，将概率视差图和左视图输入选择层，每一个概率视差图都与左视图进行一次卷积运算，再将所有的运算结果进行叠加，最终得到右视图。

本节构建了 12 层的卷积计算层，在对样本数据训练期间，每一卷积层图像的训练都存在差别，从图片的近景到远景进行特征学习。故每一卷积层掌握的特征是不一样的。

训练结束后，每一层都对新输入图像特征进行提取，结合训练所得特征，对输入图像依次从近景到远景进行特征的提取，在实际操作中，卷积层的层数较少，卷积网络对输入图像特征提取不完全，而卷积层数较多，会产生过拟合现象，降低卷积神经网络的泛化能力。

2.2.2　选择层重构原理

选择层是传统裸眼三维生成的 DIBR 算法，用传统算法对选择层进行重新构造，一方面能保证右视图生成的便捷性，另一方面能保证卷积网络结构的完整性，在传统的裸眼三维图像生成过程中，通过左视图 I 和深度图 Z ，能够计算出视差图 D

$$D=\frac{B(Z-f)}{Z} \tag{2-10}$$

式中，B 为两眼之间的间距，Z 为输入深度，f 为两眼到焦平面的距离，如图 2-5 所示，右视图 O 表示如式（2-11）所示

$$O_{ij}=I_{ij}+D_{ij} \tag{2-11}$$

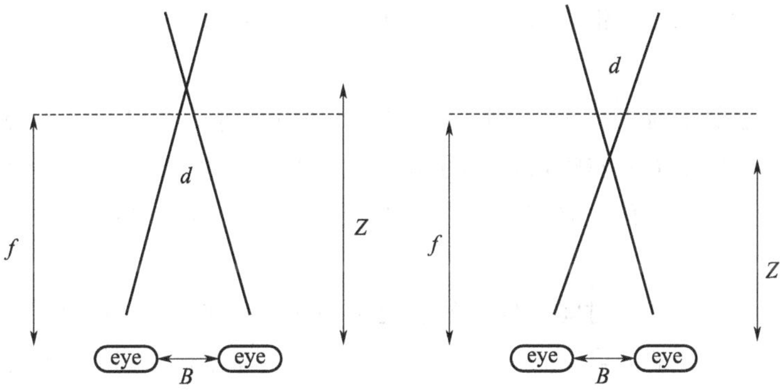

图 2-5　视差图生成物理模型

通过两眼之间的距离 B ，以及焦平面与两眼之间的距离 f ，结合式（2-10）就能计算视差图，人眼的焦点离人眼越近，生成的视差图效果就较差，反之较好。

然而，由于视差图 D 不可区分层次，所以不能直接进行计算。本书所采用的网络在计算每个像素位置 D_{ij} 时，可能存在差异值 d 的概率分布，但是对所有的 i，j 来说满足以下公式

$$\sum_{d} D_{ij}^{d}=1 \tag{2-12}$$

同时将左视图的移动产生的堆栈定义为

$$I_{ij}^{d}=I_{ij}-d \tag{2-13}$$

则能够通过式（2-14）由选择层重构右视图

$$O_{ij}=\sum_{d} I_{ij}^{d} D_{ij}^{d} \tag{2-14}$$

目前 D_{ij} 是能够区分层次的，因此能够计算输出和真实右视图 Y 之间的损耗 L ，并将

此作为计算的结果。计算公式如下

$$L = |O - Y| \tag{2-15}$$

2.3 裸眼三维成像效果分析

为了验证算法可靠性，提高实验可信度，以及对三维呈现效果进行优劣判断，本节通过基于水平视差的三维呈现、DIBR算法与深度学习进行比较，采用定量分析和定性分析两种方法进行综合评价。定量分析主要比较生成右视图像素尺寸重构的平均绝对误差，误差越小，效果相比越好；定性分析直观比较DIBR算法生成的视差图和卷积神经网络生成的视差图。DIBR生成的视差图是目前主流方法中应用较广、空洞效果改善较好的，将本节的方法与其进行比较将更好地说明本节方法的优劣。通过这两种评估方法最终验证卷积神经网络进行裸眼三维图像生成的可行性。

2.3.1 模型计算设置

在实验过程中，采用不带有时序信息的单个图片作为输入，这样可以确保与之前算法的公平比较。

训练数据集主要来自KITTI，KITTI数据集是目前最大的计算机视觉算法评测数据集。在训练期间，每个输入左帧被调整为432×180像素，生成200个8×8大小的特征碎片，由此特征碎片对输入的图像做计算，最终由上采样层进行降维处理，生成384×160的预测图像。

在下文中为了节省计算时间，生成的右视图为384×160的分辨率，这对于一般图片的使用来说是无法接受的分辨率，为了解决这个问题，首先观察到视差图通常有很多比原始彩色图像要少的高频内容，因此能够将计算得到的视差图进行扩展，并将其与原始的高分辨率左视图相结合呈现出高分辨率的右视图。以这种方式呈现右视图与4倍上采样频率相比，具有更好的图像质量。

对于定量分析，本节主要采用384×160分辨率的图像作为输入和输出；对于定性分析，本节采用上采样方法（也叫池化处理）。使用的神经网络是一种在MXNet架构上的大型卷积网络，通过卷积网络的权值初始化主分支上的卷积层，并以标准偏差为0.01的正态分布初始化所有其他权值。

为了使全连接层的特征信息更加完整，在合并各层后，创建一个侧面分支，通过多层（本书根据实际经验创建了12层）卷积层进行批量的归一化处理。接着通过解卷积层进行初始化处理，此解卷积的输出尺寸也匹配最终的尺寸。通过批量的归一化处理能够将预训练的卷积网络层与随机的初始化层进行连接，这样就能够解决由于卷积网络的庞大和不均匀的激活量所造成的数值不稳定的问题。

在硬件方面，需要通过Nvidia的独立显卡进行显示，Nvidia GTX Titan GPU一旦经过训练，神经网络便以每秒100帧的速度重建新的右视图，在本节中使用的深度学习网络主要是在 MXNet 架构下的卷积神经网络，MXNet 为开源的神经网络架构模型，支持 C++、Python、R、Matlab、Javascript 等语言，可运行在 CPU、GPU 或移动设备上。

2.3.2　定量分析

本节取像素尺寸重构误差值的平均绝对误差进行定量分析，由于在生成右视图时都会对图片的每一个像素进行重新排列，故与原图会出现一定的尺寸误差，尺寸误差越小就说明生成的右视图与原图匹配效果越好。平均绝对误差（Mean Absolute Error，MAE）见式（2-16）

$$MAE = \frac{1}{HW} \mid y - g(x) \mid \tag{2-16}$$

式中，x 为右视图，y 为左视图，$g(\cdot)$ 表示生成相应的模型，H 和 W 分别为图像的高度和宽度。考虑到卷积神经网络预测的不稳定性，为保证实验的准确性，本节将三种方法分别进行了 10 次定量分析，结果如图 2-6 所示。

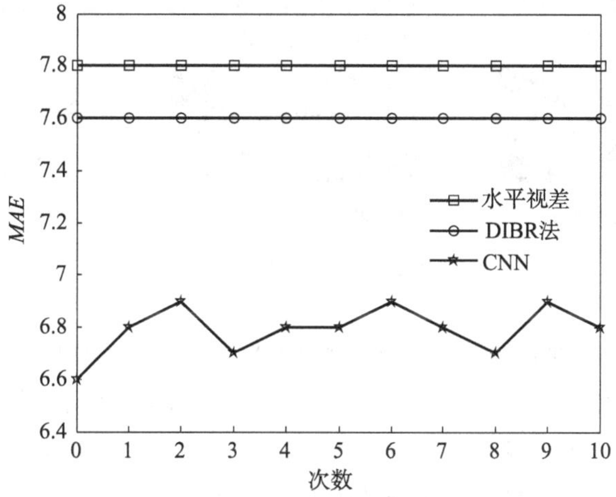

图 2-6　*MAE* 值比较分析图

卷积神经网络不同时间预测结果具有不稳定性，故 *MAE* 并非一个定值，本节在下文中对其存在的不稳定性结果进行了解卷积处理，从实验结果来看 *MAE* 在一个合理的区域内变动，卷积神经网络预测结果是比较稳定的。

卷积神经网络相比水平视差和 DIBR 方法来说，误差值分别平均降低了 12.82%、10.52%。由于考虑到修正误差会降低模型计算速度，由图 2-6 分析可知误差在合理范围内，故不需要对误差进行修正。

2.3.3　定性分析

为了更好地理解本节所提方法深度图的生成过程，展示生成深度图的结果，将输入的原始图像由经过训练的卷积神经网络进行计算，为了展现出较强的立体感，将卷积神经网络 12 层的每一层按照从近到远的顺序分配视差图，逐层提取图片中特征。输入图片为太空信息网络天基节点中的 TacSat2 卫星过境我国南海时的显示图片。视差分配如图 2-7 所示。

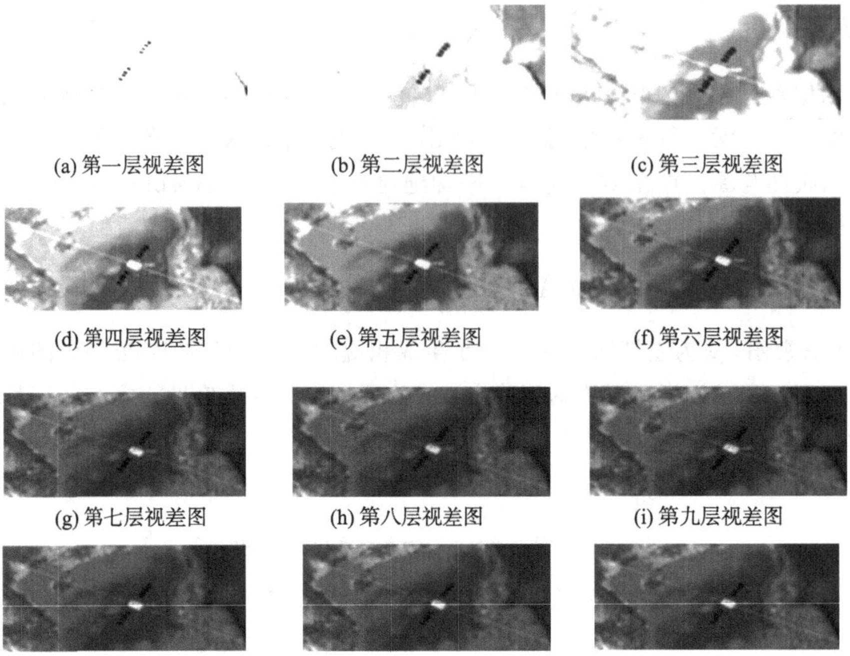

(a) 第一层视差图　(b) 第二层视差图　(c) 第三层视差图

(d) 第四层视差图　(e) 第五层视差图　(f) 第六层视差图

(g) 第七层视差图　(h) 第八层视差图　(i) 第九层视差图

(j) 第十层视差图　(k) 第十一层视差图　(l) 第十二层视差图

图 2-7　定性分析结果

从图 2-7 可以观察到卷积神经网络方法能够通过输入图片中隐含的信息预测相应的特征图，主要包括图片的尺寸、遮挡物，以及图片中物体的几何构架。卷积网络计算出来的 12 幅图像都是 384×160 像素，这得益于上采样层的处理。随着卷积计算的进行，在卷积计算的后几层，无论是近景正在运行的天基节点还是背后的海洋、陆地等都得到了很好的体现，这说明卷积神经网络很好地提取到原始图像中的各个特征元素。

在图 2-7 中对图片由近到远进行分析，每一个层面预测的视差图都不一样，随着学习的深入，由深度学习预测出来的视差图存在过拟合的趋势，使得后期视差图出现失真的现象，然而，这并不影响最后整体生成图像的质量，这是因为每一排的像素值相同且固定，任何视差图的分配都将按照固定的像素大小进行排列，所以视差图的预测只需要精确的垂直边缘，在实验中也能够看出深度学习框架的学习主体主要也集中在这个区域当中。

同时本书将 CNN 方法预测的右视图和 DIBR 方法生成的右视图进行对比分析，如图 2-8 所示。图片分别展示了天基节点过境我国东南沿海、西部高原、南海地区的情景，从左至右依次为原图，DIBR 深度图，CNN 视差图。

从图 2-8 对比分析得出，CNN 预测视差图方法相比传统的 DIBR 法，能更好地勾勒图片中不同属性的特征，CNN 能准确提取出图片中的天基节点、海洋、岛屿、山川、湖泊等关键特征，并能明显勾勒出山川、湖泊、海洋、陆地的轮廓，尤其是海洋与陆地之间

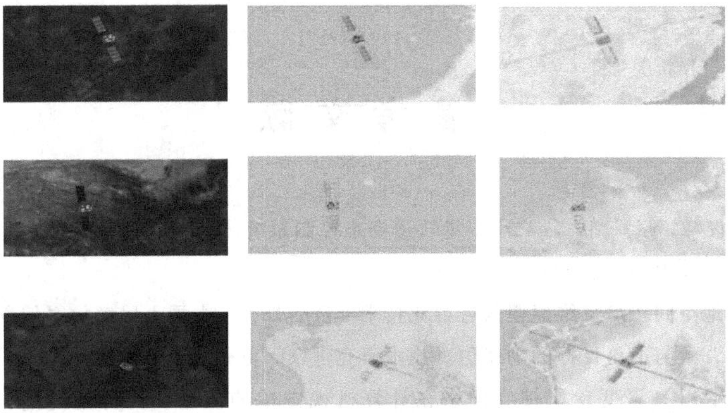

图 2-8　DIBR 和 CNN 生成右视图比较

的轮廓。

传统 DIBR 方法所得右视图中，节点与背景的陆地、海洋等区分度不高，轨道显示不明显，海洋和陆地、平原和高原之间等产生了粘连，彼此之间较难区分开，导致图像特征不能直接区分。因此可以清楚地对比出由 CNN 生成的视差图更加清晰，特征提取更加明显。

参考文献

[1] 徐晓云，李俊峰，苏罗鹏，等．小卫星轨道姿态控制系统仿真软件平台 [J]. 清华大学学报（自然科学版），2003，43（2）：234－237.

[2] 蓝朝桢．近地空间环境三维建模与可视化技术 [D]. 郑州：中国人民解放军信息工程大学，2005.

[3] 李权．天空背景与卫星目标的动态仿真技术研究 [D]. 苏州：苏州大学，2015.

[4] 卢宏涛，张秦川．深度卷积神经网络在计算机视觉中的应用研究综述 [J]. 数据采集与处理，2016，31（01）：1－17.

[5] 李彦冬，郝宗波，雷航．卷积神经网络研究综述 [J]. 计算机应用，2016，36（09）：2508－2515.

[6] Zeiler M D，Fergus R. Stochastic Pooling for Regularization of Deep Convolutional Neural Networks [EB/OL]. [2016－01－11]. http：//www. matthewzeiler. com/pubs/iclr2013/iclr2013. pdf.

[7] Murphy K P. Machine Learning：A ProbabilisticPerspective [M]. Cambridge，MA：MIT Press，2012：82－89.

[8] Zeiler M D，Fergus R. Visualizing and Understanding Convolutional Networks [C] // Proceedings of European Conference on Computer Vision，LNCS8689. Berlin：Springer，2014，8689：818－833.

[9] Montavon G，Orr G，Muller K R. Neural Networks：Tricks of the Trade [M]. 2nd ed. London：Springer，2012：49－131.

[10] He K，Zhang X，Ren S，et al. Delving Deep into Rectifiers：Surpassing Human－Level Performance on ImageNet Classification [C] // IEEE International Conference on Computer Vision. IEEE Computer Society，2015：1026－1034.

[11] Donahue J，Jia Y，Vinyals O，et al. DeCAF：A Deep Convolutional Activation Feature for Generic Visual Recognition [J]. Computer Science，2013，50（1）：815－830.

[12] Krizhevsky A，Sutskever I，Hinton G E. ImageNet Classification with Deep Convolutional Neural Networks [C] // International Conference on Neural Information Processing Systems. Cambridge：MIT Press，2012：1097－1105.

[13] Uijlings J R R，Sande K E A V D，Gevers T，et al. Selective Search for Object Recognition [J]. International Journal of Computer Vision，2013，104（2）：154－171.

[14] 孙云峰．基于 FPGA 的 3D 显示实现研究 [D]. 镇江：江苏大学，2015.

[15] 张雷．无屏投影集成成像三维显示系统的研究 [D]. 天津：南开大学，2013.

[16] 丁鉴．裸眼自动多视点技术研究 [D]. 南昌：南昌大学，2011.

[17] 尤鹏飞．裸眼 3D 手机影像处理技术研究 [D]. 南昌：南昌大学，2013.

[18] 赵天奇．裸眼 3D 内容生成和显示若干关键技术研究 [D]. 北京：北京邮电大学，2015.

[19] 邬华阳．基于图像修复的虚拟视点合成算法研究 [D]. 杭州：浙江理工大学，2013.

[20] 李博乐．基于 DIBR 的裸眼 3D 显示系统研究与实现 [D]. 重庆：重庆大学，2015.

第 3 章　聚集态势认知技术

如果说太空态势呈现技术是实现太空智能推演的关键一环，那么本章所要介绍的聚集态势认知技术则是太空智能推演中最重要的组成部分。

聚集态势是指由战场聚集行为形成的态势。战场聚集行为是作战环境中常见的群体行为，其通常是火力打击、兵力调整、战斗集结、突然袭击等重要作战事件的先兆，根据侧重角度不同可将其分为：火力层面聚集行为、侦察层面聚集行为、视觉层面聚集行为。其中视觉层面聚集行为是指在态势视频中多个战场目标在同一时间向一定区域集合所产生的动作，是最典型的战场聚集行为，因此，本章将主要围绕其展开研究。

深度学习理论的发展为聚集态势认知提供了新的技术途径，也为太空智能推演技术向更深层次的智能化迈进起到了重要的推动作用。鉴于此，本章在分析战场聚集行为特性的基础上，以深度学习中基于多尺度融合的识别算法和基于轻量化的识别算法为依托，展开对视觉层面战场聚集行为识别方法的研究，构建了基于深度学习的战场聚集行为识别模型，并设计了面向太空智能推演系统的战场聚集行为识别平台，以验证在太空智能推演技术中战场聚集行为智能认知的可行性。

3.1　聚集态势认知技术基础

3.1.1　传统视频群体异常行为识别的研究现状

作战仿真系统中的聚集行为是多个目标向某个固定区域集结运动的行为，是一种典型的群体行为，而聚集态势认知归属于群体异常行为识别的范畴。近年来，学术界已经开展许多关于群体聚集态势认知与异常检测的相关工作[1-4]。传统视频群体异常行为识别工作主要分为三个过程：特征提取、行为建模与行为识别。特征提取是指在视频数据中提取表征该视频关键信息的特征，特征的好坏直接影响到最终的识别效果。行为建模是依据提取的基本特征实现群体行为识别模型的拟合构建。行为识别是针对已建立的模型，设置特定的评价准则判断行为正常或异常。图 3-1 为群体异常行为识别流程框图。

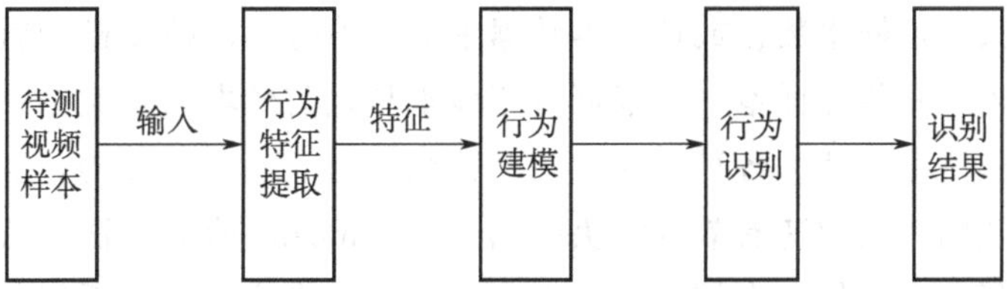

图 3-1　群体异常行为识别流程

目前，群体异常行为识别主要有两个关键技术，特征提取和行为建模。

3.1.1.1 特征提取

特征提取是提取视频场景中群体行为相关的图像特征，并用此表征群体运动等信息，在随后的行为识别过程中，用这些运动特征来判读群体的行为模式。在现有的研究中，运动特征的主要描述方式包括光流特征、轨迹特征等。

光流特征作为一种有效的目标运动描述子[5,6]，在群体行为识别方面得到了广泛的应用，它的特点是侧重从宏观角度对场景内群体的整体运动情况进行分析[7,8]。但是，光流具有相对较大的噪声，于是出现了光流方向直方图[9,10]，以及多尺度光流方向直方图[11]等改进形式。此外，在去除背景的视频中使用光流，也可以增加抗噪性[12,13]。光流特征属于低层视觉特征，能够代表目标局部的运动，且计算复杂度较低，但是低层视觉特征固有的高噪声不可避免，而且低层视觉特征无法直观表达更高层次的语义信息。轨迹特征作为高层语义特征可以弥补这些低层视觉特征的不足。

轨迹特征是通过跟踪场景内特定目标的运动轨迹对场景内目标的运动情况进行分析和描述。相比于其他特征而言，群体运动的轨迹包含了丰富的信息，如轨迹间的距离、方向等，因此运动轨迹可以有效描述群体行为。轨迹特征侧重从微观角度描述视频场景内容，借助目标跟踪算法，在群体稀疏的视频中获得个体的轨迹[14]，每条轨迹表示一个目标的运动作为基本事件[15,16]，但是这类算法在个体较多的场景中将失效。为了克服这一问题，Wu 等利用质子平流的思想获得了粒子轨迹[17]，Zhu 等也利用粒子轨迹作为原始特征来克服跟踪轨迹实效的问题[18]。轨迹特征具有充足的语义信息，但是提取轨迹的算法需要事先设计，算法的好坏会对最后的识别结果造成非常大的影响。

3.1.1.2 行为建模

在获得基于事件的特征后，需要针对特征建立相应的分类模型，主要分为以下几种方法：基于分类与聚类的检测模型、基于推断的检测模型、基于能量的检测模型。

(1) 基于分类与聚类的检测模型

基于分类的异常行为检测模型建立的基本做法是，预先将训练数据按照正常行为与异常行为进行人工标注，随后利用标记好的数据对分类器进行训练，然后利用分类器对待测样本进行分类，进而实现异常行为检测。异常行为检测中常用的分类方法有 SVM[19]、神经网络[20]等。基于分类的异常行为检测需要对训练样本进行人工标注，是一种监督的学习方法。

当检测模型只有正样本数据或负样本数据中的一种时，该检测模型就属于基于聚类的检测模型，当输入未知待测样本时，根据待测样本与之前样本的聚类结果，判断行为的类别。基于聚类的检测模型认为各种行为在某个特征空间下是可区分的，且目标事件在这个特征空间下是紧致的。最快速有效的解决办法是 K - means 聚类算法，首先将视频序列分割成视频块，对每个视频块，在训练好的 K - means 树快速逼近最近邻点，以固定距离阈值来划分事件的正常或异常[21]。虽然轨迹聚类算法已经有非常好的预期，但是最后的识别结果受提取轨迹的算法质量的影响。

（2）基于推断的检测模型

基于研究，许多学者发现异常行为在时序上具有一定规律，因此他们认为针对这些规律建立模型，结合概率推断理论，便能推断出结果。基于推断的检测模型主要分为两步：第一步，特征向量概率化；第二步，输入推断算法实现分类识别。目前推断算法中最著名的有动态贝叶斯网络（Dynamic Bayesian Network，DBN）、条件随机场模型（Conditional Random Field，CRF）、马尔可夫随机场（Markov Random Field，MRF）、隐马尔可夫模型[22,23]。为建立有效的模型，多数文献设计的推断模型都同时考虑时间上和空间上的关系。

（3）基于能量的检测模型

基于能量的检测模型将整个视频区域看作一个整体，认为群体的运动蕴含着一些能量，在提取这些能量的基础上，通过阈值门限的方法判断正常事件或者异常事件。钟志等[24]提取密集能量，结合其他的运动特征，建立异常行为检测模型。Xiong 等[25]通过计算光流和人群分布指数确定能量，通过阈值判决识别群体异常行为。这种模型对于突变型的全局异常行为有较好的效果，但是对局部的异常行为不敏感。另有其他学者所提的模型是基于阈值的判别模型，这类模型对阈值的选择非常敏感，不准确的阈值选择会影响最终判别结果。综上，基于能量的检测模型在识别突变型的全局异常行为效果较好，但是对局部的异常不敏感。

传统的视频群体异常行为识别方式存在一定的弊端，多数特征提取的方式都是通过人工观察和设计，实现虽然简单，但是由于不具备从原始数据中自动学习的能力，行为的表示能力受所提取特征的限制。另外人工提取特征的方式并不考虑提取的特征数据的特性和检测模型的性质之间的关系，不能完美地整合两个步骤得到最佳的实验结果。

3.1.2　基于深度学习的视频行为识别研究现状

一直以来，硬件的计算能力是制约人工智能发展的主要原因之一，十几年来，随着硬件技术的飞速发展，人工智能进入深度学习时代。伴随着深度学习技术的发展，卷积神经网络成为一种新的特征提取方式，在目标和行为识别领域表现出众。

Simonyan 提出双流卷积神经网络（Two - Stream Convolutional Neural Networks，Two - Stream CNN）[26]，该网络将 RGB 帧与光流图作为两个独立网络的输入，并将两个网络的输出进行融合获得最终预测，证明了利用有限数据，由多个视频帧的稠密光流训练得到的卷积网络同样具有很好的性能。此外，还有很多基于双流卷积模型改进的网络[27,28]，但是基于二维卷积神经网络（2D Convolutional Neural Networks，2D - CNN）的双流模型将立体的视频识别问题转化为平面的图像识别问题，因此丢失了动作的时间关联信息[29]。Donahue 等[30]根据长短时记忆神经网络提出了融合卷积层和长时递归层的长时递归卷积神经网络，该网络利用卷积神经网络提取各帧的空间特征，将卷积神经网络的输出依次输入 LSTM 神经网络来获取序列时序特征。该方法虽然可以通过处理卷积神经网络输出的高层特征图来捕获时序特征，但是无法提取底层的运动特征，因此间接影响了最后的识别精度[31]。Ji[32]等人将二维卷积神经网络扩展为三维结构，该模型可以对视频块同时进行特征提取的操作，能够很好地获得视频流中的时空信息，因此针对三维卷积神经网络（3D Convolutional Neural Networks，3D-CNN）的改进陆续提出。Varol[33]通过扩展三维卷积神经网络的输入帧数设计了一个长时域卷积网络，并研究 RGB、光流等不同输入对识别结果的影响。Carreira[31]将双流思想引入 3D-CNN，创新性使用 ImageNet 预训练 2D-CNN，然后将二维卷积核的参数在时间维上复制，形成三维卷积核，识别率显著提高。

深度神经网络能从原始数据中自动提取特征，实现端到端的学习，克服了手动提取特征的弊端，利用深度学习方法进行行为识别是技术发展的趋势。考虑到深度学习模型在行为识别领域的出色表现，本书将把深度学习模型应用于聚集态势认知中。

3.2 战场聚集行为智能识别

3.2.1 战场聚集行为特性分析

战场聚集行为是作战环境中常见的群体行为，其通常是火力打击、兵力调整、战斗集结、突然袭击等重要作战事件的先兆，预先判读战场中出现的聚集行为对夺得战场先机具有重要意义。根据侧重角度不同，聚集行为可分为火力层面聚集行为、侦察层面聚集行为、视觉层面聚集行为。三种层面的聚集行为并不是相互分割的，同一战场环境中可能出现三种聚集行为的一种或多种。

3.2.1.1 火力层面聚集行为

火力层面聚集行为是指敌方多种火力打击武器对我方重要区域呈现高密度的覆盖态势。火力打击前，敌方会通过调整火力部署使被攻击目标在己方的火力打击装备的射程覆盖范围内，因此，火力聚集行为是敌方火力打击行动的前兆。火力打击武器按作战平台划分具体可分为：地面火力打击装备、空中火力打击装备、空间火力打击装备、海面火力打击装备。

3.2.1.2 侦察层面聚集行为

侦察层面聚集行为是指敌方通过多种侦察手段对我方重点区域进行高密度侦察的行为。敌方在作战决策或火力打击前，会通过侦察设备对重点区域战场环境、兵力部署情况进行侦察，对区域内的目标、位置、意图、行动进行确定与识别。因此，及时判读敌方侦察聚集行为采取一定的反制措施，可有效提升我方重点目标的生存能力。侦察手段按活动空间具体可分为：航天侦察技术、航空侦察技术、地面侦察技术、舰船侦察技术。

3.2.1.3 视觉层面聚集行为

视觉层面聚集行为是指多个作战单元从各自的起始位置向某一固定目标运动的过程。从空间上看，聚集行为在战场空间呈现出相对位置的变化；从时间上，聚集行为是作战目标群体密度从低到高变化的时间序列。因此，视觉层面的聚集行为表现出典型的时空特征。视觉层面的聚集行为是联合作战和对抗仿真中常见的群体行为，同时也是聚集行为中最直观的一类。快速有效地判读出敌方的集结行为，有利于指挥员快速决策制定应对措施。

上文介绍了三种不同层面的聚集行为，本节研究重点放在作战仿真系统中视觉层面聚集行为智能识别的研究上。本节所处理的视觉层面的聚集行为是指战场目标在同一时间向一定区域集合所产生的动作，如作战目标在停火线附近的集结等。

随着深度学习技术的快速发展，使用基于深度学习技术的行为识别算法已经表现出针对人体行为识别的最优性能。然而，目前主流的基于深度学习的行为识别算法基本都是针对以人为主体的基准数据集设计，这些基准数据集通常呈现具有“友好”性质的检测对象，比如行为主体通常在视频中占据较大的比例尺寸，相比之下，战场聚集态势认知给研究带来了新的问题和挑战，主要体现在以下几点：

1）目标尺度较小。战场态势视频数据中目标通常只占据了很小的部分，这将直接会导致空间信息量不足，增加了行为识别的难度。

2）单帧空间信息对行为判读的贡献率较小。基准数据集中的单帧空间信息可以作为行为判读的一条主要依据，而对战场态势视频数据中的群体目标来说，视频数据的单帧信息对行为判读的贡献率较小，仅凭单帧图片无法断定目标是否有聚集趋势（可能是无聚集行为的静止状态）。

3）视频序列中聚集行为持续时长不确定。一段战场态势视频数据中，聚集行为的持续时长未知，深度学习网络中的时间下采样操作容易造成有价值时序信息的丢失，这增大了聚集态势认知的难度。

3.2.2　基于深度学习的战场聚集态势认知模型

由上文可以看出，传统的视频行为识别，首先是对视频样本提取特征，然后选用合适的建模方法对提取的特征进行建模，最后利用评判准则进行分类识别。在上述流程中，特征提取、行为建模与行为识别过程是分立的。

在传统的群体异常行为识别方法中，特征的提取过程独立于具体任务，如何选择区分性的特征表达是根据任务的特点来决定的，一个不恰当的特征选择会给识别任务带来巨大困难。如果能从视频样本中有监督地学习特征，就能够避免特征选择对识别结果的影响，使得特征更贴近于样本自身的属性。

深度学习的层次模型可以用层次结构来提取和挖掘视频行为的特征，并以结构和权重记忆所挖掘的特征为依据实现行为识别。特征提取的权重记忆由深度模型经过样本训练完成，并直接通过深度模型的分类得到输出结果。

根据深度学习理论和传统视频群体异常行为识别流程，本节给出一种基于深度学习的战场聚集态势认知模型，如图 3-2 所示。

深度学习模型的使用实际上淡化了特征提取、行为建模和行为识别的分隔状态，其与传统群体异常行为识别流程对比如图 3-3 所示。基于深度学习模型的战场聚集态势认知

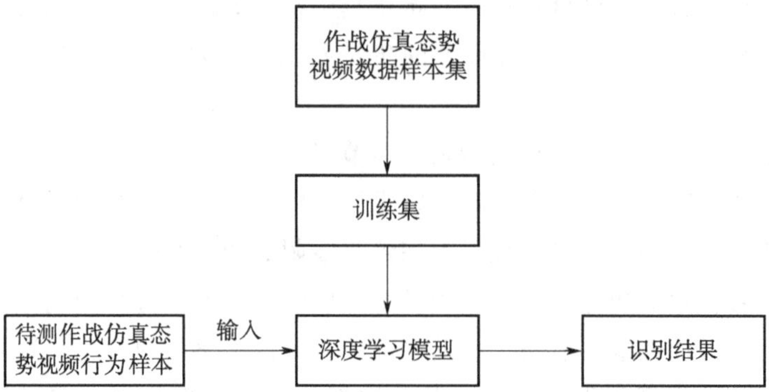

图 3-2 基于深度学习的战场聚集态势认知模型

模型在操作上分为两个部分。一部分为使用既有样本集对深度模型进行训练。深度学习模型训练完成后，基于深度学习的战场聚集态势认知模型的核心就完成了构建。另一部分为对待识别视频样本进行识别，这一部分是所有工作的最终目的。

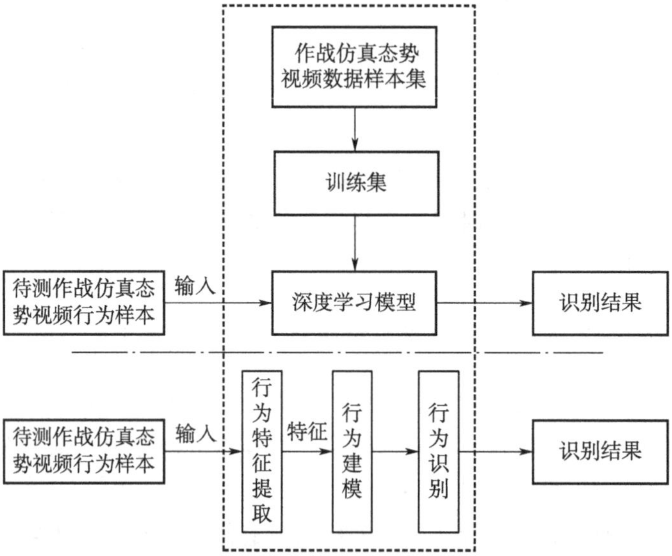

图 3-3 基于深度学习的战场聚集态势认知与传统群体异常行为识别流程对比

3.3 基于多尺度特征融合的战场聚集态势认知方法

3.3.1 战场聚集态势认知概述

作战仿真系统的态势认知包含众多内容，战场聚集态势认知是其中的重要组成部分，研究战场聚集行为智能识别对于推动仿真系统向智能化迈进、提升部队训练效果具有重要作用。战场聚集态势认知归属于群体异常行为识别的范畴，目前传统的群体异常行为识别还需要人工设计特征，实现虽然简单，但是由于不具备从原始数据中自动学习的能力，行为的表示能力受所提取特征的限制。近年来，随着人工智能的迅猛发展，深度学习理论在行为识别领域的应用取得了丰硕的成果，3D-CNN就是一种较为突出的代表。3D-CNN的结构可以对视频数据进行像素级的处理，对输入的视频序列直接进行时空特征的提取，避免了传统方法在特征提取、行为建模、行为识别过程中的复杂流程。

虽然3D-CNN可以同步学习时间与空间信息，但是针对战场聚集态势认知，传统的3D-CNN也存在一定的弊端，首先，战场态势视频数据中产生聚集行为的目标较小，现有的3D-CNN模型缺少空间上的多尺度交互，因空间下采样造成的空间信息丢失，间接地影响最后的识别精度。其次，聚集行为持续的时间不确定，时间维度下采样造成的时序信息丢失，对聚集行为检出率影响较大。

鉴于此，本节将多尺度特征融合思想与3D-CNN结合，设计了基于多尺度特征融合的三维卷积神经网络（3D-CNN Based on Multi-scale Feature Fusion，M3D），最后设计相关实验对算法性能进行验证，对实验结果进行分析。

3.3.2　基于多尺度特征融合的三维卷积神经网络

3.3.2.1　特征融合方式

在第2章中，我们详细介绍了卷积神经网络，其为一种逐级相连、层层递进的结构。各卷积层输出的特征信息不尽相同，特征融合的目的是促进网络中不同位置卷积层之间的信息交互，提升网络的性能。特征融合既需要保证原始信息不在融合的过程中丢失，又需要保证融合后信息的可用性。主要的特征融合方式可分为：级联（Concatenate）、相加（Sum）、取最大值（Max）、平均（Ave）。其中：级联是对两个特征图执行串联操作；而相加、取最大值、平均是将特征图对应位置的元素执行相应的运算。

设函数表示为 $y=f(x^a, x^b)$，式中：$x^a \in P^{h\times w\times t}$ 、$x^b \in P'^{h\times w\times t}$ 表示待融合的两个特征图，$y \in P''^{h\times w\times t}$ 表示融合后的特征图；h ，w 分别表示对应特征图的高度与宽度；t 代表帧数。

1）级联融合。在通道数目上，将两个卷积层输出的特征图合并，合并后的通道数目为融合前两个特征图通道数的和，输出为

$$\begin{cases} y^{\text{cat}}_{i,j,2k} = x^a_{i,j,k} \\ y^{\text{cat}}_{i,j,2k+1} = x^b_{i,j,k} \end{cases} \tag{3-1}$$

式中，$1 \leqslant i \leqslant h$；$1 \leqslant j \leqslant w$；$1 \leqslant k \leqslant t$。

2）相加融合。对两张特征图中相同坐标点的值执行相加运算，将相加后的值作为融合后特征图相应坐标点的数值，输出为

$$y^{\text{sum}}_{i,j,k} = x^a_{i,j,k} + x^b_{i,j,k} \tag{3-2}$$

3）取最大值融合。取两张特征图对应坐标点中较大的值，输出为

$$y^{\max}_{i,j,k} = \max\{x^a_{i,j,k}, x^b_{i,j,k}\} \tag{3-3}$$

4）平均融合。计算两张特征图对应坐标点的均值，输出为

$$y^{\text{ave}}_{i,j,k} = (x^a_{i,j,k} + x^b_{i,j,k})/2 \tag{3-4}$$

对于级联融合操作来说，虽然使得特征图通道数翻倍，但没有在特征融合的过程中丢失原始特征图中的信息，假设融合前每张特征图的通道数为 1，具体操作过程如图 3－4 所示。相加、取最大值、平均这 3 种方法不改变通道数目，但改变了通道中的信息量，分别如图 3－5～图 3－7 所示。

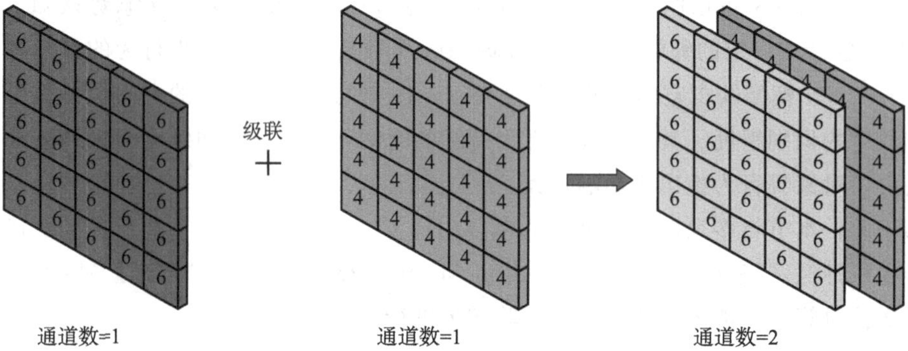

图 3－4　级联操作示意图

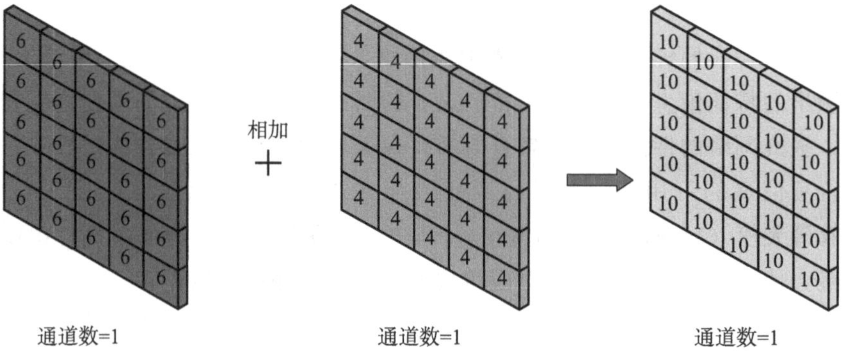

图 3－5　相加操作示意图

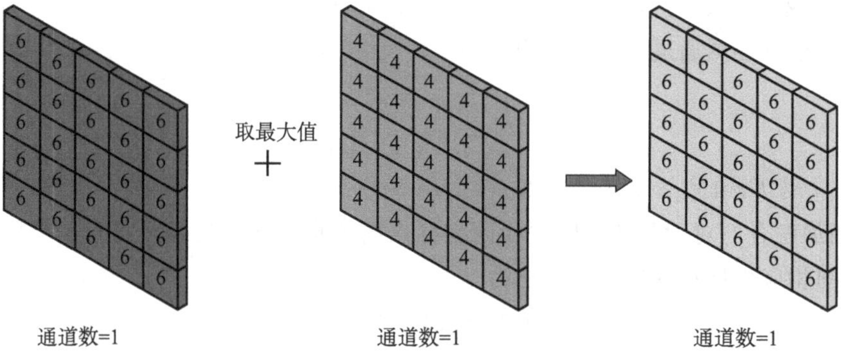

图 3－6　取最大值操作示意图

因为下采样操作的存在，由各卷积层得到的特征图尺寸并不完全相同，为实现不同尺度特征图之间的融合，需要对特征图执行某种运算以改变特征图的尺寸大小。减小特征图

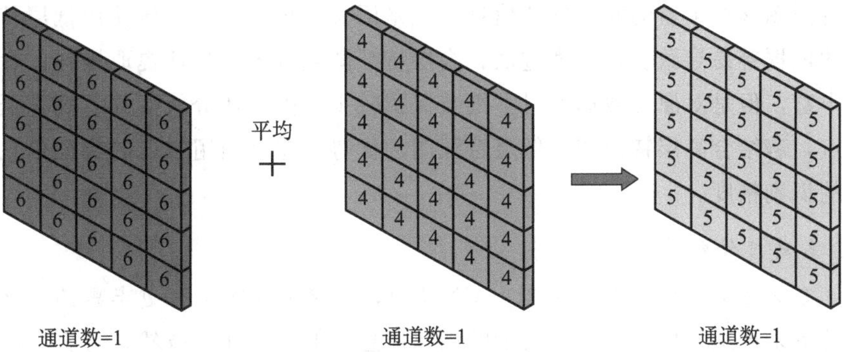

图 3-7　平均操作示意图

尺寸称为下采样，卷积神经网络中可以实现下采样的操作有池化层和卷积层。扩大特征图尺寸的方法主要包括上采样、上池化、双线性差值和转置卷积。其中，上采样是最简单的一种方法，它通过填充临近数值来达到扩大特征图尺寸的目的。图 3-8 展示了上采样操作。

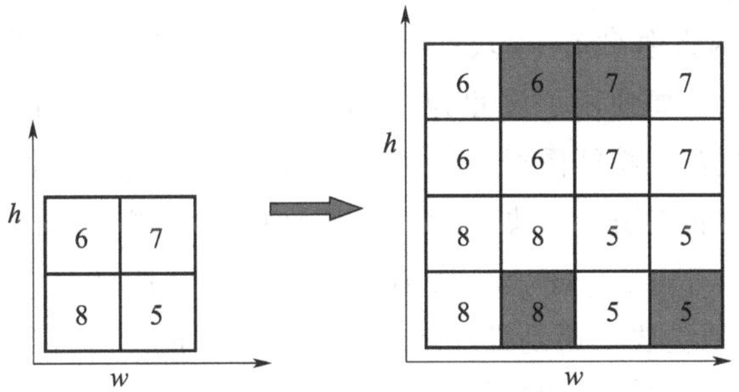

图 3-8　上采样操作示意图

3.3.2.2　多尺度特征问题分析

3D-CNN 的输入是视频序列。目前基于 3D-CNN 的行为识别算法大多为串行结构，特征图在卷积层中逐层传递，经过多个卷积层后，特征图往往具有丰富的语义信息。提升模型性能的一种方法是加深网络层数，但这也会引发网络计算开支庞大和参数量激增的问题，不利于网络训练与实际应用。将特征图输入池化层执行下采样操作可以降低特征尺度，除去冗余信息，同时也可以有效减小模型参数和计算开支规模。但下采样操作也在一定程度上造成特征图时空细节信息的丢失。例如：一个 3D-CNN 模型的输入是 64×224×224 视频序列，64 代表视频序列的帧数，224×224 代表单帧图片的尺寸，模型输出特征图时空尺寸为 8×7×7。经过数次时空下采样，在空间维度上，输出特征图上 1 个点对应原图 1 024 个像素点，也就是说视频帧中空间尺寸像素值低于 32×32 的目标映射到卷积层输出特征图上可能仅有 1 个像素点，也可能信息丢失；在时间维度上，输出特征图的 1 帧代表输入视频序列的 8 帧，即原始视频序列中持续小于等于 8 帧的动作信息体现在卷积层输出特征图上可能仅有1帧，也可能信息丢失。

低层特征图含有丰富的时空细节信息，但是语义信息匮乏，直接使用低层特征图作为行为识别的依据容易导致识别精度过低；高层特征图经过多层特征提取操作，含有的语义信息虽然丰富，但是对原始数据的时空细节保留较少。由上述分析可知，高、低层特征图各有优缺点，若结合高层特征图与低层特征图的优势，充分利用二者的特征信息将有利于提高网络的识别精度。

3.3.2.3 多尺度特征融合算法设计

根据3.3.2.2节分析可知，在3D-CNN中，高层特征图具有更丰富的语义信息，但是网络中的下采样操作使其丢失了大量的细节信息，低层特征图虽然含有更多的时空细节信息，但是由于未经过充分的卷积操作，语义信息较为匮乏。实现不同尺度特征图的融合，可以有效降低视频序列中时空信息在特征提取过程中丢失的风险，提高网络的特征表达能力，有助于提升算法的整体性能。

考虑到I3D（Inflated 3D ConvNet）算法在行为识别方面优异的表现，针对作战仿真中作战目标聚集行为的固有特点，本节在I3D算法的基础上设计了M3D。M3D算法结构如图3-9所示。该网络将不同卷积层输出的多种时空尺度数据进行融合，促进多尺度信息之间的交互，从而达到提升网络性能的目的。

Inception模块与网络中Conv模块的结构如图3-10所示。本节使用的Inception模块主要由4条支路构成，主要使用了尺寸为3×3×3、1×1×1的卷积核和尺寸为3×3×3的池化核。模块首先把输入特征图送入4条支路提取特征，然后对4条支路的输出特征图执行级联操作。网络中的Conv模块包含一个标准的卷积层（Conv3D Layer）、批量归一化层（Batch Normalization Layer，BN Layer）和非线性激活层（ReLU Layer）。第二、三支路Inception模块的主要作用是进一步提取融合后特征图的时空特征。

网络的输入必须保证包含足够的信息，鉴于输入视频数据的时间序列过短会造成原始信息的不足，过长会增加网络额外的计算开支，给网络的训练造成负担，本节选取32×224×224作为第一支路网络的输入。第一支路的网络参数如表3-1所示。其中：Repeat代表对应功能层的重复次数；Channel表示卷积通道数；Filters Size代表对应卷积层单个卷积核的大小；Stride代表移动步长；Output Size代表功能层输出特征图的尺寸大小。以32×224×224为例，32代表帧数、224×224是特征图的空间尺度。

网络首先在Conv1、MaxPool_1进行空间下采样，步幅为（1，2，2）；其次在MaxPool_2、MaxPool_3、MaxPool_4进行时空下采样，步幅为（2，2，2）；然后对Inception6_2的输出进行时空平均池化；最后通过全连接层获得特征向量，为三条支路的最终融合做准备。

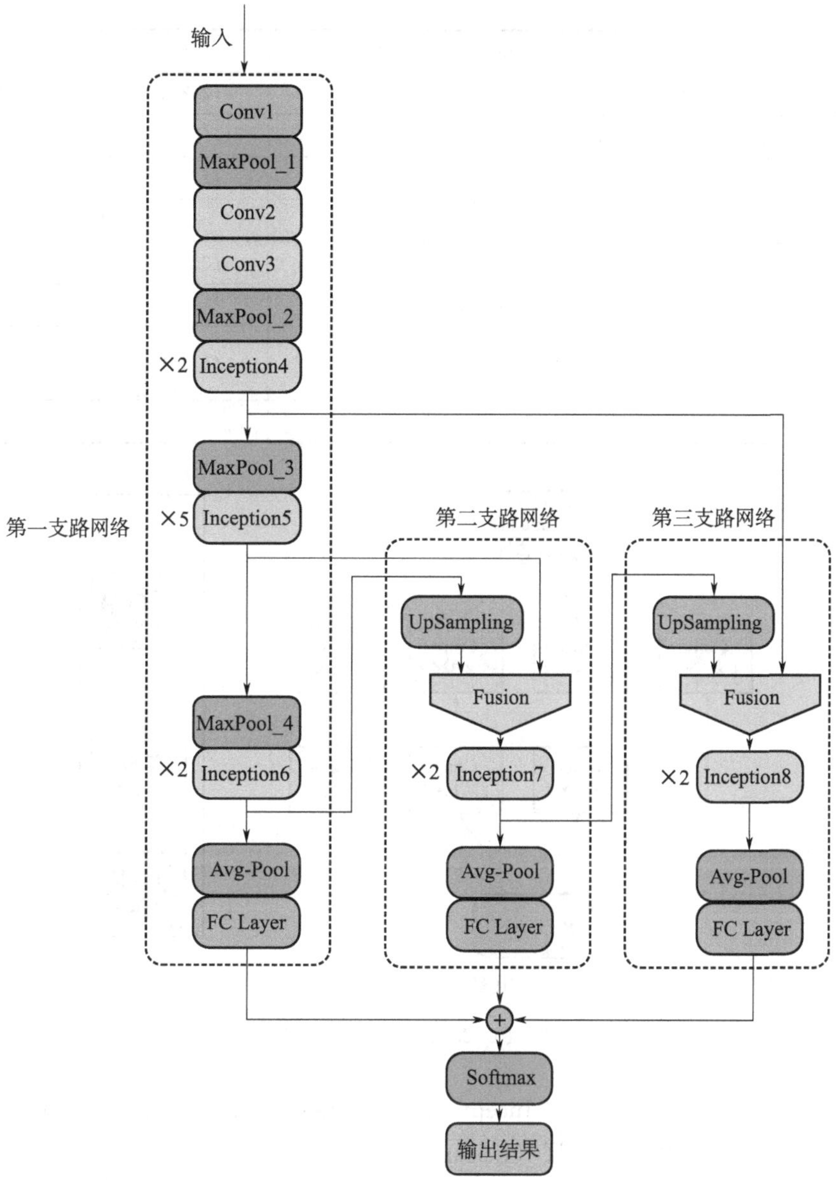

图 3－9　M3D 算法结构图

表 3－1　M3D 第一支路网络设置

Layer	Repeat	Channel	Filters Size	Stride	Output Size
Input		3			32×224×224
Conv1	1	64	7×7×7	(1,2,2)	32×112×112
MaxPool_1	1	64		(1,2,2)	32×56×56
Conv2	1	64	1×1×1	(1,1,1)	32×56×56
Conv3	1	192	3×3×3	(1,1,1)	32×56×56

续表

Layer	Repeat	Channel	Filters Size	Stride	Output Size
MaxPool_2	1	192		(2,2,2)	16×28×28
Inception4_X	2	480			16×28×28
MaxPool_3	1	480		(2,2,2)	8×14×14
Inception5_X	5	832			8×14×14
MaxPool_4	1	832		(2,2,2)	4×7×7
Inception6_X	2	1024			4×7×7
Global Pool (average)	1		4×7×7	(1,1,1)	1×1×1
FC					2

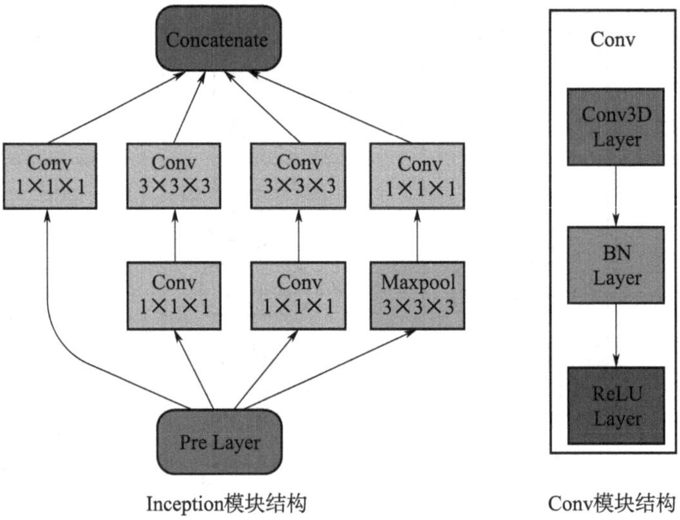

图 3-10　M3D 相关模块结构图

在第二支路网络中，为方便将 Inception6 _ 2 的输出特征图与 Inception5 _ 5 的输出特征图进行融合，首先使用上采样层（Upsample）将 Inception6 _ 2 输出特征图的时空尺寸由 4×7×7 上采样为 8×14×14，然后将融合后的特征图送入卷积模块提取特征，最后经过池化层、全连接层得到该支路的输出特征向量。在第三支路网络中，首先将第二支路 Inception7 模块的输出特征图进行上采样，然后将上采样结果与第一支路 Inception4 _ 2 的输出特征图进行融合，输入卷积模块提取特征，最后经过池化层、全连接层得到该支路的输出特征向量。在 M3D 网络结构的最后，将三条支路网络全连接层输出的特征向量进行均值融合，并经过 Softmax 层得到属于各个类别的概率。

3.3.3　作战目标聚集行为数据集构建与防止过拟合策略

3.3.3.1　数据集构建

作战仿真平台 X－sim 是由北京华如科技股份有限公司发布，可用于作战仿真、模拟训练、装备论证、实验评估的作战仿真系统。该系统可用于对指挥人员进行作战推演训练，实现体系对抗筹划、推演和态势展示等。

本节通过 X－sim 获取影像数据，以此为基础构建数据集。本节任务的本质是视频分类任务，由于只需要对聚集行为进行识别，而不需要对聚集行为的时间起始点进行定位，所以采集的每个视频只包含一种行为。

本节的目的是解决行为的二元分类问题。因此数据集分为两类：聚集类、其他类。其中：聚集类中包含目标聚集后停止、目标聚集后行进等行为；其他类中包含目标静止、多目标行进（无聚集趋势）、目标离散等行为。聚集行为类是正样本，其他行为类是负样本。实验数据集中的部分样本如图 3－11 所示。

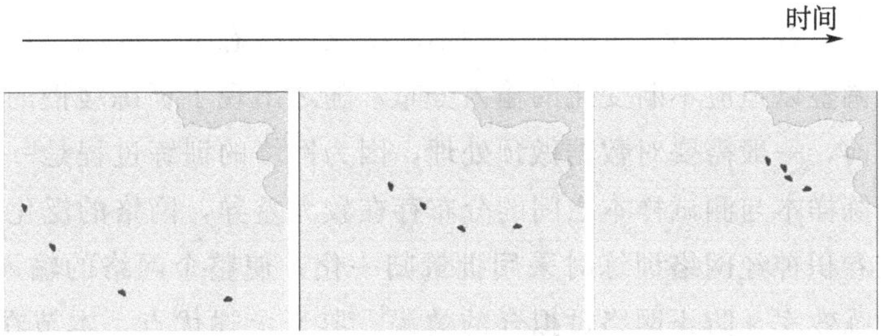

(a) 目标聚集

(b) 目标聚集并行进

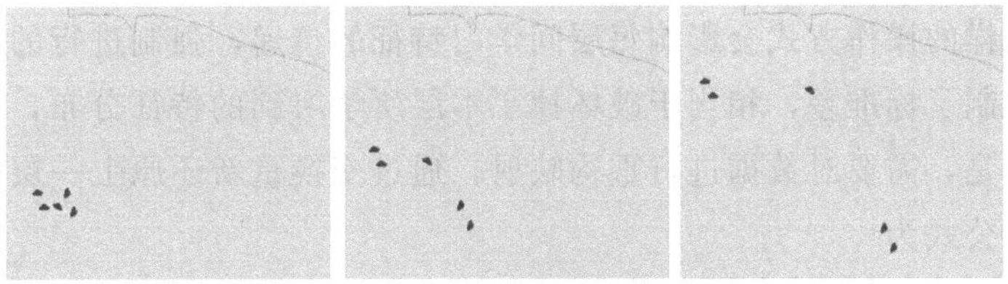

(c) 目标离散

图 3－11　数据集样本

按照作战仿真平台的推演速度，采集 1 000 段视频，每段持续 10～15 s，帧率 25 fps，分辨率为 720 pixels×576 pixels，聚集类和其他类分别包含 500 段视频，数据集相关信息如表 3－2 所示。

表 3-2 实验数据集相关信息

行为类别	视频数量	最短帧数	最长帧数
聚集类	500	256	374
其他类	500	271	355

3.3.3.2 防止过拟合策略

(1) 数据增强

在训练时，标记样本不足容易造成网络过拟合。因此，本节对视频数据采用多种数据增强策略。视频数据与图像数据不同，在数据增强的过程中需要保证视频数据时空信息的完整性。本节对训练集采用 2 种数据增强方法：1）在原始视频数据中，选择不同帧作为起点进行数次等间隔采样，所得片段的时间尺度为 32 帧，提取到的不同片段时间上存在重叠部分，若一次采样不足 32 帧则重新采样；2）将整个视频一致地采用随机左右翻转。

(2) 批量归一化（Batch Normalization，BN）

在训练一个卷积神经网络的过程中，随着网络的不断加深，各层的网络参数处在一种不断变化的状态下，各层的输入也处于一种不断变化的状态下。因此，在训练过程中网络各层需要不断地调整以适应不断变化的输入分布，随之出现了训练缓慢的问题。此外，在网络训练开始之前，一般需要对数据做预处理，因为网络的训练过程是一个学习数据分布的过程，如果训练样本与测试样本之间的分布存在较大差异，网络的泛化能力就会明显降低。因此，常在卷积神经网络训练时采用批量归一化，使整个网络的输入分布保持稳定，从而取得提高训练效率、防止网络过拟合的效果。鉴于上述优点，本节在整个 M3D 网络的卷积层中添加了批量归一化层，具体位置如图 3-10 所示。

批量归一化操作其实是将白化操作简化后得到的。将卷积神经网络每层的输入分布归一化为方差是 1、均值是 0 的分布，标准化过程的公式定义为

$$\hat{x}^{(k)}=\frac{x^{(k)}-E[x^{(k)}]}{\sqrt{\operatorname{var}[x^{(k)}]}} \tag{3-5}$$

式中，$\hat{x}^{(k)}$ 代表输入数据的第 k 维，$E[\cdot]$ 代表均值，$\sqrt{\operatorname{var}[\cdot]}$ 代表标准差。

但仅使用这样的操作方式会影响每层间学习特征的传递，强制进行的归一化处理改变了数据分布、限制了标准差，相当于破坏掉了本层所学习到的特征分布，对网络传递产生了极大影响。于是，需要对数据进行重构映射，通过变换重新还原上一层传递出的学习分布。重构变换的公式为

$$\hat{y}^{(k)}=\gamma^{(k)}\hat{x}^{(k)}+\beta^{(k)} \tag{3-6}$$

式中，$\gamma^{(k)}=\sqrt{\operatorname{var}[x^{(k)}]}$，$\beta^{(k)}=E[x^{(k)}]$。

批量归一化算法流程如图 3-12 所示。

对卷积神经网络的每层添加批量归一化操作，可以使每层的输出服从标准正态分布，让激活函数的输入处于梯度非饱和区，有效减少梯度消失的情况出现，进而提升网络的性能和收敛速度。

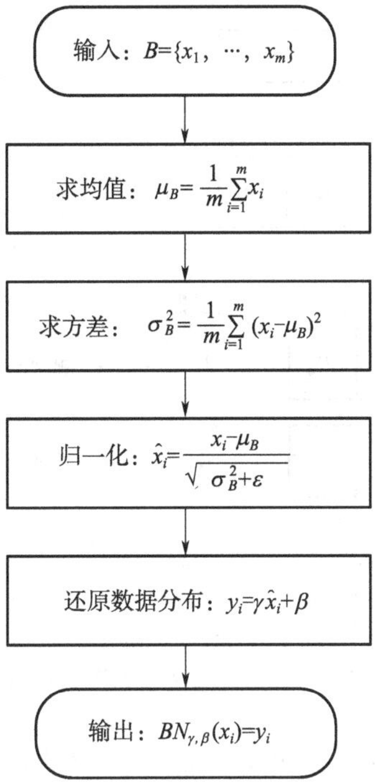

图 3 - 12　批量归一化算法流程

3.3.4　实验与分析

3.3.4.1　实验环境及实验细节

实验使用英伟达 TITANV 显卡进行计算，具体的硬件参数以及环境信息如下。

处理器：Inter Core I9 - 7940X

显卡：Nvidia GeForce TITANV

运行内存：32 GB

开发环境：Ubuntu16.04＋CUDA8.0＋CUDNN7.3＋Pytorch＋Python3.5

为减少随机性对实验结果的干扰，以提高实验结果的可信度，本节采用 2 种方法降低随机干扰：1）在测试阶段，将测试集中每个视频以不同帧为首帧进行 10 次等间隔采样提取，每次抽取对应帧，网络对每一个片段进行判读，求出相应的 Softmax 分数，然后对该视频的 10 个片段得到的 Softmax 分数求和，得出对应每个类的概率，最终的识别结果即是最大概率对应的标签；2）采用五折交叉验证（5 - Folder Cross - validation）实验，即进行 5 次训练和测试实验。首先将数据集划分为 5 份，分别用 D_1、D_2、D_3、D_4、D_5 表示，每份包含聚集类和其他类的视频量均为 50 个，然后每次抽取 4 份作为训练集，1 份作为测试集进行实验，共进行 5 次，最后 5 次实验所得结果的平均值即为对应算法在该数据集上的最终准确率，具体操作如图 3 - 13 所示。

M3D 算法的输入是尺寸为 32×224×224 的视频序列，32 代表帧数，224×224 代表

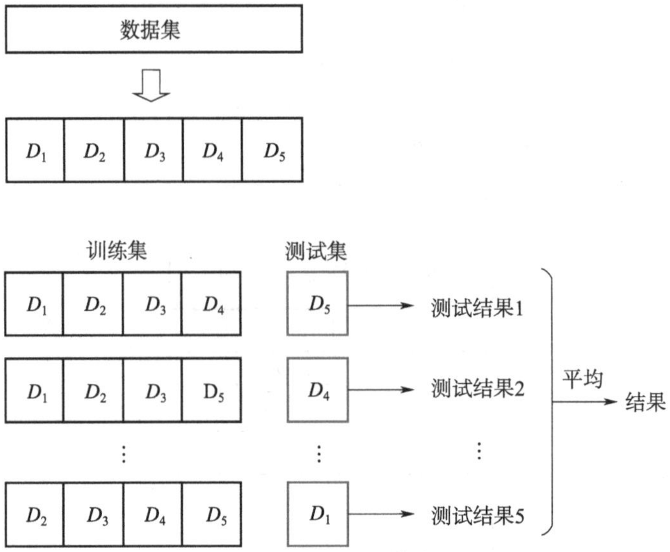

图 3-13　五折交叉验证实验示意图

空间尺寸大小。本节网络使用小批量梯度下降法来进行网络参数优化。在训练时，设置学习率为 0.005，每迭代 7 000 次降低为原来的 1/10，批数量是 3，总迭代次数为15 000 次。为验证 M3D 算法的性能，本节设置对比试验，对比算法具体介绍如下。

CNN＋LSTM：该模型中的卷积神经网络采用 Inception - V1。在测试期间，按顺序输入多帧 RGB 图像，将最后一帧的输出作为算法预测结果。

C3D：一种基于 3D 卷积的行为识别算法。该方法可以一次处理一段视频序列，提取视频中的时空特征。本节对原始 C3D 算法做了一定改进，主要是在每个卷积层后添加了批量归一化层，并将第一个池化层的步长由 1 变为 2。

R（2＋1）D：一种基于 3D 卷积的行为识别算法。该方法将三维形式的 ResNet 进行时空分离设计，以此引入更多的非线性层提高算法的表达能力。

M3D：本节提出的面向作战仿真中作战目标聚集态势认知的算法。

3.3.4.2　M3D 算法测试

本节分析了不同特征融合方式对网络识别性能产生的影响。实验结果如图 3-14 所示。在这 4 种融合方式中，级联融合所取得的识别准确率最高。本节认为级联融合更有利于特征信息的保留，因此确定级联为各支路网络的特征融合方式。

本节提出的 M3D 模型是在 I3D 的基础上，引入多尺度特征融合思想构建而成的，为验证多尺度特征融合思想的有效性，本节对这 2 种算法采取相同的训练方法和次数来更新网络参数，2 种算法的结果对比见表 3-3。

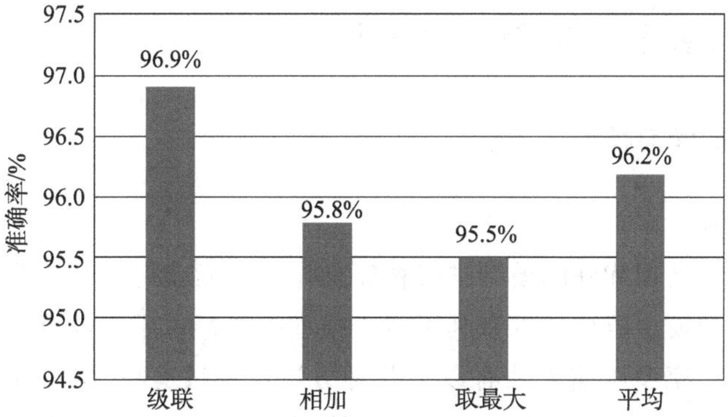

图 3－14　不同融合策略下的识别准确率

表 3－3　网络改进前后对比

算法	输入视频序列尺寸	平均准确率
I3D	64×224×224	92.1%
M3D(Ours)	32×224×224	96.9%

从表 3－3 结果可以发现：相较于 I3D 算法，本节提出的 M3D 算法的性能有一定的提升，准确率达到了 96.9%。实验结果表明，将多尺度特征融合思想与 3D 卷积网络结合，可以有效提高对作战仿真中作战目标聚集态势认知的准确率。

3.3.4.3　算法对比实验

基于本节建立的数据集，将 M3D 与当前具有代表性的基于深度学习的行为识别算法进行对比。首先，从网络结构来看，本节的 M3D 算法将不同卷积层输出的特征图进行融合，以促进多尺度特征信息的交互，有效降低了视频时空信息丢失的风险。然后，从算法取得的实验效果看（见表 3－4），与 CNN＋LSTM 相比，M3D 的精度提高了 17.6%，因为 CNN 在下采样期间会丢失很多细粒度的低层特征，而这些低层特征对于正确的聚集行为判读具有重要意义，如果将这些特征图输入 LSTM 进行时域分析，则识别结果将会受到一定的影响。与传统单通道算法 C3D 相比，M3D 算法准确率提升 14%，分析原因：一方面，M3D 算法具有更深的网络结构，特征提取能力比 C3D 更强；另一方面，引入多尺度特征融合策略后能够提升特征提取能力，保留更多时空细节信息。与 R（2＋1）D 算法相比，本节提出的 M3D 算法同样具有优势，识别精度比 R（2＋1）D 算法高出了 1.9%。

表 3－4　各算法在本书构建数据集中的识别结果

算法	输入视频序列尺寸	平均准确率
CNN＋LSTM	25×224×224	79.3%
C3D	16×112×112	82.9%
R(2＋1)D	64×224×224	95%
M3D	32×224×224	96.9%

3.4　轻量化战场聚集态势认知方法

3.4.1　高效率深度学习模型

3.4.1.1　模型压缩

模型压缩是指对已训练好的模型进行精简操作，进而获得一个轻量且准确率相当的网络。深度神经网络的模型压缩技术有利于减少模型的内存占用、计算量等，可以降低深度模型对硬件的要求。模型压缩大致有以下几种方法：参数剪枝（Parameter Pruning）、低秩分解（Low - rank Decomposition）、知识蒸馏（Knowledge Distillation）等。

参数剪枝通常是指对训练完毕的深度神经网络模型进行处理，目的是去除冗余连接和权重。首先，根据贡献率大小对模型的神经元排序，然后，裁剪贡献率低的神经元。研究表明，参数剪枝可以有效降低网络的复杂度，但参数剪枝后的网络是非结构化的，随机的稀疏结构并不能加速运算，另外利用硬件的非结构化剪枝方案还无法在所有深度学习框架下使用，同时硬件的依赖性会使模型的使用成本提高。

低秩分解，卷积神经网络中的计算代价由卷积操作主导，模型大小由全连接层参数所主导，通常情况下，网络中的权重矩阵巨大而密集，这是造成网络模型存储和计算开销巨大的主要原因。采用低秩分解技术可将大而密集的权重矩阵重构为若干小规模的矩阵，这样不仅可以减少存储和计算开销，还能显著加快推理和训练速度。过去几年，低秩分解算法在特定场景下可以取得良好的效果。但是低秩分解会造成模型层数的增加，容易在训练中引发梯度消失的问题。如何在大型网络中设置合适的超参数以达到低秩分解的目的，是目前亟待解决的问题。

知识蒸馏旨在将训练好的复杂模型迁徙到一个结构更为简单的网络中，或通过简单的网络去学习复杂模型中的“知识”，这样学习来的小型网络可以具备和复杂网络相近的效果，同时结构更为精简。虽然基于知识蒸馏的模型压缩方法可以实现模型轻量化，同时大幅减少计算开支，但该方法的假设较为严格，以至于其性能可能比不上其他压缩和加速方法。

3.4.1.2　模型轻量化

不同于模型压缩技术，模型轻量化技术是从网络结构入手，运用多种轻量化技巧达到在保证识别准确率的基础上大幅降低网络参数量与计算量的目的。在行为识别方面，模型轻量化大致有以下几种方法：分组卷积、时空分离卷积等。

（1）分组卷积

在行为识别领域，分组卷积的代表作之一是 2018 年发表于 ECCV 会议的多纤维网络（Multi - Fiber Networks，MF - Net）[34]。MF - Net 的核心内容是多纤维模块（Multi - Fiber Unit），多纤维模块主要由多路卷积层和多路复用器（Multiplexer）两部分组成，多路复用层由两个包含 1×1×1 卷积核的卷积层组成，多路卷积层则包含 16 条独立的卷积通路。多纤维模块如图 3 - 15 所示。

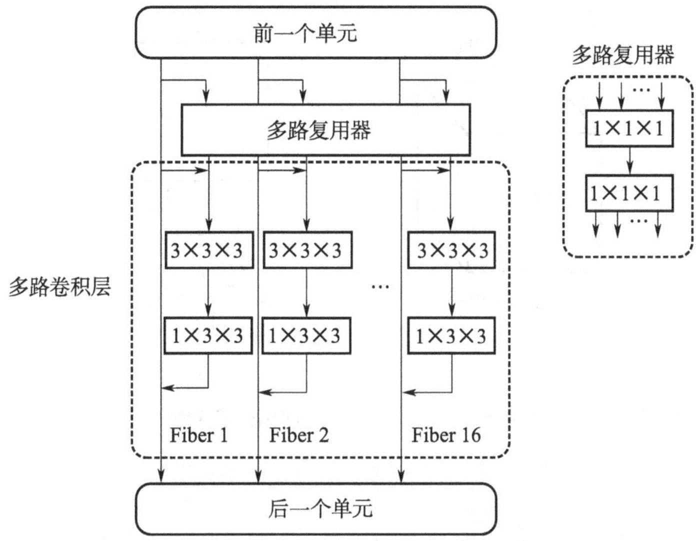

图 3-15 多纤维模块

多路卷积层：计算量与网络连接数有关，传统的 3D-CNN 网络一般使用单路串联多个卷积核进行特征提取，结构简单但是计算量庞大，结构连接数为

$$C=(M_{in}\times M_{mid}+M_{mid}\times M_{out}) \tag{3-7}$$

式中，M_{in} 代表输入通道数；M_{mid} 代表中间通道数；M_{out} 代表输出通道数。

式（3-7）表明网络连接数与网络中间通道数有直接关系。网络中间通道数扩大为原来的 k 倍，则网络连接数扩大为原来的 k^2 倍。为减少对整个计算成本至关重要的连接数，多纤维模块将原本的单条卷积通路拆分为 16 个并行的卷积通路，通路之间相互隔离，模块的总宽度保持不变，但连接数缩减为原来的 1/16，从而

$$C=16\times\left(\frac{M_{in}}{16}\times\frac{M_{mid}}{16}+\frac{M_{mid}}{16}\times\frac{M_{out}}{16}\right)=\frac{(M_{in}\times M_{mid}+M_{mid}\times M_{out})}{16} \tag{3-8}$$

多路卷积层的主要作用是拆分卷积通道，以取得大幅降低计算开支的效果。

多路复用器：多路卷积层中的拆分策略可以有效降低计算量，但是将每条通路与其他通路完全隔离开会降低网络的特征学习能力。为促进各条通路之间的信息流动，在多纤维模块中进一步增加了一个多路复用器，以补偿多路卷积层因通路隔绝造成的信息丢失。在多路复用器中，首先使用第一个卷积核尺寸为 1×1×1 的卷积层汇集多条通路的特征，然后使用第二个卷积核尺寸为 1×1×1 的卷积层将特征分发到各个通路。使用两个卷积层的目的是通过缩减通道数目进一步降低计算开支。假设将第一个卷积层的通道数缩减为原来的 $1/k$ 时，与使用单个卷积层相比，计算成本会缩减为原来的 $2/k$ 。

（2）时空分离卷积

时空分离卷积是把标准的 3D 卷积核分解为 2D 卷积核与 1D 卷积核的串联形式，这种方法可以大幅降低计算开支。

一个标准 3D 卷积层由多个标准 3D 卷积核组成。标准 3D 卷积核如图 3-16（a）所

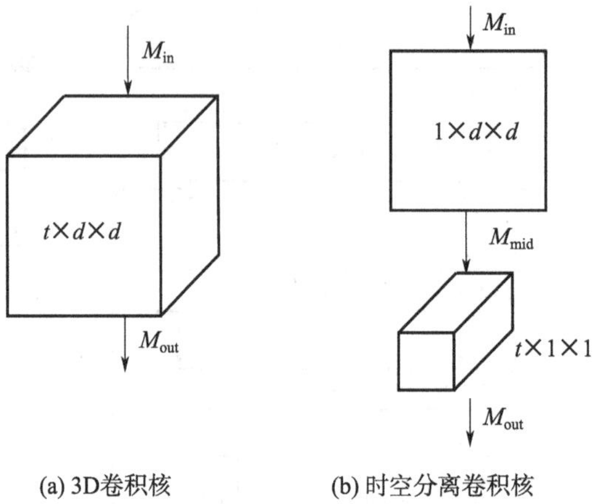

图 3-16　3D 卷积核与时空分离卷积核

示。设标准 3D 卷积层的输出特征图尺寸是 $H'\times W'\times T'$，T' 代表输出特征图的时间维度，三维卷积核尺寸为 $t\times d\times d$，t 代表卷积核的时间尺度，d 代表卷积核空间维度中的长和宽。假设时间与空间维度上的移动跨度都是 1，则该 3D 卷积层的浮点运算量为

$$F_{3D}=M_{in}\times M_{out}\times H'\times W'\times T'\times t\times d\times d \tag{3-9}$$

式中，F_{3D} 代表标准 3D 卷积层的浮点运算量；M_{in} 代表输入通道数；M_{out} 代表输出通道数。

时空分离卷积核是将标准 3D 卷积核拆分，最终得到一个 2D 卷积核（空间方向）与一个 1D 卷积核（时间方向）的串联结构，如图 3-16（b）所示。2D 卷积核的尺寸为 $1\times d\times d$，1D 卷积核的尺寸为 $t\times 1\times 1$。当在时间方向与空间方向的移动步长都是 1 时，则该时空分离卷积层的浮点运算量为

$$F_{2D+1D}=M_{in}\times M_{mid}\times H'\times W'\times T'\times 1\times d\times d+M_{mid}\times M_{out}\times H'\times W'\times T'\times t\times 1\times 1 \tag{3-10}$$

式中，F_{2D+1D} 代表时空分离卷积层的浮点运算量；M_{in} 代表 2D 卷积层的输入通道数；M_{mid} 代表 2D 卷积层的输出通道数（该卷积层包含的空间卷积核个数）；M_{out} 代表 1D 卷积层的输出通道数。

则时空分离卷积层和标准 3D 卷积层的浮点计算量之比为

$$\begin{aligned}\frac{F_{2D+1D}}{F_{3D}}&=\frac{M_{in}\times M_{mid}\times H'\times W'\times T'\times 1\times d\times d+M_{mid}\times M_{out}\times H'\times W'\times T'\times t\times 1\times 1}{M_{in}\times M_{out}\times H'\times W'\times T'\times t\times d\times d}\\&=\frac{M_{mid}}{M_{out}\times t}+\frac{M_{mid}}{M_{in}\times d\times d}\end{aligned} \tag{3-11}$$

通常情况下，令 $M_{in}=M_{mid}=M_{out}$，则式（3-11）可写为

$$\frac{F_{2D+1D}}{F_{3D}}=\frac{M_{mid}}{M_{out}\times t}+\frac{M_{mid}}{M_{in}\times d\times d}=\frac{1}{t}+\frac{1}{d^2} \tag{3-12}$$

相比于标准 3D 卷积操作，时空分离卷积可以大幅度缩减运算量。一些成功的行为识别算法如：F_{ST}CN[35]、S3D[36]、R（2+1）D[37]，均采用了时空分离卷积思想。

3.4.2　轻量化聚集态势认知算法

3.4.1 节我们分析了高效率深度学习模型，其中模型压缩的方法主要应用于对的深度学习模型进行轻量化处理，该类方法并不能有效地解决由于网络结构本身设计不合理而导致的计算冗余问题，且因为种种弊端缺乏有效的应用。相比之下，轻量化模型设计通过设计更精简的网络结构，利用较小的参数量和计算开支实现复杂的特征提取，可以直接在现有框架下运行，运行成本和实现难度更低。

3.4.2.1　轻量化行为识别算法设计分析

综合分析现有的深度学习模型，高效率的设计主要有以下几种策略。

1）小尺寸卷积核代替大尺寸卷积核。深度学习网络主要通过卷积操作对输入数据进行特征提取。大尺寸卷积核具有较大的感受野，可以提取到更加抽象的特征，但也意味着更大的计算开支和更多的参数量。一种可行的办法是利用堆叠小尺寸卷积核代替大尺寸卷积核。一方面，在保持感受野范围的同时，堆叠的小尺寸卷积核具有更少的计算开支和参数量。以 2D - CNN 中的 5×5 卷积核为例，该卷积核的空间感受野为 5，可以通过堆叠两个 3×3 卷积核代替，而后者的参数量仅为前者的 72%。另一方面，多层小卷积层的堆叠比一个大尺寸卷积层包含更多的非线性激活函数，这使得卷积神经网络学习到更具区分性的映射函数。

2）利用 1×1×1 卷积核减少卷积层的输出通道数，同时促进跨通道的信息交互。一方面，卷积神经网络中的卷积操作是多通道特征图与多通道卷积核之间的操作，即输入的多通道的特征图和一组卷积核做卷积求和得到一个输出特征图，对多通道特征图做 1×1×1 卷积，相当于把特征图本来各个独立的通道进行联通，促进各个通道之间的信息交互。另一方面，通过控制相应卷积层的 1×1×1 卷积核的数量可以有效降低下个卷积层的输入通道数，进而实现模型参数的减少和计算开支的降低。但是，通道数过少，会降低网络的特征表达能力，平衡好减少通道数量与提高网络特征表达能力的关系，是模型设计时需要重点思考的问题。

3）时空分离卷积。区别于深度可分离卷积（Depthwise Separable Convolutions）[38]，时空分离卷积是将三维卷积核分解为二维卷积核（空间方向）与一维卷积核（时间方向）级联的形式。使用二维卷积核学习视频帧的表观特征，使用一维卷积核学习视频的运动特征。这种时空分离卷积核与传统三维卷积核相比降低了参数量与计算开支，同时也通过引入更多的非线性激活操作，提升了网络的非线性表达能力。

3.4.2.2　轻量化聚集态势认知算法设计

本书参考多纤维模块和时空分离卷积思想设计了分离卷积多纤维模块（Separation Convolutional Multi - Fiber Unit，SMF Unit），其模块结构如图 3 - 17 所示。在模块中，特征图首先经过的是多路复用器，多路复用器通过第一组 1×1×1 卷积核降低特征图维度以减少参数量和降低计算开支，并促进特征图不同通道之间的信息交互，然后通过第二组 1×1×1 卷积核将特征图平均分发到 16 条通路。以通路 1 为例，通路被分为 a、b 两条支路，a 路将通路输入特征图直接传递至通路末尾，b 路由两个 1×3×3 空间卷积层和一个 3×1×1 时间卷积层按照空间-时间-空间的顺序串联而成，最后对 a、b 两条支路的特征图执行相加融合操作。

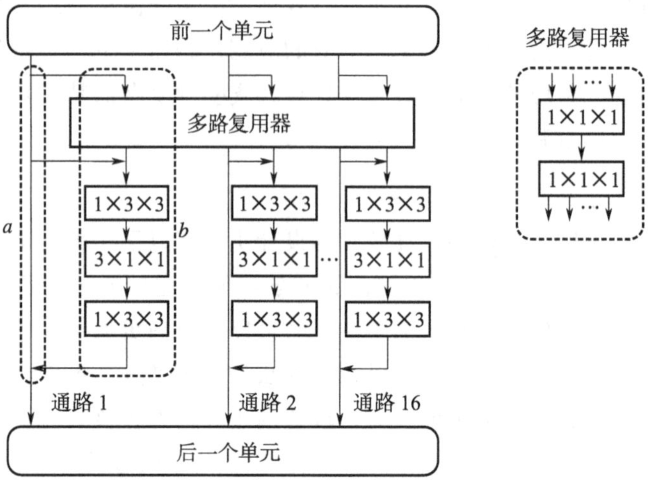

图 3-17　分离卷积多纤维模块

可以看出，得益于时空分离卷积思想与多纤维结构结合的设计思路，在模块卷积的过程中，分离卷积多纤维模块的参数量与计算量都保持在较小的数量级上。分离卷积多纤维模块中执行的操作并不影响模块整体的输入与输出的特征图维度，因此便于部署于现存的卷积神经网络中。本节进一步将分离卷积多纤维模块应用于 M3D 算法中，网络结构如图 3-18 所示，第一支路网络参数设置见表 3-5，本节设计的算法模型名为 Tiny M3D。

表 3-5　Tiny M3D 第一支路网络设置

Layer	repeat	Channel	Stride	Output Size
Input		3		16×224×224
Conv1	1	16	(1,2,2)	16×112×112
MaxPool		16	(1,2,2)	16×56×56
SMF-Unit2_X	3	96	(1,1,1)	16×56×56
SMF-Unit3_X	1	192	(2,2,2)	8×28×28
	3		(1,1,1)	
SMF-Unit4_X	1	384	(2,2,2)	4×14×14
	5		(1,1,1)	
SMF-Unit5_X	1	768	(2,2,2)	2×7×7
	2		(1,1,1)	
AvgPooling				1×1×1
FC				2

相比于 M3D，Tiny M3D 主要有以下几点不同：

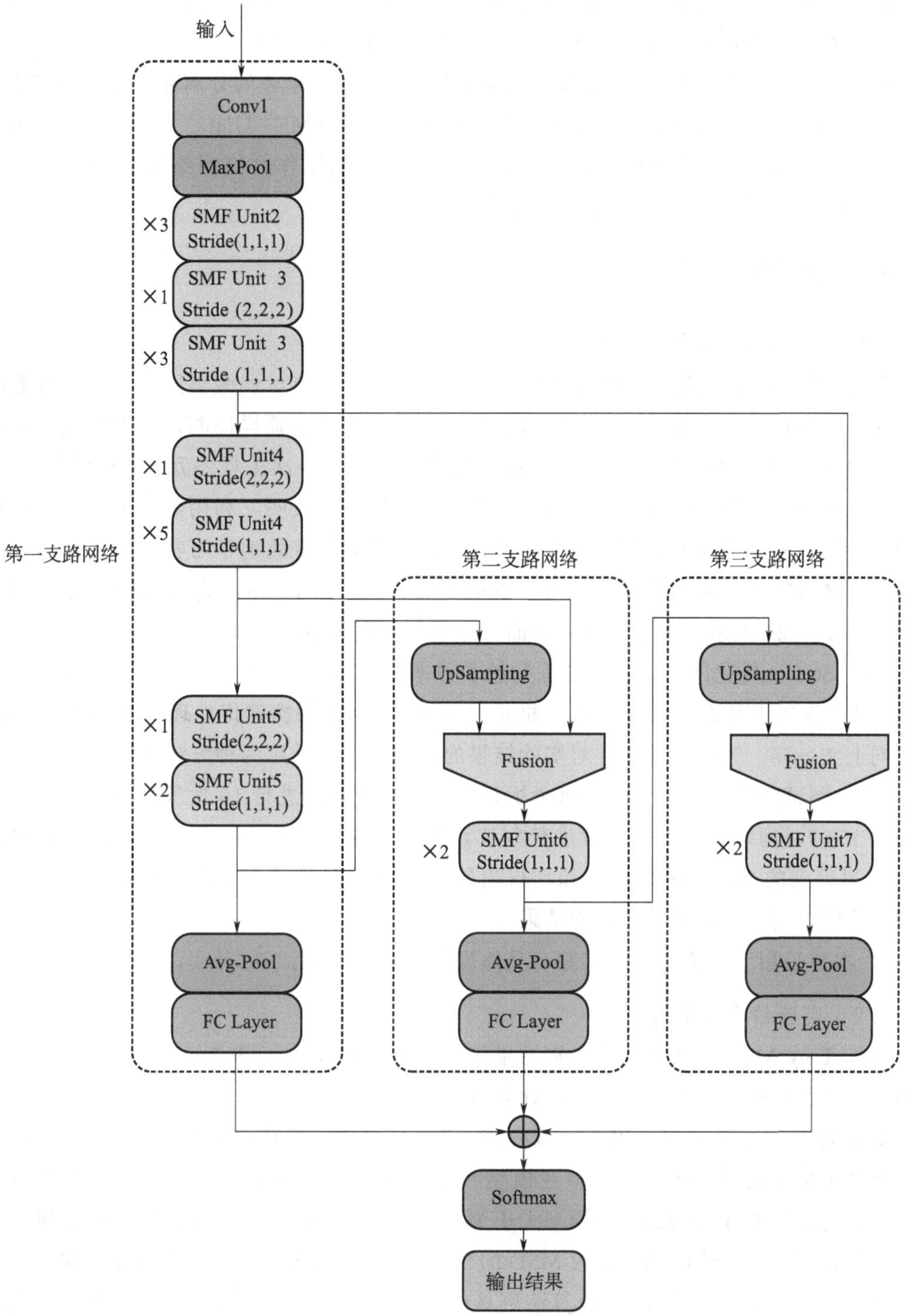

图 3-18　Tiny M3D 算法结构图

首先，将输入图像序列的时间尺度缩小到 16 帧。相同卷积操作下处理一段图像序列，32 帧的序列需要的计算量是 16 帧序列的 2 倍。

其次，用本节设计的分离卷积多纤维模块代替原网络中的 Inception 模块，相对于 Inception 模块，分离卷积多纤维模块效率更高，计算开支更少。

最后，调整了网络结构，三条支路前分别为 3、6、4 个堆叠的分离卷积多纤维模块；不同于 M3D 中采用步长为 2 的最大池化操作，Tiny M3D 在 SMF - Unit3 _ 1、SMF - Unit4 _ 1、SMF - Unit5 _ 1 模块中采用步长为（2，2，2）的卷积操作，使网络结构更加紧凑。此外，Tiny M3D 用相关数据集重新训练了算法模型。

3.4.3 实验与结果分析

3.4.3.1 数据增强与实验细节

为提高网络的泛化能力，本节采用数据增强策略。本节对训练集同样采用 2 种数据增强方式：一种是对原始视频以不同帧为首帧进行多次等间隔采样提取，所得片段的时间尺度为 16 帧，提取到的不同片段时间上存在重叠部分，若一次采样不足 16 帧则重新采样；另一种是将整个视频一致地采用随机左右翻转。实验结果表明，利用数据增强获得的视频数据进行训练的网络模型具有更优秀的泛化能力，能够更有效地学习特征，取得更好的识别结果。网络的输入为从每段视频中提取的 16 帧视频序列，本节将提取的视频序列调整为 16×224×224 大小。在网络优化方面，本节采用随机梯度下降法（Stochastic Gradient Descent，SGD）优化网络，网络训练初始学习率为 0.005，之后每迭代 7 000 次，学习率衰减 0.1，总迭代次数为 15 000 次，批量数为 6，即网络每次迭代处理 6 段 16 帧视频。

同上文一样，为降低随机性对实验结果的影响，本节采用两种方法降低随机干扰：

1）在测试阶段，将测试集中每个视频以不同帧为首帧进行 10 次等间隔采样提取，每次抽取 16 帧，网络对每一个片段进行判读，求出相应的 Softmax 分数，然后对该视频的 10 个片段得到的 Softmax 分数求和，得出属于每个类别的概率，概率最大值所对应的类别即作为网络对该视频的最终识别结果；

2）本节采用五折交叉验证实验，具体操作与上文相同。

3.4.3.2 实验结果及其分析

对于 Tiny M3D 算法的行为识别结果量化对比见表 3 - 6，表 3 - 7 列出了各检测算法的模型大小及处理单个剪辑所需要的计算量。

对比表 3 - 3、表 3 - 4、表 3 - 6 和表 3 - 7 可以看出，轻量化的聚集态势认知算法在测试集上的识别准确率有所下降，但在模型大小和处理单个视频序列的计算开支上更具优势。轻量化设计的 Tiny M3D 的模型大小为 7.7 M，是 M3D 的 40%，处理单个视频序列的计算量是 11.35 GFLOPS，仅为 M3D 的 9.1%，算法模型存储和计算代价大幅降低。就存储和计算代价而言，Tiny M3D 算法更具优势，说明本节提出的分离卷积多纤维模块能够有效减少算法模型的参数量和计算量。

与轻量化算法 MF - Net 相比，Tiny M3D 在模型大小、计算代价基本相当的情况下，识别准确率提升了 2.6%，进一步说明了多尺度特征融合的识别机制能够有效提升对战场聚集行为的识别效果。上述实验表明，本节设计的轻量化行为识别算法 Tiny M3D 能够在识别精度、计算开支、模型大小之间达到较好的平衡。

表 3-6　轻量化算法对比试验

方法	准确率
MF-Net	91.2%
Tiny M3D	93.8%

表 3-7　各识别算法模型大小及计算量

模型名称	输入图像序列尺度	参数量	FLOPs/G
C3D	16×112×112	79 M	38.5 G
I3D	64×224×224	12.1 M	107.9 G
R(2+1)D	64×224×224	63.6 M	152.4 G
M3D	32×224×224	19.1 M	124.6 G
MF-Net	16×224×224	8 M	11.1 G
Tiny M3D	16×224×224	7.7 M	11.35 G

表 3-8 展示了 3 种算法测试一段视频的平均运行速度。可以看出，Tiny M3D 的运行速度显著高于 I3D 算法和 M3D 算法。

表 3-8　3 种算法平均运行速度对比（未考虑数据输入/输出消耗的时间）

模型名称	I3D	M3D	Tiny M3D
视频数/s	4.0	3.1	7.6

3.4.4　面向作战仿真系统的战场聚集行为实时识别平台的实现

3.4.4.1　平台总体设计

(1) 平台流程设计

本节设计的平台由两部分组成：作战仿真系统端、行为识别端。作战仿真系统端位于一台终端的 Windows 7 系统中，行为识别端位于另一台终端的 Ubuntu16.04 系统中，二者利用 UDP 协议进行连接。

本节设计的平台的处理流程如图 3-19 所示，该平台拥有 3 个基本模块：视频流发送子模块、视频流接收子模块、视觉层面战场聚集态势认知模块。平台初始化启动后，视频流发送子模块将作战仿真系统端的态势数据实时发送至行为识别端，行为识别端的视频流接收子模块首先对视频流进行接收与存储，然后将视频流送入聚集态势认知模块接口中，聚集态势认知模块实时分析视频流，若检测到聚集行为，则进行提示。接下来将详细介绍这三个功能模块。

视频流发送子模块的工作流程主要是首先利用 Screen-capture-recorder 工具截取仿真态势视频帧，然后调用 FFmpeg 工具将截取到的视频流实时推送至行为识别端。FFmpeg 是一款可以用来记录、转换数字音视频，并能将其转化为流的开源计算机工具，

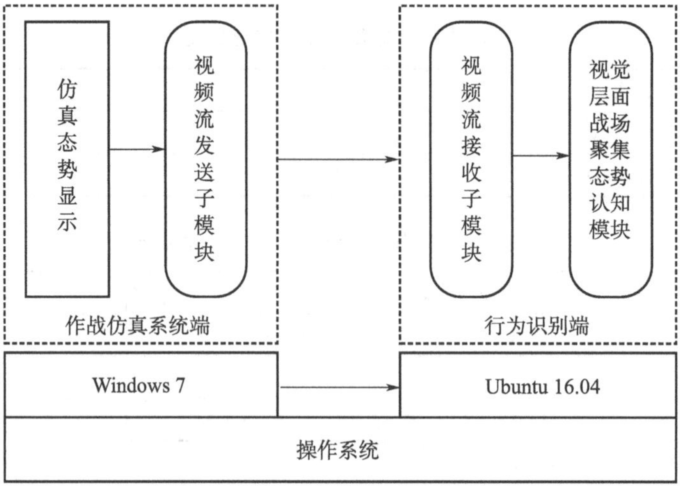

图 3-19　平台工作流程图

FFmpeg 对影音数据的处理，可以划分为协议层、容器层、编码层与原始数据四个层次，协议层提供网络协议收发功能，可以接收或推送含封装格式的视频流，本节所提的视频流发送，属于协议层的处理。视频流发送界面如图 3-20 所示。

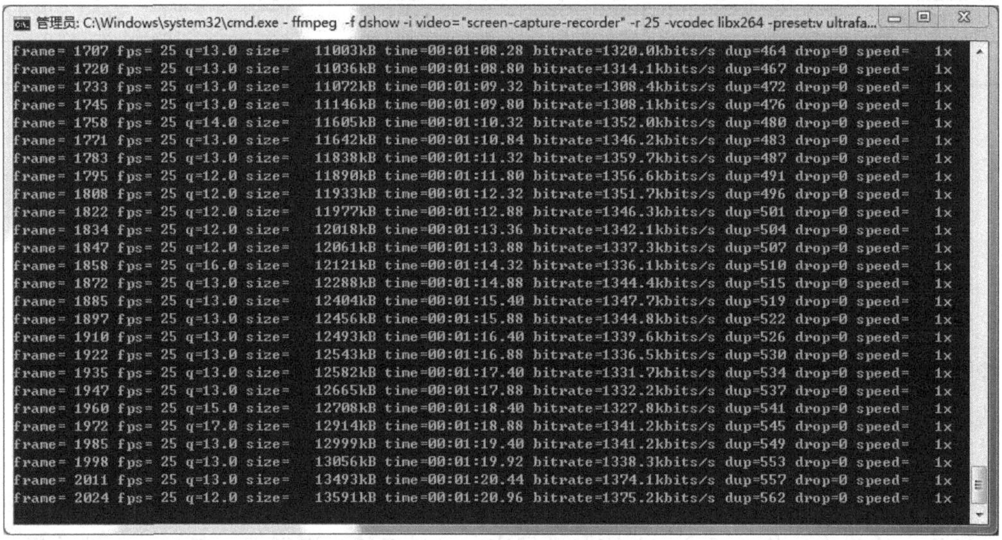

图 3-20　视频流发送界面

视频流接收子模块行为识别端的视频读入是通过调用一个基于 BSD 开源许可的计算机视觉库 OpenCV 来完成的，该计算机视觉库通过创建 VideoCapture 类对象，来调用作战仿真系统端的实时视频流，并使用 read 方法对视频流进行读取操作。通过调用 OpenCV 库提供的视频帧读取接口进行视频流读取，并把每帧图像存储在队列中，等待视觉层面战场聚集态势认知模块进行检测。其与视觉层面战场聚集态势认知模块是并行运作的关系，在读入视频流的同时进行聚集行为的检测。

视觉层面战场聚集态势认知模块是整个识别平台最核心的模块。平台对读入的视频帧需要先进行预处理来拟合网络的输入接口，所以该模块除了聚集态势认知功能外，还承担着对视频流的预处理功能，包括等间隔采样堆叠、尺度变化、中心裁剪等。该模块的主要工作流程如图 3-21 所示，首先由视频输入模块读入存储的视频帧，对读入的视频帧以不同帧为首帧进行 10 次等间隔采样提取，每次抽取 16 帧（若一次采样不足 16 帧则重新采样），随后对样本的视频帧做尺度变化，然后调用已训练好的 Tiny M3D 对每一个片段进行判读，若有聚集行为发生，则产生提示。

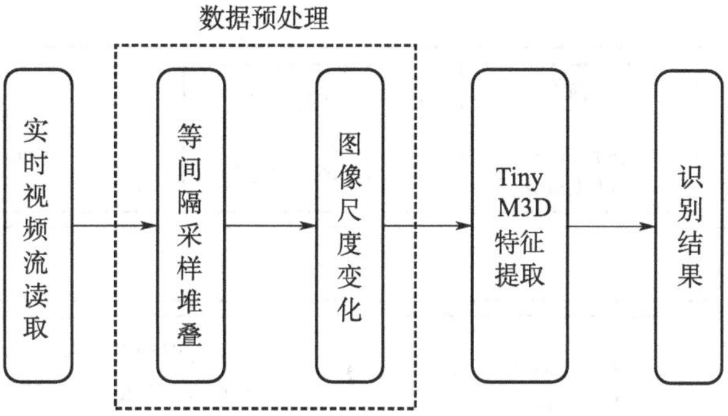

图 3-21　聚集态势认知模块工作流程图

(2) 平台架构设计

本节设计的平台从底层基础平台到上层应用总共分为四层结构：硬件层、软件层、数据处理层和应用层（见图 3-22），具体每层功能介绍如下。

1) 硬件层：主要是指功能模块的硬件开发环境。如图 3-22 所示，功能模块分为作战仿真系统端和行为识别端两个部分。作战仿真系统端的硬件开发环境主要是 Inter Core I7-7700 处理器。行为识别端的硬件开发环境主要是 Inter Core I9-7940X 处理器、Nvidia GeForce TITANV 显卡。

2) 软件层：主要是指功能模块的软件开发环境，功能模块的依赖库使用了 Pytorch 深度学习框架等，软件开发环境是 PyCharm、Linux 命令行，使用的开发语言为 Python。

3) 数据处理层：包括视频流发送、视频流接收、作战目标聚集态势认知三个内容。视频流发送是指将作战仿真系统端的实时视频流发送出去的功能；视频流接收是指接收实时视频流，将视频帧存储进队列的功能；作战目标聚集态势认知主要包含两步，首先是提取视频数据，对视频数据尺度变化，等间隔采样，然后是利用 Tiny M3D 算法实时判读作战仿真态势视频中的作战目标聚集行为。

4) 应用层：主要使用 Tkinter 工具包进行可视化设计，包括实时视频流显示和结果显示两部分。

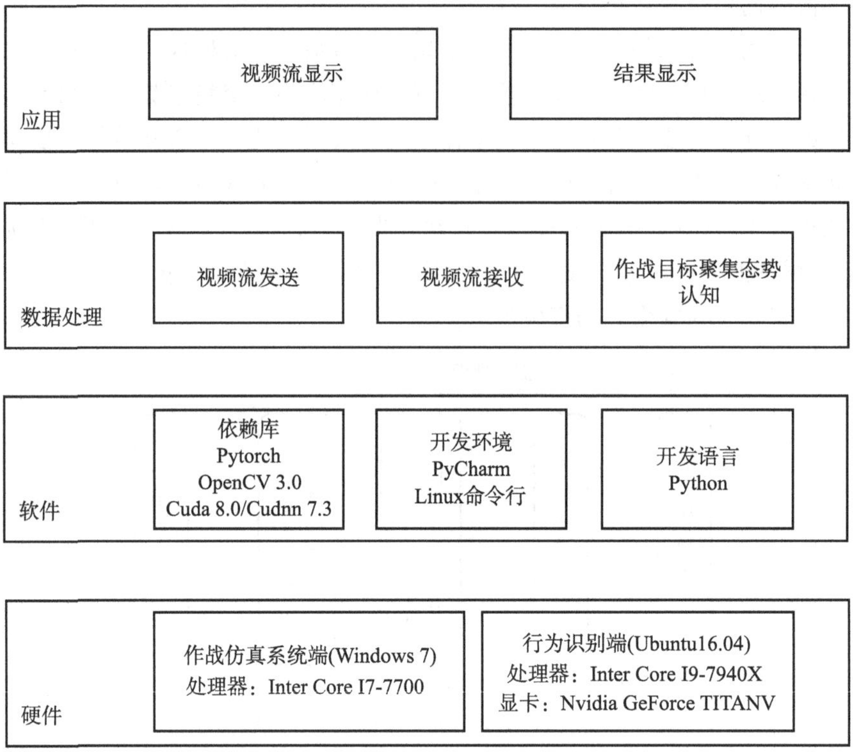

图 3-22　平台架构图

3.4.4.2　平台功能实现

(1) 聚集态势认知机制

针对聚集态势认知算法在实时视频流中的模型推断，提出一种滑动窗口机制，下面进行详细介绍。在本章研究聚集态势认知算法时，实验验证都是将一段视频解析完成后才给出最后的识别结果，且每段视频仅包含一种行为，但是这样并不适用于真正的应用条件。在真实应用条件下，数据是连续不断的实时视频流，因此需要对数据进行实时处理，得到实时的判读结果。针对实际应用环境，本节提出一种基于滑动窗口的数据与结果的缓冲内存机制。

本节设置如图 3-23 所示的滑动窗口，用其来进行数据缓存与提取，滑动窗口的时间跨度是不变的，不同时间节点抽取到的视频段存在重叠部分。假设滑动窗口的时间跨度是 t，当判断 T_1 时刻是否有作战目标聚集行为发生时，则抽取 T_1-t 到 T_1 时间内的视频段做检测。

(2) 可视化界面构建

本节使用 Tkinter 工具包进行前端可视化实现，平台主界面如图 3-24 所示。

本平台的主界面包含了三个主要部分：视频流播放区、功能按钮区、结果显示区。

1) 视频流播放区：实时显示视频流。

2) 功能按钮区：包括开始检测、记录视频、停止检测功能。

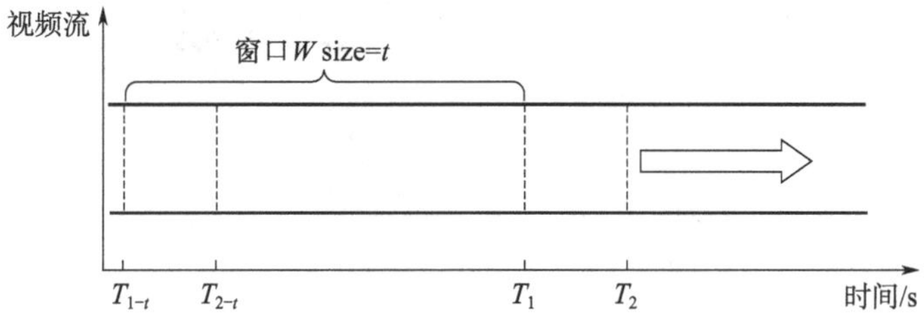

图 3-23　滑动窗口示意图

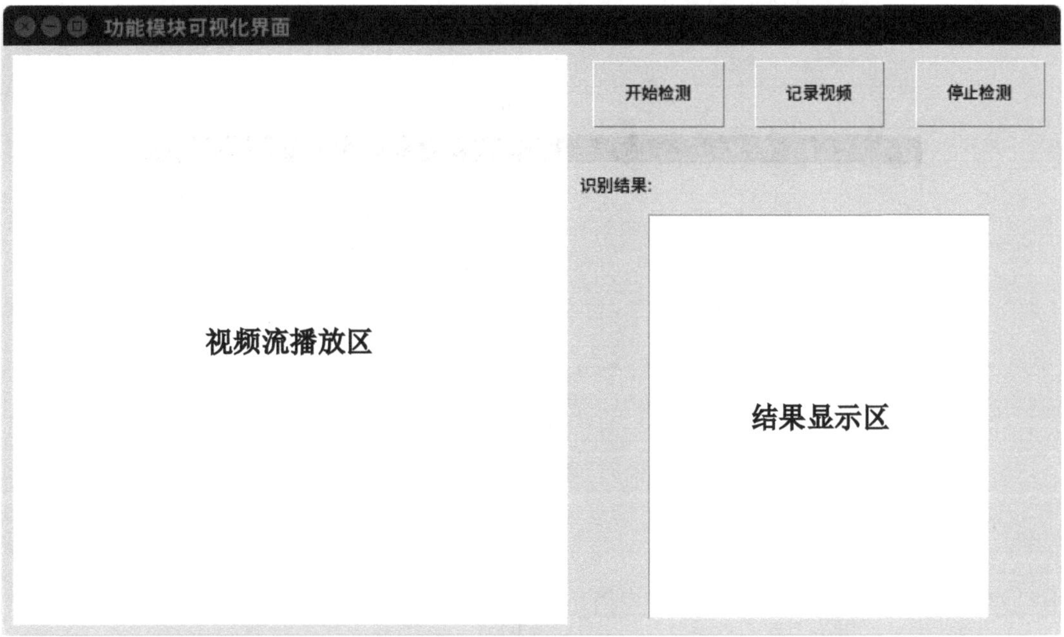

图 3-24　平台主界面

3）结果显示区：显示当前及历史的识别结果。

为验证平台的有效性，点击“开始检测”按钮启动平台，在作战仿真系统端实时推送视频流的情况下对平台进行测试，部分实验结果如图 3-25 所示。

(3) 平台测试与分析

由图 3-25 (a) 可知，在作战仿真系统中的目标未出现聚集行为的情况下，平台输出结果为“无”；一段时间后，目标开始向一定区域聚集，平台产生提示如图 3-25 (b) (c) 所示。本节设计的平台可以识别作战仿真系统中的战场聚集行为，证明了本节算法的有效性。经测试，该平台完成一次检测（10 个采样样本）所需时间为 0.58 s，满足实时检测的要求。

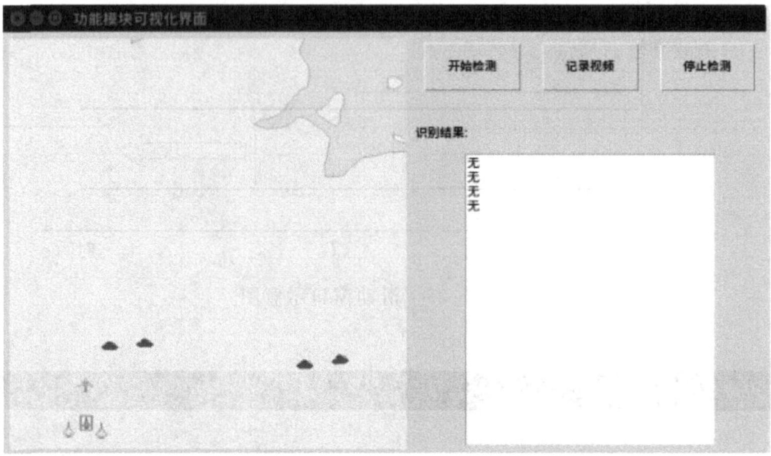

(a)

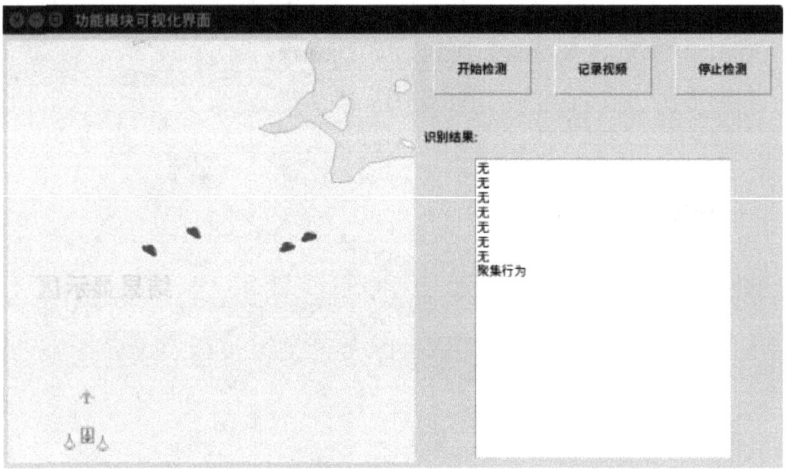

(b)

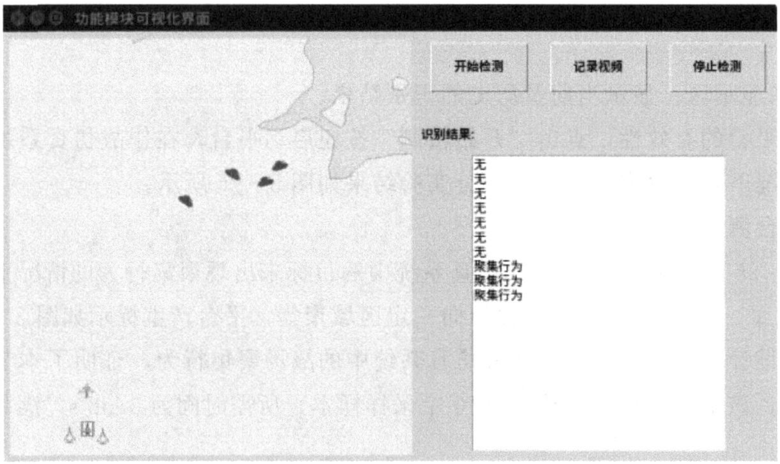

(c)

图 3－25　平台识别效果图

参考文献

[1] Zhou B, Wang X, Tang X. Understanding Collective CrowdBehaviors: Learning a Mixture Model of Dynamic Pedestrian - Agents [C] //Proceedings of IEEE Conference on Computer Vision and Pattern Recognition. 2012: 2871 - 2878.

[2] Zhou B, Wang X, Tang X. Random field topic model for semantic region analysis in crowded scenes fromtracklets [C] //Proceedings of IEEE Conference on Computer Vision and Pattern Recognition. 2011: 3441 - 3448.

[3] Saleemi I, Hartung L, Shah M. Scene understanding by statistical modeling of motion patterns [C] // Proceedings of IEEE Conference on Computer Vision and Pattern Recognition. 2010: 2069 - 2076.

[4] Wu S, Wong H S, Yu Z. A Bayesian Model for Crowd Escape Behavior Detection [J]. IEEE Transactions on Circuits and Systems for Video Technology. 2014, 24 (1): 85 - 98.

[5] Benezeth Y, Jodoin P M, Saligrama V, et al. Abnormal events detection based on spatio - temporal co - occurences [C] //Proceedings of IEEE Computer Society Conference on Computer Vision and Pattern Recognition. Miami, 2009: 2458 - 2465.

[6] Ermis EB , Saligrama V , Jodoin P M , et al. Motion segmentation and abnormal behavior detection via behavior clustering [C] // Proceedings of IEEE International Conference on Image Processing. San Diego, 2008: 769 - 772.

[7] BroxT , Andrés Bruhn, Papenberg N , et al. High Accuracy Optical Flow Estimation Based on a Theory for Warping [C] //Proceedings of IEEE European Conference on Computer Vision. Prague, 2004: 25 - 36.

[8] SuH , Yang H , Zheng S , et al. The Large - Scale Crowd Behavior Perception Based on Spatio - Temporal Viscous Fluid Field [J]. IEEE Transactions on Information Forensics and Security, 2013, 8 (10): 1575 - 1589.

[9] KimJ , Grauman K . Observe locally, infer globally: A space - time MRF for detecting abnormal activities with incremental updates [C] //Proceedings of IEEE Computer Society Conference on Computer Vision and Pattern Recognition. Miami, 2009: 2921 - 2928.

[10] XuD , Song R , Wu X , et al. Hierarchical activity discovery within spatio - temporal context for video anomaly detection [C] //International Conference on Image Processing. Melbourne, 2013: 3597 - 3601.

[11] CongY , Yuan J , Liu J . Sparse reconstruction cost for abnormal event detection [C] // Proceedings of IEEE Computer Society Conference on Computer Vision and Pattern Recognition. Colorado, 2011: 3449 - 3456.

[12] Guo H W, Wu X Y, Li N N, et al. Detection and localization in crowded scenes using short - term trajectories [C] //Proceedings of the 2013 IEEE International Conference on Robotics and Biomimetics.

Shenzhen，2013：1115 - 1121.

[13] AnticB，Björn Ommer. Video parsing for abnormality detection [C] //Proceedings of IEEE International Conference on Computer Vision. Barcelona，2011：2415 - 2422.

[14] 张静，高伟，刘安安，等．基于运动轨迹的视频语义事件建模方法 [J]. 电子测量技术，2013，36 (9)：31 - 36.

[15] Jiang F，Yuan J，Tsaftaris S A，et al. Anomalous video event detection using spatiotemporal context [J]. Computer Vision and Image Understanding，2011，115 (3)：323 - 333.

[16] Calderara S，Heinemann U，Prati A，et al. Detecting anomalies in people's trajectories using spectral graph analysis [J]. Computer Vision & Image Understanding，2011，115 (8)：1099 - 1111.

[17] WuS ，Moore B E，Shah M . Chaotic invariants of Lagrangian particle trajectories for anomaly detection in crowded scenes [C] //Proceedings of IEEE Conference on Computer Vision and Pattern Recognition. San Francisco，2010：2054 - 2060.

[18] ZhuX，Liu J，Wang J，et al. Weighted interaction force estimation for abnormality detection in crowd scenes [C] //Proceedings of Asian Conference on Computer Vision. Daejeon，2012：507 - 518.

[19] Miao Y，Song J. Abnormal event detection based on SVM in video surveillance [C] //2014 IEEE Workshop on Advanced Research and Technology in Industry Applications. 2014：1379 - 1383.

[20] Ren Y，Wang B. Fast human detection via a cascade of neural network classifiers [C] //IET International Conference on Wireless，Mobile and Multimedia Networks. 2010：323 - 326.

[21] BertiniM，Bimbo A D，Seidenari L . Multi - scale and real - time non - parametric approach for anomaly detection and localization [J]. Computer Vision and Image Understanding，2012，116 (3)：320 - 329.

[22] Boiman O，Irani M. Detecting Irregularities in Images and in Video [J]. International Journal of Computer Vision，2007，74 (1)：17 - 31.

[23] Zhan B，Monekosso D N，Remagnino P，et al. Crowd analysis：a survey [J]. Machine Vision and Applications，2008，19 (5 - 6)：345 - 357.

[24] 钟志，徐扬生，石为人，等．群体异常检测 [J]. 仪器仪表学报，2007 (4)：614 - 620.

[25] XiongG，Cheng J，Wu X，et al. An energy model approach to people counting for abnormal crowd behavior detection [J]. Neurocomputing，2012，83：121 - 135.

[26] Simonyan K，Zisserman A. Two - StreamConvoluti onal Networks for Action Recognition in Videos [J]. Advances in Neural Information Processing Systems，2014 (2)：111 - 119.

[27] Feichtenhofer C，Pinz A，Wildes R P. Spatiotemporal Residual Networks for Video Action Recognition [EB/OL]. https：//arxiv. org/ pdf/1611. 02155v1. pdf，2019 - 09 - 30.

[28] Zhu Y，Lan Z，Newsam S，et al. Hidden Two - Stream Convolutional Networks for Action Recognition [EB/OL]. https：//arxiv. org/pdf/1704. 00389. pdf，2017 - 04 - 02.

[29] 罗会兰，王婵娟，卢飞．视频行为识别综述 [J]. 通信学报，2018 (39)：173 - 184.

[30] Donahue J，Hendricks L A，Rohrbach M，et al. Long - Term Recurrent Convolutional Networks for Visual Recognition and Description [C] //Proceedings of IEEE Conference on Computer Vision and Pattern Recognition. Boston，2015：2625 - 2634.

[31] Carreira J，Zisserman A. Quo Vadis，Action Recognition? A New Model and the Kinetics Dataset [C] // Proceedings of the IEEE Conference on Computer Vision and Pattern Recognition. Santiago，

2017：6299－6308.

[32] Ji S，Xu W，Yang M，et al. 3D Convolutional Neural Networks for Human Action Recognition [J]. IEEE Transactions on Pattern Analysis and Machine Intelligence，2013，35 (1)：221－231.

[33] Varol G，Laptev I，Schmid C. Long－term Temporal Convolutions for Action Recognition [J]. IEEE Transactions on Pattern Analysis and Machine Intelligence，2018，40 (6)：1510－1517.

[34] Chen Y，Kalantidis Y，Li J，et al. Multi－Fiber Networks for Video Recognition [C] //Proceedings of the IEEE European Conference on Computer Vision. Munich，2018：352－367.

[35] Sun L，Jia K，Yeung D Y，et al. Human Action Recognition using FactorizedSpatio－Temporal Convolutional Networks [C] //Proceedings of the International Conference on Computer Vision. Santiago，2015：4597－4605.

[36] Xie S，Sun C，Huang J，et al. Rethinking Spatiotemporal Feature Learning：Speed－Accuracy Trade－offs in Video Classification [C] //Proceedings of the IEEE European Conference on Computer Vision. Germany，2018：305－321.

[37] Tran D，Wang H，Torresani L，et al. A Closer Look at Spatiotemporal Convolutions for Action Recognition [C] //Proceedings of the IEEE Conference on Computer Vision and Pattern Recognition. Salt Lake City，2018：6450－6459.

[38] Howard AG，Zhu M，Chen B，et al. MobileNets：Efficient Convolutional Neural Networks for Mobile Vision Applications [J/OL]. https：//arxiv. org/abs/1704. 04861，2017－04－17.

第 4 章　智能序列规划算法

智能化的决策方式是完成太空智能推演最关键的前提。通过前几章的学习，我们已经了解了有关态势感知及呈现的相关知识，在本章中，我们将讲解如何在已获取态势信息的基础上通过智能序列规划算法进行决策。

合理的决策方式涉及与决策相关的形式化表述和求解方法。其中，形式化表述即是对问题的规律和本质的表达；求解方法是指根据目标和需求，在特定的环境下，确定合理的选择是什么。通过智能序列规划算法进行的决策是依赖推演中的智能体来完成的，即怎样让智能体产生理性行为，且理性行为应当能够解释智能体应该做什么，并有助于智能体在复杂环境下自动做决策。

本章将着重介绍与多智能体决策研究相关的理论，包含马尔可夫决策过程、多智能体学习、博弈论、群智能等。其中马尔可夫决策理论是基于模型规划的重要理论支撑，包括马尔可夫决策过程和局部可观察马尔可夫决策过程，同时也是本章中离线规划和在线规划等内容的理论基础。

4.1　智能序列规划概述

4.1.1　多智能体序列决策研究现状

多智能体学习部分按照是否通过深度学习的方法拟合所优化的函数，分为传统多智能体强化学习方法和深度多智能体强化学习方法。博弈论、群智能在多智能体场景中亦有应用。所涉及的多智能体决策理论之间的关系如图 4－1 所示。

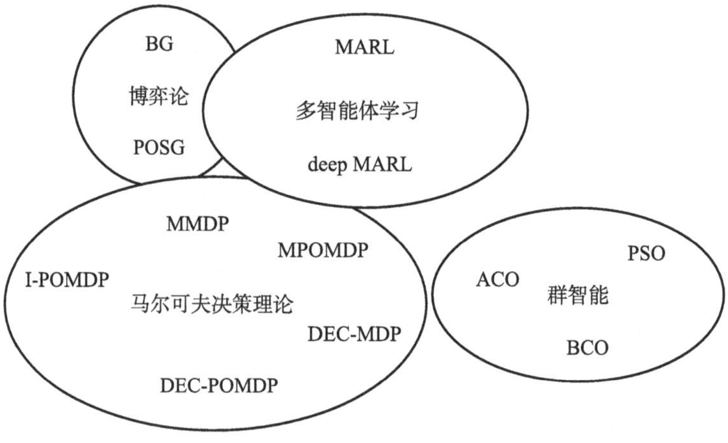

图 4－1　多智能体决策理论

4.1.2　马尔可夫决策理论

马尔可夫决策理论是本小节基于模型的在线/离线规划的理论基础。下文将详细介绍马尔可夫决策理论的常用求解算法，主要包括马尔可夫决策过程（Markov Decision Process，MDP）、局部可观察马尔可夫决策过程（Partially Observable Markov Decision Process，POMDP）和分布式局部可观察马尔可夫决策过程（Decentralized Partially Observable Markov Decision Process，DEC - POMDP）的常见算法。

MDP 是离散时间随机控制过程，它提供了在不确定条件下进行决策的数学框架。MDP 由俄罗斯数学家 Andrey Markov 提出，作为研究最优化和决策的有力工具。学者们提出了很多求解 MDP 的方法，如策略迭代、值迭代、动态规划[1-3]、时间差分学习[4-6]、策略搜索[7]、线性规划[8,9]等。这些求解方法需要模型已知，即需要事先知道转移概率函数 T 。

POMDP 引入观察的不确定性，把 MDP 扩展到局部可观察的环境，与 MDP 最大的不同之处在于有无观察模型。观察与环境状态有关，表示智能体对环境状态的测量值。观察用于估计智能体目前所处的状态，这样的概率估计也称为信念状态 $b(s)$ 。目前有很多精确或近似求解 POMDP 的方法，如值迭代[10]、基于信念点的方法[11,12]、基于启发式的方法[13]、线性规划[14]、蒙特卡洛方法[15,16]等。理论上可以证明 POMDP 的复杂度为 PSPACE -完全[17]，精确求解十分困难，且求解深度不大，因此相关研究集中在更加高效的近似求解方法上。

对于 DEC - POMDP 的求解，可以归结为两类：后向的动态规划（Dynamic Programming，DP）[18-20]和前向的启发式搜索[21-23]。DP 是在算法构建策略树时，以自底向上的方式先产生叶子节点，再根据一定的规则产生其父节点；而启发式搜索是在算法构建策略树时先产生根节点，然后根据一定的规则扩展叶子节点。Hansen 等人[18]首先提出了 DEC - POMDP 的 DP 算法，该方法首先生成 $t=h-1$ 的子树策略，再生成 $t=h-2$ 的子树策略，以此类推。如图 4 - 2 所示，在 $h=3$ 的问题中，先构建能够在 $t=2$ 执行的子树策略，再构建 $t=1$ 执行的子树策略，图 4 - 2 中虚线表示新生成的子树。

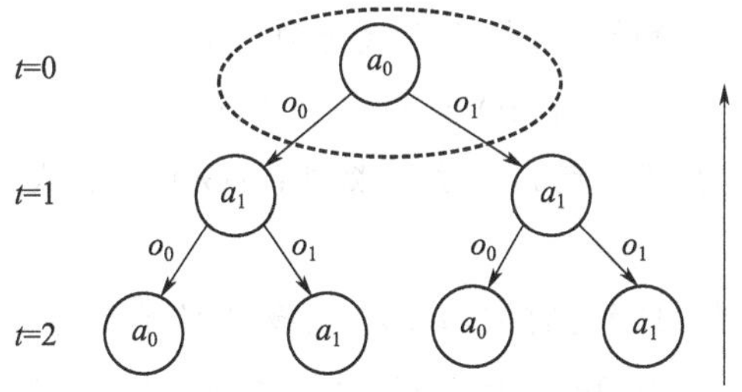

图 4 - 2　后向的动态规划

DP 求解 DEC - POMDP 问题的一大瓶颈就是完全备份导致内存占用过大。比如，智能体 i 在 $t=h-1$ 时的子树数量为 $|Tr_i|$ ，动作数为 $|a_i|$ ，观察数为 $|o_i|$ ，那么在 $t=$

$h-2$ 时的子树数量为 $|a_i||Tr_i|^{|o_i|}$ 。虽然每一次迭代都会裁剪掉一些子树，但是完全备份仍会占用大量内存。

Boularias 等人[19]指出造成 DEC - POMDP 难以求解的根源在于信念空间的高维度特性，策略数量随步长和观察数量呈双指数增长，“维度灾难”导致求解 DEC - POMDP 的空间和时间复杂度非常高。同时，DP 需要在内存中保存上一时间步的联合策略，对内存占用相当大。因此 Boularias 等人提出了用无损策略压缩（Lossless Policy Compression，LPC）算法[19]对策略空间进行压缩。LPC 提高了最优策略求解的效率，但是压缩技术只是用来更紧凑地表示子树策略的值，而策略本身仍旧是从观察到动作的映射，因此，提升效果不明显。

增量策略生成（Incremental Policy Generation，IPG）算法[20]考虑状态的可达性，通过计算可达状态集合来缩小空间。例如，智能体 i 执行动作 a 并获得观察 o（例如看到门在左边)，虽然智能体 i 不能确定目前处于什么状态，但是可以通过获得的观察把可能性限制在“门在左边”上。只有能够产生“门在左边”这个状态的子树才在考虑的范围之内。在考虑所有其他智能体，但不真正扩展搜索树的情况下，利用 DP 求解 DEC - POMDP。

与 DP 方法相对应，启发式搜索采用自顶向下的方式构建策略，首先生成 $t=0$ 的策略，再生成 $t=1$ 的策略，以此类推。如图 4 - 3 所示，由根节点生成 $t=1$ 的子树策略，然后在此基础上扩展形成新的子树策略，直到 $t=h-1$ 或达到目标状态，虚线表示新扩展的子树。

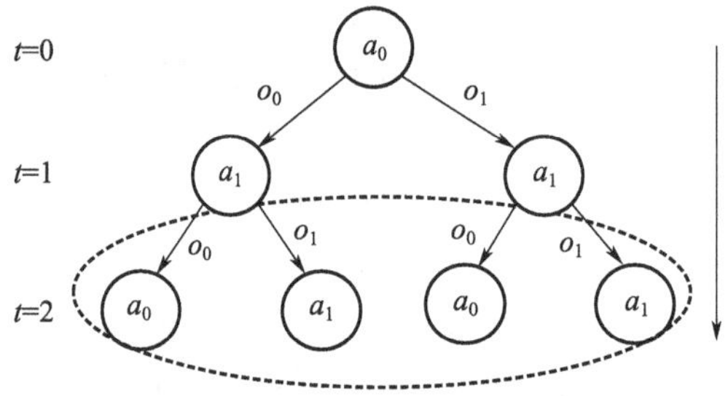

图 4 - 3　前向的启发式搜索

启发式搜索的关键在于设计合理的启发式函数

$$f(n)=g(n)+h(n) \tag{4-1}$$

式中，$g(n)$ 表示从初始节点到节点 n 的实际奖励；$h(n)$ 表示从节点 n 到目标节点的启发式估计。

为了保证启发式估计是可接受启发，$h(n)$ 应该是实际值的高估，也就是说 $h(n)$ 是实际值的上界。对于 DEC - POMDP 模型，前 t 步的实际值用 $V^{0\cdots t-1}(\varphi^t)$ 表示，第 t 步到 h 步的启发式估计用 $\hat{V}$ 表示。因此在时间步 t 节点的策略值为

$$\hat{V}(\varphi^t)=V^{0\cdots t-1}(\varphi^t)+\hat{V} \tag{4-2}$$

目前比较常见的用于启发式估计的 Q 值函数有 3 种，分别是 Q_{MDP} [21,24]、Q_{POMDP} [60]、

Q_{BG}[25]，可以经过变换得到启发式估计 $\hat{V}$ 。这 3 种都是最优 Q 值函数 Q^* 的上界，其大小关系为

$$Q^* \leqslant Q_{BG} \leqslant Q_{POMDP} \leqslant Q_{MDP} \tag{4-3}$$

按照 Oliehoek 等人的理论[22]和实验结果发现，近似 Q 值函数越接近 Q^* ，搜索算法越快。如果能准确地求出 Q^* ，那么搜索算法会直接朝向目标而去。

Charpillet 等人[21]首先把 A* 方法用于 DEC - POMDP 模型中，提出了多智能体 A* 算法（Multi - agent A*，MAA*）。尽管只能求解有限步数的 DEC - POMDP 问题，但 MAA* 是在多智能体序列决策领域的首次尝试，为将来提出更好的启发式搜索算法提供了基础。后来 Oliehoek 等人[22]对 MAA* 算法进行了改进，提出了扩展多智能体 A* 算法（Generalized Multi - agent A*，GMAA*），并显性地把整个过程分为：基于历史联合策略池的迭代与裁剪；节点选择；扩展。这样做的好处是节点选择和扩展可以用不同的方法，进而产生很多变种算法，如节点扩展可以是从策略池中选择所有节点，也可以是选择最优价值的节点，或者前 k 个最优价值节点。扩展可以采用的方法有轮换最大化、交叉熵最优化、分支界限法等。

增量聚类/压缩的扩展多智能体 A* 算法（GMAA* - ICE，简称 ICE）[23]是目前为止启发式搜索中表现最好的算法，它是在 GMAA* 的基础上引入了增量聚类（Incremental Clustering，IC）[26]和增量扩展（Incremental Expansion，IE）[27]。ICE 在扩展子节点之前，先对智能体的历史进行聚类，这样可以显著减少动作-观察历史的数量，从而加快求解 DEC - POMDP 的速度。增量扩展并没有扩展所有的子节点，而是扩展了“最有希望”的节点。ICE 是目前启发式搜索中在求解时间和求解深度两个方面表现最优的算法。

4.1.2.1　多智能体学习

深度学习作为一种学习数据表征的计算模型，在计算机视觉、语音识别和自然语言处理领域有非常成功的应用。在决策领域，可以作为强化学习的前端，从而深度强化学习这个新领域。把深度学习提取的特征输入强化学习的网络中，进而形成一个端到端的从视觉输入到决策的系统，这是深度强化学习的最大贡献。

近几年，研究者尝试把深度学习领域的最新技术应用到多智能体强化学习中，这有别于早期发展的多智能体学习方法，称为深度多智能体强化学习。因此，本节把早期发展的用于解决多智能体强化学习的非深度学习算法称为传统算法，归为一类；把近期提出的用深度神经网络解决多智能体强化学习的算法归为一类，并在后文中分别介绍这两大类算法。

（1）传统多智能体强化学习方法

在现实世界中，有许多任务需要多个智能体协作来完成。尽管可以通过预先设计的规则使这些智能体很好地协作，但是如果环境发生变化，那么智能体的策略将不再适用。强化学习可以使智能体在与环境的交互中学习新的行为，从而适应环境带来的变化。

多智能体强化学习（Multi - Agent Reinforcement Learning，MARL）是把强化学习的算法和理论应用在多智能体环境中来解决最优决策的问题。Busoniu 等人[28]对 MARL

做了详细的综述，分别对 MARL 的挑战、多智能体学习的目标、具有代表性的 MARL 算法、应用领域和未来工作进行了介绍。本节在此基础上，简要介绍了 Busoniu 提到的 MARL 经典算法，并结合近几年的发展，综述了具有代表性的算法。

纳什均衡理论（Nash Equilibrium，NE）是很多 MARL 算法的基础。它假定在博弈中有两个智能体 i，j，其策略集分别是 Π_i，Π_j。策略对 $<\pi_i^*$，$\pi_j^*>$（$\pi_i^* \in \Pi_i$，$\pi_j^* \in \Pi_j$）满足纳什均衡，当且仅当 π_i^* 是 π_j^* 的最佳反应（Best Response），同时 π_j^* 是 π_i^* 的最佳反应。上述定义也可以推广到博弈中有 n 个智能体的情形。当且仅当满足 $\forall s \in S$，$V_i^{<\pi_i^*, \pi_{-i}>}(s) \geqslant V_i^{<\pi_i, \pi_{-i}>}(s)$ 时，智能体 i 的策略 π_i^* 是其他智能体策略的最佳反应，其中 π_{-i} 是除智能体 i 以外的其他智能体的联合策略，V_i 表示在联合策略下智能体 i 的状态值函数。

传统多智能体强化学习算法中纳什 Q 学习（Nash Q Learning）[29] 备受关注，它适合多个智能体的一般和随机博弈问题，该算法维护一个关于联合动作的 Q 值表，Q 值函数的更新过程类似于标准的 Q 学习，只是在计算下一状态的值函数时采用了纳什均衡值。团队 Q 学习（Team Q Learning）[30] 是纳什 Q 学习的简化版，也可以看成是标准 Q 学习的多智能体扩展版本，其思想是通过 Q 学习的规则来更新每个状态下联合动作的 Q 值函数。极大极小值 Q 学习算法[31] 适合完全竞争的多智能体场景，其思想是一方选择将其优势最大化的策略，而另一方选择令对手优势最小化的策略。对手建模[32] 也是一种适用于竞争环境的方法，该方法把其他智能体看作一个整体，通过对其他智能体某些量（如经历的状态次数或采取动作的次数等）的统计来建立其他智能体的模型。WoLF（Win or Learn Fast）[32] 算法采用动态变化率的思想，在智能体执行任务失败时加快学习速率，在获胜时使智能体变得谨慎以给其他智能体更多的学习机会。

早期提出的多智能体强化学习算法无法扩展到具有大量智能体（数万个）的场景中。针对此问题，Yang 等人[33] 提出了一种平均场多智能体强化方法。该方法的思想是把 MARL 问题转换为两类实体（单个智能体和其他智能体的平均效应）的交互。智能体 i 的 Q 值函数 $Q_i(s, \boldsymbol{a})$ 中联合动作 $\boldsymbol{a}$ 的维度随着智能体数量增多而增大，导致 $Q_i(s, \boldsymbol{a})$ 难以学习。平均场多智能体强化学习把 Q 值函数分解为两两智能体的交互，满足

$$Q_i(s, \boldsymbol{a}) = \frac{1}{N_i} \sum_{k \in N(i)} Q_i(s, a_i, a_k) \tag{4-4}$$

式中，$N(i)$ 是智能体 i 的毗邻智能体集合；a_i 是智能体 i 的动作；a_k 是智能体 k 的动作。

经过推导，$Q_i(s, \boldsymbol{a}) \approx Q_i(s, a_i, \bar{a}_i)$，其中 $\bar{a}_i = \frac{1}{N_i} \sum_k a_k$，表示智能体 i 的毗邻智能体的平均动作。

蒙特卡洛树搜索（Monte - Carlo Tree Search，MCTS）[34] 是基于抽样的树搜索算法，结合深度强化学习算法在围棋比赛中获得了巨大的成功[35]。Silver 等人[15] 把 MCTS 方法应用到 POMDP 问题中，提出了局部观察蒙特卡洛规划算法（Partially Observable Monte Carlo Planning，POMCP）。Amato 等人[36] 提出了两种基于值分解的 POMCP 方法（FV - POMCP）——统计分解和树分解，使 POMCP 方法能够扩展到多智能体场景中。其中，

统计分解的方法解决了联合动作过多带来的问题，而树分解解决了联合观察过多带来的问题。两种方法减少了信息统计量，增加了 MCTS 节点的复用性。在算法实现上，与标准 POMCP 算法只构建一个树结构不同，FV-POMCP 方法并行地构建多个树。实验结果表明，与不基于值分解的方法相比，FV-POMCP 能更好地适用多智能体问题。但是能够解决的多智能体数量依然有限（不超过 10 个），在可扩展性上与后来提出的深度强化学习算法相比，还是有很大差距。

多智能体强化学习一大难点问题是智能体需要从复杂的环境中学习策略的同时，还要把其他智能体的动作考虑在内。学习过程的非平稳性，往往导致算法难以收敛。智能体难以区分环境的动态变化和其他智能体执行动作带来的变化。HolmesParker 等人[37]称后者为探索动作噪声。为了解决这个问题，他们提出了一种消除探索动作噪声的协商学习（Coordinated Learning without Exploratory Action Noise，CLEAN）方法。智能体需要从其他智能体与环境交互产生的噪声中区分出基准奖励信号，CLEAN 奖励定义为

$$D_i = \hat{R}_i(s, a_i^c, a_{-i}) - R_i(s, a_i, a_{-i}) \tag{4-5}$$

式中，(a_i, a_{-i}) 是所有智能体采用贪婪策略产生的联合动作；a_i^c 是智能体 i 的反事实动作，意思是如果智能体 i 执行 ε 贪婪策略而产生的动作，是实际没有发生的假设情况；R_i 是所有智能体执行贪婪策略时智能体 i 获得的奖励；$\hat{R}_i(s, a_i^c, a_j)$ 是反事实奖励信号，意思是如果智能体 i 执行 ε 贪婪动作 a_i^c 而其他智能体都执行贪婪策略产生的奖励。通过实验比较，CLEAN 方法超过了传统的使用全局奖励信号的方法。

（2）深度多智能体强化学习方法

由于传统算法以表格形式表示 Q 值函数，使得 MARL 应用到存在大量智能体的场景时产生了瓶颈。随着近几年深度学习的发展，研究者试图把深度神经网络引入 MARL 中，形成了很多开创性的研究成果。深度多智能体强化学习是多个研究方向的交叉领域，与强化学习、多智能体系统、博弈论、最优化理论和进化计算等很多领域都有关联（见图 4-4）。深度多智能体强化学习是 MARL 和 DL 的结合，通过深度神经网络强大的表示能力，对多智能体的 Q 值函数进行拟合。

本节对深度多智能体强化学习的最新进展进行了综述，主要分为 3 个方面：多智能体环境中的深度 Q 网络（Deep Q Network，DQN）算法；多智能体环境中的行动者评论家（Actor-Critic，AC）算法；多智能体环境中学习通信策略。

①多智能体环境中的 DQN 算法

为了在不改变 DQN 架构的前提下，解决 DQN 在多智能体环境中的扩展问题，Egorov[38]从 3 个方面进行了改进：1）问题表示。假设环境是二维空间；时间和空间都是离散的；环境中有盟友和对手两类智能体。通过这样的设置，可以把环境状态表示为图像，从而可以通过 CNN 提取特征。2）训练方法。每次只训练一个智能体而固定其他智能体的策略。经过一定时间的训练后，训练后的智能体把策略分发给其他的盟友。3）解决智能体模糊性。对于在同一时刻处于同一状态的智能体，输入 CNN 的图像相同，从而导致输出的策略相同，因此会产生歧义。为了消除这种模糊性，采用经过 Softmax 处理的随

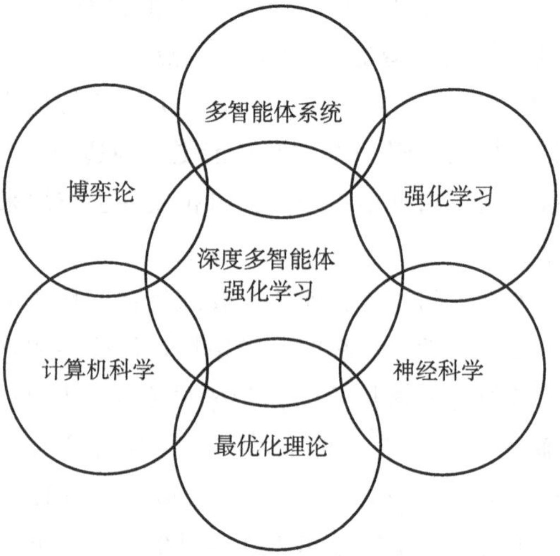

图 4-4 深度多智能体强化学习与其他领域关系

机策略，以在智能体的动作选择时产生扰动，与以往的 ε 贪婪策略相比，效果更好。

问题表示是该方法的关键。Egorov 把多智能体的状态表示为 4 通道图像，分别是背景通道、对手通道、同盟通道和决策智能体通道。背景通道表示了环境中的障碍位置等信息，对手通道和同盟通道表示对手和同盟的位置信息，决策智能体通道表示需要做决策的智能体的位置信息。如图 4-5 所示，四通道图像输入卷积层再经过全连接层后，输出 Q 值。

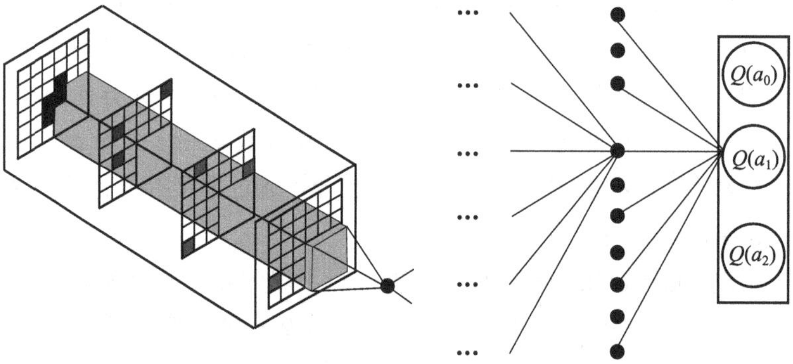

图 4-5 多智能体 DQN 网络架构

Gupta 等人[39]分析了中心化、并行化和参数共享 3 种方法用于多智能体强化学习的优缺点，发现参数共享方法更适合智能体数量较多的场景。采用集中式学习、分布式控制的方案，最大化如下目标函数

$$L(\theta)=\mathbb{E}_{o\sim\rho\theta k,a\sim\pi\theta k}\left[\frac{\pi_\theta(a\mid o,m)}{\pi_{\theta_k}(a\mid o,m)}A_{\theta_k}(o,m,a)\right] \tag{4-6}$$

式中，m 是智能体索引；A 是优势函数。在具有离散动作的任务中，比较了基于参数共享的置信域策略优化（Parameter Sharing Trust Region Policy Optimization，PS - TRPO）[40] 和 DQN 的性能，发现 PS - TRPO 性能优于 DQN，主要原因是任务的非平稳性导致 DQN 无法较好地学到分布式策略。

经验回放是使经典 DQN 获得开创性成功的技术之一。由于在多智能体环境中学习的非平稳性，经验回放在 MARL 中很难应用。早期的文献或者只使用小缓存来存放经验数据[41]，或者直接禁用经验回放[42]。这些措施限制了抽样效率。因此，Foerster 等人[43] 提出了对经验池进行重要性采样和对其他智能体的策略进行估计的方法，把经验回放技术成功应用到多智能体环境中。最后，使用了循环神经网络架构，在星际争霸中（一个高维多智能体基准环境）验证了经验回放技术在多智能体环境中的成功应用。

为了更好地处理不完全信息，即局部可观察，深度循环 Q 网络（DRQN）[44] 被提出。它使用长短时记忆网络，拟合观察-动作 Q 值函数 $Q(o, a)$。Foerster 等人[45] 把 DRQN 扩展为多智能体版本，提出深度分布循环 Q 网络（DDRQN），用于学习智能体间的通信策略。作者提出了最后动作输入、智能体间权重共享和禁用经验回放等技术，成功把 DQN 运用于多智能体局部可观察的环境中，使其能够学习智能体间的通信协议。Hong 等人[46] 提出深度循环策略推理 Q 网络（DRPIQN），来解决多智能体环境的局部可观察问题。该方法把学习到的策略特征输入 DQN 网络中，能够更好地推理其他智能体的策略；在训练的不同阶段通过动态调整网络对策略特征和自身 Q 值的注意力，能够很好地协调智能体间的动作。

②多智能体环境中的 AC 算法

行动者评论家方法是一种常用的策略优化方法，它通过行动者（Actor）网络产生策略，通过评论家（Critic）网络来评判该策略的好坏。AC 融合了策略梯度的方法，能够解决连续动作的问题，但是应用到多智能体环境中却存在着信度分配的难题。因为对于合作的多智能体环境，奖励是全局信号，每个智能体无法判断自身对结果的贡献度。如果每个智能体设置单独的奖励函数，在合作的环境中难以获得每个智能体的奖励信号。同时这样的设置难以使智能体为了共同的目标而努力。

因此，Foerster 等人[47] 提出了一种反事实多智能体（Counterfactual Multi - Agent，COMA）策略梯度方法，它使用中心化的 Critic 和分布式的 Actor，学习过程中只使用 Critic，而在执行动作过程中只使用 Actor，依据自身的局部观察来选择动作。Lowe 等人[48] 也采用了类似的架构，把深度确定性策略梯度算法（Deep deterministic Policy Gradient，DDPG）应用到多智能体环境中，提出了多智能体深度确定性策略梯度算法（Multi - Agent DDPG，MADDPG）。但是，与前者为所有智能体学习一个 Critic 不同的是，MADDGP 为每个智能体都学习一个中心化的 Critic，因此可以设置不同的奖励函数，甚至适用于竞争环境。在训练 Critic 时，MADDPG 使用了同盟的观察和潜在的动作等额外信息，从而降低了环境的不可预测性。

宾夕法尼亚大学的 Khan 等人[49] 指出，由于使用中心化的 Critic，以上两种算法在智能体数量较少时运行良好，但是抽样效率较低。当智能体数量增加时，训练将变得不稳定。中心化 Critic 网络的输入在智能体数量增加时将迅速增长，同时为每个智能体建立 Actor 网络也占用了大量资源。Khan 等人在文中证明了使用去中心化框架学习多智能体的个体策略往往不可行。因此文中提出了一种分布式方法，每个智能体通过其局部观察来改进中心策略，中心控制器将这些改进结合起来，从而改进整体策略。如图 4－6 所示，每个智能体初始化策略参数为 θ ，并与环境交互收集经验数据 τ_n^{θ} 。τ_n^{θ} 用来最小化每个智能体的损失函数。每个智能体调整参数 θ 为 θ_n ，并假设其他智能体参数仍然为 θ ，此时产生的经验数据为 $\tau_n^{\theta;\theta_n}$ 。这些经验数据用来改进各自的参数 θ_n 。多个智能体的经验数据结合起来再更新参数 θ 。

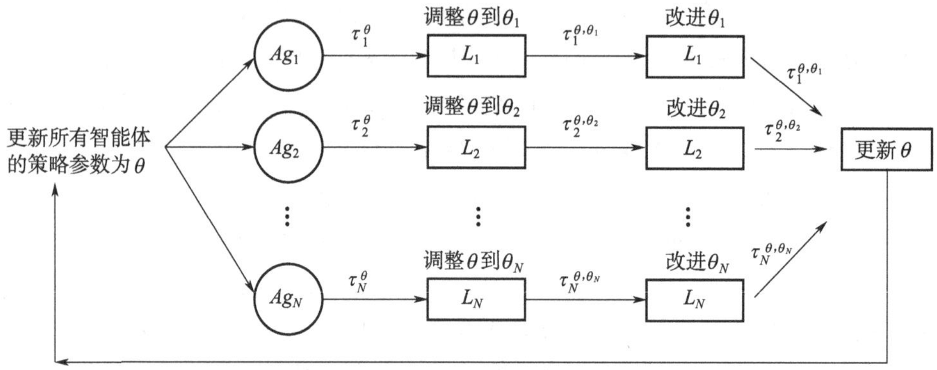

图 4－6 多智能体分布式学习架构

完全分布式的学习，如独立 Q 学习会带来非平稳性问题。而使用中心化的 Critic 和分布式的 Actor 这种架构难以训练输入层神经元较多的 Critic 网络，同时存在抽样效率低的问题。Rashid 等人[50]提出了一种介于完全分布式和 AC 架构之间的方法——一种基于值函数的深度多智能体强化学习方法（QMIX）。该方法用深度神经网络表示每个智能体的 Q 值函数，用复杂的非线性方式把所有 Q 值网络组合。QMIX 通过分解的方式表示复杂的中心化动作值函数，并且在星际争霸中的表现超过了已有的基于值函数的多智能体强化学习方法。

③多智能体环境中学习通信策略

在多智能体环境中语言和通信协议是如何产生的一直是 AI 领域争论的话题。通过通信来达到协商的目的是多智能体协作完成任务的一种常用的方法。通信协议可以根据环境手动设置。尽管这种方式能够解决很多多智能体学习问题，但是事先定义好的通信协议适应性不强。通过深度强化学习的方法从多智能体环境中学习通信协议是近几年出现的新思想。Sukhbaatar 等人[51]提出一种深度通信网络（CommNet）模型，能够通过反向传递的方式训练并学习通信协议。每个智能体由一个深度前馈网络控制，网络输入前有一个单层编码器（Encoder），网络输出后有一个单层解码器（Decoder），多个智能体的参数采用共享机制。CommNet 允许智能体数量和类型的变化，从而适用于移动中的车辆通信等问题。如图 4－7 所示的 CommNet 架构，每个智能体状态按式（4－7）、（4－8）计算

$$h_j^{i+1} = f^i(h_j^i, c_j^i) \tag{4-7}$$

$$c_j^{i+1} = \frac{1}{J-1}\sum_{j' \neq j} h_{j'}^{i+1} \tag{4-8}$$

式中，i 是时间步；j 是智能体标号；c 是通信；h 是状态；J 是智能体数量。

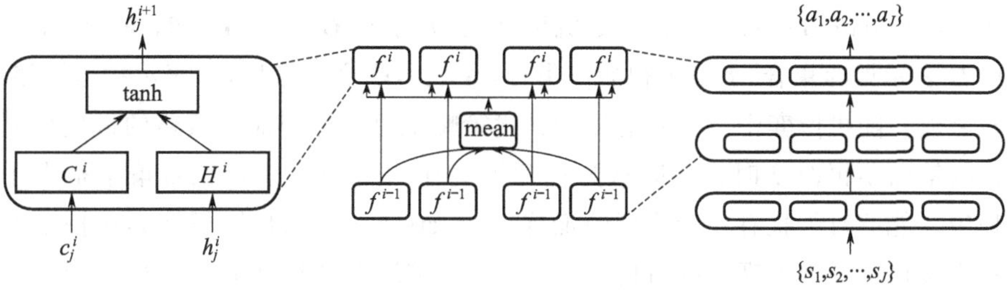

图 4-7 CommNet 架构

只有在多智能体和局部可观察的环境中，才有智能体间通信的需求。因此，Foerster 等人[42]针对局部可观察的多智能体环境，提出了一种学习通信协议的方法——可微智能体间学习（Differentiable Inter-Agent Learning，DIAL）。智能体的动作分为两类：环境动作 u_i^t 和通信动作 m_i^t 。u_i^t 能够对环境产生影响，m_i^t 能被所有智能体获得，且不会影响环境。DIAL 采用中心化学习、分布式执行的方式。在学习过程中，智能体对环境的观察 o_i^t 和其他智能体的通信动作 m_{-i}^{t-1} 输入递归神经网络（作者命名为 C-Net）中，网络输出的通信动作 m_i^t 经过离散正则化单元（DRU）输入另一个智能体的网络中；输出的 Q 值函数传递到动作选择器，产生动作后并作用于环境。梯度会从信息的接受者反向传递到发送者，在智能体间流动，如图 4-8 的粗实线所示。通过这样的设置，智能体可以把损失函数梯度通过通信信道反向传递。通过实验，验证了 DIAL 能够学习到多智能体的通信策略。但是该方法每个智能体都是独立的，因此不可避免地带来非平稳性问题。

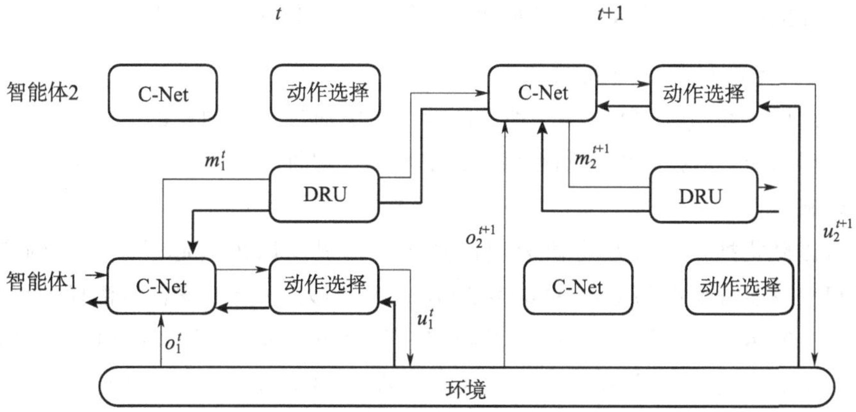

图 4-8 DIAL 架构

Kong 等人[52,53]使用“主仆”架构（类似于集中式学习、分布式执行架构）来解决多智能体间通信问题。“主”智能体从“仆”智能体收集信息，生成统一的指令信息再分发给“仆”智能体。“仆”智能体根据指令和局部观察信息进行决策。这种架构相比于对等架构来讲能够减少通信量，但是需要“主”智能体具有较强的计算资源和通信带宽。

4.1.2.2　博弈论和群智能

在多智能体序列决策中应用比较多的博弈有随机博弈（Stochastic Games，SG）和贝叶斯博弈（Bayesian Games，BG）。随机博弈可以用$<\boldsymbol{G}, \boldsymbol{I}, \boldsymbol{A}, \boldsymbol{T}, \boldsymbol{R}>$五元组来表示，其中$\boldsymbol{G}$表示博弈集合，$\boldsymbol{I}$表示智能体集合，$\boldsymbol{A}$表示联合动作集，$\boldsymbol{T}$表示状态转移函数，$\boldsymbol{R}$表示收益函数。随机博弈中一个智能体的最优策略是对其他智能体策略的最优反应，当所有智能体的策略不再改变时，此时认为达到了纳什均衡[54]。进化稳定策略是指在智能体进化过程中，能够对干扰有一定程度的抵抗。Loertscher[55]指出随机博弈在特定条件下存在进化稳定策略。局部可观察随机博弈（POSG）扩展了随机博弈的适用范围，用七元组来表示$<\boldsymbol{G}, \boldsymbol{I}, \boldsymbol{O}, \boldsymbol{A}, T, R, b^0>$，其中$\boldsymbol{O}$表示观察集合，$b^0$表示初始信念状态，其他与随机博弈一致。Guo 等人[56]证明寻找一个纳什均衡策略的时间复杂度为 NP -难。Hansen 等人[57]提出使用动态规划方法求解 POSG 的均衡策略，当智能体的奖励函数相同时该方法能够收敛至最优解。贝叶斯博弈是一种不完全信息的博弈，可以用$<\boldsymbol{I}, \boldsymbol{A}, \boldsymbol{\Theta}, P(\boldsymbol{\Theta}), <u_1, \cdots, u_n>>$来表示，其中$\boldsymbol{\Theta} = \times_i \Theta_i$表示联合类型集合，$\theta_i \in \Theta_i$；$P(\boldsymbol{\Theta})$表示联合类型的概率分布；$u_i(s_1, \cdots, s_I, \theta_1, \cdots, \theta_I)$表示智能体$i$的回报函数；其他元素与 DEC - POMDP 一致。贝叶斯纳什均衡策略可以通过常见的方法求解，如线性规划[58]和蒙特卡洛方法[59]等。

群智能是一种仿生自然界动物求解计算机或工程问题的方法。常见的求解方法有蚁群优化算法（ACO）[60]、蜂群优化算法[61]和粒子群优化算法（PSO）[62]等。ACO 是一种近似求解算法，它模拟蚂蚁寻找食物的过程，通过信息素来标识行走路径。蜂群优化算法是为解决多变量优化问题而提出，具有设置参数少、收敛速度快和鲁棒性强等优点。PSO 是一类基于种群的启发式优化算法，源于鸟类寻找食物等自然界中的群体行为。为了提高计算效率，学者提出了分布式版本的蚁群优化算法[63,64]和粒子群优化算法[65]。

4.1.2.3　蒙特卡洛树搜索研究现状

蒙特卡洛树搜索（MCTS）是一种在决策空间中通过随机抽样的方式寻找最优序列决策的方法，它结合了树搜索的精确性和随机抽样的一般性，对博弈、规划和决策领域产生了深远的影响[66]。

MCTS 以随机抽样和大数定律为理论基础，自提出以来引起了学术界的广泛关注。MCTS 的里程碑事件概括如下：1990 年 Abramson 等人[67]指出蒙特卡洛模拟可以用来评估状态值；2002 年 Auer 等人[68]提出了确定性策略的置信区间上界（Upper Confidence Bound，UCB），成为后来搜索树的置信区间上界（UCB for Trees，UCT）的理论基础；2006 年 Coulom 等人[69]把蒙特卡洛评估和树搜索方法相结合，同年 Kocsis 和 Szepesvari[34]提出了著名的 UCT 算法，该算法后来被广泛应用于博弈和规划问题中。需要特别指出的是，MCTS 不是特指某个算法，而是结合了树搜索和蒙特卡洛模拟的算法族。

MCTS 自提出后，学者们不断对其进行改进。例如，对选择和扩展即生成树策略的改进，对模拟策略的改进，对回传策略的改进等。

在节点估计和选择策略的改进方面，Tesauro 等人[70]提出了贝叶斯 UCT 方法，将其用于更加准确地估计节点值和不确定性，并实验验证了贝叶斯 UCT 的性能超过了标准的 UCT 方法；Childs 等人[71]提出了动作族的概念，将其用于解决树分支多且动作相似的问题，该方法建立了一个决策层，通过 UCB 判断具体动作选自哪个动作族；蒙特卡洛树可以转化为有向无环图，从根节点到终点的不同路径可能会穿越相同的边，通过对这些边的信息进行额外存储并在动作选择时加以利用，Childs 等人[71]验证了有向无环图的有效性。

标准模拟策略通过随机的方式选择动作，其优势在于简单且不需要领域知识，只需要大量抽样就可以了。对模拟策略的改进集中在对领域知识的利用，如基于规则的模拟策略[72]，考虑了增强模拟策略与效率的平衡；基于上下文的蒙特卡洛搜索方法[73]根据从蒙特卡洛模拟空间的区块中学到的奖励函数，把同一个智能体选择的动作归为一组，并通过棋盘游戏 Havannah 验证了该方法的有效性；模拟策略也可以通过学习统计信息的方式获得，如移动平均抽样[74]、述语平均抽样[75]、特征平均抽样[75]等；在模拟策略中使用历史启发信息的思想[76]，考虑的是对应某一状态的好动作，往往在另一状态也比较好，这种在选择策略中使用的方法挪用到模拟策略中效果依然很好，并在围棋中得到应用[77]；还有很多在模拟策略上进行改进的工作，如利用评估函数[78]、模拟平衡[72]等。这些对模拟策略的强化，被称为 Heavy Playouts[72]。

在回传策略上的改进主要是更新节点方式的变化，如对不同的回传赋予不同的权重[79]，在游戏中对大胜和小胜赋予不同的奖励[80]，使用延迟奖励等。对回传方法的改进一般和其他策略相互配合，通过改变节点更新方式来提高算法性能。

上文中提到的局部观察蒙特卡洛规划算法利用蒙特卡洛模拟和从当前信念状态的蒙特卡洛树搜索来更新智能体的信念状态，是一种解决大规模 POMDP 问题的在线规划方法。但是，POMCP 只适合单智能体的 POMDP 问题。Amoto 和 Oliehoek[36]扩展了 POMCP 的适用范围，提出了一种基于 POMCP 的多智能体规划方法（FV - POMCP)。该方法能够解决智能体数量增长带来的策略求解困难，但是 FV - POMCP 需要值函数能够进行分解。

4.1.2.4　离线规划与在线规划研究现状

上文总结的求解马尔可夫决策模型的算法，从求解方式上看，可以分为离线规划和在线规划两大类。离线规划是在智能体与环境进行交互前，通过已知模型计算出完整的策略，即在规划阶段求解出完整策略，再分发给各智能体执行。每个智能体在执行策略时只依赖于自身所处的局部环境。离线规划的主要优势在于规划时间充足，只要求策略能被每个智能体分布式执行即可。其缺点在于需要完整地考虑整个策略空间，具有较大的计算量。当前，离线规划算法求解多智能体决策问题采用的是 DP、启发式、或将 DP 和启发式相结合的办法来构建一套完整的策略，如前文所述的动态规划方法 LPC[19]、IPG[20]，启发式算法 MAA*[21]、GMAA*[22]、GMAA* - ICE[23]。

混合整数线性规划（MILP)[81]也属于离线近似求解算法，它把策略表示成动作观察序列，进而把规划问题转化为组合优化问题，通过线性规划进行求解；基于信念点的动态规划算法（PBDP）[82]提出了可达信念状态点的概念，因此不需要考虑整个信念空间，而只需要考虑信念空间中的可达信念状态点；内存受限的动态规划（MBDP）把后向的DP和前向的启发式相结合，每个智能体生成固定数量的联合信念状态，在内存中只保留在联合信念状态上最好的策略树，从而避免了内存占用的爆炸式增长；基于信念点的增量删减（PBIP）[83]通过在策略生成中计算策略值的上下界，从而删除不必要的策略，其考虑是提前删减不必要的策略树可以大大地改进算法的效率。

与离线规划不同，在线规划仅考虑当前所处状态，求解出策略后再由各智能体执行，进入下一状态后再次求解策略，如此循环往复直到终止条件[84]。在线规划的主要挑战是每一步求解时间有限，同时需要考虑各智能体之间的协调问题。智能体间的协调可以通过通信的方式进行，需要设计通信策略，考虑在什么时候通信、通信对象是谁、通信内容是什么，以及通信代价和通信带宽。Wu 等人[85]提出了通信受限的多智能体在线规划方法，智能体间通过广播的方式交换动作-观察历史信息，能够保证即使在没有合适通信条件的情况下，依然能够使智能体协调一致；Bai 等人[86,87]结合在线规划和分层分解对大规模MDP求解的优势，提出了基于在线规划框架和MAXQ[88]（一种把规模较大的RL问题或者MDP问题分解为较小问题的方法）值函数分解算法，并在机器人仿真足球比赛RoboCup 2D环境中验证了算法求解大规模问题的良好性能。

4.2 基本概念及作战仿真系统智能化分析

4.2.1 基本概念

任务级仿真系统主要是指用于系统的作战效能评估、战术层级仿真推演、平台间对抗演示的计算机模拟系统。它是一个相对于战区/战役级或工程级的概念，其中战区/战役级主要用于体系间或部队间的对抗推演，工程级主要用于对装备或者装备组件进行细粒度的仿真。

仿真装备实体在本节中是指基于真实装备抽象而来的作战系统仿真模型，是一种能够刻画真实装备特性的软件实体。

尽管智能体或智能体系统在人工智能领域经常提到，但是没有一个被广泛接受的定义说明什么是智能体或智能体系统。英文中的Agent，在人工智能领域称为智能体，在复杂性科学领域称为主体。在本节中，结合Russell等人[89]给出的对智能体的定义，将智能体的内涵作出如下限定：

定义 4.2.1 智能体（Agent）。智能体是一种能够通过感知外界环境并产生决策以完成既定目标的智能实体[89]。智能体可以是硬件实体，如机器人；也可以是软件实体，如软件系统。智能体具有感知、决策、学习、推理、交互和通信等能力。在作战仿真系统中，装备模型称为仿真实体，在本节中并不严格区分仿真实体和智能体的概念。

智能体是能够在环境中自主执行动作以完成设计目标的计算机系统[90]。从定义可以看出，智能体必须置于环境之中，不能孤立地看待；同时智能体为了完成特定的目标，并以此作为标准评估其性能。智能体所处的环境有不同的特性，根据其不同的特性，可以分为以下几类[91]。

1）可达/不可达：在可达的环境中，智能体能够获得环境完整的信息；

2）确定/不确定：在确定环境中，动作能够获得确定性的作用；

3）离散/连续：离散环境具有有限的状态，而连续环境有无限的状态集；

4）开放/封闭：在封闭环境中，环境只会被智能体的动作影响，而在开放环境中，环境还会被其他外部因素干扰；

5）周期/非周期：在周期性的环境中，智能体与环境的交互在一个周期内发生，智能体的性能或环境的响应与上一周期无关。

从智能体角度来讲，其需要满足以下特性。

1）反应性：智能体身处环境中，根据环境状态做出动作；

2）主动性：智能体根据目标选择动作，并改变环境，也就是说智能体具有目标导向性；

3）社会性：智能体与其他智能体或者环境能够进行交互。

在现实世界中很多任务只依靠单个智能体难以完成。受资源、计算能力、数据分布式存储等影响，有些任务单个智能体无法胜任，需要多个智能体独立/合作来完成给定任务[92]。智能体系统有以下几个特性：每个智能体无法获得完整的系统信息，或者没有足够的能力求解任务；系统没有全局控制；系统中数据分布式存储[93]。从这几个特性可以看出，多智能体系统克服了单智能体的一些缺点，能够完成单智能体无法完成的任务。

定义 4.2.2　多智能体系统（Multi－Agent System，MAS）[94]。多智能体系统是由多个自动化的智能实体组成的具有一致或相互冲突目标的系统。按多智能体组织结构，可以把 MAS 分为分散式、集中式和分散集中式 3 种类型；按多智能体的利益关系，可以把 MAS 分为合作式、竞争式和混合式 3 种类型。

定义 4.2.3　决策（Decision Making）。决策是指智能体根据目标和状态信息选择最优动作的过程[94]。决策是智能系统的核心之一，可使智能体产生一系列动作从而完成他们的目标。

定义 4.2.4　序列决策（Sequential Decision Making）。序列决策是指最优化序列时间步内智能体在特定任务上的表现[95]。序列决策包含两类基本问题：规划和强化学习[96]。规划适用于模型已知的问题，其过程就是求解一个行为/操作序列，使得智能体按照这个行为序列执行时能够最优化完成既定目标。强化学习适用于环境模型未知的情形，智能体需要与环境进行交互，通过环境对智能体行为的反馈信号进行学习，从而求解最优/次优策略。

定义 4.2.5　多智能体学习（Multi－Agent Learning）。多智能体学习是指多智能体系统通过学习算法（如强化学习）学习最优策略的过程。多智能体学习可以是分布式的或集中式的，也可以是分布式和集中式相结合的。

定义 4.2.6 多智能体序列决策（Multi - Agent Sequential Decision Making）。多智能体序列决策是指一种在序列时间步内求解多智能体系统在特定任务上最优表现的方法。多智能体序列决策是本节研究的核心内容，主要研究多智能体如何才能产生一系列动作使得其能够最优化完成目标。

4.2.2 任务级作战仿真系统智能化分析

DARPA“深绿”项目[97]的初衷是为旅级指挥员和参谋人员开发一个自动化决策支持系统，以帮助其在关键时刻迅速做出决策（见图 4-9）。“深绿”本质上可以理解为基于实时态势的动态仿真，由“指挥官助手”人机接口系统、“水晶球”控制系统和“闪电战”仿真系统三大部分组成。“指挥官助手”组件是用户和“深绿”的主要交互接口，该组件能够自动将指挥员或参谋人员的草图和语音指令转变为行动方案，并向指挥员呈现各种可能的方案结果。“水晶球”的主要功能是利用正在进行的行动数据更新对可能结果的判断，裁剪无效节点，辨识决策点，供指挥员做出决策。“闪电战”是“深绿”的仿真组件，用于快速仿真各种作战计划，生成可能的未来态势。

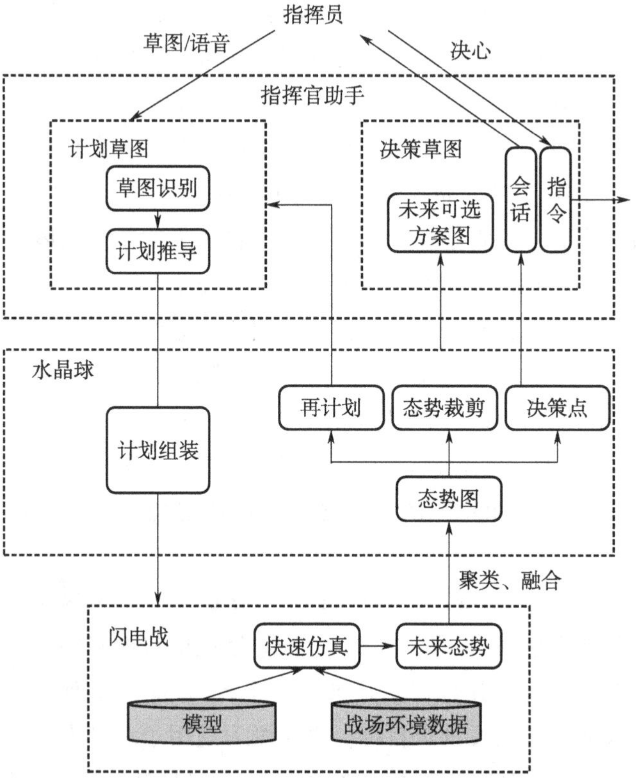

图 4-9 “深绿”架构框图

“深绿”借鉴了“深蓝”国际象棋计算机的思想，能够模拟敌方三种以上的行动方案，分析对抗推演结果，协助指挥员深入了解潜在问题并做出对应决策。“深绿”能够模拟军事演习，分析演习结果，追踪作战行动和支持方案的重规划。但是，“深绿”并没有达到当初设想的效果，至 2011 年，“深绿”只保留了“计划草图”这一人机接口功能[98]。

作战过程是一个紧耦合的决策对抗，需要根据最新的战场态势和及时预测的敌人意图，进行决策并实施行动。由于战场的高度复杂性和不确定性（敌方策略、我方应对策略、环境变化、随机过程等），可能的决策分支十分巨大，现阶段计算机对态势理解的能力还远未达到人的认知水平，这正是“深绿”项目遇到的最大瓶颈之一。如何根据战场态势和敌人的意图生成作战方案，如何评估作战方案的优劣，如何根据作战方案细化成可执行的具体策略，这都将是作战仿真系统应该解决的问题。

任务级作战仿真系统，也可称为交战级仿真系统，仿真场景是小规模、低烈度的作战任务。其功能主要是对制定的作战方案进行论证，对武器装备进行作战效能评估，对指挥人员或参谋人员进行训练。任务级或交战级的作战仿真，短时间内不确定性相对战役或战略级仿真较少，考虑的因素也较少。受 DARPA“深绿”项目的启示，对作战仿真系统智能化进行分析，用以指导本节后续的研究。

从作战仿真功能组成上讲，可以把仿真系统分为兵力控制，指挥控制通信情报（C^3I)，陆、海、空、天、电、网领域的作战模型，如图 4－10 所示。兵力控制是指各级指挥权限分配和各方关系，如上级司令部和参谋部对下级的司令部和参谋部是指挥-被指挥的关系；C^3I 能够实现战场态势信息的共享，各级指挥指令的下达和友方单元的信息交互；陆、海、空、天、电、网领域作战模型是仿真系统的主体，模型描述的粒度决定仿真的可信度。传感器用于实现战场态势的智能认知，作战单元能够根据作战目的，自动生成相应策略并执行。

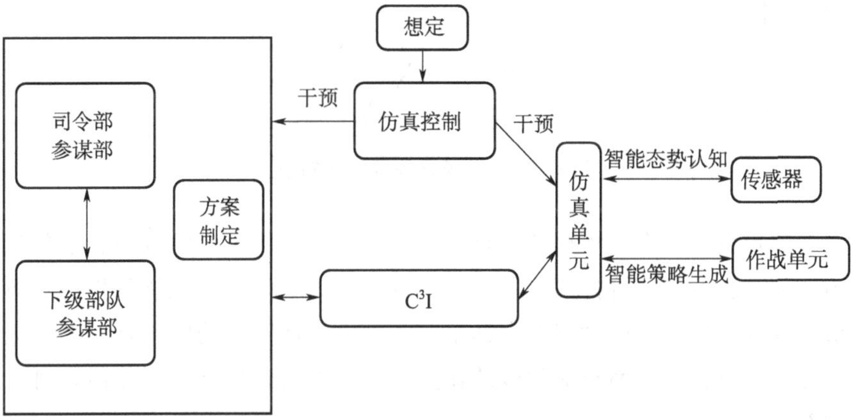

图 4－10　作战仿真功能组成

因此，从作战流程上讲，整个过程可以分为战场态势认知→目标价值分析→作战方案制定→作战行动生成与执行→作战效果评估。其中可以抽离出 3 大关键技术：战场态势智能认知技术、人机结合的作战方案筹划技术和仿真装备实体的行为策略自动生成技术。

战场态势是指战场中兵力分布及战场环境的当前状态和发展变化趋势[99]。战场中的多元情报（空情、海情、陆情、天情）大多是异构数据，对战场态势知识表示与认知技术是制定作战方案的基础。从作战指挥的角度看，态势认知过程可以分为原始态势数据的收集、态势初级理解和态势高级理解 3 部分[100]。首先，对原始数据、情报进行收集，统计分析形成表格等样式的初级态势；然后，依据空间态势、环境约束和力量对比等特征形成态势初级理解；最后，再获得意图识别、战局趋势等高层次理解。

近几年深度学习的发展，使得基于端到端的战场态势认知有了强有力的工具。但是战场环境的高度复杂，仅仅通过输入“战场快照”是很难对态势进行认知的。因此，还需要结合特征工程，并利用有经验的作战人员的启发式知识，最大限度地挖掘有用特征，以此作为神经网络的输入。基于深度学习的战场态势智能认知框架可以用图 4-11 来表示。

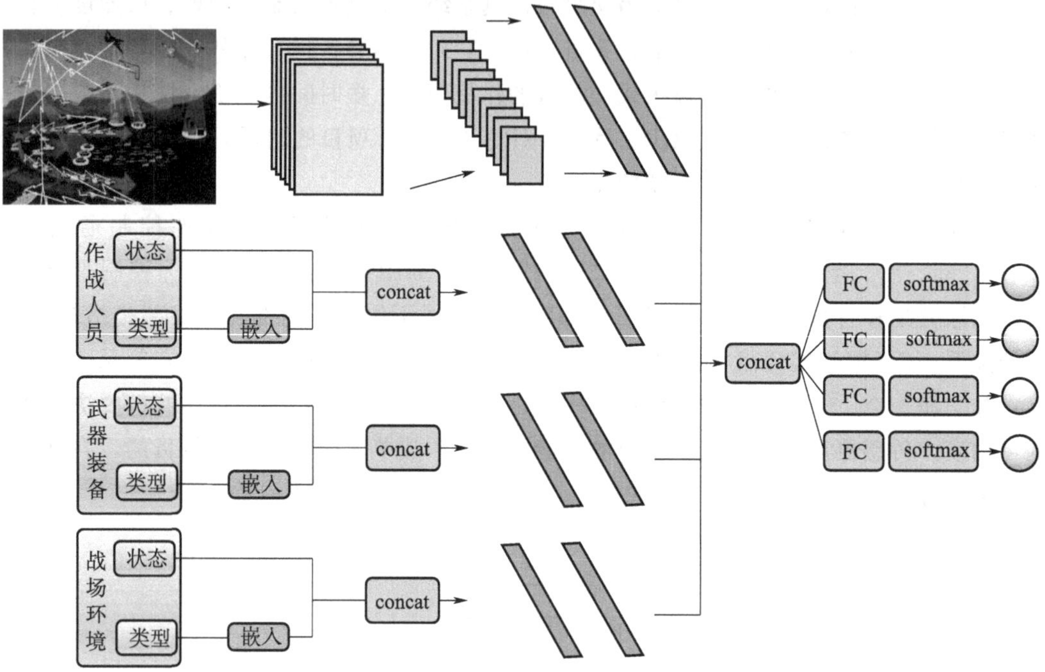

图 4-11　战场态势智能认知框架

对战场态势形成较为全面深刻的理解之后，再进行作战方案的筹划。本节认为这个过程可以分为 2 部分：首先，将指挥员下达的指令分解为下级部队能够承担的具体任务，这个过程类似“深绿”项目中的“指挥官助手”和“水晶球”的功能，是一个对上级指令的理解并逐步分解的过程，从而形成初步的作战方案；然后，建立指标体系，对巨大解空间中的作战方案进行评估。

人机结合的作战方案筹划，其中的“人”即是指挥员和参谋人员，“机”是指计算机仿真系统。指挥员通过对战场态势的判断，结合自身的作战经验，拟定作战指令。参谋人员根据作战指令，细化作战人员和作战装备，形成具体的能够由下级部队执行的作战方案。然后由作战仿真系统根据指标体系，进行方案评估，最终优选出几个有效的作战方案。

仿真装备实体的行为策略自动生成技术是指根据最终形成的作战方案，由算法结合每个装备的实际和当前所处的环境状态，生成仿真装备实体的作战行动序列。本章后续 4.3～4.5 节的内容正是研究如何自动生成仿真装备的作战行动序列，本节的研究在作战仿真系统智能化中的地位如图 4-12 灰色部分所示。

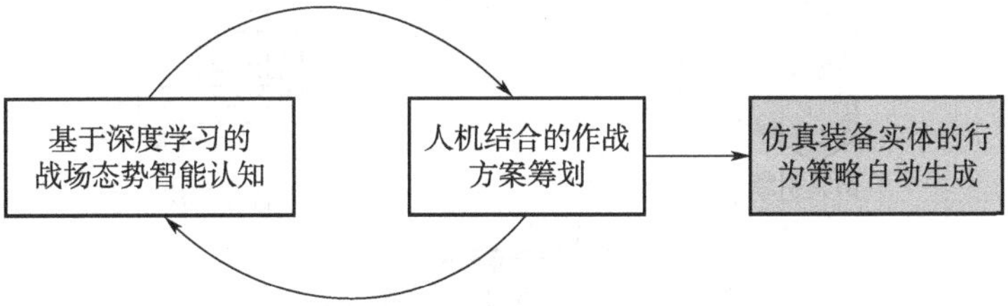

图 4-12　作战仿真系统 3 种智能化关键技术

图 4-13 是典型的作战仿真系统结构框图。由下而上分别是基础层、引擎层、应用层。仿真中用到的模型对象、基础地形数据都位于基础层；引擎层有支持分布式的仿真服务器和仿真引擎；应用层具有实现用户功能的模块，如想定编辑功能、仿真结果的分析功能、仿真推演的态势显示功能和模型设计模块。

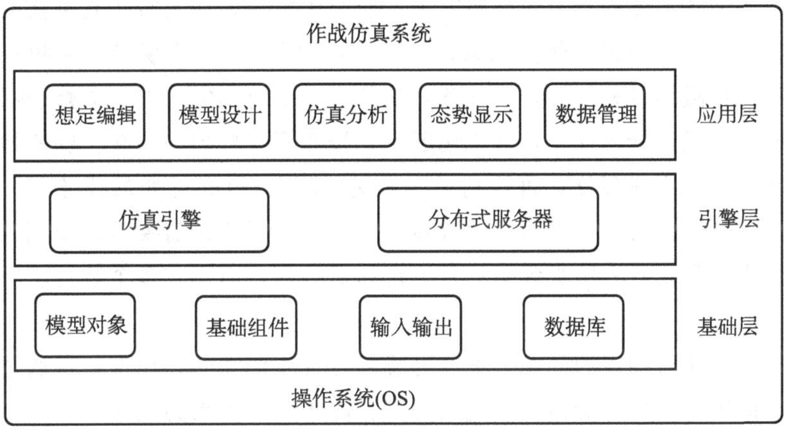

图 4-13　典型作战仿真系统结构框图

一般情况下，仿真系统的引擎和态势显示放在同一台服务器上，而算法在计算最优策略时，进行态势显示会拖慢仿真效率。因此，本节设计了如图 4-14 所示的仿真装备实体的行为策略求解框架。

图 4-14 所示的架构有如下几大优点：第一，不受平台、语言的限制。智能算法和仿真引擎可以位于不同平台下，通过不同编程语言进行设计；仿真引擎和智能算法通过 gRPC 服务进行通信（gRPC 是一种开源的无关语言和平台的远程过程调用系统）；第二，扩展灵活。通过设计统一的应用程序编程接口，智能算法可像便携设备一样，即插即用；第三，仿真效率高。态势显示和仿真引擎分开，在只需快速仿真计算时切断分布式显示，从而加速仿真；在需要显示中间状态或最终结果时，把结果推送到分布显示中。

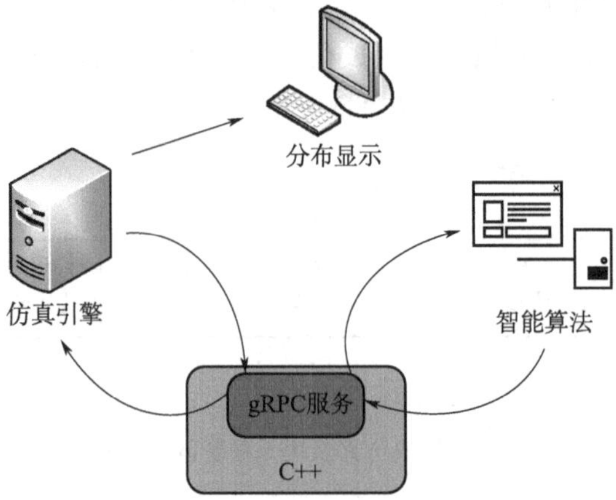

图 4-14 仿真装备实体的行为策略求解框架

4.2.3 仿真装备实体的行为策略自动生成

在 4.2.2 节中介绍了任务级作战仿真系统智能化用到的 3 项关键技术，本节研究重点放在仿真系统中装备实体的行为策略研究上。研究中发现，在进行仿真推演时，可以把作战场景分为 3 类：相对固定的作战场景、环境/目标可变的作战场景、敌我双方竞争的作战场景。其中，作战场景相对固定的任务，如仿真装备协同完成对地轰炸、兵力集结。在对地轰炸任务中，战机受领任务，从机场起飞，按照事先规划的路线，躲避地方雷达的侦察，对敌方固定目标完成轰炸，再顺利返回机场。环境/目标可变的任务，一种情形是对移动的车队进行攻击，另一种情形是敌方雷达设备开启后战机需要重新规划路线。相互竞争的作战场景中，敌我双方仿真装备具有一定的对抗性，而我方多个装备之间需要合作完成任务。

对于作战场景相对固定的问题，本节的思路是首先建立问题模型，再通过离线的方式求解多智能体的策略。多智能体离线规划是多智能体序列决策的重要方法之一。离线规划通过搜索的方式求解能够分布式执行的联合策略，其特点是在智能体实际执行动作之前或与环境交互之前，离线求解完整策略，然后分发给各个智能体执行，每个智能体在执行过程中只根据自身的局部观察和最优策略选择动作。因此，离线规划要求计算出的联合策略天然地具有分布式执行的能力，每个智能体策略的执行不依赖于其他智能体的策略，并且能够在求解策略时考虑到智能体间的合作和可能遇到的情况。

考虑到多智能体环境和局部可观察特性，本节把问题建模为 DEC-POMDP 模型，把策略表示为策略树的形式。每个智能体的策略是一棵独立的策略树，多个智能体的策略树集合组成联合策略。对于 DEC-POMDP 模型而言，树中的节点表示动作，树中的连边表示执行动作后传感器获得的观察，如图 4-15 所示为两个智能体的联合策略树，每个智能体有两个动作 a_0 和 a_1，有两个观察 o_0 和 o_1。当通过离线规划的方式求解出最优策略后，分发给智能体，智能体在 0 时刻初始状态 s^0 执行各自动作 a_0 和 a_1，两个动作组成的联合动作 $< a_0, a_1 >$ 作用于环境，由于状态转移的不确定性，使其转移至 1 时刻的状态 s^1，智能体 1 获得观察 o_0，智能体 2 获得观察 o_1；此后每个智能体再根据自身观察执行相应动作直至结束。

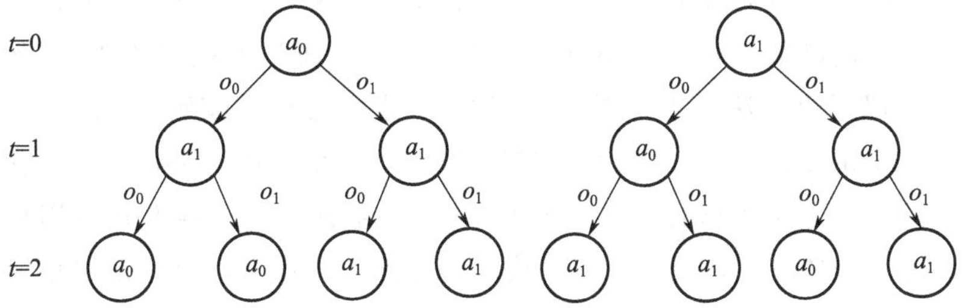

图 4 - 15　两个智能体的联合策略树

求解出能够分布式执行、考虑智能体间合作和各种可能遇到情况的策略是十分困难的，特别在动作数、观察数和智能体数较大的情况下，策略树的分支很多，联合策略的组合很多，需要找到一种合理的方法快速地求解最优策略。

基于启发式搜索的框架，可以为多智能体序列决策提供很好的解决方案。多智能体的启发式搜索特别适合策略为树结构这样的问题，能够通过离线规划的方式为多智能体求解出最优策略。启发式搜索的关键是设计一个合理的启发式函数 $f(n)=g(n)+h(n)$，其中 $g(n)$ 表示从初始节点到节点 n 的实际奖励，$h(n)$ 表示从节点 n 到目标节点的启发式估计。对求解 DEC - POMDP 而言，需要设计一个对真实值的可接受估计 $h(n)$，即对真实值的高估，这样才能保证启发式搜索到最优解。本章提出一种新的 Q 值函数表示，并基于该 Q 值函数提出一种蒙特卡洛聚类/扩展方法。具体内容将在 4.3 节进行论述。

对于作战环境/目标可变的问题，离线规划的方法将难以胜任。本节的研究思路是通过在线规划的方式求解多智能体的策略。在线规划只需要应对智能体与环境交互过程中遇到的情形即可，不用像离线规划一样考虑各种可能的情况。在线规划的智能体根据当前状态，生成一个最优策略，最优策略作用于环境后使其发生状态改变。此时智能体只需要根据现在的状态再次求解最优策略。

众所周知，对于离线规划而言，随机策略是联合历史 $\bar{\theta}_i$ 的函数，即 $\pi_i: \bar{\theta}_i \rightarrow A_i$。对确定性策略来说，它是联合观察 $\bar{o}_i$ 的函数，即 $\pi_i: \bar{o}_i \rightarrow A_i$。由此可知，策略是当前时刻 t 之前所有观察-动作序列的函数（对确定性策略，它是当前时刻 t 之前所有观察序列的函数）。而观察-动作序列或观察序列的排列组合的数量是非常大的。对于在线规划而言，策略是当前状态 s^t 的函数，即 $\pi_i: s^t \rightarrow A_i$，智能体只需要求解当前状态下的最优策略即可，这无疑是在策略量级上的巨大缩减。然而，在线规划求解时间较短，而且需要考虑智能体间的分布式协调问题。当智能体间进行通信时，需要设计通信策略，如何时与谁通信何种内容。本章提出了在线分布式蒙特卡洛树搜索方法，通过在线规划的方式求解多智能体的策略，具体将在 4.4 节中进行介绍。

对于敌我双方竞争的作战场景，本节的研究思路是通过强化学习理论，来学习多智能体的策略。在作战仿真系统中，有很多场景是难以甚至无法用模型描述的。模型中最重要的信息是从某一状态到另一状态的转移概率。由于缺乏足够的数据积累，是很难对状态转移概率进行准确描述的。

在强化学习中，可以通过不断地与环境进行交互，学习到环境的模型，即学习环境的状态转移函数和奖励函数（对于局部可观察的问题，还要学习观察函数）。在得到环境的模型后，再通过规划的方法求解策略。这种方式被称为基于模型的强化学习（Model - based Reinforcement Learning）。然而，在规模较大的问题中，对系统建立模型的难度很高。在许多问题中，系统状态的变化涉及非常复杂的物理过程，这些过程用状态转移函数和观察函数是不易描述的。例如，在房间内有多个搜救机器人，目标是规划这些搜救机器人完成搜救任务的最佳策略。在没有先验知识和足够数据积累的情况下，很难对这个场景进行建模，也就是说很难描述该场景的状态转移概率和观察函数。即使获得了大量数据，建立这种场景的模型代价也是十分高昂的。

实际上，可以无须学习环境的模型，只通过不断地与环境进行交互，依据环境对动作的反馈信号，通过强化或惩罚的方式，得到最优策略。这种学习方式被称为无模型的强化学习（Model - free Reinforcement Learning）。基于模型的强化学习和无模型的强化学习关系如图 4 - 16 所示。

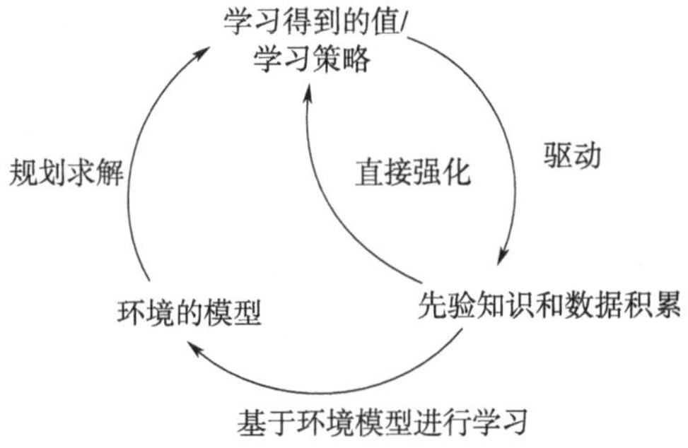

图 4 - 16　无模型、基于模型和规划的关系

本章后续在敌我双方竞争的环境中，采用无模型的深度多智能体强化学习方法，以解决建模困难等问题，通过学习获得最优或次优的联合策略。具体内容将在 4.5 节中进行介绍。

4.3　基于模型的多智能体离线规划算法

4.3.1　理论基础

4.3.1.1　增量扩展和聚类的多智能体 A* 算法

增量扩展/聚类的多智能体 A* 算法[23]（GMAA* - ICE，或简称 ICE）基于扩展多智能体 A* 框架（GMAA*）[22]。GMAA* 是首个多智能体 A* 搜索算法 MAA*[21] 的扩展。ICE 使用启发式值 $\hat{V}(\varphi^t)=V^{0\cdots t-1}(\varphi^t)+H^{t\cdots h-1}(\varphi^t)$ 来引导 A* 算法在局部联合策略中自上而下地构建搜索树，其中 $V^{0\cdots t-1}(\varphi^t)$ 是前 t 个时间步获得的实际期望奖励，$H^{t\cdots h-1}(\varphi^t)$

是剩下的 $h-t$ 个时间步的启发值。ICE 的可接受（Admissible）启发式能够保证其找到最优策略。

ICE 算法的关键贡献是无损聚类和增量扩展。作者介绍了一种概率等价标准用来判断智能体 i 的两个动作观察历史 $\theta_{i,a}$，$\theta_{i,b}$ 是否能够进行聚类。在那些有很多历史信息满足概率等价标准的问题当中，ICE 算法能够极大地加速规划过程。增量扩展是一种通过扩展最有希望子节点 $\varphi^{t+1}=(\varphi^{t},\beta^{*})$ 来增量扩展搜索树的方法，其中 β^{*} 是合作贝叶斯博弈的最优策略。作者定义了一种节点优先性方法，通过优先扩展深度更大的节点，以更早地发现紧凑的节点下界。

本节提出的算法以 ICE 算法为基础，不同之处是本节的算法把 Q 值函数计算和策略求解进行了融合，所以可以按需计算 Q 值函数，而不需要存储和维护一个规模庞大的 Q 值函数矩阵。

4.3.1.2　合作贝叶斯博弈

贝叶斯博弈是增广范式博弈的一种，智能体以 one - shot 的方式交互，每个智能体保存一些私有信息，这些私有信息定义为智能体的类型（Type）。合作贝叶斯博弈（Collaborative Bayesain Game，CBG）是 BG 的一种，其中的智能体具有一致的支付函数，其定义如下。

定义 4.3.1　合作贝叶斯博弈（CBG）[22,23]。CBG 是一个五元组 $B(b^{0},\varphi^{t})=<I,A,\Theta,\Pr(\cdot),u>$，描述了 DEC - POMDP 模型的 t 时间步的交互过程，初始状态分布为 b^{0}，历史联合策略为 φ^{t}，五元组中元素包括：

$I=\{1,2,\cdots,n\}$ 是智能体的有限集合；

A 是联合动作集合；

Θ 是联合类型的集合，联合类型中的元素 $\theta\in\Theta$ 指定了每个智能体的类型 $\theta=<\theta_{1},\theta_{2},\cdots,\theta_{n}>$；

$\Pr(\cdot)$ 是联合类型的概率分布；

u 是启发式支付函数，把联合类型和联合动作映射为一个实数 $u(\theta,a)$。

也就是说，给定初始状态 b^{0} 和历史联合策略 φ^{t}，能够构建一个合作贝叶斯博弈 $B(b^{0},\varphi^{t})$，所以，$B(b^{0},\varphi^{t})$ 表示的是从 b^{0} 一直遵循策略 φ^{t} 的 t 时间步的决策问题，本节后续将 $B(b^{0},\varphi^{t})$ 简写为 $B(\varphi^{t})$。

在 CBG 中，每个智能体使用 BG 策略 β_{i} 把自己的类型映射为动作 $\beta_{i}(\theta_{i})=a_{i}$。如果 β 是 CBG 的联合策略，那么它和 DEC - POMDP 的决策规则（决策规则的概念见 4.1.2）一致：$\beta\leftrightarrow\delta^{t}$。DEC - POMDP 可以用一系列的 CBG 描述，所以用 DEC - POMDP 建模的问题能够一个阶段一个阶段地求解，这使得类 A* 搜索算法应用于 DEC - POMDP 成为可能。

4.3.1.3　Q 值函数

值函数是执行某一策略的累积回报，是描述策略好坏的函数。值函数分为状态值函数和动作值函数。状态值函数 $v_{\pi}(s)$ 为

$$v_{\pi}(s)=\mathbb{E}_{\pi}[G_{t}\mid S_{t}=s] \tag{4-9}$$

其含义是从状态 s 开始执行策略 π 获得的累积奖励。动作值函数 $q_\pi(s, a)$ 通常称为 Q 值函数，表示为

$$q_\pi(s,a) = \mathbb{E}_\pi[G_t \mid S_t = s, A_t = a] \tag{4-10}$$

其含义是在状态 s 执行动作 a，然后再执行策略 π 获得的累积奖励。

Oliehoek 等人[22]用序列贝叶斯博弈来表示 DEC-POMDP 问题，证明了最优 Q 值函数 Q^* 满足

$$Q^*(\vec{\theta}^t, a) = R(\vec{\theta}^t, a) + \sum_{o^{t+1} \in O} P(o^{t+1} \mid \vec{\theta}^t, a) Q^*(\vec{\theta}^{t+1}, \pi^{t+1,*}(\vec{\theta}^{t+1})) \tag{4-11}$$

并指出 DEC-POMDP 的最优策略可以从最优 Q 值函数中提取，即

$$\pi^{t+1,*}(o^{t+1}) = \arg\max_{a'} Q^*(o^{t+1}, a') \tag{4-12}$$

从式（4-12）可以看出，求解最优策略需要知道最优 Q 值函数；从式（4-11）可以看出，求解 t 时刻的最优 Q 值函数需要知道 $t+1$ 时刻的最优策略。计算最优 Q 值函数和计算最优策略相互依赖，并且计算 t 时刻的最优策略，与 0，…，t 时刻的最优决策规则 δ^* 都有关系。因此，求解最优 Q 值函数与下一时刻的最优策略有关，同时与之前所有时刻的最优决策规则都有关。直接通过最优 Q 值函数提取最优策略的方式变得十分困难。

直接通过最优 Q 值函数提取最优策略的方式不可行，可以通过求解近似 Q 值函数的方法求最优策略。前文提到，启发式搜索的关键在于设计合理的启发式函数 $f(n) = g(n) + h(n)$，其中 $g(n)$ 表示从初始节点到节点 n 的实际奖励，$h(n)$ 表示从节点 n 到目标节点的启发式估计。为了保证启发式估计是可接受启发，$h(n)$ 应该是实际值的高估，也就是说 $h(n)$ 是实际值的上界。对于 DEC-POMDP 模型，前 t 步的实际值用 $V^{0\cdots t-1}(\varphi^t)$ 表示，第 t 步到 h 步的启发式估计用 $\hat{V}$ 表示。在时间步 t 节点的策略值表示为

$$\hat{V}(\varphi^t) = V^{0\cdots t-1}(\varphi^t) + \hat{V} \tag{4-13}$$

因此，只要保证 $\hat{V}$ 是最优 Q 值函数的近似上界估计，通过启发式搜索便能找到最优解。为了保证启发式估计是真实值的高估，可以假设在 DEC-POMDP 模型中有一个中心智能体，它能够获得环境的真实状态（不只是观测到局部信息），并且能够执行所有智能体动作组成的联合动作。这样的 Q 值函数被称为 Q_{MDP}，首次由 Littman 等人提出[101]，后来由 Emery-Montrmerlo 等人[24]扩展到 DEC-POMDP 问题中。它把 MDP 的值函数 $Q_M^{t,*}(s, a)$ 转换为关于联合历史 $\vec{\theta}$ 的值函数，即

$$\hat{Q}_M(\vec{\theta}^t, a) = \sum_{s \in S} Q_M^{t,*}(s, a) P(s \mid \vec{\theta}^t, b^0) \tag{4-14}$$

式中，$Q_M^{t,*}(s, a)$ 是 MDP 的值函数，可以通过动态规划方法求得，即

$$Q_M^{t,*}(s^t, a) = R(s^t, a) + \sum_{s^{t+1} \in S} P(s^{t+1} \mid s, a) \max_a Q_M^{t+1,*}(s^{t+1}, a) \tag{4-15}$$

$P(s \mid \vec{\theta}^t, b^0)$ 是信念状态，即在联合历史 $\vec{\theta}^t$ 下不同状态的概率，满足

$$P(s \mid \vec{\theta}^t, b^0) = \sum_{s^{t-1} \in S} P(o^t \mid a^{t-1}, s^t) P(s^t \mid s^{t-1}, a^{t-1}) P(s^{t-1} \mid \vec{\theta}^{t-1}, b^0) \tag{4-16}$$

由于 DEC-POMDP 的局部可观察特性，求 $\hat{Q}_M(\vec{\theta}^t, a)$ 需要在 $Q_M^{t,*}(s, a)$ 基础上乘

以信念状态。

求解 Q_{MDP} 的时间复杂度与问题最大深度 H 呈线性关系，相比较求解 DEC - POMDP 而言容易计算，而且只需要为每一个状态-动作对 (s, a) 在 t 时刻存储一个值。然而 Q_{MDP} 对于 DEC - POMDP 的最优 Q 值函数是松散的，将不利于快速得出最优规划解。

与定义 Q_{MDP} 类似，也可以假设一个中心化的智能体能够获得环境的联合观察，并且能够执行所有智能体动作组成的联合动作。由此产生的 Q 值函数称为 Q_{POMDP} [21,102]，满足

$$Q_{\mathrm{P}}^{*}(b^{t}, a)=R(b^{t}, a)+\sum_{o^{t+1} \in \mathcal{O}} P(o^{t+1} \mid b^{t}, a) \max_{a^{t+1}} Q_{\mathrm{P}}^{*}(b^{t+1}, a^{t+1}) \tag{4-17}$$

式中，b^t 是 t 时刻的联合信念，$R(b^t, a)=\sum_{s \in S} R(s, a) b^t(s)$ 是立即奖励，b^{t+1} 是 $t+1$ 时刻的联合信念，是在信念为 b^t 时执行动作 a 获得观察 o^{t+1} 生成的，也称为信念更新，即

$$\forall_{s'}, \quad b^{t+1}(s')=\frac{P(o \mid s', a) \sum_{s \in S} P(s' \mid s, a) b^{t}(s)}{\sum_{s' \in S} P(o \mid s', a) \sum_{s \in S} P(s' \mid s, a) b^{t}(s)} \tag{4-18}$$

在把多智能体看成有一个中心智能体能够获得联合观察并执行联合动作的情况下，对每个联合历史 $\vec{\theta}^t$，可以认为 $\hat{Q}_{\mathrm{P}}(\vec{\theta}^t, a)=Q_{\mathrm{P}}^{*}(b^t, a)$。

求 Q_{POMDP} 有两种方法[23]：一种是构建所有联合信念的“信念 MDP 树”。从初始信念 b^0 开始，对每一动作 a 和观察 o，计算下一时刻联合历史 $\vec{\theta}^1$ 和对应的联合信念 $b^{\vec{\theta}^1}$，并不断地迭代进行。通过信念 MDP 树，可以通过动态规划的方式计算出树中所有节点的值。另一种是使用基于向量的 POMDP 方法。Q 值函数 $Q_{\mathrm{P}}^{t}(b, a)$ 可以用联合动作的向量集合 $V^t=\{V_1^t, \cdots, V_{|A|}^t\}$ 来表示[103]，$Q_{\mathrm{P}}^{t}(b, a)$ 可以定义为信念和向量的最大内积，即

$$Q_{\mathrm{P}}^{t}(b, a)=\max_{v_a^t \in V_a^t} b \cdot v_a^t \tag{4-19}$$

给定 $h-1$ 时刻的向量表示 $\mathbf{V}^{h-1}$，可以计算前一时刻的 $\mathbf{V}^{h-2}$，以此类推。

相比较 Q_{MDP}，Q_{POMDP} 是一个更加紧凑的 Q 值函数，它是 DEC - POMDP 最优 Q 值函数 Q^* 的上界。然而，计算和存储 Q_{POMDP} 的代价仍然很大，其数量与时间步 t 呈指数关系。

Q_{MDP} 假设下一时刻的状态完全可观察来近似最优 Q 值函数 Q^*，Q_{POMDP} 则假设智能体在每一时间步都知道联合动作-观察历史 $\vec{\theta}^t$。Oliehoek 等人[25]进一步放松假设：假定智能体知道 $t-1$ 时刻的联合历史 $\vec{\theta}^{t-1}$ 和 $t-1$ 时刻的联合动作 a^{t-1}，即智能体不确定上一时刻的其他智能体的观察。由此可以为 $(\vec{\theta}^{t-1}, a)$ 定义贝叶斯博弈。这样的贝叶斯博弈的 Q 值函数 Q_{BG} 定义为

$$Q_{\mathrm{B}}^{*}(\vec{\theta}^{t}, a)=R(\vec{\theta}^{t}, a)+\max_{\beta} \sum_{o^{t+1} \in \mathcal{O}} P(o^{t+1} \mid \vec{\theta}^{t}, a) Q_{\mathrm{B}}^{*}(\vec{\theta}^{t+1}, \beta(o^{t+1})) \tag{4-20}$$

式中，$\beta=<\beta_1(o_1^{t+1}), \cdots, \beta_n(o_n^{t+1})>$ 是单个智能体策略组成的元组，由贝叶斯博弈求得 $\beta_i: \mathcal{O} \rightarrow \mathcal{A}$。

由最优 Q 值函数 Q^*［式 (4-11)］和贝叶斯博弈近似 Q 值函数 Q_{BG}［式 (4-20)］比较可以看出，$Q^*(\vec{\theta}^t, a)$ 可由 $Q^*(\vec{\theta}^{t+1}, a)$ 和 $\pi^*(\vec{\theta}^{t+1})$ 求得，而 $\pi^*(\vec{\theta}^{t+1})$ 是通过长度为 $t-1$ 的动作观察历史构造的贝叶斯博弈求得；t 时刻的 Q_{BG} 是由 $t+1$ 时刻的 $Q_{\mathrm{B}}^{*}(\vec{\theta}^{t+1},$

a）和 $\beta(o^{t+1})$ 求得，而 $\beta(o^{t+1})$ 则是通过长度为 1 的观察历史构造的贝叶斯博弈求得。

Oliehoek 等人[23]结合树结构和向量表示的特点，提出了混合模式的 Q 值函数，称为 Q_{Hybrid}，其思想是在求解过程的后期，向量较少，使用基于向量表示；在求解的前期，树分支较少，采用基于树的表示。

上述提到的 Q 值函数表示，Oliehoek 等人[22]证明了 Q_{MDP}、Q_{POMDP} 和 Q_{BG} 都是最优 Q 值函数 Q^* 的上界，满足

$$Q^* < Q_{\text{BG}} < Q_{\text{POMDP}} < Q_{\text{MDP}} \tag{4-21}$$

尽管这 3 种 Q 值函数都是 Q^* 的上界，都可以作为启发式估计引导搜索算法。但是这 3 种 Q 值函数存在一些弊端。例如，Q_{MDP} 是最大的上界，它对于启发式估计来讲过于松散，会导致搜索算法把求解最优解的时间浪费在无用解上。而 Q_{BG} 是最小的上界，实际上如果能准确估计出 $\hat{V}$ 值，那么就可以引导启发式搜索直接寻找到最优解。但是求解 Q 值函数 Q_{BG} 本身将占用很多时间。

4.3.2 蒙特卡洛 Q 值函数

在强化学习中，Q 值函数 $Q(s,a)$ 定义为在状态 s 执行动作 a，然后一直执行策略 π 到结束后获得的累积奖励，即

$$\begin{aligned} Q^{\pi}(s,a) &= \mathbb{E}_{\pi}[R_{t+1} + \gamma Q^{\pi}(S_{t+1},a') \mid S_t = s, A_t = a] \\ &= \sum_{s',r} p(s',r \mid s,a)[r + \gamma Q(s',a')] \end{aligned} \tag{4-22}$$

本节提出一种新的动作值函数表达——蒙特卡洛 Q 值函数。与 $Q(s,a)$ 不同，Q_{MC} 的状态是时间步 t 的联合历史 $\vec{\theta}_t$。下面给出蒙特卡洛 Q 值函数的定义。

定义 4.3.2 蒙特卡洛 Q 值函数。蒙特卡洛 Q 值函数用 Q_{MC} 表示，满足

$$Q_{\text{MC}}(\vec{\theta}^t,\vec{a}) = R(\vec{\theta}^t,\vec{a}) + \sum_{\vec{o}^{t+1} \in O} P(\vec{o}^{t+1} \mid \vec{\theta}^t,\vec{a}) \max_{\text{MC}(\vec{o}^{t+1})} Q_{\text{MC}}(\vec{\theta}^{t+1},\text{MC}(\vec{o}^{t+1})) \tag{4-23}$$

式中，MC 是指蒙特卡洛方法，能够在观察到 $\vec{o}^{t+1}$ 后返回最优动作 $\text{MC}(\vec{o}^{t+1})$；$P(\vec{o}^{t+1} \mid \vec{\theta}^t,\vec{a})$ 是在联合历史 $\vec{\theta}_t$ 处执行联合动作 $\vec{a}$ 获得观察 $\vec{o}^{t+1}$ 的条件概率。

Q_{MC} 的求解过程可以用图 4-17 来说明。图中黑色实心节点表示联合历史，实线表示智能体执行的联合动作，虚线表示执行动作后获得的联合观察，每个联合历史节点包含两个统计信息：$N(\vec{\theta})$——节点 $\vec{\theta}$ 的访问次数，$N(\vec{\theta},\vec{a})$——在节点 $\vec{\theta}$ 执行联合动作 $\vec{a}$ 的次数。

在 Q_{MC} 求解的选择阶段，使用置信区间上界 UCB1 选择最优动作 a^*，即

$$a^* = \underset{\vec{a} \in A}{\operatorname{argmax}} \left\{ R + \hat{R} + c\sqrt{\frac{2\ln N(\vec{\theta})}{N(\vec{\theta},\vec{a})}} \right\} \tag{4-24}$$

式中，R 表示在 $\vec{\theta}$ 处立即奖励；$\hat{R}$ 表示未来奖励；后边的累加项是 UCT 奖励，用来调节探索和利用；$R+\hat{R}$ 是奖励平均值；参数 c 是一常量（$c>0$），用来调节 UCT 奖励对动作选

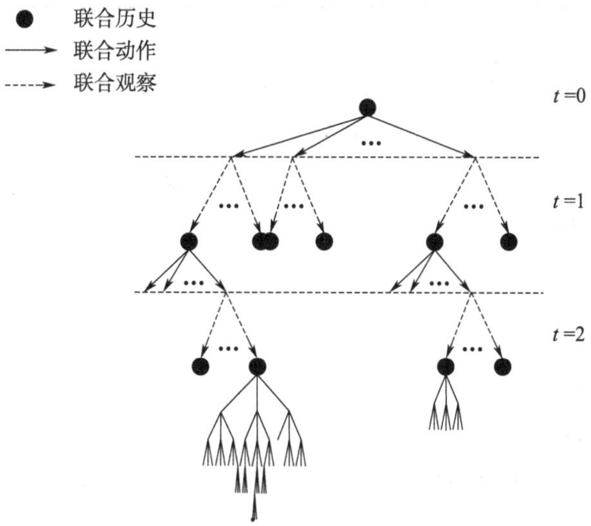

图 4-17　蒙特卡洛 Q 值函数树

择的影响程度。在所求解问题的树结构中分支较多时，参数 c 设置较大；树结构较深时参数较小。但是在本节中，没有考虑参数 c 的自适应设置。

在 Q_{MC} 求解的扩展阶段，有扩展多个节点和扩展单个节点两种选择方式，本书采用扩展单个节点的方式，目的是缩短扩展时间，以使算法能够在单位时间内进行多次迭代操作。在模拟阶段，Q_{MC} 用一种蒙特卡洛增强方法来代替标准的随机策略，该方法将在下文中介绍。在回传阶段，与标准的 MCTS 算法一致，Q_{MC} 更新本次迭代过程中节点的统计值。

从 Q_{MC} 的表达式可以看出，它把 DEC-POMDP 看成这样一个模型：只有一个智能体，执行联合动作并能获得联合观察，状态 s 、转移函数 T 、观察函数 O 和奖励函数 R 与 DEC-POMDP 一致。Q_{MC} 是最优 Q 值函数的过高估计，能够引导 A* 算法搜索到最优解。求解 Q_{MC} 的伪代码如算法 4.3.1 和算法 4.3.2 所示。

4.3.2.1　Q_{MC} 中的自适应采样

由于 MCTS 的任意时间特性，足够多的抽样次数 K 可以使 Q_{MC} 收敛到最优 Q 值函数 Q^* ，但是求解这样的 Q_{MC} 的代价高昂。然而，抽样次数 K 过小将会使得 Q 值函数过于松散，甚至可能求不出正确的策略。所以，本节提出了一种自适应抽样方法，它是联合动作和时间步的函数，满足

$$K = m \frac{|A|}{(t+1)^2} \tag{4-25}$$

式中，m 是与问题相关的常数；$|A|$ 是联合动作的数量；t 是时间步。

从式 (4-25) 可以看出，K 与联合动作成正比，与时间步的平方成反比。这意味着有较多联合动作的问题需要更大的抽样次数才能使得 Q_{MC} 更好地收敛。随着自顶向下构建 Q_{MC} 树，抽样次数 K 随时间步增大而减小。本节使用自适应的抽样次数 K 来平衡收敛精度和计算时间的关系。

算法 4.3.1： $Q_{MC}(\vec{\theta}^t, \vec{a})$

输入：joint action - observation history $\vec{\theta}^t$ at t, joint action $\vec{a}$

输出：Monte - Carlo Q - value function $Q_{MC}(\vec{\theta}^t, \vec{a})$

$K \leftarrow$ adaptSet ($num\ A, t$)　　// adaptive setting of sample
$immR \leftarrow$ ComputeImmR ($\vec{a}$)
$t \leftarrow \vec{\theta}^t$. timeStep
for $k < K$ **do**
　$futR \leftarrow 0$
　for $all\ \vec{o} \in O$ **do**
　　$\vec{\theta}^{t+1} \leftarrow (\vec{\theta}^t, \vec{a}, \vec{o})$
　　$futR += \gamma \cdot P(\vec{\theta}^{t+1}) \cdot Q^*(\vec{\theta}^{t+1}, t+1)$　　// compute future reward
return $immR + futR$

算法 4.3.2： $Q^*(\vec{\theta}, t)$

输入：joint action - observation history $\vec{\theta}$, time step t

输出：the optimal reward at $\vec{\theta}$

if $\vec{\theta}$ has unexpanded actions **then**
　return Rollout ($\vec{\theta}, t$)　　// calling Rollout function
else
　$best\ A \leftarrow \underset{\vec{a} \in A}{\mathrm{argmax}}(immr + futR + C\sqrt{\frac{2\ln N(\vec{\theta})}{N(\vec{\theta}, \vec{a})}})$
　$immR \leftarrow$ ComputeImmR($bestA$)
　if ($\neg$ $laststep$) **then**
　　for $all\ \vec{o} \in O$ **do**
　　　$\vec{\theta}' \leftarrow (\vec{\theta}, bestA, \vec{o})$
　　　$futR += \gamma \cdot P(\vec{\theta}') \cdot Q^*(\vec{\theta}', t+1)$
　$N(\vec{\theta}) \leftarrow N(\vec{\theta}) + 1, N(\vec{\theta}, bestA) \leftarrow N(\vec{\theta}, bestA) + 1$　　// backpropagation
　$Q(\vec{\theta}, bestA) += \frac{1}{N(\vec{\theta}, bestA)(immR + futR - Q(\vec{\theta}, bestA))}$
　return $Q(\vec{\theta}, bestA)$

4.3.2.2 Q_{MC}中的最佳优先模拟策略

在标准的 MCTS 中，模拟阶段使用快速策略模拟至终止状态，然后算法回传模拟结果以更新节点统计信息。这样的快速策略，不需要考虑具体问题。例如，围棋中的快速走子策略，它不需要考虑围棋的规则，只需要随机落子直至能够判断胜负为止。这样的模拟策略是领域无关策略，由于没有类似于 $Q(\vec{\theta}^t, \vec{a})$ 这样的值来引导动作选择，均匀选择所有可行动作是一个较好的方法。然而，模拟策略可以加入关于所求问题的启发式知识以增强模拟效果。本节结合领域知识扩展了模拟策略，称为 heavy playout[77]。整个 Rollout 函数分为两大部分，如果算法进行到最后一时间步，即 $t=h-1$，则函数返回所有动作中立即奖励最大的值。如果模拟没有进行到最后一步，算法会递归调用 Rollout 函数，迭代选择最优的动作。函数每次迭代都会更新统计信息 $N(\vec{\theta})$ 和 $N(\vec{\theta},\vec{a})$。上述选择最优动作的模拟策略称为最佳优先模拟策略（Best First Simulation Policy，BFSP），其含义是首先返回最有希望的节点以确保启发值是最优值的高估，在模拟过程中选择最佳动作，以便在快速模拟的同时以较少的模拟次数逼近所求节点的真实值。伪代码如算法 4.3.3 所示。值得注意的是，selectBestA（）函数结合了历史启发式和强化学习的思想来选择最优动作。强化学习强化获得成功的动作，历史启发式假设在一个状态较好的动作在另一个状态也较好。在模拟中获得最高奖励值的动作序列将被保存下来，并在后续的模拟中给予更多的机会。如果在初始状态或者每个动作的机会相同，将采用随机策略。

算法 4.3.3：Rollout $(\vec{\theta},t)$

输入：joint action - observation history $\vec{\theta}$，time step t

输出：the optimal reward of rollout

```
if (is Last Time Step) then
    immRbest ← −∞
    for all a⃗ ∈ A do
        immR ← ComputeImmR (a⃗)
        N(θ⃗,a⃗) ← N(θ⃗,a⃗) + 1
        imm Rbest ← max(imm R, imm Rbest)
    N(θ⃗) ← N(θ⃗) + 1
    return imm Rbest
else
    for all a⃗ ∈ A do
        best A ← select Best A (a⃗)
    immR ← ComputeImmR (best A)
    for all o⃗ ∈ O do
        θ⃗′ ← (θ⃗, best A, o⃗)
        fut R += γ · P(θ⃗′) · Roullut(θ⃗′, t + 1)
    N(θ⃗) ← N(θ⃗) + 1, N(θ⃗, best A) ← N(θ⃗, best A) + 2
    return imm R + fut R
```

具体的，在每次 playout 中，保存每个联合动作的平均累积值 $v(\vec{a})$、每个动作的访问次数 n_i 和所有动作的总访问次数 n。动作通过 Softmax 函数进行选择，其选择概率为

$$p_i=\frac{e_i^z}{\sum_{i=0}^{[A]} e^{z_i}} \tag{4-26}$$

式中，$z_i = v(\vec{a}) \cdot \frac{n_i}{n}$。最优动作 a^* 的选择通过概率进行抽样，既考虑了利用，又兼顾了探索。例如，在 Dec－Tiger 问题[104]中，联合动作数量为 9，即 $|A|=9$。在模拟阶段，动作通过 Softmax 函数进行抽样，访问过的动作数量增加 1。在下一次模拟中，这些统计信息会被重复利用，因此称为历史启发式。

4.3.3 Q_{MC}的收敛性证明

式（4－13）表明启发式搜索需要一个对真实值的高估，即 $\hat{V}$ 应该是对当前节点到结束节点路径上奖励的估计。从 Q 值函数的定义可以知道，Q 值函数是从当前节点执行动作并按照某一路径到结束节点所得回报的估计。已经有相关文献证明，Q_{MDP}、Q_{POMDP} 和 Q_{BG} 是最优 Q 值函数 Q^* 的上界，本书提出的蒙特卡洛 Q 值函数 Q_{MC} 也是 Q^* 的上界，下面给出证明。

推论：Q_{MC} 是最优 Q 值函数 Q^* 的上界。

证明：使用 k 步延迟通信 DEC－POMDP 模型来证明 Q_{MC} 的收敛性。k 步延迟通信 DEC－POMDP 模型可以表示为扩展 MDP 模型[105,106]的改进。扩展 MDP 模型可以表示为 $\hat{M}=<\hat{S}, \hat{A}, \hat{T}, \hat{R}>$，其中扩展状态 $\hat{s} \in \hat{S}$ 由联合动作-观察历史 $\vec{\theta}^t$ 和联合策略树 q^t 组成，即

$$\hat{s}=\begin{cases}\langle \vec{\theta}^t, q^t \rangle, & 0 \leqslant t \leqslant h-k-1 \\ \langle \vec{\theta}^t, q^{\tau=h-t} \rangle, & h-k \leqslant t \leqslant h-1\end{cases} \tag{4-27}$$

式（4－27）中的 q^t 是深度为 k 的联合策略树 $q^t=\langle q_1^t, \cdots, q_n^t \rangle$，树根节点的时间步为 t。$q^{\tau=h-t}$ 是一个剩余 τ 步的子树策略。例如，如果 $k=2$，当 $0 \leqslant t \leqslant h-3$ 时，q^t 表示深度为 2 的联合策略树；当 $h-2 \leqslant t \leqslant h-1$ 时，扩展状态 $\hat{s}$ 包含 $q^{\tau=2}$ 和 $q^{\tau=1}$。

扩展动作 $\hat{a} \in \hat{A}$ 是一联合策略，表示在时间步 $t+k$ 时深度为 k 的观察历史到联合动作的映射，记为 $\hat{a}=<\delta_1^{t+k}, \cdots, \delta_n^{t+k}>$。扩展转移概率模型 $\hat{T}$ 表示在时间步 t 状态 $\hat{s}^t$ 执行动作 $\vec{a}^t$ 后转移到状态 $\hat{s}^{t+1}$ 的概率，即 $P(\hat{s}^{t+1} \mid \hat{s}^t, \vec{a}^t) = P(\langle \vec{\theta}^{t+1}, q^{t+1} \rangle \mid \langle \vec{\theta}^t, q^t \rangle, \delta^{t+k}) = P(o^{t+1} \mid \vec{\theta}^t, q^t(\vec{o}_\varnothing))$，其中 $\vec{o}_\varnothing$ 表示空观察，$q^t(\vec{o}_\varnothing)$ 是在时间步 t 的初始联合动作，$\vec{\theta}^{t+1} = (\vec{\theta}^t, a^t, o^{t+1})$，$q^{t+1}=\langle q^t \circ \delta^{t+k} \rangle$ 表示在 q^t 后增加策略 δ^{t+k}。扩展奖励函数 $\hat{R}$ 定义为 $\hat{R}(\hat{s}) = \hat{R}(\langle \vec{\theta}^t, q^t \rangle) = R(\vec{\theta}^t, q^t(\vec{o}_\varnothing))$。

所以当 $0 \leqslant t \leqslant h-k-1$ 时，k 步延迟通信模型的最优 Q 值函数 Q_k 表示为

$$Q_k(\hat{s}, \delta^{t+k}) = R(\vec{\theta}^t, q^t(\vec{o}_\varnothing)) + \sum_{o^{t+1} \in \mathcal{O}} P(o^{t+1} \mid \vec{\theta}^t, q^t(\vec{o}_\varnothing)) \max_{\delta^{t+k}} Q_k(\hat{s}^{t+1}, \delta^{t+k}) \tag{4-28}$$

当 $h-k \leqslant t \leqslant h-1$，到搜索结束还有 $\tau=h-t$ 步。Q 值函数与 DEC－POMDP 的 Q 值函数一致。

如果 $k=0$，q^t 是深度为 0 的策略，扩展状态 $\hat{s}$ 退化为 $\langle\vec{\theta}^t, \varnothing\rangle$，或者直接表示为 $\vec{\theta}^t$，δ^{t+k} 退化为 a^t。因此，式（4－28）退化为

$$Q_0(\vec{\theta}^t,a^t)=R(\vec{\theta}^t,a^t)+\sum_{o^{t+1}\in\mathcal{O}}P(o^{t+1}\mid\vec{\theta}^t,a^t)\max_{a^{t+1}}Q_0(\vec{\theta}^{t+1},a^{t+1}) \tag{4-29}$$

与式（4－23）比较可以发现，Q_{MC} 与 0 步延迟通信模型的 Q 值函数 Q_0 一致。根据 Oliehoek 等人[22]的结论，k 步延迟通信的 DEC－POMDP 模型的最优 Q 值函数 Q_k 是 $k+1$ 步延迟通信的 DEC－POMDP 模型的 Q 值函数 Q_{k+1} 的上界。这意味着，0 步延迟通信模型的 Q 值函数 Q_{MC} 是 DEC－POMDP（h 步延迟通信模型）最优 Q 值函数 Q^* 的上界，即 $Q^*<Q_{\mathrm{MC}}$。

4.3.4　基于 Q_{MC} 的离线规划算法

4.3.4.1　算法描述

在本节中，将讲解基于 ICE 框架[23]改进的离线规划算法——蒙特卡洛聚类/扩展方法（CEMC），然后提出一个加快规划的策略裁剪方法。CEMC 整合了 Q 值函数计算和规划求解，按需求解 Q 值，避免计算和存储所有 Q 值函数。所以，CEMC 无须计算和维护 Q 值函数的矩阵，在规划时间和内存占用性能上都有所提升。

离线算法在执行策略之前先生成完整策略，该策略指明了在任何情况下应该采取的动作。在给出 CEMC 算法之前，首先介绍在 ICE 中应用的两种技术，这两种技术同样应用到了 CEMC 中。

第一个是无损聚类。智能体 i 的两个动作观察历史 $\theta_{i,a}$，$\theta_{i,b}$ 可以无损聚类，当满足概率等价标准

$$\forall\vec{\theta}_{\neq i},\forall s,\quad P(s,\vec{\theta}_{\neq i}\mid\theta_{i,a})=P(s,\vec{\theta}_{\neq i}\mid\theta_{i,b}) \tag{4-30}$$

式中，$\vec{\theta}_{\neq i}$ 是除智能体 i 以外所有智能体的联合动作-观察历史。式（4－30）的意思是对 $\theta_{i,a}$，$\theta_{i,b}$ 来说，其他智能体的联合动作-观察历史的概率分布是一致的。

第二个是增量扩展，是一种通过扩展最有希望子节点 $\varphi^{t+1}=(\varphi^t, \beta^*)$ 来增量构建搜索树的方法，其中 β^* 是合作贝叶斯博弈的最优策略。节点选择是通过节点优先级的方式实现。节点 q 在搜索树中是一个三元组 $<\varphi^t, \hat{v}, h>$。节点优先级 $q<q'$，当

$$\begin{cases}\hat{v}<\hat{v}', & \text{if } \hat{v}\neq\hat{v}'\\ h<h', & \text{otherwise if } h\neq h'\end{cases} \tag{4-31}$$

也就是说，当启发式值相等时，将会优先选择深度较大的节点。通过优先扩展较深的节点，有助于更快地找到更加紧凑的下界。

CEMC 算法使用了增量扩展和聚类方法，并结合了本节提出的几种方法。CEMC 伪代码如算法 4.3.4 所示，首先 CEMC 从空联合策略 φ^0 开始规划，根据节点优先级贪婪地选择（Select（L））策略池中最优的部分联合策略，然后建立合作贝叶斯博弈并求解，返回一个二元组 $\langle\beta^t, \hat{V}(\beta^t)\rangle$，其中 β^t 是联合策略，$\hat{V}(\beta^t)$ 由函数 Solver（）求得，即

$$\hat{V}(\beta^t)=\sum_{\vec{\theta}^t}P(\vec{\theta}^t \mid b^0,\varphi^t)\cdot Q_{\mathrm{MC}}(\vec{\theta}^t,\beta(\vec{\theta}^t)) \tag{4-32}$$

式中，$P(\vec{\theta}^t \mid b^0,\varphi^t)$ 是联合历史的概率分布；$Q_{\mathrm{MC}}(\vec{\theta}^t,\beta(\vec{\theta}^t))$ 是由算法 4.3.1 求得的 Q 值。

子节点集合 N_{IE} 使用增量扩展技术进行扩展，只有最有希望的子节点 $\beta^{t,*}$ 才会被放入 N_{IE} 中（IncExp（）），节点的启发值 $\hat{v}$ 由函数 Compute Policy And Value（）求得，即

$$\hat{V}(\varphi^{t+1})=V^{0\cdots t-1}(\varphi^t)+\hat{V}(\beta^t) \tag{4-33}$$

式中，$V^{0\cdots t-1}(\varphi^t)$ 是 φ^t 的真实期望奖励，$\hat{V}(\beta^t)$ 由公式（4-32）求得。

CEMC 在规划过程中使用两种裁剪策略。如果时间步 $t<h-1$，节点值比最优 Q 值 Q^*_{MC} 小的节点将被提前裁剪掉。如果 $t=h-1$，CEMC 计算一个完全扩展的策略，节点值比最好的下界 $\underline{v}$ 小的节点将被裁剪掉。当策略池为空或策略池中最大值比完全扩展策略值小时，求解过程结束。

CEMC 的主要思想是整合了 Q 值函数计算和策略规划求解的过程，这得益于 Q_{MC} 的任意时间特性。ICE 算法计算并在大小为 $N_{jaoh}\times N_{ja}$ 的矩阵中存储所有 Q 值函数，N_{jaoh} 是联合动作-观察历史数，N_{ja} 是联合动作数。事先计算完整的 Q 值函数代价高昂。例如，对于基准问题火星漫游，大概有 2.82×10^{14} 个联合动作-观察历史和 36 个联合动作，大概需要计算 1.02×10^{16} 个（$\vec{\theta}$，$\vec{a}$）对。算法 CEMC 按需求解 Q 值函数，无须计算和存储所有 Q 值函数。

算法 4.3.4：CEMC

输入：a Dec-POMDP，an empty policy pool L

输出：an optimal joint policy π^*

```
Initialize ()
while ¬empty (L) do
    q ← Select (L)
    B(φ^t) ← ClusterBG()                          // clustering
    ⟨β^t, V̂(β^t)⟩ ← B(φ^t). Solver ()            // computing Q_MC as required
    N_IE ← IncExp()                               // incrementally expand nodes
    v* = Best Value (Q_MC)                        // return the best Q_MC at step t
    if depth (q) = h−1 then
        ⟨π, v⟩ ← Compute Policy And Value (N_IE)
        if v > v̲ then
            π* ← π, v̲ ← v
            L. Prune (v̲)                          // pruning the policy pool
    else
        L. Insert (N_IE)
        L. Prune (v*)                             // pruning the policy pool
return π*
```

4.3.4.2　冗余策略裁剪

裁剪分为硬裁剪和软裁剪。硬裁剪是指把节点永久性地从树中剔除；软裁剪是指临时把节点剔除，然后在合适的时候再把剔除的节点添加回去。在本节中，使用硬裁剪作为裁剪策略。

ICE 算法维护一个策略池，策略池中的节点用一个三元组 $<\varphi, \hat{v}, h>$ 表示，其中 φ 是一个部分策略，$\hat{v}$ 是该策略的值，h 是策略的深度。前文式（4-33）提到，一个节点的值是实际值加上估计值：$\varphi = V^{0\cdots t-1}(\varphi^t) + \hat{V}(\beta^t)$，估计值 $\hat{V}(\beta^t)$ 是从这个节点到结束的真实值的高估。实际上，节点值 φ 是经过这个节点的策略或路径的值。因此，随着搜索的向下进行，节点值也在变小（实际值越来越大，而估计值越来越接近真实值）。当搜索到结束时，终止节点的值可以作为目前最优的下界，如果策略池中的节点值比最优下界小，那么这个策略永远不会成为最优策略。所以，ICE 算法使用完全扩展的最佳下界 $\underline{v}$ 裁剪策略池。然而对领域内的某些问题，策略池中的策略减少得很慢，在求解无用节点上浪费了很多时间。

下面使用一个例子来说明这个问题。例如，图 4-18 是一个搜索树，策略池是一个具有优先级的列表，池中有下面几个节点：[$\langle\varphi^2$，10.125，2$\rangle$，$\langle\varphi^{1'}$，10.125，1$\rangle$，$\langle\varphi^{2'}$，9.721，2$\rangle$，$\langle\varphi^{2''}$，6.182，2$\rangle$，…]，部分策略 φ 的上标代表策略深度。在算法每次循环中，ICE 选择池中第一个节点并扩展它。如果算法到达最后一时间步，将返回完全扩展的节点（$\langle\varphi^3$，5.363，3$\rangle$）作为最佳下界来裁剪策略池。然而，根据节点优先级，节点 $\langle\varphi^{2''}$，6.182，2$\rangle$ >节点 $\langle\varphi^3$，5.363，3$\rangle$，不会被剔除掉。假设节点 $\langle\varphi^{2''}$，6.182，2$\rangle$ 的子节点是 $\langle\varphi^{3'}$，4.182，3$\rangle$，这个完全扩展的策略显然不是最优策略并且应该提前裁剪掉，但是节点 $\langle\varphi^{2''}$，6.182，2$\rangle$ 在循环过程中仍然会被扩展。未被提前裁剪掉的节点将使算法搜索到错误的方向，这个缺点将在本节提出的裁剪策略中改进。

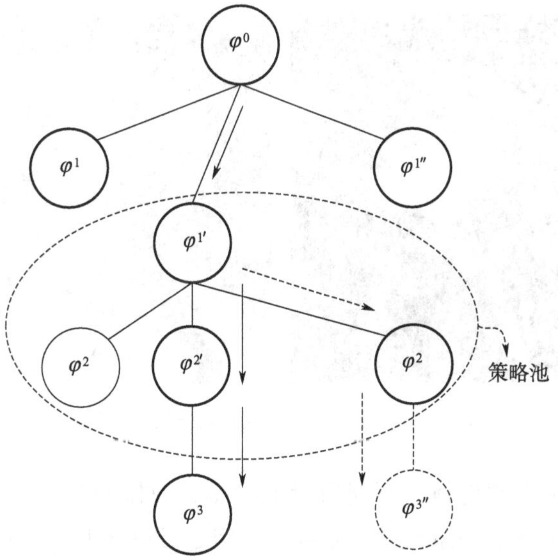

图 4-18　ICE 搜索树

所以，类似 $\langle \varphi^{2''}, 6.182, 2 \rangle$ 这样的无用节点需要尽可能早地裁剪掉，本节改进了裁剪策略，结合时间步 t 的最优 Q 值函数 $Q_{\mathrm{MC}}^{t,*}$ 和最佳下界，即

$$\begin{cases} \{q \in L \mid \hat{v} > v^*\}, & \text{if } t < h-1 \\ \{q \in L \mid \hat{v} > \underline{v}\}, & \text{if } t = h-1 \end{cases} \tag{4-34}$$

式中，t 是策略池中深度最大的，v^* 通过 $Q_{\mathrm{MC}}^{t,*}$ 计算得到，满足

$$v^* = V^{0\cdots t-1}(\varphi^t) + \max_a Q_{\mathrm{MC}}(\vec{\theta}^t, a) \tag{4-35}$$

式（4-34）、式（4-35）表明，如果 $t < h-1$，所有比 v^* 值小的节点将被裁剪掉；如果 CEMC 算法进行到最后时间步，所有比 $\underline{v}$ 值小的节点将被裁剪掉。需要注意的是，利用 v^* 裁剪是在规划期间进行的，不需要等到完全扩展再进行策略裁剪。这种裁剪策略可以减少策略池中的节点，使算法收敛更快。

4.3.4.3 算法性能比较

本节将实验验证上文中提出的方法，包括一个新的 Q 值函数表达、自适应抽样、最佳优先搜索策略、裁剪策略以及规划算法 CEMC。首先列出了几个基准测试问题，其次是实验结果，最后给出了实验结果的分析。

几个基准测试问题包括多老虎场景（Dec-Tiger）[104]、格子世界场景（Grid-Small）[107,108]、机器人场景（Recycling Robots）[109]、推箱子场景（Box Pushing）[110]、火星漫游场景（Mars Rovers）[111]和通信场景（Broadcast Channel）[57]。在机器人场景中，机器人能够在环境中巡逻，用传感器寻找给定的目标，并把目标抓起后放在指定位置；通信场景描述的是多个通信模块如何在同一信道中高可靠地转发消息的问题；格子世界场景中描述的是智能体能够通过传感器获得其四周有无障碍物信息，并移动到指定地点集结的问题，如图 4-19 所示。这些测试场景可以看作是作战仿真系统中场景的抽象。

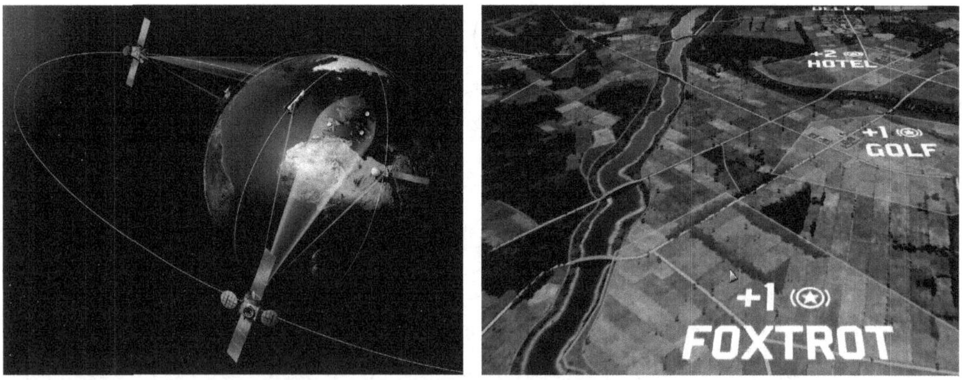

图 4-19 卫星通信场景和格子世界场景

所有基准问题有两个智能体，不同数量的状态、动作和观察。如表 4-1 所示，列出了不同问题对应的不同参数和策略数。基准测试问题可以在 http：//masplan. org 处下载。

实验在 Ubuntu 16.04 操作系统、Intel Core i5 处理器和 6G 内存的环境中运行，CEMC 基于多智能体决策工具箱[112]用 C＋＋语言实现。运行 100 次求平均获得最终结果。文中对具有紧凑 Q 值函数的 ICE 算法和 CEMC 算法做了比较，统计了 5 种测量值，包括计算 Q 值函数的时间 t_Q 、计算最优策略的时间 t_p 、总时间 t_o 、最优策略值 V^* 和随机策略值 V_r 。由于计算资源的限制，与原文[23]中的 ICE 算法比较可能没有得到相同的结果，但是本节的 CEMC 和 ICE 的实验结果都是在相同的实验环境下得到的，因此在时间和求解问题的规模上都具有直接可比性。

表 4－1　不同问题的参数和策略数

问题	参数				num. of π for h		
	n	$\lvert S \rvert$	$\lvert A \rvert$	$\lvert O \rvert$	$h=2$	$h=5$	$h=10$
多老虎场景	2	2	3	2	6561	$3.43*10^{30}$	$1.39*10^{977}$
机器人场景	2	4	3	2	6561	$3.43*10^{30}$	$1.39*10^{977}$
格子世界场景	2	16	5	2	390625	$5.42*10^{44}$	$3.09*10^{1431}$
推箱子场景	2	100	4	5	$3.34*10^{7}$	$5.23*10^{940}$	$1.25*10^{2939746}$
火星漫游场景	2	256	6	8	$1.69*10^{14}$	$1.88*10^{7285}$	$2.57*10^{238723869}$
通信场景	2	4	2	2	256	$1.84*10^{19}$	$3.23*10^{616}$

（1）CEMC 和 ICE 的比较

表 4－2 给出了 ICE 算法和 CEMC 算法的实验结果。“—”表示由错误结果或时间限制（小于 3 600 s 为有效时间）导致的未知值。“＊”表示超出内存。表 4－2 的测试数据说明了 CEMC 的性能超过了具有紧凑 Q 值函数的 ICE 算法，特别是在求解规模比较大的问题上如格子世界场景、推箱子场景和火星漫游场景，由于不需要计算和存储所有的 Q 值函数，CEMC 在性能上有很大的提高。CEMC 算法能够按需求解 Q 值，引导 A* 算法进行搜索。

表 4－2　基准测试问题的实验结果比较

h	算法	t_Q /s	t_p /s	t_o /s	V^*	V_r
火星漫游场景						
2	ICE	1171.76	0.17	1179.05	5.80	−3.17
	CEMC	0	3.81	10.93	5.80	−3.17
3	ICE	—	—	—	—	—
	CEMC	0	7.50	14.74	9.38	—
4	ICE	—	—	—	—	—
	CEMC	0	102.74	122.97	10.18	—
多老虎场景						
2	ICE	<0.01	<0.01	0.27	−4.00	−93.05
	CEMC	0	<0.01	0.27	−4.00	−93.05

续表

h	算法	t_Q /s	t_p /s	t_o /s	V^*	V_r
3	ICE	0.06	0.02	0.43	5.19	−140.81
	CEMC	0	0.06	0.28	5.19	−140.81
4	ICE	—	—	—	—	—
	CEMC	0	65.08	65.36	4.80	−186.67
机器人场景						
2	ICE	<0.01	<0.01	0.27	6.8	2.6
	CEMC	0	<0.01	0.27	6.8	2.6
3	ICE	0.05	0.02	0.40	9.76	3.17
	CEMC	0	0.06	0.33	9.76	3.17
4	ICE	1.55	0.01	1.85	11.73	3.24
	CEMC	0	0.49	0.80	11.73	3.24
5	ICE	—	—	—	—	—
	CEMC	0	0.83	1.21	13.76	3.78
10	ICE	*	*	*	*	*
	CEMC	0	1.07	1.51	21.2	—
20	ICE	*	*	*	*	*
	CEMC	0	2.53	2.92	28.19	—
格子世界场景						
2	ICE	0.01	0.01	0.95	0.86	0.20
	CEMC	0	0.04	0.95	0.86	0.20
3	ICE	3.88	0.03	4.84	1.37	0.38
	CEMC	0	0.91	1.81	1.37	0.38
4	ICE	158.44	0.03	159.23	1.88	0.56
	CEMC	0	11.76	12.66	1.88	0.56
5	ICE	*	*	*	*	*
	CEMC	0	50.23	51.33	2.53	—
推箱子场景						
2	ICE	30.73	0.01	32.39	17.60	−0.01
	CEMC	0	0.54	1.81	17.60	−0.01
3	ICE	492.58	21.76	540.00	66.08	−0.61
	CEMC	0	0.82	2.36	66.08	−0.61
4	ICE	2974.12	371.83	3253.22	98.59	—
	CEMC	0	3.24	5.98	98.59	—
5	ICE	*	*	*	*	*
	CEMC	0	21.49	30.79	107.72	—

续表

h	算法	t_Q /s	t_p /s	t_o /s	V^*	V_r
通信场景						
2	ICE	<0.01	<0.01	0.28	2	0.85
	CEMC	0	<0.01	0.27	2	0.85
3	ICE	<0.01	0.01	0.28	2.99	1.13
	CEMC	0	0.03	0.29	2.99	1.13
4	ICE	0.13	<0.01	0.42	3.89	1.47
	CEMC	0	0.21	0.30	3.89	1.47
5	ICE	2.77	0.01	3.09	4.79	1.76
	CEMC	0	0.23	0.32	4.79	1.76
10	ICE	*	*	*	*	*
	CEMC	0	0.38	0.46	9.29	—
20	ICE	*	*	*	*	*
	CEMC	0	2.06	2.63	18.31	—
30	ICE	*	*	*	*	*
	CEMC	0	219.22	220	27.42	—

注意到，在格子世界场景、推箱子场景和火星漫游场景问题中，CEMC 的效果明显比 ICE 好，而在多老虎场景、机器人场景和通信场景问题中，两者的差距不大。实际上，t 时刻在搜索树中，联合决策规则的数量为

$$\mathcal{O}(|A|^{n(|O|^t)}) \tag{4-36}$$

这意味着其计算复杂度与动作和观察呈指数关系，与时间步呈双指数关系。搜索树包含动作-观察历史、执行的动作和得到的观察，所以搜索树分支的数量与动作和观察空间有关。尽管火星漫游场景问题的状态空间较大，但对搜索树的规模影响较小。状态空间影响的是状态转移效率和概率［如 $P(o \mid a, s')$］的计算时间。

（2）裁剪策略的分析

为了说明裁剪策略改进的效果，本节绘出了不同周期下策略池中的最大策略数量。图 4-20 是 ICE 和 CEMC 的实验比较，注意到与 CEMC 算法相比，ICE 算法维护一个更大的策略池。对于 $\hat{V}(\varphi^t)$ 值相近的问题，ICE 算法在构造搜索树时反复地扩展节点，这将显著地增加搜索时间。本节使用式（4-34）来裁剪策略池，最有希望的节点被留在策略池中。

（3）Q_{MC} 的收敛性

更多的抽样次数可以使近似 Q 值函数 Q_{MC} 收敛到接近最优 Q 值函数 Q^*，但是算法需要更多的运行时间。为了直观地说明 Q_{MC} 的收敛性，本节统计了多老虎场景问题随着抽样次数 K 增长，最大 Q_{MC} 的变化情况，如图 4-21 所示。图 4-21 中也画出了多老虎场景问题在 $h=3$ 和 $h=4$ 时 Q_{MDP}、Q_{POMDP} 和 Q_{BG} 的最大值。从图 4-21 中可以看出，随着 K

增大 Q_{MC} 逐渐下降并收敛。注意到在 $h=3$ 的问题上，Q_{MC} 和 Q_{POMDP} 紧凑程度一致，在 $h=4$ 的问题上，Q_{MC} 比 Q_{POMDP} 紧凑，但是比 Q_{BG} 松散。图 4-21 是为了说明 Q_{MC} 是 Q^* 的上界，我们可以使用稍稍松散的 Q 值函数来减少计算时间，但是仍然能够引导 A* 算法搜索到最优值。

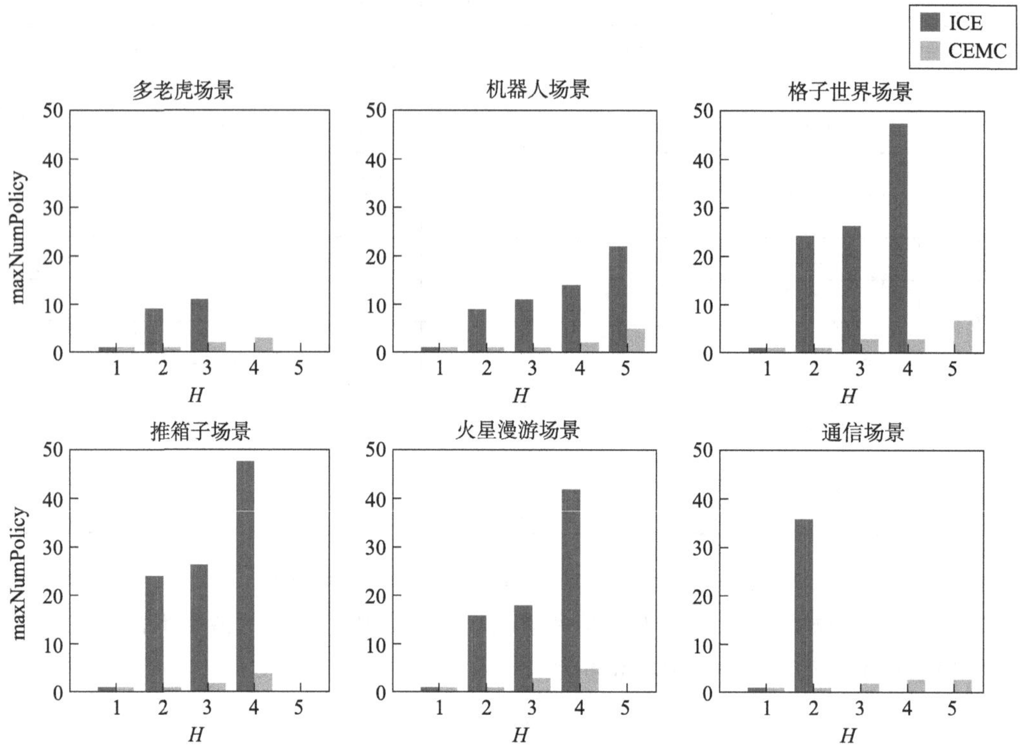

图 4-20　策略池最大策略数

CEMC 算法在时间和内存占用上超过了具有紧凑 Q 值函数启发式算法 ICE，主要有如下 3 个原因：

首先，新的 Q 值函数表示形式 Q_{MC} 是最优 Q 值函数 Q^* 的上界，Q_{MC} 是任意时间 Q 值函数，使得按需求解成为可能。自适应抽样和增强随机策略加快了 Q_{MC} 的计算。

其次，CEMC 算法按需求解 Q 值函数，不需要维护大型矩阵存储所有的 $Q(\vec{\theta}^t, \vec{a})$。对于具有较大联合动作-观察空间和周期的问题而言，维护这样的矩阵将耗尽内存空间。除此之外，从表 4-2 可以看出，推箱子场景和火星漫游场景等问题计算 Q 值函数代价高昂（ICE 算法计算 Q 值函数耗时超过 1 100 s）。如果不是所有 $(\vec{\theta}^t, \vec{a})$ 对都进行计算，将会节省很多时间。更紧凑的上界可以加速规划，因为算法可以从策略池中裁剪更多的无用策略[22]，但是更紧凑的值函数增加了计算 Q 值函数的时间，从而增加了整个规划求解时间（计算 Q 值函数和规划的时间）。

最后，CEMC 算法使用了扩展的策略裁剪方法。裁剪策略使用最佳下界 $\underline{v}$ 和 t 时刻的

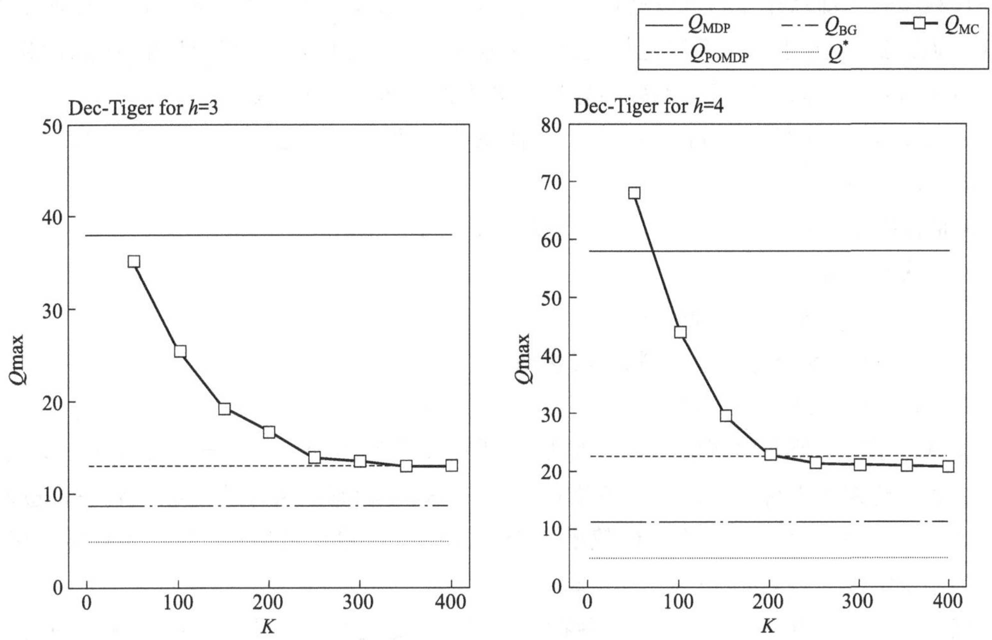

图 4-21　Q_{MC} 的收敛性

最佳累积 Q 值函数 Q_{MC}^{t*} 裁剪策略池，该方法避免扩展那些任何情形下都不会是最优的节点。

4.4　基于模型的多智能体在线分布式规划算法

4.4.1　理论基础

下文将针对合作多智能体场景展开研究，将其建模为团队马尔可夫博弈过程。每个智能体计算的策略是对其他智能体策略的最佳反应，这样的策略组合形成一个纳什均衡策略(Nash - Equilibrium Strategy，NES)。智能体分布式地执行各自策略，合作完成任务。

定义 4.4.1　纳什均衡[54]。记 (S, u) 为有 n 个智能体的博弈，其中 $S = S_1 \times S_2 \times \cdots \times S_n$ 是联合策略的集合，S_i 是智能体 i 的策略集合；$u(\pi) = (u_1(\pi_1), u_2(\pi_2), \cdots, u_n(\pi_n))$ 是联合策略为 $\pi = (\pi_1, \pi_2, \cdots, \pi_n) \in S$ 时的效用函数。每个智能体执行各自的策略，然后获得回报 $u_i(\pi_i)$。联合策略 $\pi^* \in S$ 满足纳什均衡，如果任何智能体都不能通过改变自身策略来获得更大的回报，即

$$\forall i, \pi_i \in S_i, \quad u_i(\pi_i^*; \pi_{\neq i}^*) \geqslant u_i(\pi_i; \pi_{\neq i}^*) \tag{4-37}$$

式中，π_i 是智能体 i 的策略；$\pi_{\neq i}$ 是其他智能体的策略。

如果不等式 (4-37) 在智能体的所有可选策略中始终满足 $u_i(\pi_i^*; \pi_{\neq i}^*) > u_i(\pi_i; \pi_{\neq i}^*)$，则称这样的均衡为强纳什均衡；如果式 (4-37) 对于某些策略组合使得等式成立，则称这样的均衡为弱纳什均衡。

博弈论可以描述交互智能体间的策略，不同于 one - shot 形式的博弈，本节重点关注

时间序列博弈，即动作序列可以被描述为博弈树，其他智能体的状态或策略可以通过某种方式“观察到”。对于合作多智能体问题，其奖励函数一致，每个智能体的利益不相互冲突。本节借鉴了团队马尔可夫博弈的思想，描述智能体的合作关系。

定义 4.4.2　团队马尔可夫博弈[113]。团队马尔可夫博弈是一个五元组$<\boldsymbol{I}, \boldsymbol{S}, \boldsymbol{A}, P, R>$，其中：

$\boldsymbol{I}$ 是智能体集合，$i \in \{1, 2, \cdots, |\boldsymbol{I}|\}$；

$\boldsymbol{S}$ 是状态集合；

$\boldsymbol{A} = \times_{i \in I} A_i$ 是联合动作集合；

$P: \boldsymbol{S} \times \boldsymbol{A} \times \boldsymbol{S} \rightarrow [0, 1]$ 是状态转移函数；

$R: \boldsymbol{S} \times \boldsymbol{A} \rightarrow \mathbb{R}$ 是支付函数。

团队马尔可夫博弈中智能体的目标是找到一个策略组合 $\pi = <\pi_1, \pi_2, \cdots, \pi_n>$，它能够最大化期望支付之和。Q 值函数 $Q^{\pi}(s, a)$ 是在状态 s 执行动作 a 然后一直遵循策略 π 得到的期望支付之和，最优 Q 值函数 $Q^{\pi^*}(s, a)$ 是最优策略 π^* 的 Q 值函数。因此，可以通过求解 $Q^{\pi^*}(s, a)$ 得到最优策略。

蒙特卡洛树搜索（MCTS）是一种在决策空间中通过抽样的方式寻找最优序列决策的方法，它以增量、非对称的方式扩展搜索树，如图 4－22 所示。树中的每一个节点表示一个状态，连边表示执行的动作。该方法循环执行选择、扩展、模拟和回传操作（见图 4－23），直到达到一些预先设定的量，如时间或者内存[114]。选择阶段依据树策略，在当前状态下循环选择一个动作，直到结束或者到达未被完全扩展的节点。树策略需在选择目前最优节点和探索未知节点之间取得平衡，即平衡开发（Exploitation）和探索（Exploration）的关系；扩展阶段在有未知子节点的节点上增加一个或多个子节点，这些节点表示在状态 s 下执行联合动作 $\vec{a}$ 到达状态 s'；模拟阶段在新扩展的节点上依据模拟策略递归地选择一个动作，直至结束；回传依据最终结束的结果更新本次迭代过程中访问的节点的值。

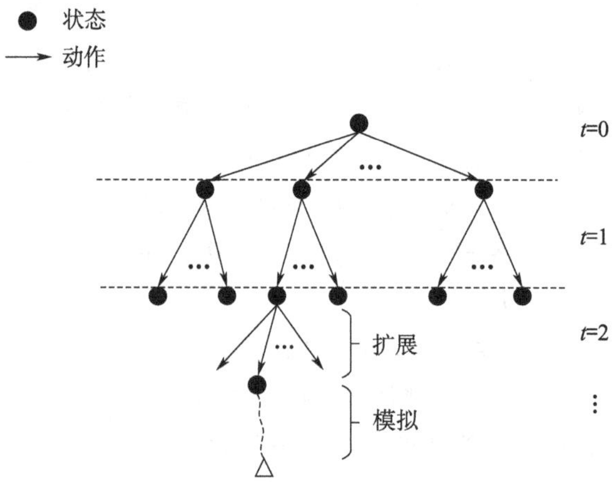

图 4－22　搜索树构造过程

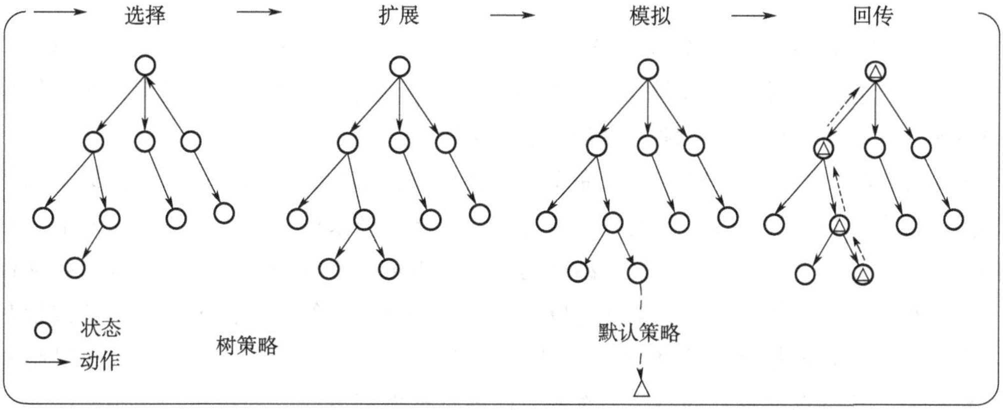

图 4-23　MCTS 的 4 种操作

UCT[34,115]是 MCTS 中最著名的算法，它以置信区间上界 UCB1[68]为树策略来选择动作，即

$$\bar{x}_i + c\sqrt{\frac{2\ln N}{n_i}} \tag{4-38}$$

式中，$\bar{x}_i$ 是均值，N 是父节点被访问总次数，n_i 是子节点被访问次数，c 是常数（$c > 0$），表示对未知节点探索的权重。模拟策略一般是快速地产生下一动作的随机策略。随机策略的好处是可以快速地选择动作，以便能够迅速地评估局面，但是没有利用领域知识。

本节所提出的分布式的在线规划方法通过多个智能体共同合作完成任务，能够带来比单个智能体执行任务更高的收益，同时比集中式的规划具有更好的鲁棒性。

4.4.2　分布式蒙特卡洛树搜索方法

4.4.2.1　算法描述

本节把合作多智能体问题用团队马尔可夫博弈模型来描述，每个智能体具有一致的效用函数，或者说智能体间没有利益冲突。对于任意联合动作 $\vec{a}' \in A$，如果满足 $Q^*(s, \vec{a}) \geqslant Q^*(s, \vec{a}')$，那么 $\vec{a}$ 就是在状态 s 的最优联合动作。如果把 $Q^*(s, \vec{a})$ 看作在状态 s 执行联合动作 $\vec{a}$ 的支付，那么可以得到状态 s 的博弈，称为状态博弈。状态博弈可以用一个三元组表示：$g = < I, \{A_i\}, \{Q_i\} >$，其中 I 表示智能体集合，A_i 和 Q_i 分别是智能体 $i \in I$ 的动作集合和效用函数。团队马尔可夫博弈可以分解为一系列的状态博弈 g，每个博弈对应一个状态。Boutilier[116]已经证明，如果所有智能体在每个状态博弈中能够协调达到最优纳什均衡，那么团队马尔可夫博弈能够收敛到 Pareto-最优纳什均衡。团队马尔可夫博弈的最优解，可以通过求解序列状态博弈最优解来获得。最优纳什均衡是使智能体获得最大累积奖励的纳什均衡。在团队马尔可夫博弈中，最优纳什均衡是最优联合策略。状态 s 的最优联合动作即是该状态博弈的最优纳什均衡。因此，求解最优联合策略即转换为求解序列状态博弈的最优纳什均衡。

当每个智能体的策略是对其他智能体策略的最佳反应时，则联合策略 π 达到了纳什均

衡，即

$$\forall i, s, \pi'_i \quad Q^*(s, \pi_i(s) \cup \pi_{\neq i}(s)) \geqslant Q^*(s, \pi'_i(s) \cup \pi_{\neq i}(s)) \tag{4-39}$$

式中，$\neq i$ 表示除了智能体 i 以外的其他智能体。通过估计其他智能体的策略，每个智能体可以基于这些信息调整各自策略，以学习最佳反应。

Ponsen 等人[117]指出，MCTS 在完全信息博弈中能够收敛到纳什均衡。团队马尔可夫博弈是一种完全信息的博弈，因此可以通过蒙特卡洛采样求解纳什均衡策略。然而，在很多问题中，纳什均衡不止一个，最优纳什均衡策略也可能不唯一。本节通过求解智能体相对于其他智能体策略的最佳反应策略，以获得鲁棒的纳什均衡策略。另外，本节假设智能体具有理性行为，即每个智能体明白自己的目的和偏好，同时了解自己行为的限制和约束，然后精心策划选择自己的行为，按照自己的标准做到最好。

dMCTS 整个过程分为规划和执行两个阶段，可以用图 4－24 表示。在规划阶段，首先选定智能体 i ，固定其他智能体的策略 $\pi_{\neq i}$ 。智能体 i 考虑其他智能体可能的动作及其对环境造成的影响，求解出自己的最优反应策略 π_i 。这个过程一直持续到所有智能体的最优反应策略不再改变，即联合策略趋于收敛，此时意味着联合策略达到了纳什均衡。规划阶段为每个智能体分配一个线程，使其能够并行执行。在执行阶段，智能体选择各自的最优动作组成联合动作作用于环境，使环境转移到下一状态，获得奖励后再次转入规划阶段。

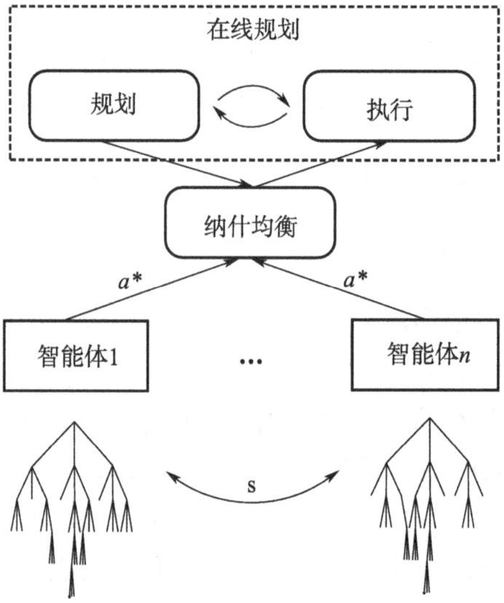

图 4－24　dMCTS 框架

dMCTS 算法中 Simulate () 函数（算法 4.4.2）负责计算每个智能体相对于其他智能体的最佳反应策略。智能体的搜索树以增量、非对称的方式进行扩展，树中节点表示该智能体所处状态 s ，连线表示在该状态下能够执行的动作 a 。本节限定状态转移为确定性的，即 $P(s' \mid s, a) = 1$。每个节点保存 3 种统计信息：节点的价值 $V(s)$ ，节点被访问次数 $N(s)$ ，在该节点执行某个动作的次数 $N(s, a)$ 。搜索树构造过程按选择、扩展、模拟和回传 4 个阶段进行。在选择阶段，以置信区间上界 UCB1 为树策略来选择动作；扩展阶段，在无子节点的节点按照启发式策略扩展其子节点，这些子节点表示在状态 s 下执行动作 a 所到达的状态 s'；模拟阶段在新扩展的子节点上依据模拟策略递归地选择一个动作，直到到达终止状态或者满足终止条件；回传阶段依据最终结束时的结果更新本次迭代过程中访问节点的统计信息，即前文所述的 $V(s)$ 、$N(s)$ 和 $N(s, a)$ 。

伪代码如算法 4.4.1 和算法 4.4.2 所示，其中算法 4.4.1 描述了 dMCTS 的框架，算法 4.4.2 描述了搜索树的构造和策略选择的过程。在算法 4.4.1 和 4.4.2 中，env 表示环境；step 是环境在接收到智能体给出的动作后做出的反应，如进行状态转移，反馈奖励信号等；reset 表示对环境进行重置；$\gamma^h < \varepsilon$ 用来限制模拟能够进行的最大深度，其中 ε 为手动设置的阈值，ε 越小，能够模拟的最大深度 H 越大。

在线规划求解时间一般较短，有的环境需要系统做出及时响应。MCTS 算法具有任意时间特性，因此可以利用 MCTS 这种特性，根据给定的规划求解时间，设置 MCTS 的抽样次数，从而返回时间允许范围内的最优反应。

为了提高构造树的效率并且在构造过程中考虑其他智能体动作对该智能体的影响，下文改进了扩展和模拟两个操作过程，并提出了基于启发式的节点扩展方法，该方法引入启发式知识以尽可能少的动作数来扩展节点。除此之外还提出了行为推断的方法，每个智能体在做决策的同时考虑其他智能体动作对该智能体动作选择的影响。

算法 4.4.1：dMCTS(*runT*)

输入：仿真次数 *runT*

输出：最优联合动作 $\vec{a}$

```
Initialize depth = 0, a⃗ ← random (), initialTreeRoot ()
While notTerminal do
    if agent i then                                   //并行执行
        for j = 1 to runT do
            (s', r') = env.step (a⃗)
            Simulate (root, depth, i)
            env.reset ()
        end for
        a_i ← Sample (N (s, a_i))                     //最佳反应动作
    end if
end while
a⃗ ← parallelCompute ()                               //策略组合
return a⃗
```

算法 4.4.2：Simulate($node$, h, i)

输入：节点 $node$，深度 h，智能体编号 i

输出：回报 R

if $\gamma^h < \epsilon$ **then**

　return 0

end if

if $node$ is not expanded **then**　　//扩展与模拟

　Expand ($node$)

　return Rollout (h, i)

end if

$a_i \leftarrow \arg\max_{a_i}\left(V_{node} + c\sqrt{\frac{2\ln N_{node}}{N(node, a_i)}}\right)$　　//返回最优动作

$a_{\neq i} \leftarrow$ fixed action　　//固定其他智能体动作

$s', r', isTerminal = env$, step(a_i, $a_{\neq i}$)

if $isTerminal$ **Then**

　return r'

end if

$newNode = node$.children()

$R = r' + \gamma$. Simulate($newNode$, $h+1$, i)

$N_{node} \leftarrow N_{node} + 1, N(node, \vec{a}) \leftarrow N(node, \vec{a}) + 1$　　//回传

$V_{node} \leftarrow V_{node} + \frac{R - V_{node}}{N(node, \vec{a})}$

return R

4.4.2.2 基于启发式的节点扩展

MCTS 以增量的方式扩展搜索树，当某节点存在未被扩展的子节点时，算法在该节点上扩展一个或多个子节点，并对每个子节点的统计信息（如访问次数和价值等）进行初始化。对朴素形式的节点扩展方法而言，其子节点数目等于智能体动作数，这样的方式实现简单，无须考虑环境信息，但同时也扩展了不可能出现的节点（或不可达的节点），从而增加了整个搜索树的宽度。例如，当机器人前进到房间的边界时，前进动作便不可行，如果把前进动作扩展为子节点，则会增加树的宽度。如图 4-25 所示的 15×10 格子世界问题，两个圆表示两个智能体，三角形表示目标位置，灰色表示障碍物。两个智能体需要学习越过障碍物，并同时到达目标 G 并发起攻击。智能体的动作包括上、下、左、右、保持不动和攻击 6 种动作。图 4-25 中所示 a 位置的不可行动作是上和右，如果在此节点按照朴素方式扩展，便会增加树的宽度，从而影响算法的搜索效率。

针对这一问题，本节提出合法动作（Legal Action，LA）来减少搜索树的快速扩张，并基于 LA 进行启发式节点扩展。LA 定义为在状态 s 采取动作 a 的概率 $p > 0$ 对应的动作，即

$$a_i \in \mathrm{LA},\ \text{if}\quad \pi(a_i \mid s)=p>0 \tag{4-40}$$

若概率 $p=0$ 则表示动作 a 不合法。

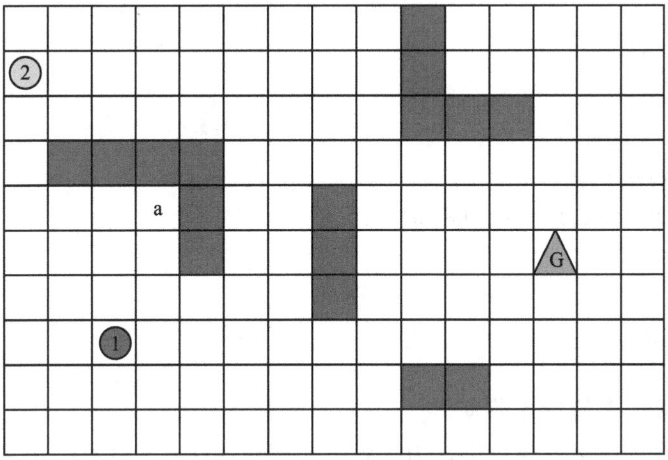

图 4-25　格子问题

在节点扩展之后，需要对节点统计信息进行初始化。朴素形式的初始化方法把子节点的价值 $V(s')$、节点访问次数 $N(s)$ 和动作选择次数 $N(s, a)$ 初始化为 0。MCTS 需要多次模拟搜索过程，通过更新统计信息来减小置信区间，进而可以选择更有利的动作。所以，从 0 开始的初始化增加了模拟次数。

针对这一问题，本书提出趋势动作（Trend Action，TA）以提高节点初始化的针对性，如图 4-26 所示，即在节点扩展阶段，按照启发式信息对子节点进行初始化。启发式信息来源于先验知识或历史数据。当使用 TA 对子节点初始化时，进行如下设置：$V(s)=c$、$N(s, a)=n$（$c>0$，n 为自然数且 $n\neq 0$）。例如，图 4-25 所示的环境，启发式信息是目标与智能体的坐标。设智能体的坐标为 (a_x, a_y)，目标的坐标为 (g_x, g_y)。如果 $g_x>a_x$，表示目标在智能体上方，智能体需要向上移动，因此 $N(s, a_{\mathrm{up}})=n$；当 $g_y>a_y$ 时，表示目标在智能体右方，智能体需要向右移动，因此 $N(s, a_{\mathrm{right}})=n$。通过设置 LA，减少了搜索树的宽度；设置 TA，使智能体优先考虑趋势动作，促使其尽快靠近目标，伪代码如算法 4.4.3 所示。

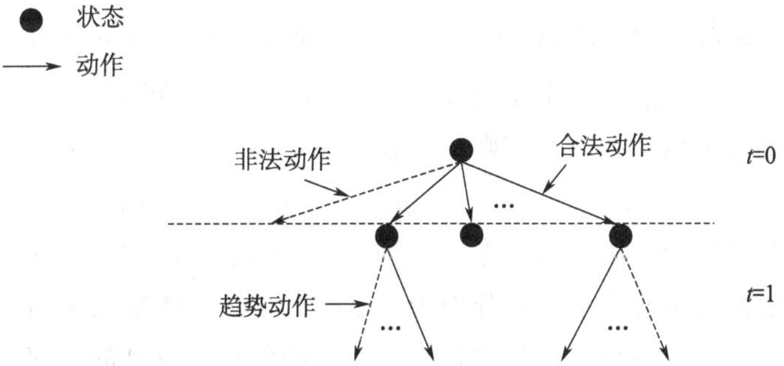

图 4-26　节点初始化

算法 4.4.3：Expand(node)

```
输入：node
输出：子节点
Initialize(V(s), N(s))
for all a_i do
    if π(a_i | s) > 0 then
        node.choldren ← a_i
        Initialize (N (s, a_i)) according to TA
    end if
end for
return node.children
```

4.4.2.3 模拟策略中的行为推断

在多智能体序列决策的问题中，为了解决非平稳性问题，往往需要智能体能够获知其他智能体的策略。在合作的环境中可以通过通信的方式直接获取其他智能体策略。但是在竞争或混合的场景中，智能体不能与敌方通信，无法获知敌方策略。即使在合作的环境中，当通信资源受限或者通信根本无法使用的情况下，通过直接通信的方式便不可行。如果智能体无法获取其他智能体策略，那么会导致非平稳性问题的出现，严重时会导致求解的策略发生错误。除了应对非平稳性问题，多智能体在线规划面临的另一个问题是分布式协调。MCTS 的模拟操作采用随机策略快速地返回从当前状态至结束状态的模拟结果。在单智能体的设定中，一次随机路径的终点是任务的目标，则反馈正奖励信号以激励智能体在以后的动作选择中倾向于本次模拟遇到的动作；如果到达设定的终止条件而未完成任务，则无奖励。但是在多智能体的场景中，任务的完成需要多个智能体的相互配合。每个智能体在做决策时需要考虑其他智能体对本身造成的影响。与离线规划完全求解策略再分发的方式不同，在线规划需要合作智能体协调一致。如果在通信资源受限或缺失的场景中，协调将无法进行。

在以前的工作中，Wu 等人[85]提出了通信受限的多智能体在线规划方法，智能体间通过广播的方式交换动作-观察历史信息，能够保证即使在没有合适通信条件的情况下，依然能够使智能体协调一致；Lowe 等人[48]提出了通过神经网络推断其他智能体策略的方法。每个智能体 i 保留一个对其他智能体 j 真实策略 μ_j（确定性策略用 μ 表示，随机策略用 π 表示）的近似估计 $\hat{\mu}_{\varphi i}$ ，其中 ϕ 是估计策略的参数，简写为 $\hat{\mu}_i^j$ 。近似策略通过最大化智能体 j 动作的对数概率加一个正则化项来学习，即

$$\mathcal{L}(\phi_i^j) = -\mathbb{E}_{o_j, a_j}\left[\log \hat{\mu}_i^j(a_j \mid o_j) + \lambda H(\hat{\mu}_i^j)\right] \tag{4-41}$$

式中，H 是策略分布的熵。Raileanu 等人[118]通过“自我-其他建模”的方式推断其他智能体行为。每个智能体更新两个网络，分别为自己和其他智能体输出策略和价值估计。自身的神经网络的输入是自己的目标、其他智能体目标的估计、自己的观察；行为推理网络的输入是自己的目标、其他智能体目标的估计、其他智能体的观察。Best 等人[119]通过最优

化联合动作空间的概率分布的方式估计其他智能体的动作序列，用于分布式的机器人主动感知问题。

针对合作多智能体的协调问题，本节借鉴已有的工作，通过共享状态（Sharing State，SS）和行为推断的方法来实现。共享状态是智能体进行信息交换的中介，其更新是通过广播形式进行的，所有智能体共享部分状态信息。SS 定义为

$$SS=\{s_i^t \mid s_i^t \text{ sample from } S_i^{rollout}, 0<i<I\} \tag{4-42}$$

式中，s_i^t 是智能体 i 在第 t 个时间步的状态；$S_i^{rollout}=\{(s_i^t, n^t)\}$ 是智能体 i 在模拟中遇到的所有状态集合；n 是状态 s_i^t 的累计次数。

在共享状态实现层面，把 $S_i^{rollout}$ 表示为 $(H-t)\times|S|$ 大小的矩阵，$|S|$ 为状态集合中元素的个数。由于 $S_i^{rollout}$ 可以看作是智能体 i 在多次模拟过程中所经历的状态，因此一个 t 时间步对应多个状态。每个智能体 i 维护一个关于其他智能体 $S_j^{rollout}(j\neq i)$ 的矩阵。智能体 j 的模拟阶段结束，它会把模拟中状态的统计信息广播给其他智能体。每个智能体以此更新自身所维护的 $S_j^{rollout}$ 矩阵。由于广播的是状态的统计信息而不是智能体的状态信息，因此占用的通信资源较少。

智能体在选择动作时需要考虑其他智能体状态。因此，智能体做出的动作应该是自身状态和其他智能体状态的函数，即 $a_i=\pi(s_i, s_{\neq i})$。当智能体 i 进行模拟时，首先从其他智能体 $k(k\neq i)$ 的状态集合 $S_k^{rollout}=\{(s_k^t, n^t)\}$ 中依据式（4-43）给出的状态概率进行采样，其概率为

$$p(s_k^t)=\frac{n^t}{\sum_1^{|S_k|} n^t} \tag{4-43}$$

式中，$|S_k|$ 是状态集合中元组的个数，表示智能体 k 在模拟阶段遇到的所有状态的个数。每个智能体的采样状态形成了共享状态 SS。智能体 i 的动作由该共享状态产生，见算法 4.4.4 中第 9 行。

智能体行为推断方法是在 MCTS 框架下的模拟阶段进行的，主要的考虑是近似推断其他智能体行为的同时还要进行快速的模拟操作。因此，推断行为的方法计算复杂度不能太高，否则会降低模拟的效率。行为推断对应算法 4.4.4 中的 $a_{\neq i}\leftarrow$ InferPolicy()，其目的是估计其他智能体的动作，形成联合动作使状态发生转移。具体的，每个智能体 i 维护智能体 j 的状态-动作表，该表通过蒙特卡洛模拟进行更新。在表中，(s, a) 项表示在状态 s 执行动作 a 的次数。智能体 i 对智能体 j 可能执行动作的估计依据 Softmax 函数输出进行抽样，其概率为

$$p_j=\frac{e^{n_j(s,a_p)}}{\sum_{q=1}^{K} e^{n_j(s,a_q)}} \tag{4-44}$$

式中，$n_j(s, a_p)$ 是智能体 j 在状态 s 执行动作 a_p 的次数。

本节所提出的蒙特卡洛模拟策略，结合了共享状态和行为推断，能够适用通信受限的场景。在合作多智能体的任务中，如果通信资源可用且符合通信条件，智能体之间能够共享准确的状态信息，同时共享模拟过程中的统计信息。这些通信的内容数据量较小，对通

信资源要求不高。当通信资源受限，甚至无法使用时，智能体从共享状态中进行抽样，作为智能体状态的估计。行为推断方法近似估计其他智能体的动作，与自身动作形成模拟过程中的联合动作。模拟阶段智能体不实际执行动作，只是返回模拟统计信息并以此为依据进行当前状态下的最优动作选择。

算法 4.4.4：Rollout(h,i)

输入：深度 h，智能体编号 i

输出：累积奖励 r

if $\lambda^h < \epsilon$ **then**
　　return 0
end if
if comm is available **then**
　　$s_{\neq i} \leftarrow$ Broadcast()
else
　　$s_{\neq i} \leftarrow$ SS
end if
$a_i = \pi(s_{\neq i}, s_i)$
$a_{\neq i} \leftarrow$ InferPolicy()
$s', r \leftarrow env$, step($s, a_i, a_{\neq i}$)
update SS, $s = s'$
return $r + \gamma *$ Rollout($h+1$,i)

4.4.2.4　奖励塑造

奖励塑造（Reward Shaping）是一种把领域知识和学习相结合以使算法更快地寻找最优策略的方法[120,121]。众所周知，RL 不断地与环境进行交互，通过奖励信号的反馈来强化好的策略，或者惩罚不好的策略。MCTS 通过抽样的方法来逼近节点值，所依据的理论基础是大数定律。RL 领域和 MCTS 领域有很多相似和交叉研究的方面，例如 Vodopivec 等人[122]深入研究了两个领域的联系与区别，并提出了一种时间差分树搜索框架，把 RL 和 MCTS 两个领域紧密地联系在一起。Vodopivec 等人指出，传统的 MCTS 方法可以看作是把 RL 融进树搜索的一种特例。

由 RL 和 MCTS 方法本身的特性决定，他们都需要大量的数据抽样来保证收敛（尽管 RL 采用经验回放的技术重用了抽样数据，但直接从图像到策略的端到端的 RL 仍然需要大量抽样）。为了加快收敛速度，RL 采用了奖励塑造的方法，可以帮助算法较早地把状态映射到更加准确的动作，以便快速地发现能够对获得长期奖励有帮助的策略。本节提出的在线分布式 MCTS 方法引入了奖励塑造的思想，对环境的奖励信号进行了设计，以使 dMCTS 算法更快速地收敛。

奖励塑造最早由 Ng 等人[121]提出，他们证明了奖励塑造的策略不变性，即塑造奖励后的模型策略不变。他们在文章中提出了塑造奖励函数 $F: S \times A \times S \rightarrow \mathbb{R}$，用来给予智能体附加奖励，使其能够更快地学习最优策略。Wiewiora[123]证明了基于势的奖励塑造和用塑造方法得到的势函数对 Q 值函数进行初始化是等价的。Devlin 等人[124]从理论上证明了动态势函数奖励塑造不改变单智能体的最优策略或多智能体的纳什均衡，但他们同时证明其与 Q 值函数初始化不等价。

假设 MDP $M=(S,A,T,\gamma,R)$ 的原始奖励函数为 R ，那么经过奖励塑造转换后，新的 MDP $M'=(S,A,T,\gamma,R')$ 的奖励函数就定义为 $R'=R+F$ ，即转换后的奖励是 $R'=R(s,a,s')+F(s,a,s')$ 。F 由一个关于状态的势函数 $\Phi(\cdot)$ 定义，因此从状态 s 转移到 s' 得到的塑造奖励函数为

$$F(s,a,s')=\gamma\cdot\Phi(s')-\Phi(s) \tag{4-45}$$

式中，γ 是 MDP 的折扣因子；$\Phi(s)$ 是状态 s 的势函数。$F(s,a,s')$ 可以理解为从状态 s 转移到 s' 的附加奖励。Ng 等人[121]证明，如果存在一个实值函数 Φ：$S\rightarrow\mathbb{R}$ ，对任意 s，$s'\in S$，$a\in A$ ，满足式（4-45），那么 F 就是一个基于势的塑造函数，进而满足在 M' 中的最优策略和 M 中的最优策略等价，即 $\pi_M^{*}{}'\Leftrightarrow\pi_M^{*}$ 。

为了鼓励智能体向目标移动，本节给出了一种新的势函数表示。该势函数基于智能体位置与目标位置的欧氏距离，在二维平面中定义为

$$\Phi(s)=-\sum_{i=1}^{|I|}\sqrt{(x_i^s-x_g)^2+(y_i^s-y_g)^2} \tag{4-46}$$

式中，(x_i^s,y_i^s) 是智能体 i 在状态 s 的坐标；(x_g,y_g) 是目标的坐标。将式（4-46）代入到式（4-45）将得到塑造奖励函数 F 。塑造奖励函数 F 用于改变原始 MDP 的奖励函数，得到新奖励 $R'=R+F$ 。值得注意的是，式（4-46）给出的势函数可以很容易地扩展到三维场景中。

4.4.3 算法复杂度分析

时间复杂度。每个智能体独立地求解最佳反应策略 a^* ，迭代次数为 n ，最大的探索深度为 H 。设智能体数量为 $|I|$ ，通过 m 次遍历所有智能体达到纳什均衡状态，则 $|I|$ 个智能体求解一步纳什均衡策略的时间复杂度为 $O(nmH|I|)$ 。随着在线规划的持续执行，智能体离完成目标越来越近，最大探索深度也越来越小。因此，$O(nmH|I|)$ 只是初始状态时在最坏情况下的时间复杂度。

空间复杂度。每个智能体的策略层数为 H ，动作数为 $|A|$ ，因此单个智能体存储策略的空间需求是 $|A|^0+|A|^1+\cdots+|A|^H=(1-|A|^H)/(1-|A|)$ ，总的空间复杂度为 $O(|I||A|^{H-1})$ 。由于 dMCTS 采用了基于启发式的节点扩展方法，节点扩展时不完全依赖动作数，同时共享状态和行为推断使得智能体做决策时考虑其他智能体行为，因此空间 dMCTS 的空间复杂度小于 $O(|I||A|^{H-1})$ 。

4.4.4 算法性能比较

4.4.4.1 基准测试环境

为了验证所提算法的有效性，本节设计了对比实验。实验是在 Ubuntu 16.04 系统下

进行，用 Python 语言开发，硬件为 Intel Core i5 处理器和 8 GB 内存。dMCTS 算法对智能体的当前状态评估 n 次（本节设置 $n=1\,000$），从所有合法动作中选择最优动作。当所有智能体达到纳什均衡时，便组成联合动作作用于环境，使环境进入下一状态，得到奖励后，再以此状态为根状态重复此过程。对比实验的结果是运行 50 次的平均值。

测试环境是经典格子世界的多智能体版本，可以看作是装备集结到指定位置并发起攻击这样一种场景的抽象。在 15×10 的格子世界中，随机设置两个智能体（格子大小和智能体数量可以任意设置），并设置一定数量的障碍物。智能体的动作包括上、下、左、右、原地待命和攻击等 6 个动作，设置一个目标位置（目标可能会移动），两个智能体从各自初始位置出发，经过不同的路线到达攻击位置，并同时对目标发起攻击。任务是寻找最优的路径并且同时攻击目标。如果未同时发起攻击，则认为任务失败。

4.4.4.2　奖励塑造对算法性能的影响

奖励是对智能体行为效果的反馈信号，奖励设置合理，将能促使智能体完成任务，否则，算法可能不收敛。当智能体完成任务，则给予正奖励，表示激励智能体倾向于选择本次动作序列中出现的动作。本节中，设置了 2 类奖励信号：边界惩罚和目标奖励。其中边界惩罚是指智能体撞到边界后给予一定的代价；目标奖励是在智能体完成目标后给予正奖励。同时，为了加速收敛，本节给智能体附加了塑造奖励 F ，即在原始奖励 R 的基础上叠加塑造奖励 F ，得到新的奖励函数 $R'=R+F$ ，其中 F 由式（4-45）给出。

本节分别分析了不同的边界惩罚和目标奖励信号对算法收敛性能的影响，如图 4-27 所示。图 4-27（a）是边界惩罚对收敛性能的影响，横坐标表示惩罚大小（惩罚测试范围为－10～－50），纵坐标表示收敛所用的周期。可以看出，惩罚越大，平均收敛周期越小；实验中发现无边界惩罚时算法将很难收敛。边界惩罚可以理解为对智能体行为的一种约束，防止智能体反复地碰撞边界从而浪费寻找目标的时间。图 4-27（b）是目标奖励对算法收敛周期的影响，可以看出随着目标奖励的增大，收敛周期的均值并没有减小，这表明当目标完成任务时给予大奖励并不能促使其更快收敛；同时可以发现收敛周期的方差加大，这意味着算法有时收敛所用周期较少，有时较大，所以大的目标奖励导致算法性能不稳定。

本文在设置合理的目标奖励和边界惩罚后，测试了塑造奖励函数对收敛性能的影响。在没有塑造奖励的算法中，奖励函数为 R ；附加塑造奖励后，新奖励函数为 R' 。实验结果如图 4-28 所示，从图 4-28 中可以看出，无塑造奖励的算法在运行到超过 6 000 个周期才开始收敛，同时收敛时的奖励略小于 0；而相比之下，添加塑造奖励函数的算法在 2 000 个周期时收敛，收敛时的奖励在 0 之上。对比中可以看出，塑造奖励函数带来很大的优势，帮助算法更快地寻找目标。

实际上，之所以 $\Phi(\cdot)$ 叫作势函数，是因为它借用了地理上地势的概念。假设目标是山顶，有一个人往山上走，走之前的状态记为 s ，走之后的状态记为 s' 。每向山顶走一步，将获得一个正奖励，即 $F(s,a,s')=\gamma\cdot\Phi(s')-\Phi(s)$ 为一正值。因此当算法运行时，智能体就能根据地势寻找到目标，而没有势函数引导的智能体如同在一块没有任何起伏的平地，寻找目标自然就比有引导的智能体更加困难。

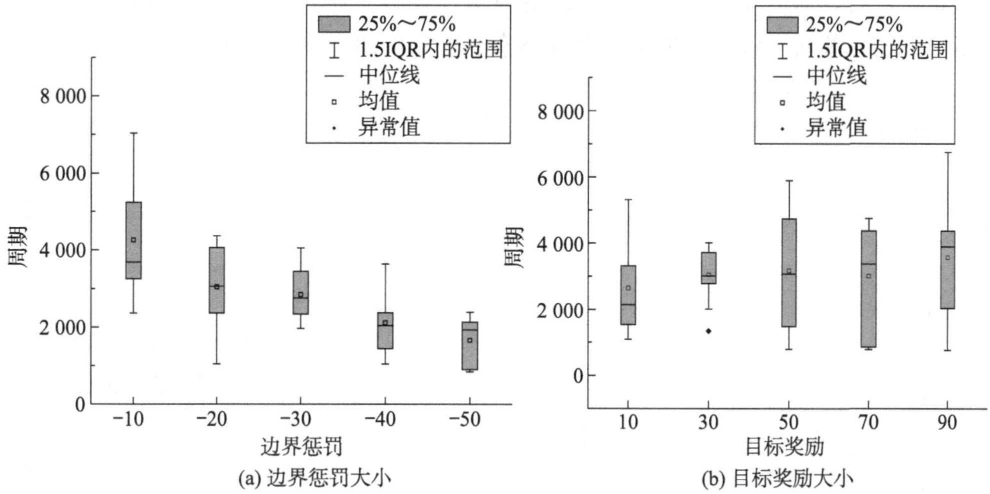

图 4-27　奖励信号对算法收敛的影响

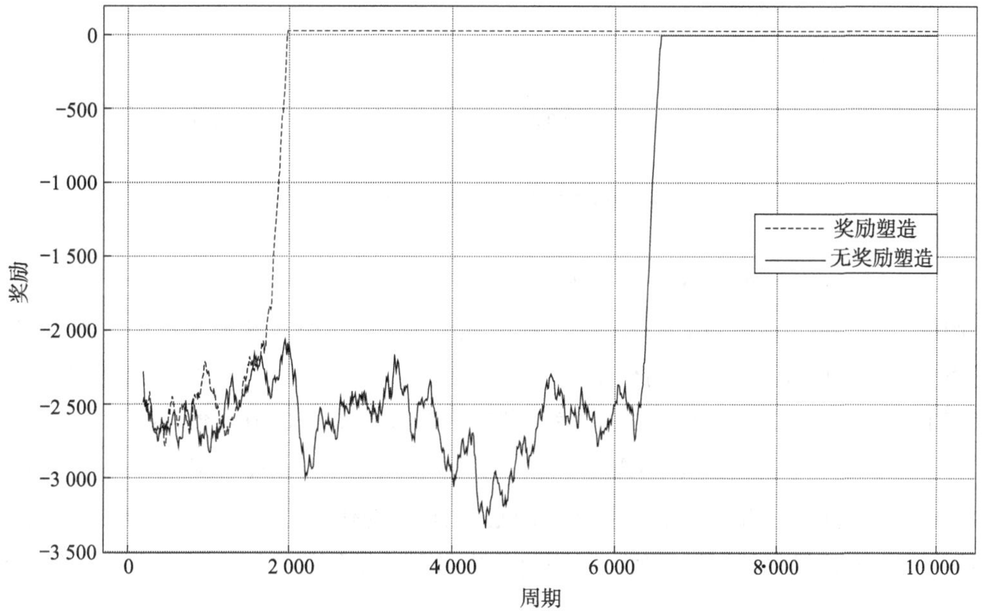

图 4-28　有/无奖励塑造对算法收敛性的影响

4.4.4.3　启发式节点扩展对算法性能的影响

为了验证启发式节点扩展方法的效果，本节把具有启发式节点扩展的 dMCTS 算法和只使用一般形式节点扩展的 dMCTS 算法进行了比较。在这里，称之为朴素形式节点扩展方法。

朴素形式的节点扩展根据动作数量扩展所有子节点，没有考虑动作不可行的情况。启发式节点扩展通过设置合法动作，减少了搜索树的宽度；通过设置趋势动作，使智能体优先考虑更有利于完成目标的动作。实验结果如图 4-29 所示，朴素节点扩展方法的收敛周期为 3 500 左右，而启发式节点扩展方法的收敛周期为 2 000 左右，因此加入启发式节点扩展的 dMCTS 算法在收敛速度上比只有朴素节点扩展的 dMCTS 快。

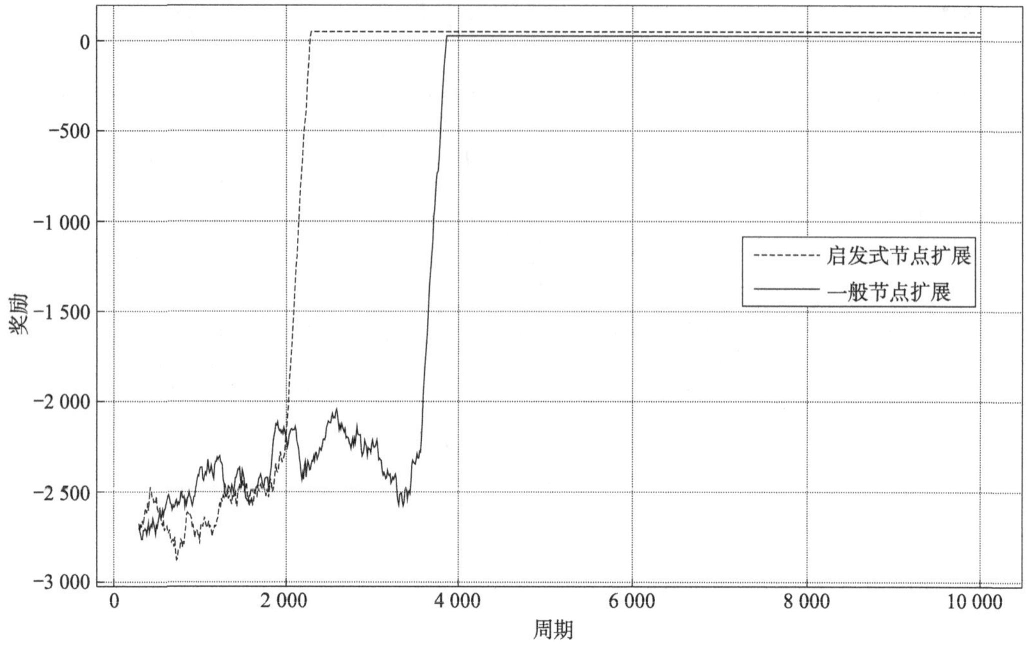

图 4-29 启发式节点扩展对算法收敛的影响

4.4.4.4 dMCTS 与团队 Q 学习的比较

团队 Q 学习（Team Q Learning）[30]是标准 Q 学习[125]的多智能体扩展，其思想与 Q 学习类似，当对所有的状态和动作重复抽样并更新时，它能确保收敛到最优值[126]。团队 Q 学习通过式（4-47）的规则来更新每个状态下联合动作的 Q 值函数，即

$$Q(s,A) \leftarrow Q(s,A) + \alpha[r + \gamma \max_{A'} Q(s',A') - Q(s,A)] \tag{4-47}$$

式中，A 是联合动作。团队 Q 学习维护一个状态与联合动作的 Q 值表，维度大小为 $|S|^I \times |a|^I$ 。虽然能确保收敛到最优值，但是随着状态和动作数的增加，更新这样一个 Q 值表的效率非常低。

本节把 dMCTS 和团队 Q 学习算法[30,127]进行了比较。按照本文的设定，团队 Q 学习算法维护一个 22 500×36 的 Q 值矩阵，其通过贪婪策略选择联合状态下的最优联合动作。因此，团队 Q 学习算法是完全集中式的，它假设存在一个中心智能体，能获得任意联合状态和联合动作，并建立联合 Q 值函数，在此基础上求解最优策略。

图 4-30 是 dMCTS 和团队 Q 学习的比较结果，横坐标是周期，纵坐标是累积奖励，并设置移动窗口为 200 进行平滑处理。从实验结果可以看出，dMCTS 算法快于团队 Q 学习算法达到收敛，dMCTS 收敛周期为 2 000 左右，而团队 Q 学习的收敛周期大于 6 000。dMCTS 算法优于团队 Q 学习主要有以下几点原因：1）dMCTS 算法采用了基于启发式的节点扩展方法，在节点初始化时只扩展合法节点，并设置趋势动作，缩小了树的宽度，促

使智能体尽快靠近目标；2）模拟策略中采用了行为推断的方法，使得每个智能体在随机策略搜索时能够考虑其他智能体的动作对环境和本身带来的影响，进而有利于智能体做出更优的决策；3）引入了奖励塑造的方法，使得塑造后的奖励函数能够引导智能体更加快速地收敛。

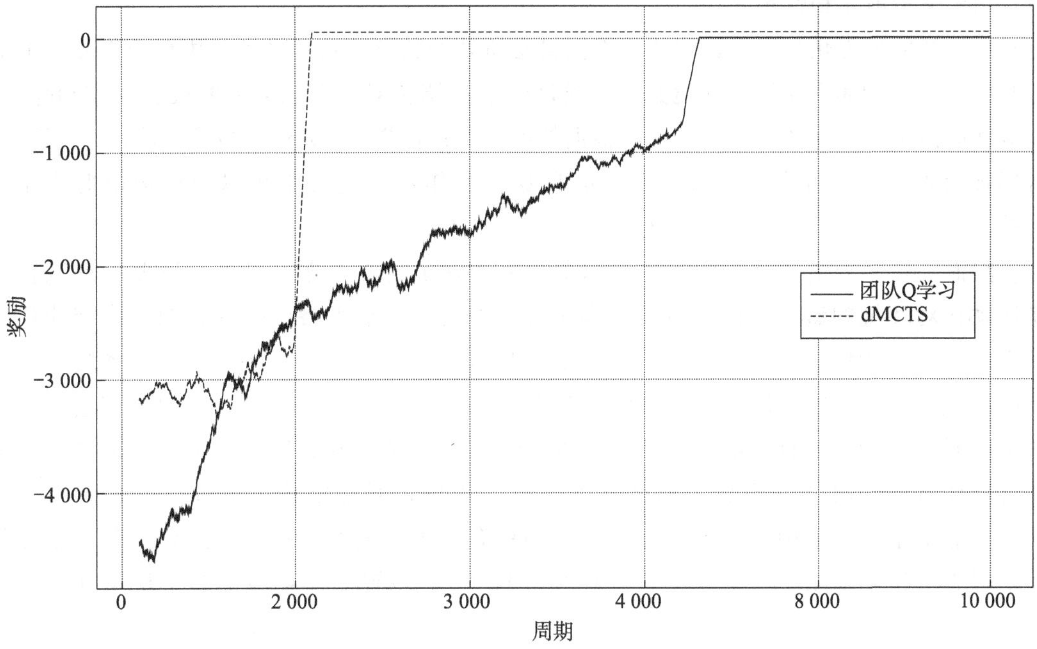

图 4-30　dMCTS 与团队 Q 学习的比较

另外值得一提的是本节的最优策略不止一个，如图 4-31 所示，由格子世界环境和智能体动作的特点决定了多条路径都可以是最优路径，并且本节限制了只有多个智能体同时对目标发起攻击才满足任务完成的条件，而两个智能体各自的最短路径长度不一样，较近的智能体会等待较远智能体才发起攻击，选择等待的位置也会不同，因此会有多种最优策略。

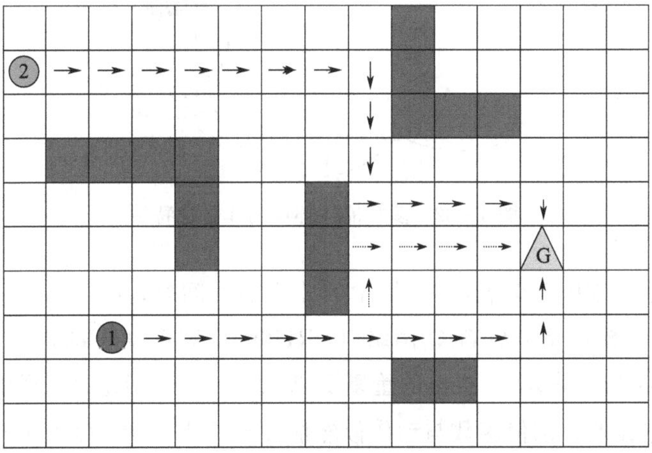

图 4-31　最优策略

4.5 无模型的深度多智能体强化学习算法

4.5.1 深度多智能体强化学习的几个难点问题

(1) 学习非平稳性难题

在单智能体强化学习中，智能体根据自身所处的状态 s 和策略 π ，执行动作 a ，并获得奖励 r 。智能体不断地与环境交互，通过奖励 r 调整对当前状态 s 的最佳反应动作 a 。对该智能体来讲，收敛的策略 π 能够根据任何状态 s 生成最优或近似最优的动作 a 。因此，对单智能体强化学习来讲，只需要考虑自身的动作对环境的影响以及环境由此产生的反馈。

然而，在多智能体强化学习中，每个智能体除了需要考虑自身外，还要考虑其他智能体动作对环境的影响，以及自身动作对其他智能体生成策略产生的影响。多智能体强化学习比单智能体强化学习复杂，原因之一是由多个智能体并行学习带来的系统非平稳性问题。智能体 i 的动作带来了环境的改变，而其他智能体的策略也会随之调整，反过来又会影响智能体 i 的策略。如果智能体 i 在学习过程中固定其他智能体的策略，把其他智能体看作环境的一部分，那么在下一学习周期，对智能体 i 来讲，环境已经变化了。在非平稳的环境中，由于状态转移不再具有马尔可夫性，在单智能体场景中收敛的Q学习算法将不适用于非平稳的多智能体环境[128]。多智能体环境的非平稳特性示例如图 4-32 所示。

图 4-32 多智能体环境的非平稳特性

为了解决 DQN 应用于多智能体环境中的非平稳性问题，Castaneda 等人[129]提出了两个 DQN 的变种——深度重复更新 Q 网络（DRUQN）和深度松耦合 Q 网络（DLCQN）。DRUQN 基于 Abdallah 等人[130]提出的重复更新 Q 学习（RUQL），目的是通过重复更新值函数来减少策略偏差，该值函数与动作似然估计成反比；DLCQN 基于 Yu 等人[131]提出的松耦合 Q 学习方法，该方法根据观察和奖励动态调整智能体间的独立程度，以决定在决策时是否考虑其他智能体的策略。Palmer 等人[132]提出名为“仁慈 DQN”（LDQN）的方法，其思想是考虑到多智能体学习的非稳态特性，若智能体在学习前期对其他智能体比较仁慈，那么将更加有利于整体策略的收敛。LDQN 通过该思想动态调整策略更新，在策略最优性和收敛速度上都获得了比较好的效果。赋权双 DQN（WDDQN）[133]也是最近提出的解决多智能体非平稳性的方法，通过引进仁慈奖励网络和调度回放策略，能够有效地减少值函数偏差，获得了比双 DQN[134]更好的效果。

（2）“维度诅咒”难题

“维度诅咒”，也称为“维数灾难”，最早由 Richard E. Bellman 在考虑优化问题时首次提出[135]，用来描述当空间维数增加时，求解复杂度指数级增长而遇到各种问题的场景。在很多领域都存在“维度诅咒”的问题。例如，监督机器学习中的 k 近邻分类，当欧氏空间中的点具有高维度特征时，算法计算复杂度将会指数级升高；深度学习中神经网络的输入层神经元数量增大时，模型的参数量和训练时间会显著增加；4.3 节中多智能体离线规划方法，其策略树数量随着智能体数量呈双指数增长。深度多智能体强化学习中，随着智能体数量的增加，神经网络的数量和每个神经网络中输入层神经元的数量相应增加（见图 4－33），模型收敛所需时间变长。

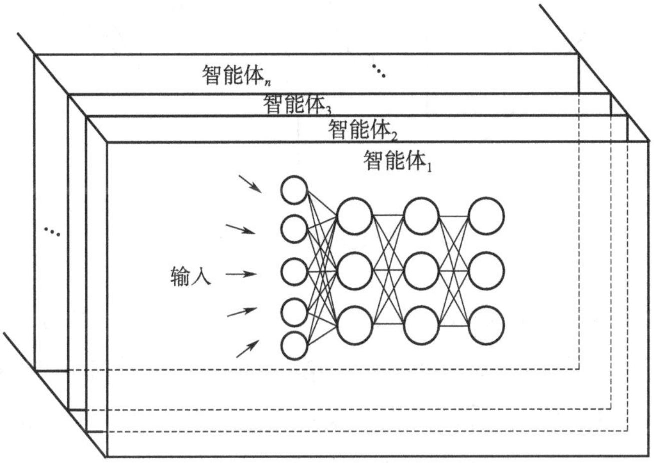

图 4－33　深度 MARL 中的维度诅咒

为了解决“维度诅咒”问题，Foerster 等人[47]提出了一种反事实多智能体策略梯度方法（Counterfactual Multi－Agent，COMA)，它只使用一个中心化的 Critic 网络，类似于中心大脑，而每个智能体根据自身的 Actor 网络执行动作。Lowe 等人[48]提出的 MADDPG 方法使每个智能体都保留一个中心化的 Critic 网络，该网络利用其他智能体的观察和动作等额外信息作为输入。

（3）探索-利用困境

探索-利用困境是学者在研究著名的多臂赌博机问题时遇到的：多臂赌博机是一个有 n 个摇臂的游戏机，玩家通过按压某个摇臂来获得金币，每个摇臂获得金币的数量服从不同的概率分布并且玩家事先并不知道，问题是玩家按压哪个摇臂才能获得最大的回报（见

图 4-34)。一般的想法是按压获得金币概率最大的摇臂，但是怎么才能知道哪个摇臂获得金币的概率最大呢？刚开始可以通过每个摇臂都试一试的方法，评估出每个摇臂获得金币的概率。然后按压所评估的概率最大的摇臂，但是由于获得金币是随机的，所以评估并不准确，通过有限几次尝试评估的最大概率的摇臂并不一定是最大的。如果继续随机选择摇臂按压以获得对概率更加精确的估计，那么可能会得到最优的结果。如果只有有限次的按压机会，那么就涉及是利用已知的获得金币概率最大的摇臂，还是探索以获得对回报概率更加精确的估计。

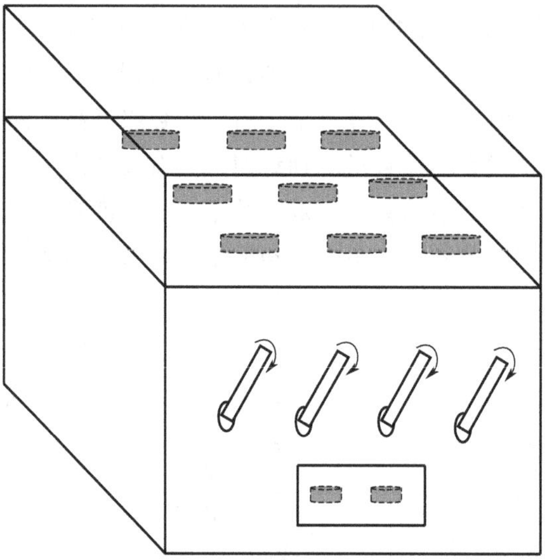

图 4-34　多臂赌博机探索-利用平衡

本节用到的置信区间上界 UCB1 即是对探索和利用进行了很好的平衡。对于每个摇臂 i ，计算指标值 $\bar{x}_i+\sqrt{2\ln n/n_i}$ ，其中：$\bar{x}_i$ 是第 i 个摇臂的平均回报，n_i 是目前为止按压第 i 个摇臂的次数，n 是按压所有摇臂的总次数。下一次选择摇臂时，选择指标值最大的摇臂。之所以指标 $\bar{x}_i+\sqrt{2\ln n/n_i}$ 能够很好地平衡探索和利用，是因为第一项 $\bar{x}_i$ 表示利用，第二项 $\sqrt{2\ln n/n_i}$ 鼓励探索。较少被选择的摇臂 n_i 较小，鼓励项较大；但尝试后发现该摇臂利用项很小即回报少，接下来会较少选择该摇臂。

学习算法必然要包括探索和利用。探索帮助智能体充分了解它的状态空间，利用则帮助智能体找到最优的动作序列。常用的随机策略都包含了探索和利用的思想。例如，ε－贪婪策略选择动作按如下概率

$$\pi(a \mid s)=\begin{cases}1-\varepsilon+\dfrac{\varepsilon}{A(s)}, & \text{if } a=\arg\max_a Q(s,a)\\[2ex] \dfrac{\varepsilon}{A(s)}, & \text{if } a\neq\arg\max_a Q(s,a)\end{cases} \tag{4-48}$$

式中，$A(s)$ 表示所有动作的数量。利用是指选择 Q 值函数最大的动作的概率为 $1-\varepsilon+$

$\frac{\varepsilon}{A(s)}$，探索是指选择其他动作为等概率 $\frac{\varepsilon}{A(s)}$。

高斯策略为 $\pi_\theta=\mu_\theta+\varepsilon$，$\varepsilon \sim N(0,\ \sigma^2)$，其中 μ_θ 为确定性部分，ε 是零均值的高斯随机噪声。利用由高斯策略的确定性部分完成，探索由随机部分完成。高斯策略在连续系统的强化学习中应用广泛[136]。对于动作空间是离散的或者动作空间不大的情况，波尔茨曼随机策略也能实现探索-利用，即

$$\pi(a \mid s,\theta)=\frac{\exp[Q(s,a,\theta)]}{\sum_b \exp[h(s,b,\theta)]} \tag{4-49}$$

其含义是动作值函数大的动作被选中的概率大。

(4) 信度分配难题

信度分配问题描述的是一个系统最终获得成功，系统中的每一个组件贡献多少的问题[136]。在玩一个复杂的游戏时，例如象棋或者雅达利视频游戏，成功的标准是最终获得胜利。但是在玩的过程中，最终胜利或者失败与过程中的每一步决策都有关系。如果每一步移动获得奖励+0，最后一步获得胜利得到奖励+1。但是哪几步促使最终获得胜利？假如第一步使得最终成功的概率增加了25%，而第二步降低了成功率，在后续的迭代中希望多走类似第一步这样的移动，少走第二步这样的移动，但大家只清楚最后一步获得了奖励+1，不清楚中间的每一步对最终获得胜利有多少影响。这就是信度分配难题（见图 4-35）。在短周期的强化学习问题中，可以对从初始到结束整个周期上的动作平均分配信度，即强化所有成功路径上的动作，惩罚失败路径上的动作。实际上，AlphaGo 就是以这种方式分配信度。然而在长周期的强化学习中，信度分配十分困难，很难确定整个动作序列中，哪些动作对最终胜利有贡献。例如，在即时策略对战游戏 Dota2 5vs. 5 中[138]，英雄 AI 需要购买物品、击败小兵获得金币、推塔、击杀敌方英雄等操作，最终以击败敌方水晶为获胜标准。每局游戏时长在 30 分钟左右，如此长的周期内，对智能 AI 来讲确定哪些动作促进了最终胜利、哪些动作不利于最终胜利十分困难。OpenAI Five[139] 给出的方案是奖励塑造，即把最终取胜获得的奖励分解成小部分，通过连续引导式的奖励逐步鼓励 AI 完成目标。

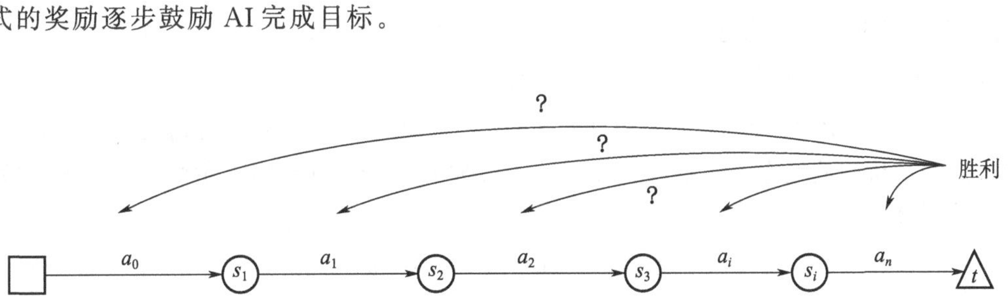

图 4-35　信度分配

4.5.2　深度多智能体强化学习算法

本节研究了深度多智能体强化学习用于序列决策。针对上文提到的学习非平稳性、维

度诅咒、探索-利用和信度分配等难题，提出了相应的解决方法。首先，针对学习过程非平稳性的问题，采用了集中式学习、分布式执行的框架，集中式的Q值函数以所有智能体的观察和动作作为输入，即使策略是变化的，也能保证状态转移的平稳性；其次，针对维度诅咒问题，本节提出了观察嵌入的方法，并通过参数共享，从而达到降低输入维度和减少计算量的目的；再次，针对探索-利用问题，本节在多智能体场景中引入参数噪声，鼓励智能体进行探索；最后，针对信度分配的问题，设计了奖励函数，以引导智能体完成任务。

4.5.2.1 基于嵌入和噪声的多智能体深度确定性策略梯度算法

多智能体强化学习是一类在多智能体场景中学习策略的方法，近些年发展迅速，并融合了强化学习、博弈论、直接策略搜索等领域的最新成果[127]。多智能体强化学习的挑战在于“维度诅咒”、非平稳性、探索-利用的平衡和多智能体间协调。状态动作空间随着智能体数量指数级增长导致计算复杂度升高；每个智能体在学习过程中改变自身的策略，从单个智能体的角度看，环境是非平稳的。这些都是多智能体强化学习的难点。

深度确定性策略梯度[140]是一种无模型的异策略行动者评论家（AC）算法，适用于连续动作空间。DDPG是策略梯度框架的扩展，结合了确定性策略梯度（DPG）[141]和深度Q网络算法（DQN）[142]。DQN采用了经验回放和目标网络延迟更新两种方法使得Q学习的过程平稳化。DQN适用于离散动作空间，DDPG使用行动者-评论家框架把前者扩展到了连续动作空间，并学习确定性策略。AC算法中，行动者网络使用抽样的策略梯度来更新

$$\nabla_{\theta_\mu} J \approx \frac{1}{N}\sum_i \nabla_a Q(s,a \mid \theta^Q)\mid_{s=s_i,a=\mu(s_i)} \nabla_{\theta_\mu}\mu(s \mid \theta^\mu)\mid_{s_i} \tag{4-50}$$

评论家网络通过最小化损失函数来更新

$$L=\frac{1}{N}\sum_i [y_i - Q(s_i,a_i \mid \theta^Q)]^2 \tag{4-51}$$

式中，$y_i = r_i + \gamma Q'[s_{i+1},\ \mu'(s_{i+1} \mid \theta^{\mu'}) \mid \theta^{Q'}]$。

多智能体深度确定性策略梯度[48]是深度确定性策略梯度的多智能体扩展版本。智能体的策略μ根据局部观察选择动作，评论家网络是集中式的，使用联合观察和动作作为输入。智能体i的期望回报$J(\theta_i)=\mathbb{E}[R_i]$的梯度为

$$\nabla_{\theta_i} J(\boldsymbol{\mu}_i)=\mathbb{E}_{x,a\sim\mathcal{D}}[\nabla_{\theta_i}\boldsymbol{\mu}_i(a_i \mid o_i)\nabla_{a_i} Q_i^{\boldsymbol{\mu}}(x,a_1,\cdots,a_N)\mid_{a_i=\boldsymbol{\mu}_i(o_i)}] \tag{4-52}$$

式中，x和a从回放缓存$\mathcal{D}$中抽样，$\boldsymbol{\mu}_i$是关于参数θ_i的确定性策略。集中式动作值函数$Q_i^{\boldsymbol{\mu}}$通过下式更新

$$\mathcal{L}(\varphi_i)=\mathbb{E}_{x,a,r,x'}[(Q_i^{\boldsymbol{\mu}}(x,a_1,\cdots,a_N)-y)^2] \tag{4-53}$$

式中，$y=r_i+\gamma Q_i^{\boldsymbol{\mu}'}(x',\ a_1',\ \cdots,\ a_N')\mid_{a_j'=\boldsymbol{\mu}_j'(o_j')}$，$\mu'=\{\mu_{\theta_1'},\ \cdots,\ \mu_{\theta_N'}\}$是目标策略网络集合，$\theta_i'$为网络参数。

在本节提出的深度多智能体强化学习算法中，采用了与MADDPG和COMA[47]相似的集中式评论家和分布式行动者框架，但是每个智能体的评论家网络把其他智能体的观察和动作作为输入，同时保留自己独有的奖励函数，这使得智能体可以是相互合作、竞争甚

至是混合式的。为了使算法在智能体数量上具有扩展性，并且在学习过程中充分探索动作空间，本节引入了观察嵌入和参数噪声，因此智能体 i 的期望回报 $J(\theta_i)$ 的梯度更新重写为

$$\mathbb{E}_{x,a\sim\mathcal{D}}[\nabla_{\theta_i}\widetilde{\boldsymbol{\mu}}_i(a_i \mid o_i)\nabla_{a_i}Q_i^{\widetilde{\boldsymbol{\mu}}}(x^{\text{emb}},a_1,\cdots,a_N)|_{a_i=\widetilde{\boldsymbol{\mu}}_i(o_i)}] \tag{4-54}$$

式中，x^{emb} 是嵌入层的输出；$\widetilde{\boldsymbol{\mu}}_i$ 是向参数空间增加扰动后的确定性策略。

评论家网络根据时间差分误差更新

$$\begin{aligned}\mathcal{L}(\varphi_i)&=\mathbb{E}_{x,a,r,x'}[(Q_i^{\widetilde{\mu}}(x^{\text{emb}},a_1,\cdots,a_N)-y)^2]\\ y&=r_i+\gamma Q_i^{\widetilde{\mu}\prime}(x^{\text{emb}\prime},a_1',\cdots,a_N')|_{a_j'=\widetilde{\mu}_j'(o_j')}\end{aligned} \tag{4-55}$$

图 4-36 是本节提出的深度多智能体强化学习算法（Multi-agent Deep Deterministic Policy Gradient with Embedding and Noise，MADDPG-EN）框架，在初始化网络参数后，每个智能体根据自己的行动者网络在当前状态 x 下选择动作 a，使环境转移到下一状态 x' 并获得奖励信号 r。元组（x，a，r，x'）被存储到回放池（Replay Buffer）中，评论家网络根据时间差分误差更新，行动者网络根据策略梯度更新。算法 4.5.1 描述了 MADDPG-EN 的伪代码。

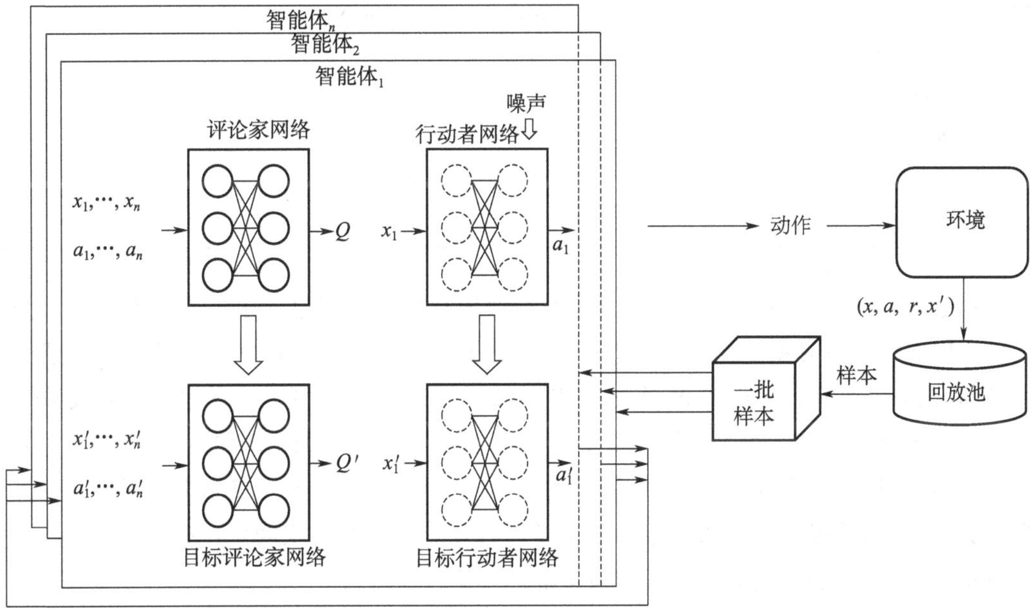

图 4-36　深度 MARL 框架

算法 4.5.1：MADDPG via Observation Embedding and Parameter Noise

Initialize environment，agents
for episode = 1 to max _ episode **do**
  reset parameter noise $\widetilde{\theta} \leftarrow \theta + \mathcal{N}(0, \sigma^2)$ until episode N
  for step = 1 to max _ step **do**
    for each agent i，$a_i = \widetilde{\boldsymbol{\mu}}_{\widetilde{\theta}_i}(o_i)$
    x'，$r \leftarrow$ execute $\vec{a} = (a_1, \cdots a_N)$ at state x
    store (x, a, r, x') in replay buffer $\mathcal{D}$
    $x' \leftarrow x$
    if every n episode **then**
      for agent i = 1 to N do
        sample minibatch (a, a, r, r') from $\mathcal{D}$
        target：$y = r_i + \gamma Q_i^{\widetilde{\mu}'}(x^{\text{emb}'}, a'_1, \cdots, a'_N)\,|_{a'_j = \widetilde{\boldsymbol{\mu}}'_j(o'_j)}$
        update critic：$\mathcal{L}(\varphi_i) = \mathbb{E}_{x,a,r,x'}[(Q_i^{\widetilde{\mu}'}(x^{\text{emb}}, a_1, \cdots, a_N) - y)^2]$
        update actor：$\nabla_{\theta i} \mathcal{J}(\widetilde{\boldsymbol{\mu}}_i) = \mathbb{E}_{x,a \sim \mathcal{D}}[\nabla_{\theta i} \boldsymbol{\mu}_i(a_i \mid o_i) \nabla_{ai} Q_i^{\widetilde{\mu}}(x^{\text{emb}}, a_1, \cdots, a_N)\,|_{a_i = \widetilde{\boldsymbol{\mu}}_i(o_i)}]$
      adapt parameter noise according to $d(\boldsymbol{\mu}, \widetilde{\boldsymbol{\mu}})$ until episode N
      end for
    end if
  end for
  update target network for agent i：$\overline{\theta}_i \leftarrow \tau\theta_i + (1-\tau)\overline{\theta}_i$，$\overline{\varphi}_i \leftarrow \tau\varphi_i + (1-\tau)\overline{\varphi}_i$
end for

在数学中，嵌入（Embedding）是指某一数理结构的实例包含于另一实例中。认为对象 X 可以嵌入另一对象 Y 中，当且仅当嵌入满足单射和同态。单射是指对每一值域内的 Y，存在至多一个定义域内的 X 使得 $f(X)=Y$。同态是近世代数中的概念，有代数系统 $<G, *>$ 和 $<S, \circ>$，f 是从 G 到 S 的一个映射，a，b 是 G 中的元，有 $f(a*b)=f(a \circ b)$，则称 f 是由 $<G, *>$ 到 $<S, ^\circ>$ 的同态映射。嵌入概念中的同态，也可以理解为空间结构的保留，即在空间 X 中，有 $x_1 < x_2$，在映射空间中，有 $y_1 < y_2$，其中 $x_1 \rightarrow y_1$，$x_2 \rightarrow y_2$。在范畴论中，结构保留映射是一种同态。

嵌入在机器学习中有很多应用，例如图像嵌入[143]，寻找紧凑表示的向量用于图像分类等图像处理任务；任务嵌入[144]，提供可视化分类任务的向量表示，用于任务推理和关系分析；词嵌入[145,146]是词的向量表示，能够表示文本中词的语法、语义与其他词的相似性；语音嵌入[147]可以通过深度学习把音频片段表示为固定长度的向量。

在本节的多智能体环境中，每个智能体可以捕获其他智能体产生的信息，如盟友的速度和动作信息，对手的位置等信息。不同的信息在观察空间中有不同的结构（如维度和值大小不同），并且在观察空间中的区域也不相同，而这些信息对中心化的评论家网络来说是松散的，其示意如图 4－37 所示。所以，为了使输入评论家网络的信息更加紧凑，引入嵌入的思想，应用于观察空间，本节称之为观察嵌入（Observation Embedding），其功能是减少输入维度。松散的观察 X 被嵌入到紧凑的 Y 中，即

$$f: X \xrightarrow{\boldsymbol{E}} Y \tag{4-56}$$

式中，$\boldsymbol{E}$ 是嵌入矩阵（Embedding Matrix），与评论家网络一起通过时间差分误差方法来训练。

在嵌入层，每个神经元不设置激活函数，从输入到嵌入层输出是线性变换，即 $Y=\boldsymbol{E}X$ 。线性变换从抽象代数角度看是向量空间的同态，从范畴论角度看是在给定域上的向量空间所构成的范畴中的态射。因此，线性变换 $Y=\boldsymbol{E}X$ 满足单射和同态，如果使得维度 $\mathrm{d}(Y)<\mathrm{d}(X)$，经过嵌入后的输出在保留结构关系的情况下，降低了维度。

更进一步，Critic 网络的输入包含智能体速度、位置等状态信息，同时为了解决多智能体学习的非平稳性，输入也包含了联合动作。对于所有智能体的 Critic 神经网络而言，输入的联合动作一致，因此本节算法在联合动作的输入层和第一隐层之间实现参数共享（Parameter Sharing）。

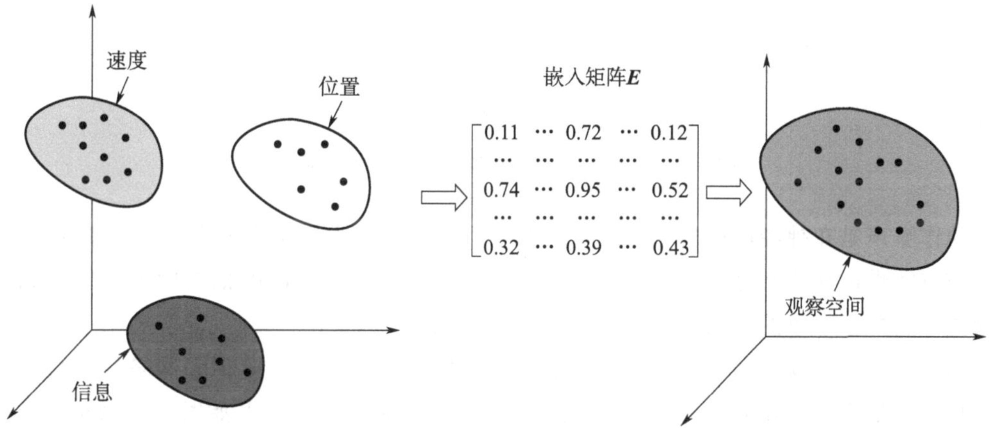

图 4－37　观察嵌入映射关系

4.5.2.2　参数噪声

智能体通过不断地与环境进行交互来学习，其充分的探索对于模型的收敛至关重要。如果智能体在测试或实际运行过程中遇到训练中没有出现过的情形，那么智能体就不知道该如何做，甚至产生不理智的行为。因此，在训练过程中使智能体进行足够充分的探索，才能使其收敛到一个较好的模型。

对于探索的相关内容，在本节介绍了探索-利用的平衡对于强化学习的重要性。为使智能体进行充分的探索，可以从两方面进行。

第一，可以在动作空间中加入一定量的噪声，称为动作噪声，如图 4－38（a）所示。前文介绍的 ε 一贪婪策略、高斯策略、波尔茨曼随机策略等都属于动作噪声。Ornstein－Uhlenbeck（OU）过程用来描述进行布朗运动的粒子速度变化的，是平稳高斯-马尔可夫

过程。OU 过程可以用来添加动作噪声[148]，OU 过程 x_t 满足随机微分方程

$$\mathrm{d}x_t = \theta(\mu - x_t)\mathrm{d}t + \sigma \mathrm{d}W_t \tag{4-57}$$

式中，x_t 表示 OU 过程；μ 表示其均值；W_t 表示维纳过程；参数 θ，$\sigma > 0$ 表示变化强度。OU 过程的前半部分表示均值，后半部分表示随机，分别对应着探索和利用。

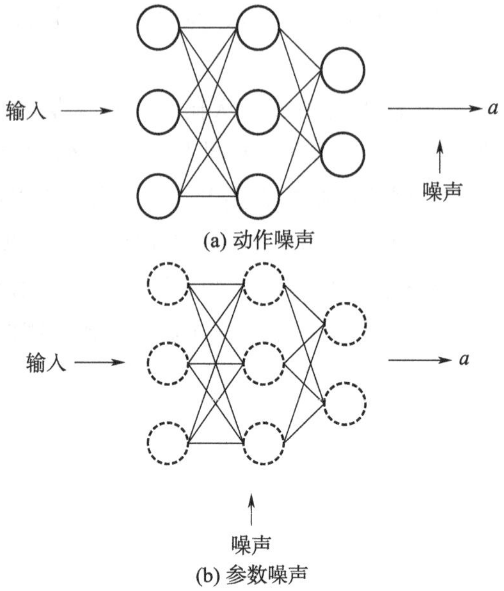

图 4 - 38　动作噪声和参数噪声的不同添加方式

动作噪声是在神经网络的输出后添加扰动，以增加当前状态下可选动作的多样性。但是动作空间噪声和状态是独立的，对于同一状态，智能体在多次的抽样中可能会得到不同的动作，这样不一致的探索对智能体来讲是一种困扰。

第二，与动作噪声向动作空间中添加噪声不同，参数噪声是向神经网络的参数空间中添加噪声，如图 4 - 38（b）所示。参数噪声的思想是在每个周期开始时，以微小的扰动注入到参数空间中，使每个参数偏离其上个周期最后一次更新后的值。这样经过扰动的神经网络具有更好的探索性，使智能体具有更加丰富的动作。

具体地，智能体的策略记为 μ_θ，θ 是网络参数；扰动的策略记为 $\mu_{\tilde{\theta}}$，扰动参数记为 $\tilde{\theta} = \theta + \mathcal{N}(0, \sigma^2)$，通过向参数向量添加高斯噪声来实现。回放数据通过扰动的网络来收集，而训练网络以一种无扰动的方式进行。为了产生一致的动作，只在每个周期开始时加入参数噪声，使该周期的每一时间步参数噪声相同。参数噪声大小的自适应调整参考了 Matthias 等人[148]的工作，扰动参数 σ 为

$$\sigma_{k+1} = \begin{cases} \alpha\sigma_k & \text{if } d(\boldsymbol{\mu}, \tilde{\boldsymbol{\mu}}) \leqslant \delta \\ \dfrac{1}{\alpha}\sigma_k & \text{otehrwise} \end{cases} \tag{4-58}$$

式中，$\alpha \in \mathbb{R}$ 为噪声规模因子；$\delta \in \mathbb{R}$ 为阈值。当有无扰动的策略距离大于阈值 δ 时，将对噪声规模进行调整。但是在本节中，使用了可变的阈值来自适应调节噪声，因为不同的

智能体对噪声的敏感性不同。δ 定义为一个移动平均值

$$\delta = \frac{1}{n}\sum_{1}^{n} d(\boldsymbol{\mu}, \tilde{\boldsymbol{\mu}}) \tag{4-59}$$

式中，$n \in \mathbb{R}$ 为手动指定的周期数。

4.5.2.3　参数噪声早停法

在深度学习中，早停法（Early Stopping）是一种防止网络过拟合的正则化方法，基于继续训练会导致模型在测试集的准确率下降的考虑。这种做法符合直观感受，因为精度都不再提高，再继续训练也是无益的，只会增加训练时间。难点在于怎么判断准确率不再提高，因为学习曲线不是没有毛刺的完全平滑曲线，这一时刻学习曲线下降了，但是接下来的时刻学习曲线又上升了，不能只以某一时刻准确率是否下降为标准。

深度学习中的早停标准可以用泛化损失来衡量。验证集误差函数记为 $E_{va}(t)$，到周期 t 为止最小的验证集误差记为 $E_{opt}(t)$：$E_{opt}(t) = \min\limits_{t' \leqslant t} E_{va}(t')$，定义 t 时刻的泛化损失为在当前迭代周期 t 中，泛化误差相比较目前最小的误差的一个增长率

$$GL(t) = 100 \cdot \left[\frac{E_{va}(t)}{E_{opt}(t)} - 1\right] \tag{4-60}$$

较高的泛化损失显然是停止训练的一个候选标准，因为它直接表明了过拟合，即当泛化损失超过一定阈值的时候，停止训练：$GL(t) > \alpha$ 。

然而在强化学习中，没有验证集，或者说验证集和训练集是一个数据集。本节设置参数噪声的目的是增加智能体在动作空间中的探索能力。随着训练的进行，模型逐渐收敛。而此时如果继续向参数空间中添加扰动，则可能会使参数偏离最优值。为了在模型逐渐收敛后减少对参数空间的扰动，本节提出了针对参数噪声的早停法标准

$$\left| R(t) - \frac{1}{t-n}\sum_{t'=t-n}^{t} R(t') \right| \leqslant \alpha \tag{4-61}$$

式中，$R(t)$ 为第 t 个周期的平均奖励；$n \in \mathbb{N}$ 且 $n < t$ ；α 为一阈值。上述公式的含义是第 t 个周期的平均奖励与 t 之前 n 个周期的移动平均奖励的差值足够小，则认为此时不应该再继续向参数空间中添加扰动。

4.5.3　基准测试环境和超参数设置

4.5.3.1　测试环境

本书引入了两类多智能体环境——完全合作和合作/竞争混合两种场景（见图 4-39）。多智能体环境基于 Mordatch 等人[149]提出的多智能体框架。第一个环境称为合作定位。在该环境中，有 n 个智能体需要无碰撞地到达 n 个目标位置。每个智能体能观察到目标和其他智能体的位置，选择合适动作到达目标，并避免碰撞。每个智能体根据目标的接近程度获得奖励，当相互碰撞时将得到惩罚。

另一类多智能体环境是合作/竞争场景。n 个速度较慢的防卫实体需要合作拦截速度较快的单个入侵者，而该入侵者需要逃避防卫实体的拦截并到达某一指定位置。在防卫实体

中有一个领导者，它能够观察到对手和盟友的位置和速度等信息并把这些信息告诉盟友。当防卫实体拦截到入侵者时（在环境中用两者发生物理碰撞表示，代表两者距离足够近），防卫实体将获得奖励，同时入侵者将得到惩罚；当入侵者到达该指定位置时，将获得奖励。为了比较算法，防卫实体使用 MADDPG－EN 算法，而由于入侵智能体没有合作者，将使用 DDPG 算法。

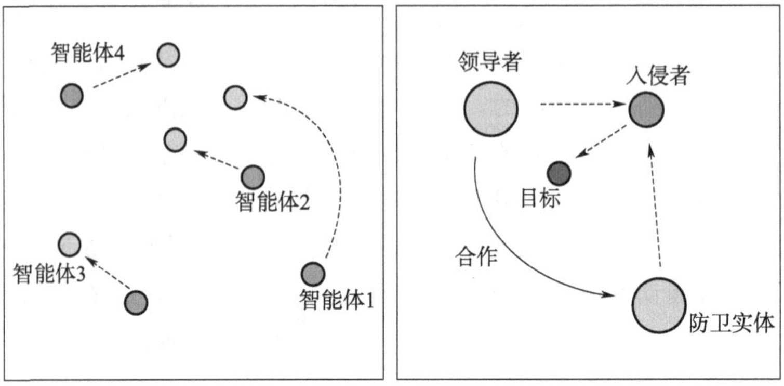

(a) 完全合作环境　　(b) 合作/竞争环境

图 4－39　多智能体环境

4.5.3.2　超参数设置

行动者和评论家网络使用 Adam[150] 进行优化，学习率为 10^{-2}。目标网络更新因子 $\tau=10^{-2}$，折扣因子 $\gamma=0.95$。行动者和评论家网络使用 2 个全连接层，每层有 64 个神经元，激活函数为 Relu 函数。在全连接层之前使用层归一化，观察嵌入层不设激活函数，对不同规模的问题有不同的神经元数量。例如，在 2 vs. 1 的合作/竞争环境中，观察嵌入层有 20 个神经元，在 5 vs. 1 中有个 40 个神经元，在 10 vs. 1 中有 60 个神经元。根据不同的环境，训练周期不同，每个周期 25 个时间步。在每个周期的开始引入参数噪声，以使动作具有一致性。参数噪声规模每隔 200 时间步自适应调整一次。参数噪声服从均值 $\mu=0$，初始标准差 $\sigma=1$ 的正态分布。初始自适应阈值 $\delta=0.2$，并根据是否有扰动产生的策略移动平均距离进行自适应调整。在训练的后期，对参数噪声引入早停法，以减少对参数空间的过多扰动。

为了评估算法对多智能体场景的适用性及其性能，本节在上述两个测试环境中对 MADDPG－EN 进行测试。尽管合作定位任务相对简单，但是训练这样的智能体却需要更长时间的收敛。特别地，在合作/竞争场景中，由于入侵者没有盟友，只使用 DDPG 算法。防卫实体和合作定位中的智能体分别使用 MADDPG－EN 和 MADDPG 算法，以比较其性能优劣。算法基于 Python 3.5 实现，使用了 TensorFlow 1.12.0[151]、Gym 0.10.9[152] 和多智能体粒子环境[149]。下文中的平均周期奖励是运行 6 次的平均值，并绘成连续误差条形图的样式。

4.5.4　算法性能分析

4.5.4.1　观察嵌入对智能体数量扩展性的影响

本节提出观察嵌入的目的主要是缓解多智能体强化学习带来的维度诅咒难题。随着智能体数量的增多，网络的输入随之增大，这给深度多智能体强化学习带来了很多问题，如训练时间增长、模型难以收敛、内存占用过大等。因此，本节引入嵌入的方法，通过线性变换，把智能体的状态信息嵌入到更加紧凑的空间中，从而达到降低输入维度的目的。

为验证提出的观察嵌入在深度多智能体强化学习中的效果，本节以基准算法 MADDPG 为比较对象，评估了 MADDPG－EN 算法只有嵌入而无参数噪声的情况下在智能体数量可扩展性的优势。图 4－40 说明了在合作/竞争 10 vs. 1 环境中，有无观察嵌入的平均周期奖励随训练周期的变化情况。没有观察嵌入的算法即 MADDPG 算法在收敛后的平均奖励比有观察嵌入的 MADDPG－EN 算法低，同时收敛速度上也比后者慢。图 4－41 画出了有无观察嵌入的可训练参数的数量，从中可以看出，观察嵌入减少了参数量，这也是算法能够处理规模较大问题的关键原因之一。这些结果说明了本节提出的算法相比于基准算法在智能体数量可扩展性具有更大的优势。

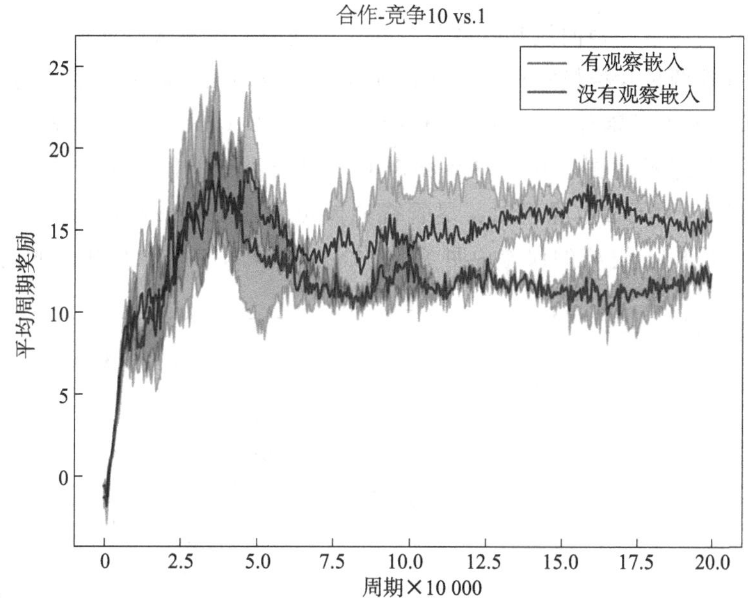

图 4－40　观察嵌入对智能体数量可扩展性的影响

4.5.4.2　参数噪声对算法探索-利用的影响

参数噪声的目的是增加智能体的探索性，使其能够在训练中尽可能多样性地进行尝试。在本节介绍了动作噪声和参数噪声的基本原理和区别。在参数噪声中，通过有无噪声时策略的欧式距离来自适应调节加入噪声的大小。

下文为了测试参数噪声在深度多智能体强化学习中的效果，在具有不同智能体数量的

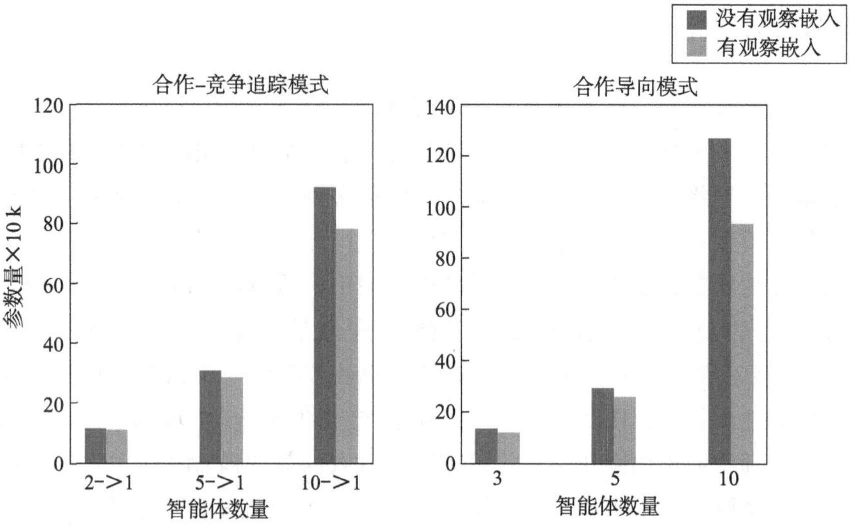

图 4-41 观察嵌入对可训练参数的影响

两种环境中分别测试了 3 类噪声模式——参数噪声、动作噪声和无噪声（无噪声可以认为是扰动为 0 的噪声模式）。图 4-42（a）说明了参数噪声在完全合作场景中的平均奖励随周期的变化情况。尽管 3 种曲线都收敛了，并且之间的差距不大（实际上，参数噪声的平均周期奖励比其他两种噪声模式稍稍大些，而动作噪声和无噪声两种模式的平均奖励相差无几），但是收敛时的智能体状态却大不相同。图 4-42（b）展示了有无参数噪声时训练收敛后的智能体状态示意图，在有参数噪声的环境中，智能体几乎完全占据了目标［图 4-42（b）上图］，而无参数噪声时，尽管智能体也能够定位目标，但是具有一定的误差［图 4-42（b）下图］。这样的误差说明了 MADDPG-EN 在收敛性能上的优势。

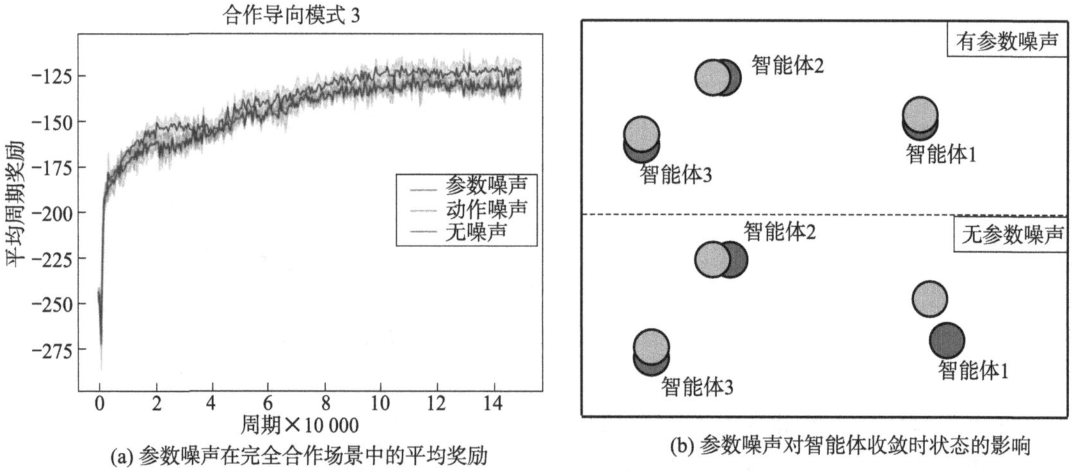

(a) 参数噪声在完全合作场景中的平均奖励　(b) 参数噪声对智能体收敛时状态的影响

图 4-42 参数噪声在完全合作环境中的性能

图 4-43 展示了参数噪声在混合环境中的性能，分别画出了两种不同规模的场景下的

平均奖励随周期的变化情况。从图中可以看出，在大概 5 000 周期以前快速上升的曲线表示防卫实体的奖励升高，意味着防卫实体很快地学会了如何拦截目标，而随后奖励缓慢下降，说明了入侵者学会了如何逃避防卫实体的拦截。在大概 6×10^4 的训练周期后，合作竞争 2 vs. 1 场景中的 3 类曲线趋向收敛，参数噪声的平均奖励比其他两种噪声模式高；而在合作竞争 5 vs. 1 场景中，只有参数噪声曲线趋向收敛，而其他两种噪声模式的曲线在经过一个平稳阶段后又继续向下，说明这两种曲线并未收敛。因此，在智能体数量较多的混合场景中，动作噪声和无噪声两种模式需要更多的步数才能使模型收敛。

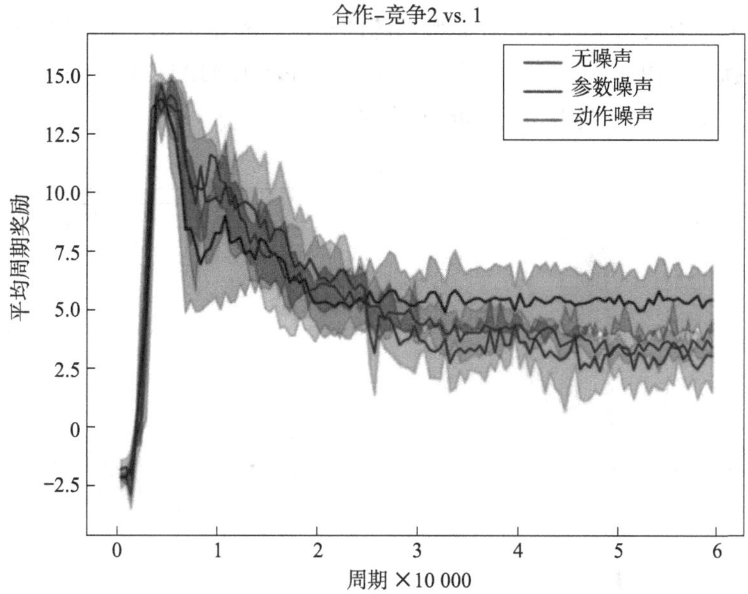

(a) 2 vs. 1合作竞争环境

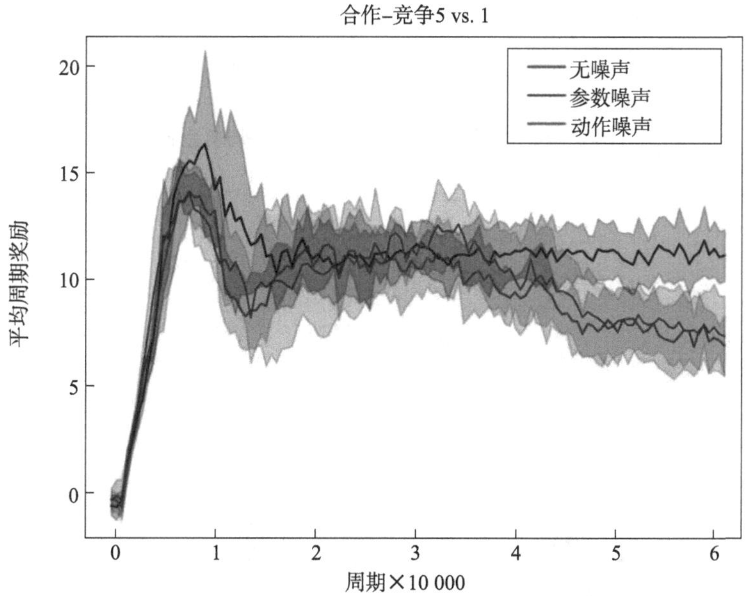

(b) 5 vs. 1合作竞争环境

图 4-43　参数噪声在合作竞争环境中的性能比较（见彩插）

4.5.4.3 早停法对算法收敛性能的影响

参数噪声的目的是在参数空间中加入一定量的扰动，从而使智能体更好地探索环境。但是噪声的大小需要仔细设定。随着模型训练的进行，智能体趋向于做出合理的决策。因此，在训练的后期，需要减少噪声对智能体的影响。本节在模型训练过程中使用了早停法，并与没有使用早停法的 MADDPG－EN 算法进行了比较。依据式（4－61）提出的早停标准，如果第 t 个周期的平均奖励与 t 之前 n 个周期的移动平均奖励的差值小于阈值 α，则认为此时不应该再继续向参数空间中添加扰动。本节在合作/竞争 2 vs. 1 环境中作了测试，并在图 4－44 中展示了该方法对模型训练的影响，模型训练了 6×10^4 个周期，纵坐标是平均周期奖励。从图 4－44 可以看出，使用了早停法的 MADDPG－EN 算法比没有使用早停法的 MADDPG－EN 获得了更高的平均周期奖励。

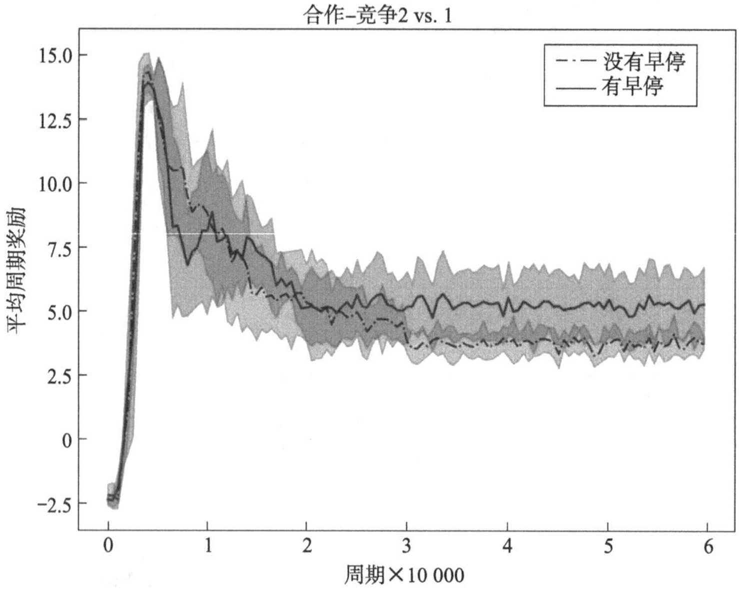

图 4－44 参数噪声使用早停法的平均奖励比较

参考文献

[1] RAHMANIAN H, WARMUTH M K. Online dynamic programming [G] //GUYON I, LUXBURG U V, BENGIO S, et al. Advances in Neural Information Processing Systems. Long Bench, Los Angeles: Curran Associates, Inc., 2017: 2827 - 2837.

[2] DELGADO K V, SANNER S, DE BARROS L N, et al. Efficient solutions to factored MDPs with imprecise transition probabilities [J]. Artificial Intelligence, 2011, 175 (9 - 10): 1498 - 1527.

[3] LAM R, WILLCOX K, WOLPERT D H. Bayesian optimization with a finite budget: an approximate dynamic programming approach [G] //LEE DD, SUGIYAMA M, LUXBURG U V, et al. Advances in Neural Information Processing Systems. Barcelona, SPAIN: Curran Associates, Inc., 2016: 883 - 891.

[4] ESCANDELL - MONTERO P, MARTÍNEZ - MARTÍNEZ J M, MARTÍN - GUERRERO J D, et al. Least - squares temporal difference learning based on an extreme learning machine [J]. Neurocomputing, 2014, 141: 37 - 45.

[5] SUTTON R S, MAEI H R, PRECUP D, et al. Fast gradient - descent methods for temporal - difference learning with linear function approximation [C] //Proceedings of the 26th Annual International Conference on Machine Learning. ACM, 2009: 993 - 1000.

[6] SUTTON R S, MAEI H R, SZEPESVÁRI C. A convergent O (n) temporal - difference algorithm for off - policy learning with linear function approximation [G] //Advances in Neural Information Processing Systems. 2009: 1609 - 1616.

[7] KELLER T, HELMERT M. Trial - based heuristic tree search for finite horizon MDPs [C] // International Conference on Automated Planning and Scheduling. 2013.

[8] GHATE A, SMITH R L. A linear programming approach to nonstationary infinite - horizon Markov decision processes [J]. Operations Research, 2013, 61 (2): 413 - 425.

[9] DUFOUR F, PRIETO - RUMEAU T. Finite linear programming approximations of constrained discounted Markov decision processes [J]. SIAM Journal on Control and Optimization, 2013, 51 (2): 1298 - 1324.

[10] BRECHTEL S, GINDELE T, DILLMANN R. Solving continuous POMDPs: value iteration with incremental learning of an efficient space representation [C] //International Conference on Machine Learning. 2013: 370 - 378.

[11] PINEAU J, GORDON G, THRUN S. Point - based value iteration: an anytime algorithm for POMDPs [C] // Proceedings of the Eighteenth International Joint Conference on Artificial Intelligence. Acapulco, Mexico: 2003: 1025 - 1032.

[12] SPAAN M T, VLASSIS N. Perseus: randomized point - based value iteration for POMDPs [J]. Journal of Artificial Intelligence Research, 2005, 24: 195 - 220.

[13] 章宗长，陈小平．杂合启发式在线 POMDP 规划 [J]. 软件学报，2013 (7): 1589 - 1600.

[14] AMATO C, BERNSTEIN D S, ZILBERSTEIN S. Solving POMDPs using quadratically constrained linear programs [C] //Proceedings of the fifth international joint conference on Autonomous agents and multiagent systems. ACM, 2006: 341 - 343.

[15] SILVER D, VENESS J. Monte - Carlo planning in large POMDPs [G] //LAFFERTY J D, WILLIAMS C K I, SHAWE - TAYLOR J, et al. Advances in Neural Information Processing Systems 23. Curran Associates, Inc., 2010: 2164 - 2172.

[16] BAI H, HSU D, LEE W S, et al. Monte Carlo value iteration for continuous - state POMDPs [G] //Algorithmic foundations of robotics IX. Springer, 2010: 175 - 191.

[17] AMATO C, CHOWDHARY G, GERAMIFARD A, et al. Decentralized control of partially observable Markov decision processes [C] //IEEE Conference on Decision and Control. 2013: 2398 - 2405.

[18] HANSEN E A, BERNSTEIN D S, ZILBERSTEIN S. Dynamic programming for partially observable stochastic games [C] //Nineteenth National Conference on Artificial Intelligence. California, USA: 2004: 709 - 715.

[19] BOULARIAS A, CHAIB - DRAA B. Exact dynamic programming for decentralized POMDPs with lossless policy compression [C] //Eighteenth International Conference on Automated Planning and Scheduling. Sydney, Australia: 2008: 20 - 27.

[20] AMATO C, DIBANGOYE J S, ZILBERSTEIN S. Incremental policy generation for finite - horizon DEC - POMDPs [C] //Proceedings of the Nineteenth International Conference on Automated Planning and Scheduling. Thessaloniki, Greece: 2009: 569 - 576.

[21] SZER D, CHARPILLET F, ZILBERSTEIN S. MAA * : A heuristic search algorithm for solving decentralized POMDPs [C] //The 21st Conference on Uncertainty in Artificial Intelligence. Edinburgh, Scotland: 2005: 576 - 583.

[22] OLIEHOEK F A, SPAAN M T, VLASSIS N. Optimal and approximate Q - value functions for decentralized POMDPs [J]. Journal of Artificial Intelligence Research, 2008, 32 (1): 289 - 353.

[23] OLIEHOEK F A, SPAAN M T, AMATO C, et al. Incremental clustering and expansion for faster optimal planning in Dec - POMDPs [J]. Journal of Artificial Intelligence Research, 2013, 46 (1): 449 - 509.

[24] EMERYMONTEMERLO R, GORDON G, SCHNEIDER J, et al. Approximate solutions for partially observable stochastic games with common payoffs [C] //International Joint Conference on Autonomous Agents and Multiagent Systems. 2004: 136 - 143.

[25] OLIEHOEK F A, VLASSIS N. Q - value functions for decentralized POMDPs [C] //Proceedings of the 6th International Joint Conference on Autonomous Agents and Multiagent Systems. Honolulu, Hawaii: ACM, 2007: 220.

[26] OLIEHOEK F A, WHITESON S, SPAAN M T J. Lossless clustering of histories in decentralized POMDPs [C] //International Conference on Autonomous Agents and Multiagent Systems. Budapest, Hungary: 2009: 577 - 584.

[27] SPAAN M T J, OLIEHOEK F A, AMATO C. Scaling up optimal heuristic search in Dec - POMDPs via incremental expansion [C] //International Joint Conference on Artificial Intelligence. Barcelona, Spain: 2011: 2027 - 2032.

[28] BUSONIU L, BABUSKA R, DE SCHUTTER B. A comprehensive survey of multiagent reinforcement learning [J]. IEEE Transactions on Systems Man & Cybernetics Part C, 2008, 38 (2): 156 - 172.

[29] HU J, WELLMAN M P. Nash Q - learning for general - sum stochastic games [J]. Journal of Machine Learning Research, 2003, 4: 1039 - 1069.

[30] LITTMAN M L. Value - function reinforcement learning in Markov games [J]. Cognitive Systems Research, 2001, 2 (1): 55 - 66.

[31] LITTMAN M L. Markov games as a framework for multi - agent reinforcement learning [C] // Proceeding of the 11th International Conference on Machine Learning. New Brunswick: 1994: 157 - 163.

[32] BOWLING M H, VELOSO MM. Multiagent learning using a variable learning rate [J]. Artificial Intelligence, 2002, 136 (2): 215 - 250.

[33] YANG Y, LUO R, LI M, et al. Mean field multi - agent reinforcement learning [C] //Proceedings of the 35th International Conference on Machine Learning. Stockholm, Sweden: 2018.

[34] KOCSIS L, SZEPESVÁRI C. Bandit based Monte - Carlo planning [C] //17th European Conference on Machine Learning. Berlin, Germany: 2006: 282 - 293.

[35] SILVER D, SCHRITTWIESER J, SIMONYAN K, et al. Mastering the game of Go without human knowledge [J]. Nature, 2017, 550 (7676): 354 - 359.

[36] AMATO C, OLIEHOEK F A. Scalable planning and learning for multiagent POMDPs [C] // Proceedings of the Twenty - Ninth AAAI Conference on Artificial Intelligence. Austin, TX, USA: 2015.

[37] HOLMESPARKER C, TAYLOR M E, AGOGINO A K, et al. CLEAN rewards to improve coordination by removing exploratory action noise [C] //Proceedings of the 2014 IEEE/WIC/ACM International Joint Conferences on Web Intelligence (WI) and Intelligent Agent Technologies (IAT). Washington, DC, USA: IEEE Computer Society, 2014, 3: 127 - 134.

[38] EGOROV M. Multi - agent deep reinforcement learning [J]. Stanford University, CS231n: Convolutional Neural Networks for Visual Recognition, 2016.

[39] GUPTA J K, EGOROV M, KOCHENDERFER M. Cooperative multi - agent control using deep reinforcement learning [C] //International Conference on Autonomous Agents and Multiagent Systems. Sao Paulo, Brazil: 2017: 66 - 83.

[40] SCHULMAN J. Optimizing expectations: from deep reinforcement learning to stochastic computation graphs [D]. EECS Department, University of California, Berkeley, 2016.

[41] LEIBO J Z, ZAMBALDI V, LANCTOT M, et al. Multi - agent reinforcement learning in sequential social dilemmas [C] //Proceedings of the 16th Conference on Autonomous Agents and MultiAgent Systems. Richland, SC: International Foundation for Autonomous Agents and Multiagent Systems, 2017: 464 - 473.

[42] FOERSTER J, ASSAEL Y M, DE FREITAS N, et al. Learning to communicate with deep multi - agent reinforcement learning [G] //Neural Information Processing Systems. Barcelona, Spain: 2016: 2137 - 2145.

[43] FOERSTER J N, NARDELLI N, FARQUHAR G, et al. Stabilising experience replay for deep multi - agent reinforcement learning [J]. CoRR, 2017, abs/1702. 08887.

[44] HAUSKNECHT M, STONE P. Deep recurrent Q - learning for partially observable MDPs [C] // 2015 AAAI Fall Symposium Series. 2015.

[45] FOERSTER J N, ASSAEL Y M, DE FREITAS N, et al. Learning to communicate to solve riddles with deep distributed recurrent Q - networks [J/OL]. arXiv: 1602. 02672 [cs], 2016, [2019 -02 - 12]. https: //arxiv. org/ abs/1602. 02672.

[46] HONG Z - W, SU S - Y, SHANN T - Y, et al. A deep policy inference Q - network for multi - agent systems [C] // Proceedings of the 17th International Conference on Autonomous Agents and MultiAgent Systems. International Foundation for Autonomous Agents and Multiagent Systems, 2018: 1388 - 1396.

[47] FOERSTER J N, FARQUHAR G, AFOURAS T, et al. Counterfactual multi - agent policy gradients [C] // Proceeding of the Thirty - Second AAAI Conference on Artificial Intelligence. 2018, abs/1705. 08926.

[48] LOWE R, WU Y, TAMAR A, et al. Multi - agent actor - critic for mixed cooperative - competitive environments [G] //GUYON I, LUXBURG U V, BENGIO S, et al. Advances in Neural Information Processing Systems. Curran Associates, Inc., 2017: 6379 - 6390.

[49] KHAN A, ZHANG C, LEE DD, et al. Scalable centralized deep multi - agent reinforcement learning via policy gradients [J/OL]. arXiv: 1805. 08776 [cs, stat], 2018, [2019 - 02 - 15]. https: // arxiv. org/abs/1805. 08776.

[50] RASHID T, SAMVELYAN M, WITT C S de, et al. QMIX: monotonic value function factorisation for deep multi - agent reinforcement learning [J]. CoRR, 2018, abs/1803. 11485.

[51] SUKHBAATAR S, SZLAM A, FERGUS R. Learning multiagent communication withbackpropa - gation [G] //LEE D D, SUGIYAMA M, LUXBURG U V, et al. Advances in Neural Information Processing Systems 29. Curran Associates, Inc., 2016: 2244 - 2252.

[52] KONG X, XIN B, LIU F, et al. Revisiting the master - slave architecture in multi - agent deep reinforcement learning [J]. arXiv preprint arXiv: 1712. 07305, 2017.

[53] KONG X, XIN B, LIU F, et al. Effective master - slave communication on a multi - agent deep reinforcement learning system [C] //Hierarchical Reinforcement Learning Workshop at the 31st Conference on NIPS, Long Beach, CA, USA. 2017.

[54] NASH J F. Equilibrium points in n - person games [J]. Proceedings of the national academy of sciences, 1950, 36 (1): 48 - 49.

[55] LOERTSCHER S. Rock - Scissors - Paper and evolutionarily stable strategies [J]. Economics Letters, 2013, 118 (3): 473 - 474.

[56] GUO A, LESSER V R. Planning for weakly - coupled partially observable stochastic games [C] // International Joint Conferences on Artificial Intelligence. 2005: 1715 - 1716.

[57] HANSEN E A, BERNSTEIN D S, ZILBERSTEIN S. Dynamic programming for partially observable stochastic games [C] //19th National Conference on Artificial Intelligence. 2004: 709 - 715.

[58] PARUCHURI P, PEARCE J P, MARECKI J, et al. Playing games for security: an efficient exact algorithm for solving Bayesian Stackelberg games [C] //Proceedings of the 7th international joint conference on Autonomous agents and multiagent systems - Volume 2. International Foundation for Autonomous Agents and Multiagent Systems, 2008: 895 - 902.

[59] KIEKINTVELD C, MARECKI J, TAMBE M. Approximation methods for infinite Bayesian Stackelberg games: Modeling distributional payoff uncertainty [C] //The 10th International Conference on Autonomous Agents and Multiagent Systems - Volume 3. International Foundation for Autonomous Agents and Multiagent Systems, 2011: 1005 - 1012.

[60] BONABEAU E, MARCO D de R D F, DORIGO M, et al. Swarm intelligence: from natural to artificial systems [M]. Oxford, United Kingdom: Oxford university press, 1999.

[61] TEODOROVIC D, DELL' ORCO M. Bee colony optimization - a cooperative learning approach to complex transportation problems [J]. Advanced OR and AI methods in transportation, 2005, 51: 60.

[62] KENNEDY J. Particle swarm optimization [G] //SAMMUT C, WEBB G I. Encyclopedia of Machine Learning. Boston, MA: Springer, 2011: 760 - 766.

[63] ILIE S, BĂDICĂ C. Multi - agent approach to distributed ant colony optimization [J]. Science ofComputer Programming, 2013, 78 (6): 762 - 774.

[64] COLLINGS J, KIM E. A distributed and decentralized approach for ant colony optimization with fuzzy parameter adaptation in traveling salesman problem [C] //IEEE Symposium on Swarm Intelligence. IEEE, 2014: 1 - 9.

[65] NAVARRO I, DI MARIO E, MARTINOLI A. Distributed vs. centralized Particle Swarm Optimization for Learning Flocking Behaviors [C] //Proceedings of the European Conference on Artificial Life 2015. The MIT Press, 2015: 302 - 309.

[66] BROWNE C B, POWLEY E, WHITEHOUSE D, et al. A survey of Monte Carlo tree search methods [J]. IEEE Transactions on Computational Intelligence & AI in Games, 2012, 4 (1): 1 - 43.

[67] ABRAMSON B. Expected - outcome: A general model of static evaluation [J]. IEEE Transactions on Pattern Analysis and Machine Intelligence, 1990, 12 (2): 182 - 193.

[68] AUER P, CESA - BIANCHI N, FISCHER P. Finite - time analysis of the multiarmed bandit problem [J]. Machine Learning, 2002, 47 (2 - 3): 235 - 256.

[69] COULOM R. Efficient selectivity and backup operators in Monte - Carlo tree search [C] // International Conference on Computers and Games. Springer, 2006: 72 - 83.

[70] TESAURO G, RAJAN V T, SEGAL R. Bayesian Inference in Monte - Carlo Tree Search [C] // Proceedings of the Twenty - Sixth Conference on Uncertainty in Artificial Intelligence. Catalina Island, CA: 2012: 580 - 588.

[71] CHILDS B E, BRODEUR J H, KOCSIS L. Transpositions and move groups in Monte Carlo tree search [C] //IEEE Symposium on Computational Intelligence and Games. 2008: 389 - 395.

[72] SILVER D, TESAURO G. Monte - Carlo simulation balancing [C] //International Conference on Machine Learning. Montreal, Quebec, Canada: 2009: 945 - 952.

[73] RIMMEL A, TEYTAUD F. Multiple overlapping tiles for contextual Monte Carlo tree search [C] // Applications of Evolutionary Computation. Torino, Italy: 2010: 201 - 210.

[74] FINNSSON H. Cadia - player: A general game playing agent [D]. Iceland: Reykjavík University, 2007.

[75] FINNSSON H, BJÖRNSSON Y. Learning simulation control in general game - playing agents

[C] //Twenty - Fourth AAAI Conference on Artificial Intelligence. 2010, 10: 954 - 959.

[76] KOZELEK T. Methods of MCTS and the gameArimaa [D]. Charles University in Prague, 2009.

[77] DRAKE P, UURTAMO S. Move ordering vs heavy playouts: where should heuristics be applied in Monte Carlo Go [C] //Proceedings of the 3rd North American Game - On Conference. Shiga, Japan: 2007: 171 - 175.

[78] WINANDS M H, BJÖRNSSON Y. Evaluationfunction based Monte - Carlo LOA [C] //Advances in Computer Games. Springer, 2009: 33 - 44.

[79] XIE F, LIU Z. Backpropagation modification in Monte - Carlo game tree search [C] //International Symposium on Intelligent Information Technology Application. Shanghai, China: 2009: 125 - 128.

[80] TOM D, MÜLLER M. A study of UCT and its enhancements in an artificial game [C] //Advances in Computer Games. Berlin, Heidelberg: Springer, 2009: 55 - 64.

[81] ARAS R, DUTECH A, CHARPILLET F. Mixed integer linear programming for exact finite - horizon planning in decentralized POMDPs [C] //International Conference on Automated Planning and Scheduling. 2007: 18 - 25.

[82] WU F, ZILBERSTEIN S, CHEN X. Point - based policy generation for decentralizedPOMDPs [C] // International Conference on Autonomous Agents and Multiagent Systems. Toronto, Canada: 2010: 1307 - 1314.

[83] DIBANGOYE J S, MOUADDIB A I, CHAI - DRAA B. Point - based incremental pruning heuristic for solving finite - horizon DEC - POMDPs [C] //The 8th International Joint Conference on Autonomous Agents and Multiagent Systems. Budapest, Hungary: 2009: 569 - 576.

[84] 吴锋. 基于决策理论的多智能体系统规划问题研究 [D]. 合肥，中国科学技术大学，2011.

[85] WU F, ZILBERSTEIN S, CHEN X. Online planning for multi - agent systems with bounded communication [J]. Artificial Intelligence, 2011, 175 (2): 487 - 511.

[86] BAI A, WU F, CHEN X. Online planning for large MDPs with MAXQ decomposition [C] // International Conference on Autonomous Agents and Multiagent Systems. 2012.

[87] BAI A, WU F, CHEN X. Online planning for large Markov decision processes with hierarchical decomposition [J]. ACM Transactions on Intelligent Systems and Technology, 2015, 6 (4): 45: 1 - 45: 28.

[88] DIETTERICH T G. Hierarchical reinforcement learning with the MAXQ value function decomposition [J]. Journal of Artificial Intelligence Research, 2000, 13: 227 - 303.

[89] RUSSELL S J, NORVIG P. Artificial intelligence: a modern approach [M]. Malaysia; Pearson Education Limited, 2016.

[90] WEISS G. Multiagent systems: a modern approach to distributed artificial intelligence [M]. MIT press, 1999.

[91] KAUFMAN M. Local decision - making in multi - agent systems [D]. University of Oxford, 2010.

[92] BULLING N. A survey of multi - agent decision making [J]. KI - Künstliche Intelligenz, 2014, 28 (3): 147 - 158.

[93] SYCARA K P. Multiagent systems [J]. AI magazine, 1998, 19 (2): 79.

[94] RIZK Y, AWAD M, TUNSTEL E W. Decision making in multi - agent systems: A survey [J]. IEEE Transactions on Cognitive and Developmental Systems, 2018, 10 (3): 514 - 529.

[95] OLIEHOEK F A. Interactive learning and decision making: foundations, insights & challenges [C] // International Joint Conferences on Artificial Intelligence. 2018: 5703 - 5708.

[96] SUTTON R S, BARTO A G. Reinforcement learning: An introduction [M]. Cambridge, Massachusetts: The MIT press, 2018.

[97] SURDU J R, KITTKA K. The deep green concept [C] //Proceedings of the 2008 Spring simulation multiconference. Society for Computer Simulation International, 2008: 623 - 631.

[98] 郭圣明，贺筱媛，胡晓峰，等．军用信息系统智能化的挑战与趋势 [J]. 控制理论与应用，2016，33 (12)：1562 - 1571.

[99] 赵宗贵，李君灵，王珂．战场态势估计概念、结构与效能 [J]. 中国电子科学研究院学报，2010，05 (3)：226 - 230.

[100] 胡晓峰，贺筱媛，陶九阳．AlphaGo 的突破与兵棋推演的挑战 [J]. 科技导报，2017，35 (21)：49 - 60.

[101] LITTMAN M L, CASSANDRA A R, KAELBLING L P. Learning policies for partially observable environments: Scaling up [G] //Machine Learning Proceedings 1995. Elsevier, 1995: 362 - 370.

[102] ROTH M, SIMMONS R, VELOSO M. Reasoning about joint beliefs for execution - time communication decisions [C] //Proceedings of the fourth international joint conference onAutonomous agents and multiagent systems. ACM, 2005: 786 - 793.

[103] KAELBLING L P, LITTMAN M L, CASSANDRA A R. Planning and acting in partially observable stochastic domains [J]. Artificial intelligence, 1998, 101 (1 - 2): 99 - 134.

[104] NAIR R, TAMBE M, YOKOO M, et al. Taming decentralized POMDPs: Towards efficient policy computation for multiagent settings [C] //International Joint Conferences on Artificial Intelligence. Acapulco, Mexico: 2003: 705 - 711.

[105] AICARDI M, DAVOLI F, MINCIARDI R. Decentralized optimal control of Markov chains with a common past information set [J]. IEEE Transactions on Automatic Control, 1987, 32 (11): 1028 - 1031.

[106] OOI J M, WORNELL G W. Decentralized control of a multiple access broadcast channel: Performance bounds [C] //Proceedings of 35th IEEE Conference on Decision and Control. Kobe, Japan: IEEE, 1996, 1: 293 - 298.

[107] AMATO C, BERNSTEIN D S, ZILBERSTEIN S. Optimal fixed - size controllers for decentralized POMDPs [C] //The Workshop on Multi - Agent Sequential Decision Making in Uncertain Domains at AAMAS. 2006.

[108] BERNSTEIN D S, HANSEN E A, ZILBERSTEIN S. Bounded policy iteration for decentralized POMDPs [C] //Proceedings of the Nineteenth International Joint Conference on Artificial Intelligence. Edinburgh, Scotland, UK: 2005: 1287 - 1292.

[109] AMATO C, BERNSTEIN D S, ZILBERSTEIN S. Optimizing memory - bounded controllers for decentralized POMDPs [C] //Proceedings of the Twenty - Third Conference on Uncertainty in Artificial Intelligence. Vancouver, BC Canada: 2007.

[110] SEUKEN S, ZILBERSTEIN S. Improved memory - bounded dynamic programming for decentralized POMDPs [C] //Proceedings of the Twenty - Third Conference Annual Conference on Uncertainty in Artificial Intelligence. Corvallis, Oregon: AUAI Press, 2007: 344 - 351.

[111] AMATO C, ZILBERSTEIN S. Achieving goals in decentralized POMDPs [C] //Proceedings of the 8th International Conference on Autonomous Agents and Multiagent Systems - Volume 1. 2009: 593 - 600.

[112] OLIEHOEK F A, SPAAN M T J, TERWIJN B, et al. The MADP toolbox: An open source library for planning and learning in (multi -) agent systems [J]. Journal of Machine Learning Research, 2017, 18 (89): 1 - 5.

[113] WANG X, SANDHOLM T. Reinforcement learning to play an optimal Nash equilibrium in team Markov games [G] //Advances in neural information processing systems. 2003: 1603 - 1610.

[114] CHASLOT G, BAKKES S, SZITA I, et al. Monte - Carlo tree search: A new framework for game AI [C] //Proceedings of the Fourth Artificial Intelligence and Interactive Digital Entertainment Conference. Stanford, California, USA: 2008: 216 - 217.

[115] KOCSIS L, SZEPESVÁRI C, WILLEMSON J. Improved Monte - Carlo search [R]. Estonia: University of Tartu, 2006.

[116] BOUTILIER C. Planning, learning and coordination in multiagent decision processes [C] // Proceedings of the 6th conference on Theoretical aspects of rationality and knowledge. Morgan Kaufmann Publishers Inc., 1996: 195 - 210.

[117] PONSEN M, DE JONG S, LANCTOT M. Computing approximatenash equilibria and robust best - responses using sampling [J]. Journal of Artificial Intelligence Research, 2011, 42: 575 - 605.

[118] RAILEANU R, DENTON E, SZLAM A, et al. Modeling others using oneself in multi - agent reinforcement learning [J/OL]. arXiv: 1802. 09640 [cs], 2018, [2019 - 03 - 13]. https: //arxiv. org/abs/1802. 09640.

[119] BEST G, CLIFF O M, PATTEN T, et al. Dec - MCTS: Decentralized planning for multi - robot active perception [J]. The International Journal of Robotics Research, 2019, 38 (2 - 3): 316 - 337.

[120] GRZE Ś M. Reward shaping in episodic reinforcement learning [C] //Proceedings of the 16th Conference on Autonomous Agents andMultiAgent Systems. International Foundation for Autonomous Agents and Multiagent Systems, 2017: 565 - 573.

[121] NG A Y, HARADA D, RUSSELL S. Policy invariance under reward transformations: theory and application to reward shaping [C] //International Conference on Machine Learning. 1999, 99: 278 - 287.

[122] VODOPIVEC T, SAMOTHRAKIS S, STER B. On Monte - Carlo tree search and reinforcement learning [J]. Journal of Artificial Intelligence Research, 2017, 60: 881 - 936.

[123] WIEWIORA E. Potential - based shaping and Q - value initialization are equivalent [J]. Journal of Artificial Intelligence Research, 2003, 19: 205 - 208.

[124] DEVLIN S M, KUDENKO D. Dynamic potential - based reward shaping [C] //Proceedings of the 11th International Conference on Autonomous Agents and Multiagent Systems. IFAAMAS, 2012: 433 - 440.

[125] WATKINS C J C H. Learning from delayed rewards [D]. King' s College, Cambridge, 1989.

[126] WATKINS C J C H, DAYAN P. Q - learning [J]. Machine Learning, 1992, 8 (3 - 4): 279 - 292.

[127] BUŞONIU L, BABUŠKA R, SCHUTTER B D. Multi - agent reinforcement learning: An overview [G] //Innovations in Multi - Agent Systems and Applications - 1. Springer, Berlin, Heidelberg,

2010，310：183 - 221.

[128] HERNANDEZ - LEAL P，KAISERS M，BAARSLAG T，et al. A survey of learning in multiagent environments：Dealing with non - stationarity [J/OL]. arXiv：1707. 09183，2017，[2019 - 03 - 22]. https：// arxiv. org/abs/1707. 09183.

[129] CASTANEDA A O. Deep reinforcement learning variants of multi - agent learning algorithms [D]. Master's thesis，School of Informatics，University of Edinburgh，2016.

[130] ABDALLAH S，KAISERS M. Addressing the policy - bias of Q - learning by repeating updates [C] // Proceedings of the 2013 International Conference on Autonomous Agents and Multi - agent Systems. International Foundation for Autonomous Agents and Multiagent Systems，2013：1045 - 1052.

[131] YU C，ZHANG M，REN F，et al. Emotional multiagent reinforcement learning in spatial social dilemmas [J]. IEEE Transactions on Neural Networks and Learning Systems，2015，26 (12)：3083 - 3096.

[132] PALMER G，TUYLS K，BLOEMBERGEN D，et al. Lenient multi - agent deep reinforcement learning [C] //Proceedings of the 17th International Conference on Autonomous Agents and MultiAgent Systems. International Foundation for Autonomous Agents and Multiagent Systems，2018：443 - 451.

[133] ZHENG Y，MENG Z，HAO J，et al. Weighted double deep multiagent reinforcement learning in stochastic cooperative environments [C] //Pacific Rim International Conference on Artificial Intelligence. Springer，2018：421 - 429.

[134] VAN HASSELT H，GUEZ A，SILVER D. Deep reinforcement learning with double Q - learning [C] // Thirtieth AAAI Conference on Artificial Intelligence. 2016：7.

[135] BELLMAN R，BELLMAN R E，COLLECTION K M R. Adaptive control processes：A guided tour [M]. Princeton University Press，1961.

[136] 郭宪，方勇纯．深入浅出强化学习：原理入门 [M]. 北京：电子工业出版社，2018.

[137] MINSKY M. Steps toward artificial intelligence [J]. Proceedings of the IRE，1961，49 (1)：8 - 30.

[138] VALVE STEAM. Dota 2 [EB/OL]. (2019 - 01 - 12) [2019 - 02 - 17]. http：//www. dota2. com/.

[139] OPENAI. OpenAIFive [EB/OL]. (2018 - 08 - 22) [2018 - 11 - 15]. https：//openai. com/five/.

[140] LILLICRAP T P，HUNT JJ，PRITZEL A，et al. Continuous control with deep reinforcement learning [C] //International Conference on Learning Representations. 2016.

[141] SILVER D，LEVER G，HEESS N，et al. Deterministic policy gradient algorithms [C] // Proceeding of the 31st International Conference on Machine Learning. Beijing，China：2014：9.

[142] MNIH V，KAVUKCUOGLU K，SILVER D，et al. Human - level control through deep reinforcement learning [J]. Nature，2015，518 (7540)：529 - 533.

[143] BERMAN M，JÉGOU H，VEDALDI A，et al. MultiGrain：a unified image embedding for classes and instances [J/OL]. arXiv：1902. 05509 [cs]，2019，[2019 - 03 - 16]. https：//arxiv. org/abs/1902. 05509.

[144] ACHILLE A，LAM M，TEWARI R，et al. Task2Vec：Task embedding for meta - learning [J/OL]. arXiv：1902. 03545 [cs，stat]，2019，[2019 - 02 - 21]. https：//arxiv. org/abs/1902. 03545.

[145] MIKOLOV T，CHEN K，CORRADO G，et al. Efficient estimation of word representations in vector

space [J/OL]. arXiv: 1301. 3781 [cs], 2013, [2019 - 02 - 19]. https: //arxiv. org/abs/1301. 3781.

[146] MIKOLOV T, SUTSKEVER I, CHEN K, et al. Distributed representations of words and phrases and their compositionality [G] //Advances in Neural Information Processing Systems. 2013: 3111 - 3119.

[147] CHUNG Y - A, GLASS J. Speech2Vec: A sequence - to - sequence framework for learning word embeddings from speech [J/OL]. arXiv: 1803. 08976 [cs], 2018, [2019 - 02 - 18]. https: //arxiv. org/abs/1803. 08976.

[148] PLAPPERT M, HOUTHOOFT R, DHARIWAL P, et al. Parameter space noise for exploration [J/OL]. arXiv: 1706. 01905 [cs, stat], 2017, [2019 - 01 - 15]. https: //arxiv. org/abs/1706. 01905.

[149] MORDATCH I, ABBEEL P. Emergence of grounded compositional language in multi - agent populations [C] //Thirty - Second AAAI Conference on Artificial Intelligence. 2018.

[150] KINGMA D P, BA J. Adam: A method for stochastic optimization [C] //The 3rd International Conference for Learning Representations. San Diego: 2015.

[151] An open source machine learning framework for everyone: tensorflow/tensorflow [CP/OL]. Google, 2019.

[152] A toolkit for developing and comparing reinforcement learning algorithms: openai/gym [CP/OL]. OpenAI, 2019.

第 5 章　智能机动规划技术

在战术级作战仿真推演，以及联合作战背景下的太空智能推演场景中，经常要涉及如卫星、舰船、战机等作战仿真实体，如何针对战术任务目标、武器使用条件等，生成合理的机动策略，并控制仿真实体针对当前态势依据机动策略输出相应的物理行为是一个不可避免的难题，也是影响作战仿真实体行为表现的关键因素。针对该问题，目前已经形成了许多研究成果。但是，获得更高智能的决策行为始终是一个开放性的问题。不断引入新的更具突破性的智能算法，是解决该问题的重要途径。深度强化学习（Deep Reinforcement Learning，DRL）以对智能的强大建模能力，在与作战仿真极为相似的即时策略游戏中达到人类水平，使其成为使作战仿真实体获得更高智能决策行为的重要技术之一。然而，作战仿真实体本身及其决策环境的特殊性，使得直接利用 DRL 进行机动决策面临着诸多挑战。

因此，本章将探索 DRL 在作战仿真实体战术机动策略生成中的应用，从仿真实体决策环境及其自身特性两个方面，对基于 DRL 的作战仿真实体智能机动规划算法进行讲解，改善 DRL 的训练效率和性能，来增强 DRL 对仿真实体机动特性的适应性，并降低仿真实体数量对多智能体 DRL 算法训练效率的不利影响，从而提高 DRL 在太空智能推演系统战术机动策略生成中的可用性。在本章的最后一个小节中，通过在真实的作战仿真系统上，采用典型的战机对抗机动场景对所提算法的有效性进行验证。

5.1　智能机动规划技术概述

5.1.1　发展背景及意义

5.1.1.1　发展背景

基于计算机技术的现代作战仿真，将人们从“在战争中学习战争”转变为“在实验室学习战争”[1]，钱学森曾指出“作战实验，是军事科学研究方法划时代的革新”[2]。利用作战仿真可以有效降低作战方案验证、人员演训演练、装备设计研发等活动的成本，并且具有全程可控、安全性高、可重复实验等优点[3]。计算机技术的飞速发展，使作战仿真对现实问题的抽象程度降低，对实践的指导意义越来越大。此外，军事信息系统的智能化建设为作战仿真提供了如智能蓝军、智能辅助决策等新的应用场景。作战仿真必将更加深入全面地渗入军事活动中，并最终对战争结果产生有力影响。

作战仿真实体作为作战单元在虚拟战场中的映射，是实施作战模拟的行为主体，其交互过程能够对作战仿真的逼真度和可信度产生重要影响。作战仿真实体的行为包括物理行为和认知行为。作战仿真实体实施具体动作并对环境产生影响，属于其物理行为，而如何基于当前环境态势做出对具体动作的选择，属于认知行为范畴。“决策”是作战仿真实体重要的认知行为，直接决定着其物理行为的输出，是仿真实体行为建模的重点和难点。策略是仿真实体针对当前态势做出决策的依据，所以对仿真实体决策进行研究，主要是对仿真实体的行为策略生成进行研究。相对于战略对宏观目标与方向的确定，战术则是针对具体战斗任务的处理[4]。战术决策就是研究作战仿真实体如何针对具体任务获取行为策略，完成战术任务。战术机动是战斗力生成的核心要素，也是仿真实体交互的重要体现方式。作战仿真实体的智能机动规划，往往会对作战仿真产生重要影响。

目前，在一些典型的作战仿真系统中，作战仿真实体仍通过对相关领域专家经验知识的合理存储和表示，以驱动作战仿真实体根据态势变化产生具体行为[5]。这类算法构建过程繁琐，策略部署效率低下，并且知识的完备性也难以保证。此外，按图索骥的决策方式，容易造成作战仿真实体决策刻板、可预见性强，在复杂动态性较强的作战仿真中其行为表现的适应性、智能性不足，并且难以有丰富的战场变化，从而对作战仿真系统的逼真性、仿真结果的可信度以及对人产生新的启示方面，都造成不利影响。从发展的角度看，计算机技术的更新，使仿真系统对作战问题的抽象程度不断降低，作战仿真中蕴含的复杂动态性日益加剧，这需要作战仿真实体能在虚拟战场中具有更高的智能性和适应性。此外，军事信息系统的智能化发展，将计算机由劳力辅助转化为智能辅助，为作战仿真提供了新的应用场景。例如，基于高智能性的作战仿真实体构建智能蓝军，对作战人员进行训练与考核；利用更能反映客观实际的仿真推演，辅助决策人员进行作战方案选择和优化；利用有效的战术策略生成方法，辅助人们进行新战法的研究等。这些都需要作战仿真实体能够生成更好的行为策略，产生更高智能性和适应性的行为表现。选择更好的策略生成方法应用到作战仿真实体的机动决策中，进一步优化仿真实体行为表现的智能性和适应性，对提升当前作战仿真系统质量，增强作战仿真对实践的指导价值，满足未来军事信息系统智能化发展的需求，具有重要意义。

人工智能技术的发展不断为作战仿真实体的行为策略生成，提供新的技术途径，形成了博弈论、树搜索、推理规划等多种行为策略生成方法，以提升作战仿真实体的智能性与适应性。然而，最终在与作战仿真极为相似的即时策略游戏中实现突破的是 2015 年由 DeepMind 提出的深度强化学习[6]。2019 年利用 DRL 在 Dota2 和星际争霸两款经典即时策略游戏中达到了人类专业战队水平，展现了其对智能的建模潜力和在作战仿真中的应用前景。DRL 通过作战仿真实体与环境不断“交互-试错”的学习方式，对策略空间进行探索，以获得行为策略。这在减少对相关领域专家经验知识依赖的同时，甚至能够产生超出人类经验范围的“新知识”，从而有利于产生更加丰富的战场变化，激发人产生新的启示。DRL 可以处理状态-动作空间为连续高维空间，环境模型未知的序列决策问题，对状态空间极大、环境模型难以建立的作战仿真具有良好的适用性。

尽管 DRL 作为新兴人工智能技术的典型代表，在许多领域已经开始成功应用，并且在即时策略游戏中率先达到了人类水平，但是将其应用于作战仿真实体机动行为策略的自主生成，尚处于初始阶段。作战仿真实体本身及其决策环境的特殊性，使得直接利用

DRL 进行机动决策面临着诸多挑战。文中作战仿真实体主要指的是坦克、战机等作战仿真中的仿真装备实体。战术机动是指作战仿真实体针对具体战术任务，利用 DRL 生成机动策略，并控制仿真实体针对当前态势，依据生成的策略，输出物理行为，可应用于包含作战仿真实体交互的战术级作战仿真推演，以及联合作战背景下的局部战术场景，如战机之间的战术对抗等。

5.1.1.2　研究意义

在作战中能够应对并塑造出动态性更强的战场态势、保持作战优势，是军事信息系统智能化的核心目标。基于计算机技术的作战仿真，是提供更准确的战场态势预测和方案评估结果、辅助指挥员更迅速地做出最优决策的重要工具。在作战复杂动态性日益增强而作战仿真对现实的抽象程度不断降低的背景下，智能化的作战仿真实体对增加作战仿真的逼真度和可信度具有重要意义。

首先，从理论研究上讲：

1）丰富了作战仿真实体的行为决策技术途径。仿真实体的行为决策涉及认知科学、人工智能、决策理论等多学科交叉。DRL 技术在与作战仿真极为相似的即时策略游戏中率先实现了突破，显示了其在作战仿真中的巨大应用潜力。本节研究是将 DRL 引入作战仿真实体智能机动规划的尝试，作战仿真实体能够针对具体任务基于 DRL 获得机动策略，使 DRL 成为支撑作战仿真实体智能决策的可行手段。

2）促进了 DRL 技术在特定应用中的技术发展。本节以提高 DRL 在作战仿真实体战术机动策略生成中的可用性为目标，从仿真实体决策环境和实体自身特性两方面，对增强 DRL 的适用性进行研究。具体来讲是在以 DRL 为核心技术的决策框架下，重点解决了如何应对仿真实体具体决策易受干扰、仿真实体机动特性影响 DRL 的可用性、仿真实体数量影响多智能体 DRL 训练效率三个方面的问题。针对上述问题，本节所提出的算法均是根据具体问题设计和实现的新的技术手段。对每一方面的研究，本节都通过应用案例或基准测试问题，进行了有效性验证，使相关方法形成一定程度的通用，能够为类似应用提供启发。

3）为 DRL 在作战仿真实体决策中的进一步应用奠定了基础。本节的研究更偏重于理论方面的探索，主要结合典型问题对 DRL 算法进行了相应改进和验证。从 DRL 在实际作战仿真平台中应用来看，还有许多工作要做。但目前的研究成果已经证明了利用 DRL 进行作战仿真实体战术决策的技术可行性，为后续的相关研究工作打下了基础。

其次，从实践角度来讲，当前国内的大多数作战仿真系统，仿真前需要根据想定进行大量仿真实体行为策略部署作业，对行动路线、打击时机等内容进行手动装订，配置过程复杂，效率低下，除了难以对各种情况考虑完备外，作战仿真实体按部就班地运行，动作预见性很强，不利于人们产生新的启示。而基于 DRL 的决策技术可以使仿真实体行为表现更加智能，能够更好地应对环境的动态变化，对抗性增强，使受训者获得更好的训练效果，并且高智能性的作战仿真实体可以使战场变化更加丰富，有利于人们对作战产生新的启示。

5.1.2 研究现状

5.1.2.1 深度强化学习研究现状

DRL 自从被提出以后，以其对智能的强大建模能力，将人工智能的发展水平又推向了新的高度。本节首先对基于 DRL 的人工智能技术发展水平进行介绍，然后对 DRL 算法进行梳理。

(1) 基于深度强化学习的人工智能技术

在人工智能的发展过程中，能否达到人类水平，是衡量人工智能技术发展水平的重要标准。在游戏中便于实现人机对战，所以不同难度的决策类游戏逐渐成为检验人工智能技术发展水平的重要平台。在古代人们用棋类游戏训练军事思想，在现代人们开始将游戏作为研究作战仿真决策的工具，如美军的空军技术学院[7]。游戏难度越小则被突破得越早，而许多高难度游戏都是在 DRL 技术出现后才实现突破的，如围棋、星际争霸等，体现了 DRL 对智能的强大建模能力。总的来讲，决策类游戏主要分为完全信息游戏、不完全信息游戏和即时策略游戏三类，其难度依次增大。

完全信息类游戏，具有完备明确的行动规则和胜负裁决标准，并且任意时刻所有参与者都可以获取游戏全部状态信息，对所有参与者没有隐藏信息。例如：双陆棋、国际象棋、国际跳棋、围棋等游戏。棋类游戏在古代是用来训练军事思想的重要手段。完全信息游戏的难度主要来自游戏状态空间复杂度，游戏状态空间越大则游戏的难度也就越大。

不完全信息游戏与完全信息游戏的区别之处在于对参与者存在隐藏信息，如德州扑克、桥牌、麻将等游戏。对于不完全信息游戏而言，隐藏信息量的大小决定了游戏的难易程度。目前不完全信息游戏主要在德州扑克上取得了成功。

相比于棋牌类游戏，即时策略游戏具有新的特点。第一，从游戏理论上来讲，即时策略游戏有丰富的博弈过程，且最佳策略不唯一，智能体必须持续探索并根据实际情况作出决策；第二，战争迷雾和镜头限制等条件，隐藏了大量重要信息，参与者无法实时掌握全局信息和对手策略，为不完全信息游戏；第三，与棋牌游戏不同，因果关系并非直接实时；第四，即时战略游戏不像棋牌游戏那样参与者依次行动，而是在游戏时间内持续根据所观察的态势信息进行决策；最后，即时策略游戏状态、动作空间巨大，游戏中玩家必须实时控制不同区域下的数十个单元和建筑物，进而可以组成大量的操作集合。典型的即时策略游戏有 Dota、星际争霸等。

即时策略游戏与作战仿真有许多极为相似的特征（见图 5－1），但与传统的棋牌类游戏却有很大差别。尽管人工智能技术在围棋中超过了人类水平引起了全世界的关注，但其在即时策略游戏中取得成功，将直接影响军事信息系统智能化建设中对人工智能技术的选择。

1956 年，Arthur Samuel 基于策略搜索发明了针对国际跳棋的智能算法。1992 年，Gerald Tesauro 基于神经网络和强化学习针对双陆棋，训练出了击败人类最高水平棋手的 TD－Gammon[8]。1994 年，加拿大艾尔伯特大学的 Jonathan Schaeffer 采用树搜索算法，

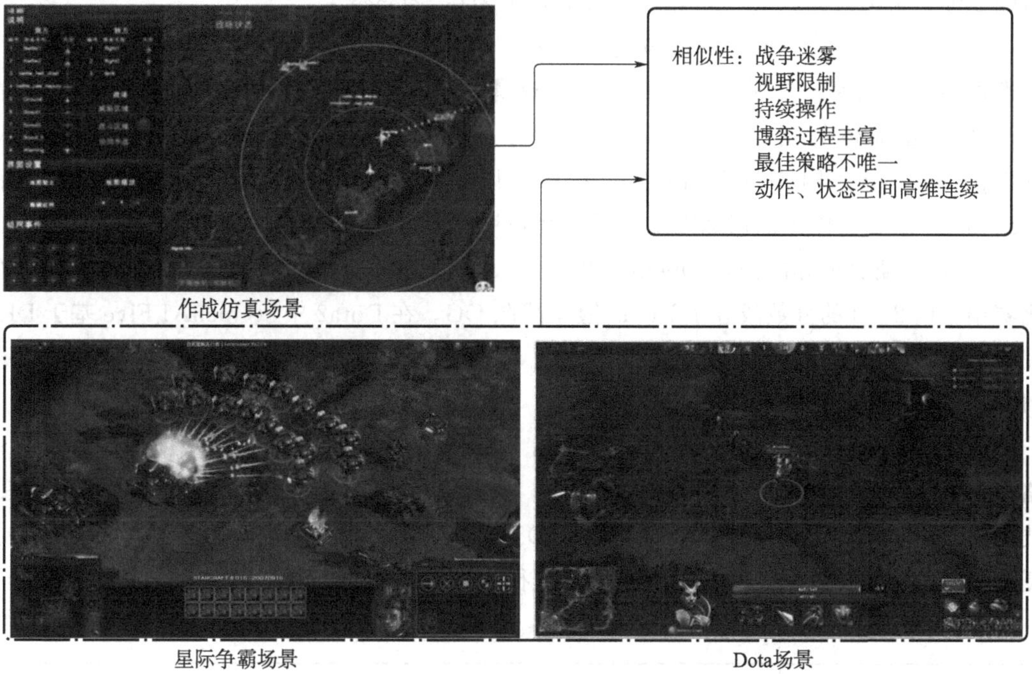

图 5－1　作战仿真与即时策略游戏场景

发明了针对国际跳棋的 Chinook 程序，与国际跳棋世界冠军 Marion Tinsley 连续 6 次战为平局。2007 年，Jonathan Schaeffer 教授发表文章[9]，表明国际跳棋问题已被解决。1997 年，许峰雄的 Deep Thought 团队通过改进硬件设计加速策略搜索，并引入单步扩展算法[10]，解决了国际象棋问题。同年，Deep Thought 团队加入 IBM 后用“深蓝”击败了国际象棋世界冠军 Garry Kasparov。

由于围棋的状态复杂度远高于上述棋类游戏，成为被人类最后攻破的棋类游戏。1968 年，Albert Zobrist 使用启发式算法编写了一个仅能打败初级棋手的围棋程序。1993 年 Bernd Brügmann 使用蒙特卡洛树搜索算法编写的 Monte Carlo Go 程序达到了业余 5 段的水平。2006 年，法国国家信息与自动化研究所研究员 Sylvain Gelly 在 Monte Carlo Go 的基础上引入 UCT 算法[11]，创造了 Mo Go 程序，该程序于 2008 年在被让 7 子的情况下打败了职业 8 段选手 Kim Myung Wan。2015 年，DeepMind 团队在上述程序的基础上开发了基于 DRL 的程序 AlphaGo。2016 年 3 月，AlphaGo 战胜韩国棋王李世石。2017 年 5 月，AlphaGo 战胜当时世界排名第一的柯洁九段。2016 年，腾讯 AI Lab 研发的围棋 AI “绝艺”，现在已经成为我国国家围棋队的训练 AI。

2017 年 1 月，由 Facebook 的学者 Noam Brown 和卡耐基梅隆大学的学者 Tuomas Sandholm 共同开发的人工智能程序 Libratus 在宾夕法尼亚州匹兹堡的 Rivers 赌场持续 20 天的 1 对 1 无限制德州扑克比赛中成功战胜了 4 名全球顶级职业玩家。这也成为了继围棋之后，又一个高难度游戏被 AI 攻陷的里程碑事件。2017 年底，关于 Libratus 的论文[12]发表在 Science 上。2019 年 7 月上述两个人共同开发了 Pluribus，在 6 人无限制玩法中成功击败 5 位专家级人类玩家[13]，相关论文同样发表在 Science 上。

2019 年 1 月，由 DeepMind 联合暴雪公司针对星际争霸 2 开发的 AlphaStar，战胜了人类顶尖职业玩家。星际争霸存在着战争迷雾，玩家需要通过试探来确定对手的位置。AlphaStar 智能体的网络结构设计中结合了 Transformer、LSTM、Auto - Regressive policy head、指针网络（Pointer network）以及中心化评分基准（Centralized value baseline）。对于智能体的训练则采用了一种联邦式多智能体强化学习训练方法。2019 年 4 月 14 日，马斯克创办的公司 OpenAI 开发的人工智能玩家 OpenAI Five 在三局两胜制的比赛中，以 2—0 的分数战胜了 Dota2 冠军战队 OG。在 Dota2 中，OpenAI Five 基于 DRL 完全从自我对战中进行训练，并且通过近端策略优化（Proximal Policy Optimization，PPO）[14]来更新它们的神经网络。

从上文的分析以及表 5 - 1 中可以看出，对于较为简单的棋牌类游戏使用的大都为策略搜索类技术，而与作战仿真相似度较高、难度最大的即时策略游戏则全部是基于 DRL 技术实现了对人类水平的突破。这体现了 DRL 对人类智力建模的巨大潜力，展示了其在复杂动态的作战仿真中，实现仿真实体自主行为决策方面的广阔应用前景。

表 5 - 1　人机对抗中的人工智能

时间	人物/机构	游戏	游戏类别	方法	水平
1992	Gerald	双陆棋	完全信息类游戏	强化学习	战胜人类
1994	Jonathan	国际跳棋		搜索树	战胜人类
1997	IBM	国际象棋		搜索树	战胜人类
2017	DeepMind	围棋		深度强化学习	战胜人类
2017	Facebook	德州扑克(2 人)	不完全信息类游戏	博弈论	战胜人类
2019	Facebook	德州扑克(6 人)		博弈论	战胜人类
2019.01	DeepMind	星际争霸 2	即时策略游戏	深度强化学习	专业战队
2019.04	Open AI	Dota2		深度强化学习	专业战队

（2）深度强化学习算法

2015 年谷歌的 DeepMind 公司将深度学习的“特征提取”能力与强化学习的“决策能力”相结合，提出了深度强化学习[15]，该方法可以避免复杂的特征工程实现“端到端”控制，形成了人工智能领域新的研究热点。自提出以后 DRL 迅速发展，在游戏[16-19]、机器人[20-21]、自然语言处理[22-23]、计算机视觉[24-27]等领域得到广泛应用，并不断在新的领域实现突破。AlphaGo 的创始人 David Silver 认为 DRL 是实现通用人工智能（Artificial General Intelligence，AGI）的重要途径。DRL 与机器学习和人工智能的关系如图 5 - 2 所示。

深度强化学习自从被提出以后分化产生了许多研究方向，主要包括基于值函数的深度强化学习、基于直接策略搜索的深度强化学习和多智能体深度强化学习。

①基于值函数的深度强化学习

DeepMind 的 Mnih 等人将强化学习中的 Q - learning 算法[28]与深度学习中的卷积神经网络相结合，提出了深度 Q 网络模型。多款 Atari 游戏中，DQN 算法以游戏界面和得分

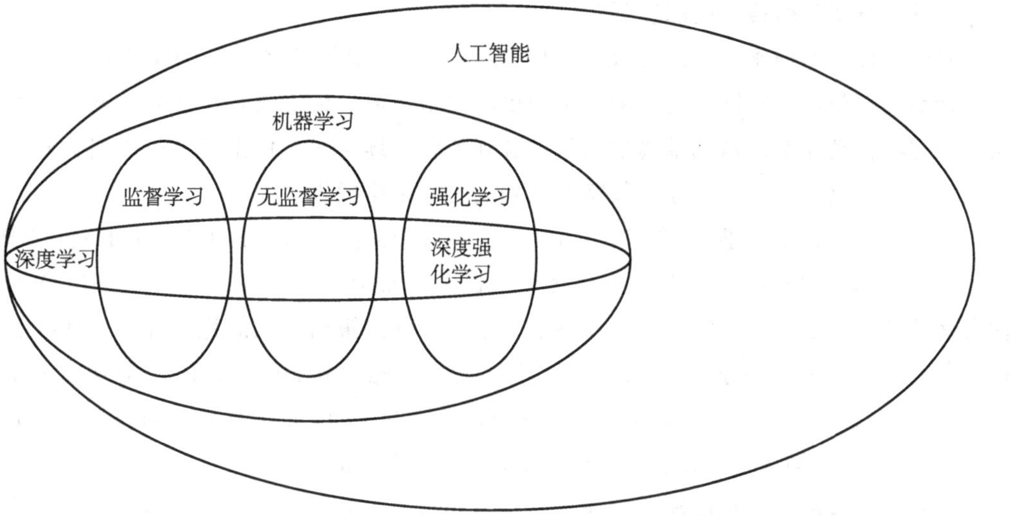

图 5-2　深度强化学习与人工智能、机器学习之间的关系

情况作为输入，直接输出智能体的动作，取得了比肩人类的成绩，实现了“端到端”控制，是深度强化学习的开创性的工作。在 DQN 算法提出以前，有一些工作试图将神经网络和强化学习融合在一起[29,30]，但存在对神经网络的训练效果不稳定，甚至不收敛的情况。Mnih 等人发现该问题的原因是，训练神经网络的样本数据要求是独立分布的，但强化学习中由智能体与环境交互产生的样本数据具有相关性很强，并且网络参数的更新会改变样本数据的分布。因此，在 DQN 算法中通过经验回放机制[31]和设置单独的目标网络，以打破数据间相关性，使深度神经网络逼近行为值函数的训练过程变得稳定、收敛。

DQN 算法提出以后，经过不断改进，衍生出一系列新算法。其中比较典型的有针对原 DQN 中出现的对目标 Q 值过高估计的问题，提出深度双 Q 网络（Deep Double Q-Network，DDQN）[32]，以提高对 Q 值估计的准确率，进而改善算法性能。针对 DQN 中对样本进行随机采样不能区分不同样本重要性，样本利用率不高的问题，提出优势经验回放（Prioritized Experience Replay）[33]，将每个样本的 TD 误差 $r+\gamma\max_{a'}Q(s', a' \mid \theta^{-})-Q(s, a \mid \theta)$ 作为重要性评价标准，在抽样过程中使用随机比例化或重要性采样权重，对样本被采样到的概率进行调整，提升算法的训练速度。

此外，还有很多针对不同问题改进获得的算法。在优势学习 DQN[34]中通过增加优势学习误差和一致性优势学习误差，增大最优动作与次优动作之间的差别，进而增强了对系统噪声的抵抗能力，使算法性能进一步提升。将复杂强化学习任务分解为系列子任务进行学习的分层强化学习（hierarchical RL）算法，如层次化的 DQN 算法（hierarchical Deep Q-Network，h-DQN）[35]、深度内部选择 Q 学习[36]（Deep intra-option Q-learning）等。针对 DQN 缺乏数据存储能力的问题，将 RNN 网络引入 DQN 中形成了 DRQN 网络（Deep Recurrent Q-learning Network）[37]、为模型增加外部记忆模块[38]的记忆深度循环 Q 网络（Recurrent Memory Q-Network，RMQN）、基于反馈控制机制的记忆深度循环

Q 网络（Feedback Recurrent Memory Q－Network，FRMQN）等。

②基于直接策略搜索的深度强化学习

基于直接策略搜索的 DRL，是利用神经网络直接对智能体的行为策略进行逼近，利用累计奖励期望对神经网络的梯度，不断更新网络参数，最终收敛于使累计奖励最大的策略。该方法将动作空间从低维离散空间扩展到高维连续空间。根据搜索的策略为随机策略还是确定性策略，可以分为随机策略搜索和确定性策略搜索。

典型的随机策略搜索算法包括置信域策略优化算法（Trust Region Policy Optimization，TRPO）[39]和近端策略优化（Proximal Policy Optimization，PPO）[40]。这两种算法都是通过控制神经网络更新参数的幅度，保持策略演化的稳定性。TRPO 算法是通过控制新旧两种策略分布的 KL 散度差异，控制策略更新的幅度。PPO 算法在策略更新控制函数上进行了优化，获得了比 TRPO 算法更好的泛化性能。在许多连续任务 MuJoCo、三维人类运动，以及 Atari 游戏中取得了很好的成绩。

针对随机策略搜索算法需要的样本数据量很大，算法效率较低的情况，Silver 等人提出了确定性策略梯度（Deterministic Policy Gradient，DPG）[41]算法，并对确定性策略的存在进行了证明。2016 年结合行动者-评论员框架和 DQN 的打破数据相关性的思想，将 DPG 扩展到深度 DPG[42]。DDPG 算法是确定性策略搜索中的典型算法，将状态空间和动作空间均扩展到了高维连续空间。

③多智能体深度强化学习

多智能体深度强化学习（Multi－Agent DRL，MADRL）是多智能体强化学习与深度学习的融合。

强化学习和博弈论相结合形成了许多传统的多智能体强化学习算法，如针对合作任务的 Team－Q[43]、Distributed－Q[44]等算法，针对竞争任务的 Minmax－Q 算法[45]，针对混合任务的 Nash－Q[46]、WOLF－PHC[47-48]等算法。这些算法将随机博弈过程分解为多个阶段博弈，然后通过线性规划依次迭代求解每个阶段博弈的纳什均衡解，从而得到最终的纳什均衡解。该类算法，使用所有智能体的联合动作，随着智能体数量的增加，动作空间将会呈现指数级增大；该类算法将随机博弈看成阶段博弈的组合，在状态转移频繁的场景中，求解复杂度会灾难性增加；该类算法对应的动作和状态空间均为低维离散型空间，难以适应高维连续的动作和状态空间的场景。

将单智能体 DRL 算法向多智能体拓展，是解决 MADRL 问题的重要途径，也是当前的研究热点。保持状态转移的马尔可夫性及智能体交互环境的平稳性是强化学习的应用前提。直接将多智能体场景中的所有智能体当作一个智能体，将所有智能体的联合动作空间当作其动作空间[49]，这样可以保证马尔可夫决策过程的稳定性，但是智能体数量的扩展受到动作空间维度灾难的限制，并且在运行过程中对通信的依赖程度很高。

独立 Q 学习（Independent Q－Learning，IQL）[50]算法，利用局部观察避免了由于智能体数量增加造成的动作空间维数灾难的问题，但由于完全忽视了利用局部观察对马尔可夫决策平稳性的破坏，算法难以收敛。所以在多智能体环境中使用 DQN 时，采用了缩短保留经验数据时限[51]或禁止经验回放的技术手段[52]。Foerster 等人为了提高样本利用率，保证神经网络训练过程中的稳定性，提出了一种基于重要性采样使过时数据逐渐消失的算法[101]，以最大限度地提升经验回放池中的样本利用率。Matthew Hausknecht 等人则将 DQN 和 RNN 相结合，提出了 DRQN 算法[53]，该算法主要是利用 LSTM 网络为智能体增加记忆功能，让智能体通过更多自身经验作出决策。Foerster 等人在 DRQN 的基础上提出了 DDRQN[54]，用通信弥补局部观察产生的影响。

此外，由于单智能体是局部观察的，所以智能体收到的奖励可能为虚假奖励，即并非由自身行为导致了当前可以获得奖励的状态，这样就造成了懒惰智能体的现象[55]。为了在一定程度上消除虚假奖励，为每个智能体正确分配奖励，Sunehag 等人提出了 Q 值分解网络结构（Value - Decomposition，VDN），该算法通过设计一种神经网络结构对每个智能体的 Q 值进行拟合，并且通过直接求和的方式得到联合 Q 值。Rashid 等人在 VDN 算法的基础上进行了改进提出了 QMIX 算法，将获取联合 Q 值的算法由求和改为非线性组合，实现了对联合 Q 值更加精确的拟合，并在星际争霸中的表现超过了其他值函数算法。这类算法主要适用于合作型智能体。

为了保证马尔可夫决策过程的稳定性，并且使智能体能够利用局部观察进行决策，基于单智能体强化学习的行动者-评论员架构，提出了一类中心化训练分布式执行结构的算法，比较典型的有 Foerster 等人提出的反事实多智能体（Counterfactual Multi - Agent，COMA）[56]，以及 OpenAI 的 Ryan 等人提出的多智能体确定性策略梯度[57]算法。MADDPG 算法与 COMA 算法相比，两者均使用的是 Actor - Critic 结构，但是 COMA 算法使用的是中心化的 Critic 结构，所有的智能体共用一个 Critic 网络；MADDPG 为每个智能体设置了 Critic 网络，MADDPG 比 COMA 算法的优势在于，MADDPG 可以为智能体设置独立的奖励函数，可以适用于同时存在合作和竞争关系的多智能体场景。

5.1.2.2　发展现状评析

尽管人在真实世界中会由于疲劳、情绪等因素，表现出理性受限的行为，但是在当前实际的作战仿真中，更加亟需的是提升作战仿真实体行为表现的智能性。本节主要目的是增强 DRL 在作战仿真实体战术机动策略生成中的可用性，以期提升作战仿真实体的智能性。通过前文对研究现状的综述，可以看到，提升作战仿真实体的智能性对适应当前仿真技术发展以及军事信息系统智能化建设都具有重要作用。尽管在作战仿真实体行为决策方面已经积累了许多极具实用价值的研究成果，但这些技术也具有一定的局限性。

基于知识推理类的决策算法，对相关领域知识具有极强的依赖性，不具有产生新知识的能力。利用该类算法获取高智能性的关键，在于构建具有合理逻辑关系的完备知识库。然而，高质量知识库的构建，除了过程繁琐、难度较大外，还极易受构建人员的知识限制和主观影响。基于此类方法的作战仿真实体，缺少自主学习能力，行为表现有很强的可预见性，智能性不足，难以突破各种规则的限制，不利于人们产生新的启示。基于问题求解思想的群体智能优化算法、模拟退火算法等启发类算法，每一步解算都需要消耗大量计算资源，这种算法能够有效地针对多目标问题搜索全局最优解，但是难以保证仿真推演的实时性需求。基于博弈论的算法，当涉及多方博弈、不完全信息博弈并且均衡解不唯一时，实时计算量增大并且难以实现策略寻优，应用的范围受限。基于问题求解思想的方法，在博弈过程丰富、最佳策略不唯一、实时性需求强的作战仿真中应用受限。基于神经网络的算法，核心是构建高质量、足够规模的训练案例库，由于作战案例具有很强的稀缺性，案例库的构建难度大。动态规划算法则需要已知环境模型，对于场景复杂多变的作战仿真来讲，环境模型难以获取，在具体应用中主要依赖专家人员对状态改变概率的估计，受人的主观影响较大。

对上述决策算法的研究，的确在不同程度上解决了仿真实体的决策问题，但算法本身对智能的建模能力，决定了其所能达到的智能水平上限。尽管经过多年发展，依然难以基于这些算法在类似作战仿真的人机对抗平台上，与人类专业战队进行对抗。对引入智能建模能力更具突破性的算法进行研究，是提升作战仿真实体的智能性的重要途径。

新兴的 DRL 技术能够在许多与作战仿真相似的即时策略游戏中达到甚至超过人类专业水平，实现智能算法的突破，主要得益于 DRL 将深度学习的特征提取能力和强化学习自主进行策略学习的能力进行了结合。DRL 基于深度学习的特征提取能力，使智能体可以处理复杂任务的原始输入，这不仅能够避免特征工程所带来的复杂性，更重要的是避免了人为主观意识的干扰，有机会发掘、构造出人们尚未发现的更丰富、有效的特征。DRL 基于强化学习利用奖惩信号自主进行策略学习的能力，使智能体能够根据任务目标，在训练过程中不断地对状态特征进行发掘，进而优化具体状态与行为的映射关系。DRL 对两者的结合，使智能体能够在任务目标的引导下，利用奖惩信号，不断地筛选提取出更加合适的状态特征，并优化状态与行为的映射关系，使符合任务目标的映射关系不断得到强化，从而使智能体可以获得更高的智能性。基于 DRL 的人工智能，在许多复杂的人机对抗平台中达到甚至超过了人类专业水平，取得了前所未有的成绩。基于 DRL 特征提取和自主策略学习的能力，可以使作战仿真实体避免对人类经验的依赖，有助于实现对成熟规则、现有知识的突破，从而获得更加丰富的战场变化。基于 DRL 的作战仿真实体分为训练和实用两个阶段。仿真实体通过训练针对具体任务获得相应的机动策略，即状态与行为的映射关系。这些策略以神经网络结构和网络参数的形式体现。在执行具体任务的实用阶段，是利用状态与行为的映射关系，而不需要根据当前态势进行决策计算，所以并不需要消耗大量计算资源，这对保障推演过程中的实时性具有重要意义[58]。

目前，对以 DRL 为代表的新兴人工智能技术在各个领域的应用研究方兴未艾，取得了很多研究成果。但是将 DRL 应用于仿真实体战术机动策略的生成，还有许多问题需要进一步研究：1）复杂动态的作战仿真环境中，仿真实体难以探索获得足够优质经验数据，对利用 DRL 获取机动策略产生不利影响的问题；2）如战机、导弹等作战仿真实体由于具有机动空间大、不具备全向机动能力等特性，无法对机动空间进行均匀探索，导致训练难度增加，严重影响 DRL 的可用性的问题；3）作战仿真实体数量增加引起多智能体 DRL 的训练效率降低，限制仿真实体数量扩展性的问题。针对上述问题的研究，构成了本章主要探究与解决的关键技术点。

5.2　基于深度强化学习的作战仿真实体决策框架

5.2.1　基本概念

现代作战仿真主要指的是计算机仿真，仿真研发人员基于军事领域相关知识和建模技术，通过编程对作战环境和兵力进行构建，最后利用计算机按照预定方案运行仿真实体，以获取仿真推演结果，从而实现人员训练、作战方案分析、装备效能评估等目的[59]。

战术级仿真主要是针对具体战斗任务而进行的仿真，也称为任务级仿真。战役仿真主要是进行军兵种层次上的对抗仿真，技术仿真[60]则主要是对武器平台、装备组件等进行细粒度仿真。

作战仿真实体是指参与作战的各种作战单元在仿真平台中的映射。作战单元是指作战过程中实施作战的基本行为主体，包括产生和执行决策的人及装备。

在作战仿真中，根据仿真实体的功能和从属关系，可以分为指挥实体和战斗实体。指挥实体是由任务驱动的具有决策能力的仿真实体，是策略的产生者。战斗实体往往是指令驱动的反应式运动，是策略的执行者。然而，不同层级的指挥实体在决策依据、决策方法和决策内容上都存在巨大差别，层级越高的指挥实体其专业性越强，与战斗实体的差别越大。在很多情况下，战术层级上的指挥实体与战斗实体的差别并不是很大，甚至同一个实体在执行战术任务时既是指挥实体又是战斗实体。但由任务驱动，根据任务生成策略是具有指挥功能实体的典型特征。例如多辆坦克执行任务时，可以通过其中一辆坦克作为指挥实体根据态势信息给所有坦克提供策略支撑，此时一辆坦克为策略的生成者，其余为策略的执行者，但是当通信环境较差时，每一辆坦克都必须根据自身观察进行决策，此时每一辆坦克既是策略的生成者，同时也是策略的执行者。

本节研究的作战仿真实体是可以根据具体任务产生行为策略的仿真实体，而不是根据指令进行动作的反应式仿真实体，并且本节中的作战仿真实体指的是具有机动能力的、出现频率较高的常规仿真实体，如坦克、装甲车、导弹、固定翼战机等。

机动行为指的是作战空间内实体位置坐标的变换，是战斗力生成的主要因素之一。机动行为是作战仿真实体基本行为中的主要行为，其他还包括如侦察行为、通信行为、攻击行为等适应性行为。本节主要是对战术级仿真中作战仿真实体的机动策略生成算法进行研究。

智能体可以理解为能够感知外界环境，并产生决策以对该环境产生影响的实体[61]。一般认为智能体具备反应性、自治性、交互性等特征。

根据行为产生的方式不同，可以将智能体分为反应型（Reactive Agent）、思考型（Deliberate Agent）和混合型（Hybrid Agent）。反应型智能体通过“条件-行动规则”使智能体根据外界环境的激励产生行为，而思考型智能体则需要通过计算、规划、推理等形式实现行为决策。混合型智能体的主要目的是，结合反应型智能体的高效决策能力和思考型智能体的较强灵活性两方面优势。

本节重点关注的是作战仿真实体自主机动策略的生成方法，所以涉及的智能体类型为思考型智能体，关于作战仿真实体和智能体的概念在文中并不进行严格区分。

多智能体系统[62,63]是由在同一共享环境中多个能够对环境进行独立感知的，具有自治、交互能力的智能体组成，并且每个智能体依据自身目标对环境产生影响。

由于本节采用的是深度强化学习技术，所以更加关注的是在智能体利用深度强化学习获得策略的过程中，其他智能体是否存在策略变化的情况，当其他智能体策略稳定时则保证了环境平稳性，仍旧采用单智能体强化学习算法获取策略。例如除采用深度强化学习的智能体外，其余智能体均为基于成熟稳定规则的智能体，此时仍属于单智能体深度强化学习的范畴。若存在多个智能体的策略需要同时演化，则需要采用多智能体深度强化学习。

基于智能体的建模仿真采用的是一种自下而上，从微观到宏观的系统描述方法[64]。其基本思想是采用智能体建模方法对作战单元进行建模，通过描述仿真实体之间及仿真实体与仿真环境之间的交互[65]，对宏观系统表现进行分析理解。基于智能体的建模仿真是构建现代作战仿真宏观模型的主要技术途径之一[66]。

智能体学习/智能体训练是指利用特定方法（本节中是深度强化学习方法）使智能体获得策略的过程。

决策是指智能体根据目标和状态信息选择最优动作的过程。序列决策是指对于一步决策无法解决的问题，需要按时间顺序进行多阶段决策，即在发展过程中的每个阶段都要做出决策，以最优化完成任务。

策略是为了完成具体任务或达到特定目标，依据态势信息作出行为决策的规则。

5.2.2 作战仿真实体决策行为框架

本节对经典决策过程描述模型进行了分析，之后采用智能体建模范式，设计了一个适合作战仿真环境的通用仿真实体战术决策行为框架。

5.2.2.1 决策过程描述模型

从宏观上来讲，军事决策可以分为战略决策和战术决策。战略决策更多从宏观上关注军事行动的目的，而战术决策则更关注针对具体任务的作战单元运用。战略目标最终通过实现一系列具体战术目标而实现。本节重点关注的是作战仿真实体智能机动规划方法，典型的决策过程描述模型有 OODA（Observe - Orient - Decisde - Act）模型和认知主导的决策模型。

OODA 模型由美国空军的 John Boyd[67]提出，最初是为了描述战机飞行员与对手进行战术对抗的作战过程。该模型是对作战决策过程进行了高度抽象，具有很强的普适性，后来被推广的不同类型的作战中，甚至应用到作战之外的其他研究领域。OODA 将整个作战过程分为观察（Observe）、判断（Orient）、决策（Decide）和行动（Act）四个阶段，其中决策和判断属于认知层，而观察和行动是与外界环境直接交互的物理层，如图 5 - 3 所示。

将 OODA 模型对应到战术决策行为过程。“观察”代表了决策模型的输入，包括通过

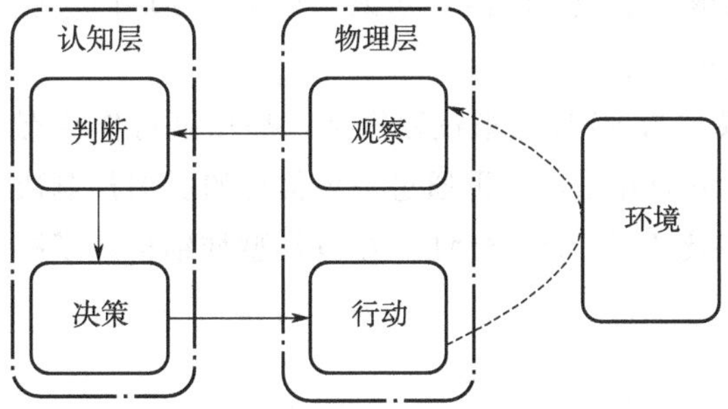

图 5-3　OODA 模型

各种传感器及通信手段获得战场环境的各种态势信息。“判断”则代表了对所收集的态势信息的理解，根据自身任务对收集的态势信息进行过滤和理解，将态势信息转化为决策依据，如目标位置、目标状态等。“决策”则是在理解态势信息的基础上，通过推理、经验对比、策略搜索等方式形成解决方案。“行动”则是根据决策结果，采取实际动作对战场环境产生具体影响。在具体的战术任务中，这个四个阶段循环往复[68]，根据 OODA 理论这四个阶段进行得越快越准确，就能够塑造动态性更强的战场态势，从而在作战中保持优势。

Klein 提出的认知主导决策模型[69]（Recognition - Primed Decision，RPD）也是描述决策过程的经典模型，并且有着充分的军事实践基础[70]。该模型中认为影响决策最为突出的两个因素是态势信息和经验知识。态势信息是决策者进行决策时对所处环境状态的认知和理解。经验知识则指的是决策者经验、经历的总和。在 RPD 模型中的经验数据包括目标、期望、线索和决策方案四个要素。目标指的是决策者所要达到的最终状态；线索指的对收集到的所有底层战场态势信息的高层抽象表示；期望是对当前态势发展状况的评估，便于态势突发变化或决策效果不好时做出调整；行动方案是决策者依据经验知识生成的行动序列。RPD 根据目标、线索和期望判断行动方案是否符合当前态势。具体决策过程如图 5-4 所示。

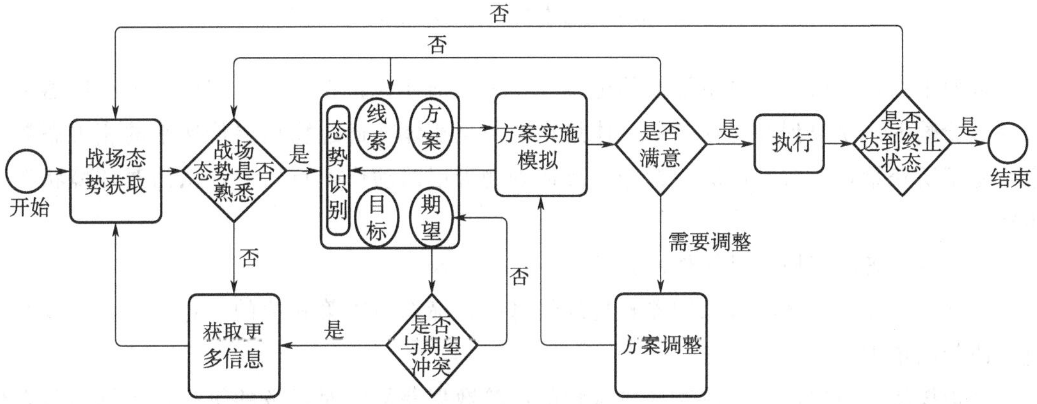

图 5-4　RPD 框架

在该框架下，决策依赖于积累的经验知识，在特定领域内经验知识越丰富则越容易得到与当前态势匹配的决策方案。

OODA 决策过程模型与 RPD 决策过程模型，都强调对作战态势的理解与监控，将对态势信息的理解作为决策的开始，注重通过态势信息的反馈控制决策过程的运行，两者具有一定的契合度[71]。相比于 OODA 模型，RPD 模型详细描述了决策过程中如何利用先期积累经验进行决策。

5.2.2.2 作战仿真实体决策行为框架

OODA 模型和 RPD 模型属于描述决策过程的概念模型，具有完整的决策流程，但是在具体细节上的描述是高度抽象的，并没有可操作性的实现手段。由于智能体的反应性、自治性和交互性等特点，对作战仿真环境的动态性、对抗性等具有较强的适用性。基于智能体的建模方式已成为构建作战仿真实体的重要技术手段，本节参考成熟的决策过程模型，采用智能体建模方式，对作战仿真实体决策行为框架进行了设计，如图 5-5 所示。

框架的结构分为物理层和认知层两部分。物理层可以直接与外界环境进行交互，并对环境状态产生影响。在该框架中，通过态势感知器得到相关态势信息，如通过通信方式得到具体任务，通过传感器得到环境状态等。通过动作执行器执行具体动作指令对环境状态产生直接影响。在战术层面，动作指令有可能自己执行也有可能分配给其他作战仿真实体执行。

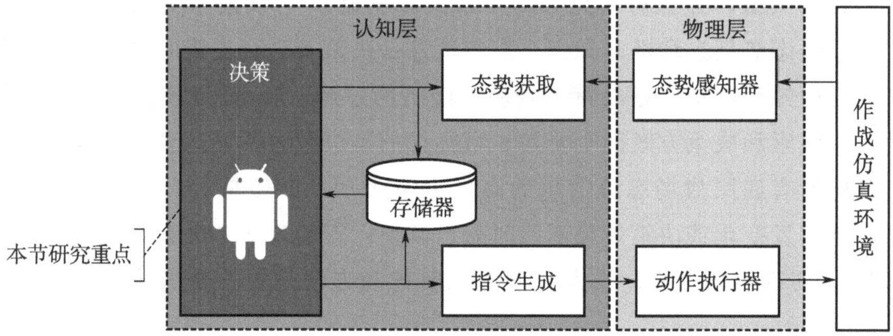

图 5-5 基于智能体的仿真实体决策行为框架

框架中的认知层包含决策形成的全过程，可以描述为：作战仿真实体通过存储器中积累的经验数据，获取到针对任务的具体策略。仿真实体在通过物理层传递来的相关态势信息，基于所获策略生成具体决策指令，反馈到物理层的动作执行器中，从而对环境状态产生影响。

认知层中各功能模块具体作用如下。

态势获取模块：从态势感知器收集的信息中，筛选与决策相关的信息，作为仿真实体进行决策的依据。

决策模块：根据仿真实体对环境探索的经验数据获得针对任务的策略，依据当前态势信息输入，做出行为决策。

指令生成模块：将决策模块做出的行为决策，转化为动作执行器的具体动作指令，驱动物理行为的发生。

存储器：主要作用是存储任务驱动下的作战仿真实体与环境进行交互过程中产生的经验数据，以供决策模块从经验数据中获取针对任务的策略。存储器中的数据也可以是人类积累的相关经验数据。

在框架中有许多丰富的研究内容，但是由于论文主要对如何更好地利用 DRL 生成作战仿真实体机动策略进行研究，所以重点关注的是框架中负责策略生成的决策模块。前面提到的 RPD 模型中采用的是经验与态势相匹配的原则，对专业领域知识过分依赖，当面对复杂多变的战场环境时，难免出现知识漏洞的情况，仿真实体智能性受限。基于搜索、解算等方式的决策，每一步决策都要进行相关计算，消耗计算资源。本节提出的决策框架，在真正决策过程中，是直接通过预先获得的策略进行决策的，不会消耗大量计算资源，而其策略的获得是通过仿真实体不断与环境交互的经验数据中获得的，不会依赖专业领域知识，足够充分的探索可以避免产生知识漏洞。

本节主要是对战术任务驱动下的作战仿真实体机动行为策略的生成方法进行研究，关注重点在于针对具体战术任务，通过与环境交互、试错的方式，使仿真实体获取相应的策略。具体技术上，是采用 DRL 获得策略并利用神经网络对策略进行参数化表示。

5.2.3　基于深度强化学习的作战仿真实体决策过程构建

DRL 是对强化学习决策力和深度学习对数据内部规律提取能力的一种结合。强化学习通过智能体与环境交互产生大量交互数据和奖惩反馈，利用深度学习对获得最大累计奖励的策略进行拟合，避免了复杂的特征工程构建和人为特征工程的主观性影响，这使深度强化学习可以解决更加复杂的高维连续状态空间的序列决策问题。

从方法的应用条件及应用前景来讲，DRL 比较适合于作战仿真中仿真实体的行为决策。第一，在仿真过程中计算资源受限，而 DRL 是通过神经网络所拟合的状态与行为的映射做出决策，这使得其实时性适合于动态性、复杂性越来越强的作战仿真；第二，相比于动态规划等决策方式，DRL 并不需要状态转移概率等环境模型，比较适合于环境模型难以知悉的作战仿真；第三，相比于已有的决策方法，DRL 是唯一在与作战仿真具有较高相似度的即时策略游戏中，达到人类专业战队水平的方法，较好地实现了对人类智力的模拟，具有很强的应用潜力；第四，DRL 采用的“试错”式学习在一定程度上是与人类学习方式相契合的计算实现。

基于智能体构建的仿真实体在决策过程中主要涉及决策模块、态势获取模块和指令生成模块。作战仿真实体基于 DRL 进行决策主要包括两个阶段，首先是训练阶段，针对仿真实体的具体任务，利用仿真实体与环境探索交互过程中，产生的态势信息、动作决策和根据任务完成质量所获奖励，对网络参数进行更新，即实现策略更新，具体策略由神经网络结构和网络参数进行参数化表示；然后为实用阶段，在这个阶段中仿真实体依据态势获取模块所获信息，通过神经网络所拟合的策略进行决策，并由指令生成模块生成具体行为指令。当场景中产生新的情况时，可以由实用阶段返回训练阶段，继续进行策略演化更新。基于深度强化学习的决策过程构建如图 5-6 所示。

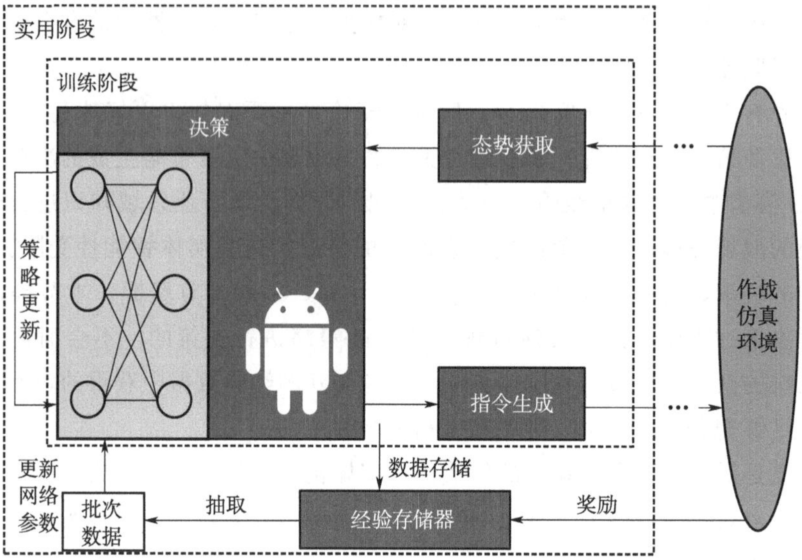

图 5-6　基于深度强化学习的决策过程构建

5.3　融合监督学习机制的深度强化学习算法

5.3.1　相关理论

（1）深度 Q 网络

DeepMind 的 Mnih 等人将强化学习中的 Q-learning 算法与深度学习中的卷积神经网络相结合，提出了深度 Q 网络模型，DQN 算法将智能体的状态空间扩展到高维连续状态，实现了从原始输入到动作的“端到端”控制，是 DRL 中开创性的工作。DQN 算法的网络结构如图 5-7 所示。将连续几帧游戏界面经过处理后输入网络，经过卷积层和全连接层的处理后直接输出各个动作的 $Q(S, A)$ 值，然后依据 Q 值对动作进行选择。

DQN 算法最突出的贡献是通过打破训练数据间的相关性，实现了神经网络稳定收敛。智能体与环境交互产生的数据 (s, a, r, s') 被存储到经验回放池中，由于数据之间存在着较强的相关性，而对神经网络训练的假设前提是训练数据为独立同分布，所以采用随机抽取的方式打破数据之间的相关性。抽取一批形式为 (s, a, r, s') 的训练样本，将状态 s' 输入目标网络中，结合回报 r，得到目标 $r+\gamma\hat{Q}(s', a'; \theta^-)$，目标网络的设置打破了目标 $\hat{Q}$ 值与动作 Q 值之间的相关性，从而进一步降低数据间的关联性。将 s 输入行为网络中，利用相应的动作 a 得到值函数 $Q(s, a, \theta)$，进而可以得到损失函数

$$\text{Loss} = \mathbb{E}(r + \gamma \max_{a}{}' \hat{Q}(s', a'; \theta^-) - Q(s, a, \theta))^2 \tag{5-1}$$

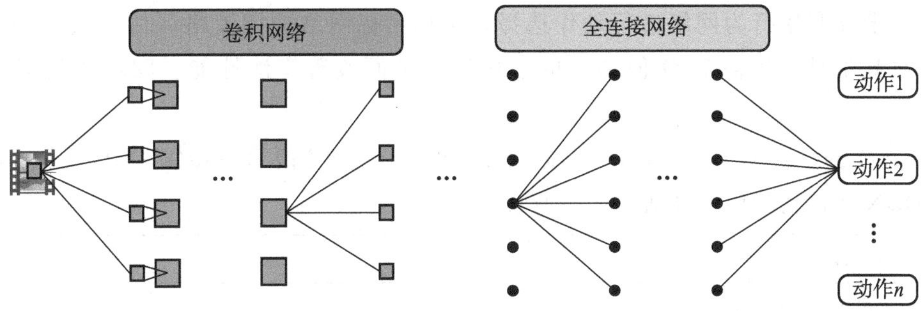

图 5-7　DQN 网络结构图

利用损失函数对行为网络参数 θ 进行更新，间隔一定的时间步后，将行为网络的参数 θ 拷贝至目标网络中，作为其参数 θ^- 。DQN 具体算法流程如图 5-8 所示。

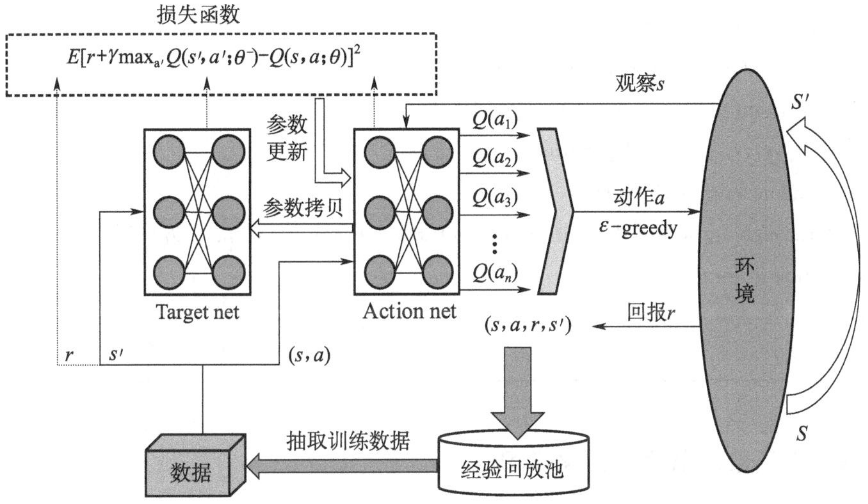

图 5-8　DQN 算法流程图

DQN 将传统的 Q-learning 和深度卷积神经网络相结合，将游戏界面和分数直接作为网络的输入，在许多 Atari 游戏上取得了比肩人类的水平，并且在不同的视觉任务中，DQN 使用的是相同的网络结构和训练方法，这表明 DQN 算法的良好适应性和通用性。DQN 是深度强化学习的里程碑式算法，第一次成功实现了深度学习与强化学习的结合，在不同领域基于 DQN 衍生出大量新算法。

（2）深度双 Q 网络

针对在原 DQN 中出现的对目标 Q 值过高估计造成的对算法性能产生影响的问题，2016 年，有学者提出了深度双 Q 网络[72]，与 DQN 相比，在 DDQN 中对目标 Q 值的估计，不再仅仅依靠目标网络，而是利用行为网络和目标网络两套参数 θ 和 θ^- 进行估计，具体公式为

$$Q_{\text{target}}=Q[s',\arg\max_a{}'Q(s',a'\mid\theta_i),\theta_i^-] \quad (5-2)$$

这种设计利用行为网络进行动作选择，利用目标网络进行策略评估，从而避免了对 Q 值的过高估计，提高对 Q 值估计的准确率，进而改善算法性能。DDQN 的损失函数变为

$$\text{Loss}_{DDQN}=[r+\gamma Q(s',\arg\max_a{}'Q(s',a'\mid\theta_i);\theta^-)-Q(s,a,\theta)]^2 \quad (5-3)$$

DDQN 算法伪代码如算法 5.3.1 所示。

算法 5.3.1：DDQN

```
Initialize replay memory D
Initialize action-value function Q with random weights θ
Initialize target action-value function Q with weights θ⁻ ← θ
for episode=1 to max_episode do
    Initialize s
    for t = 1 to max_step do
    Select action a_t with probability ε
    Otherwise select a_t = arg max_a Q(s_t, a;θ)
     r_t, S_{t+1} ← agent execute a_t at state s_t
    store (s_t, a_t, r_t, s'_{t+1}) in replay buffer D
    Sample random minibatch from D
    update θ through a gradient descent of (r + γQ(s', arg max_a' Q(s', a' | θ_i);θ⁻) − Q(s,a,θ))²
    Every n steps θ⁻ ← θ
  end for
end for
```

5.3.2 基于值函数的监督式强化学习

5.3.2.1 算法描述

基于值函数的监督式强化学习（Supervised Reinforcement Learning via Value Function，SRLVF）主要包括动作值函数网络和指导网络。

动作值函数网络是原深度强化学习算法中的组成部分，其输入是智能体面临的状态 s ，输出的是对不同动作值函数 $q(s, a)$ 的估计，为动作选择提供依据。在基于值函数的深度强化学习中，通过对值函数的优化实现策略更新。智能体依据动作值函数对动作进行选择。利用智能体与环境交互产生的经验数据（s，a，r，s'），以最小化损失函数为目标，对值函数网络进行参数更新。

指导网络的作用是在训练过程中扩大深度强化学习中经验回放池里优质经验数据的规模，以提升对仿真实体探索的优质经验数据的利用率，最终实现对作战仿真实体行为表现的改善。指导网络输入的是智能体面临的状态 s ，输出的是对不同动作的推荐程度。状态值函数 $v(s)$ 表示的是在状态 s 下对未来回报的期望，在动作 a 的作用下，环境状态由 s 变

为 s'，则 $\Delta v(s, a)=v(s')-v(s)$ 的值与动作 a 的价值成正比。以 $\Delta v(s, a)$ 作为具体动作 a 的价值的评价标准，过滤掉使 $\Delta v(s, a)<0$ 的经验数据 (s, a)，将过滤后的经验数据，作为智能体的优质经验样本。利用监督学习的方式，将优质经验样本中蕴含的规律通过神经网络进行参数化表示，实现对优质经验的泛化。如果存在该领域的专家知识积累，同样可以将其融入优质经验样本中发挥对作战方仿真实体的指导作用。算法的具体实现流程如图 5－9 所示。

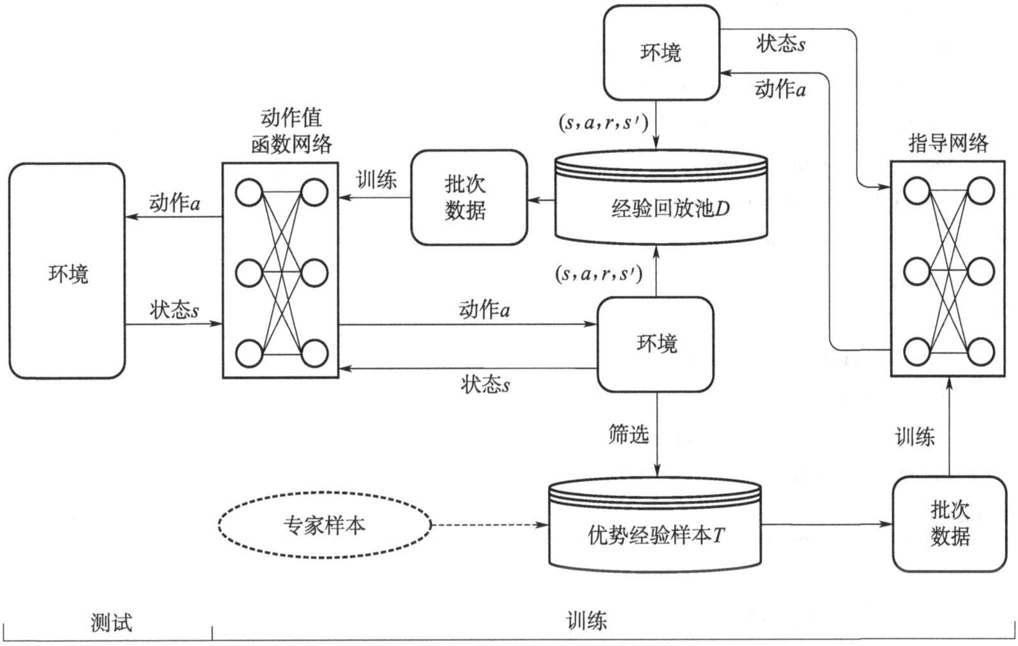

图 5－9　SRLVF 算法框架图

在训练阶段，仿真实体与环境交互产生的训练数据 (s, a, r, s')，被存储到经验回放池中，从经验回放池中随机抽取批量数据对值函数网络进行训练。同时，通过对状态值函数 $v(s)$ 和 $v(s')$ 进行估计，从仿真实体与环境交互的数据中筛选出较好的决策经验，构成优质经验样本数据库 T 。然后利用监督学习的方式，从数据库 T 中抽取批量数据对指导网络进行训练。环境状态 s 输入指导网络后产生 (s, a, r, s')，输入到训练动作值网络的经验回放池 D 中，从而扩大训练仿真实体的优质经验规模。在测试时，仍依据动作值函数网络的输出对仿真实体行为进行选择。伪代码如算法 5.3.2 所示。

算法 5.3.2：SRLVF

```
for episode = 1 to max_episode do
    for step= 1 to max_step do
        s', r ← agent execute a at s
        store (s, a, r, s') in replay buffer D
        sample minibatch from D
        update the RL network by RL algorithm
        compute the v^π(s) and v^π(s')
        if v^π(s) < v^π(s') then
            store (s,a) in train data buffer T
        end if
        for n = 1 to max_n do
            sample minibatch from T
            update the SL network
        end for
        a ← SL(s)
        s', r ← agent execute a at s
        If r > 0 then
            store (s, a, r, s') in replay buffer D
        end if      end for
end for
```

5.3.2.2 算法理论分析

(1) 算法原理分析

基于值函数的深度强化学习，通过对神经网络参数的更新实现对动作值函数的参数化逼近，然后依据动作值函数对智能体行为进行选择。在利用 DRL 对智能体训练的过程中，智能体探索到的成功经验数据对其行为策略的迭代优化具有重要作用，进而对智能体的训练效果产生重要影响。然而复杂动态的作战仿真环境使仿真实体通过自身探索获得成功经验数据的难度增大，优质经验数据量较小，影响利用 DRL 对仿真实体的训练效果。通过监督学习的方式，利用神经网络扩大经验回放池中智能体与环境交互过程中探索到的优质经验样本数据的规模，有利于智能体行为策略的优化。

在对环境探索的过程中，智能体不断与环境交互积累了大量经验数据，通过对经验数据进行筛选，组成优质经验数据集 T 。利用监督学习的方式，通过对神经网络的训练，实现对优质经验数据 T 规律的参数化表示。同时基于当前环境状态，得出新的经验数据并补充到经验回放池 D 中，从而扩大了优质经验数据的规模，有利于改善对作战仿真实体的训练效果。

(2) 优质经验样本集构建

优质经验样本集 T 的目的是利用监督学习对指导网络进行训练。分类和回归是监督学习主要针对的任务。在确定态势下，对动作库内不同动作的推荐程度，可以理解为一个分类任务，所以采用监督学习对指导网络进行训练。

构建训练样本集 T ，主要是在对状态值函数 $v(s)$ 估计的基础上，对优质经验样本进行筛选。从智能体与环境交互的经验数据中将“差”的经验数据过滤掉，以筛选出“好”的优质经验数据。在强化学习中，智能体在状态 s 下采取动作 a 获得奖励 r ，同时环境状态变为 s' 。状态值函数 $v(s)$ 代表着智能体所处状态的累积奖励期望，$v(s)$ 越大则表示智能体所处的状态越好。$\Delta v(s, a)=v(s')-v(s)$ 表示动作 a 引起的智能体所处状态的变化，$\Delta v(s, a)$ 越大则说明 a 使得智能体的所处状态变得越好，在状态 s 下动作 a 的价值越大。基于上述分析，对优质经验样本进行筛选时可以 $\Delta v(s, a)$ 作为衡量标准，当 $\Delta v(s, a)$ 大于设定阈值 τ 时，可以认为当前的样本为优质经验样本。对于状态值函数，可依据定义

$$v(s)=E_{a\sim\pi(s)}[q(s,a)] \tag{5-4}$$

对其进行估计。最后，利用筛选出的样本数据组成指导网络的训练样本集 T 。

(3) 算法扩展性分析

基于值函数的深度强化学习算法是 DRL 中的重要组成部分，DQN 算法和 DDQN 算法是基于值函数的深度强化学习中的典型算法，本节将这两种算法作为基准对本节所提算法的有效性进行实验验证。然而本节所提出的算法，并不局限于 DQN 和 DDQN，对于其他基于值函数的深度强化学习算法同样具有适用性。

在作战仿真中，人们对作战仿真实体依据面临态势进行机动决策方面，存在许多积累知识和经验。在该算法中预留了对该类数据的接口，可以将积累的知识和经验转化为优质经验数据，与仿真实体自身探索的优质经验样本一起，融入对指导网络的训练样本集 T 中。

5.3.3 算法实验验证及分析

5.3.3.1 测试场景

测试场景一，仿真实体对移动目标进行追击。对移动目标进行跟踪是典型的机动行为，在该场景中蓝方仿真实体对红方仿真实体进行追击。两个仿真实体均可以在活动空间内全向机动，红方仿真实体不具有智能性（虚线），蓝方仿真实体具有智能性（实线）。具体场景如图 5-10 所示。

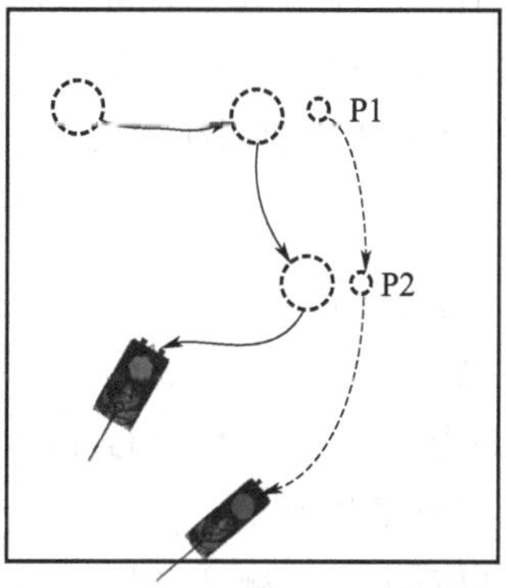

图 5-10　测试场景一

测试场景二，在该场景中，蓝方仿真实体 B 需要躲避红方仿真实体 $R1$ 和 $R2$ 的侦察范围，对红方实体 R 进行追击。在该测试场景中，蓝方仿真实体涉及对移动目标跟踪和对目标进行躲避两种机动的组合。这两种机动的组合形成了蓝方仿真实体对红方仿真实体进行突袭的场景。在仿真实体中，蓝方仿真实体 B 具有智能性，红方仿真实体 $R1$ 和 $R2$ 沿着固定的巡逻路线巡逻，红方仿真实体 R 在安全区内自由移动。具体场景如图 5－11 所示。

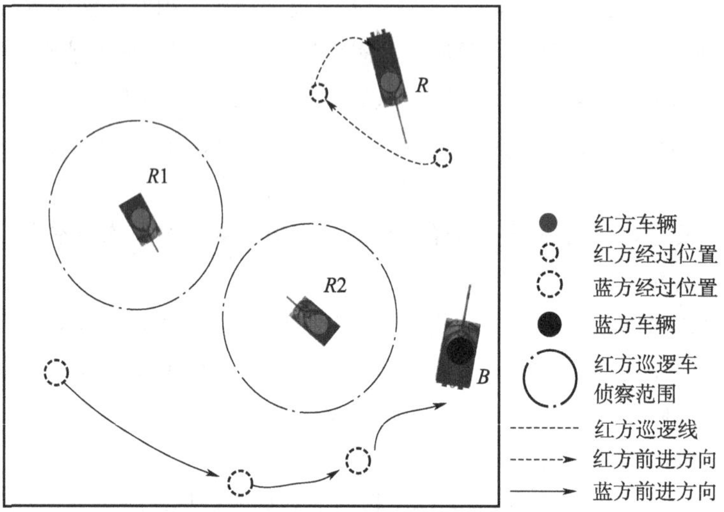

图 5－11　测试场景二

5.3.3.2　超参数设置

本节提出的 SRLVF 将监督学习与基于值函数的深度强化学习结合起来。由于 DQN 和 DDQN 算法是基于值函数的深度强化学习中的典型算法，所以选定 DQN 和 DDQN 作为测试的基准算法。关于 DQN 和 DDQN 算法的基本原理，已经在上节中进行了分析。本节将基于 DQN 的 SRLVF 称为 SDQN 算法，同理将基于 DDQN 的 SRLVF 称为 SDDQN 算法。对强化学习中的值函数网络，目标网络和行为网络均设置为双层全连接网络，每层网络有 25 个单元，折扣因子 γ 设置为 0.9，学习率 l 设置为 0.005。将监督学习的指导网络设置为双层全连接网络，每层有 128 个单元，指导网络的学习率 l' 设置为 0.01，指导网络的损失函数利用交叉熵表示。为了评估指导网络的引入是否产生了作用，DQN 算法、DDQN 算法与相应的 SDQN 和 SDDQN 均使用相同的值函数网络参数。

5.3.3.3　实验结果分析

为了对 SRLVF 算法的有效性进行测试，将 DQN、SDQN、DDQN 和 SDDQN 分别在前文中提到的测试场景一和测试场景二中进行测试。对于算法的编程采用的是 Python 3.5 利用了 Tensorflow 1.12.0 进行网络的构建，利用 Gym 0.10.9 进行场景构建。实验结果中的回报曲线是进行 7 次实验后进行平均所得。

从图 5－12 和图 5－13 中可以看出，在测试场景一和测试场景二中 SDQN 和 SDDQN

算法均比 DQN 算法和 DDQN 算法取得了更好的收敛效果，但是在所有场景中 SDQN 和 SDDQN 算法的收敛速度要比相应的 DQN 算法和 DDQN 算法稍慢一些。

SDQN 算法和 SDDQN 算法能够取得较好收敛效果，表示在算法收敛后，测试场景中 SDQN 与 SDDQN 算法可以取得更高的平均奖励回报，证明了 SRLVF 的有效性。对作战仿真实体探索到的优质经验数据进行泛化，增加其在 DRL 经验回放池中的数量，会有利于仿真实体行为策略的优化。

SDQN 和 SDDQN 算法的收敛速度比 DQN 算法和 DDQN 算法的收敛速度慢的主要原因是，SDQN 和 SDDQN 的训练过程包括基于监督学习的指导网络和基于强化学习的值函数网络的训练过程，而 DQN 与 DDQN 仅包括对值函数网络的训练过程。并且训练指导网络的数据来源于仿真实体与环境的交互，而优质经验样本数据集的构建落后于经验回放池中值函数网络训练数据集的构建，所以受训练初期监督网络所提供泛化数据数量和质量的影响，SRLVF 的收敛速度稍微慢于基于值函数的深度强化学习算法。

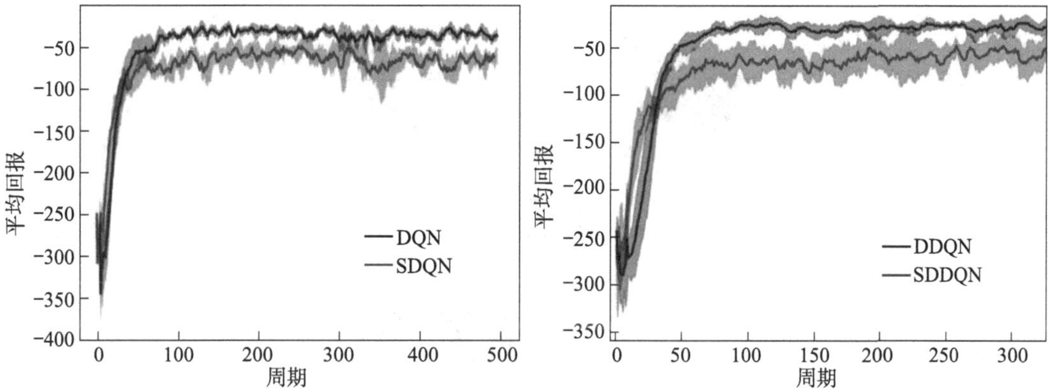

图 5-12　DQN 和 SDQN 的平均回报（左），DDQN 和 SDDQN 的平均回报（右）

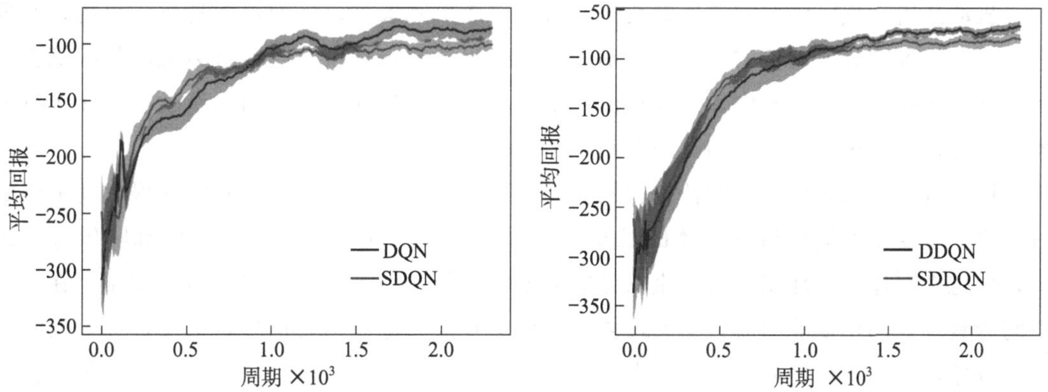

图 5-13　DQN 和 SDQN 的平均回报（左），DDQN 和 SDDQN 的平均回报（右）

5.4 基于深度强化学习的双网络机动决策算法

5.4.1 问题描述

在作战仿真中，战机、导弹等三维机动空间仿真实体是作战行为的典型实施者。这类实体数量大、出现频率高，在仿真实体中具有较强代表性。本节主要是对深度强化学习在该类作战仿真实体机动策略自主生成中的应用进行研究。本节中所指的三维机动空间的仿真实体，是具有与战机、导弹相似机动特性的仿真实体，不包括类似于四轴旋转翼全向无人机等具有全向机动能力的仿真实体。相比于坦克、装甲车等可以随时停止、转向、前进，具有全向机动能力的二维机动空间实体，本节所研究的仿真实体，机动空间为三维空间，并且在空间内不具备全向机动能力。仿真实体的机动能力示意如图 5－14 所示。

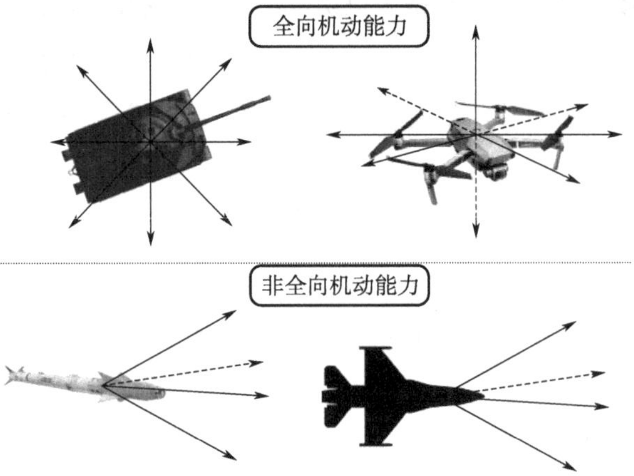

图 5－14　仿真实体的机动能力

机动是指作战实体空间位置的变化。对于作战单元来讲，机动行为是战斗力的核心要素之一，是各种战术动作的基础。基本的机动行为主要包括：向固定目标机动、跟踪移动目标和躲避逃离目标。其中，逃离目标主要考虑的是当时的运动方向。作战实体在进行战术对抗时，可以理解为双方均在向有利于己方的区域不断机动。

以战机向目标区域机动的任务为例。在利用深度强化学习使仿真实体获得机动策略的过程中，主要是通过在仿真实体的机动空间内不断设置机动目标点，对仿真实体进行训练，使仿真实体从与环境交互产生的经验数据中进行机动策略的学习。当仿真实体在机动空间内具有全向机动能力时，仿真实体可以对交互空间进行均匀探索，训练目标点的位置容易设置，可在机动空间内均匀分布。然而，类似于战机的三维机动空间仿真实体，具有机动空间大和不具备全向机动能力的特性。这两个特性增加了仿真实体对策略空间进行探索的难度，对 DRL 算法的收敛性和效能都会产生不利影响，使得仿真实体不能获得较好的机动策略。

具体来讲，当仿真实体在机动空间不具备全向机动能力时，训练目标点在机动空间内仍以均匀分布的形式随机进行设置。当训练目标点出现在机动能力弱的方向上时，战机要进行大量的探索才能积累到有效经验，当限制了总的探索时间步数时，更加增大了积累到有效经验的难度。如图 5-15 所示，训练目标点 C_1 处于战机机动能力强的前方，C_2 和 C_3 处于战机机动能力弱的右后方和左后方。当训练目标点为 C_1 时，战机比较容易通过自身探索到达目标位置，积累到有效经验，但是当训练目标点抽取到 C_2 或 C_3 时，则由于战机的机动特性，使其在有效时间内到达目标的概率大大降低，训练过程中难以积累到成功的经验。然而，若依据战机机动特性对训练目标点 C 的分布方案进行设计，研究难度较大，并且仿真实体机动特性的变化会直接对 C 的分布产生影响，训练目标点的分布方案泛化能力较差。这就导致了针对战机向目标趋近的任务，难以利用 DRL 获得有效的机动策略。

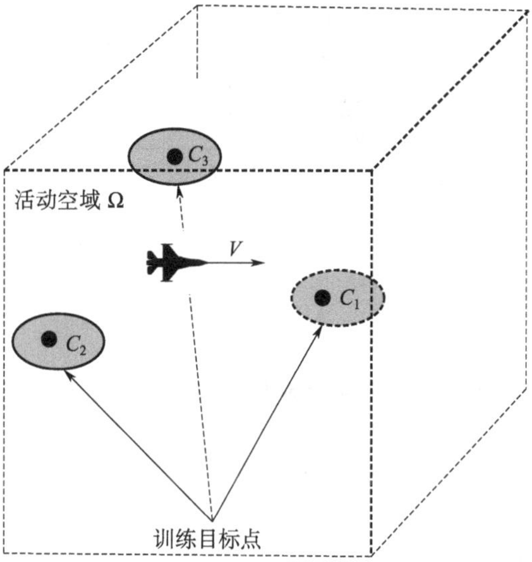

图 5-15　训练目标位置分布

此外，相比于二维机动空间，三维机动空间意味着利用 DRL 时更大的交互空间，仿真实体对空间探索难度增加。对于战机、导弹等仿真实体，如果忽略其机动特性，直接引入 DRL 算法对仿真实体的进行训练，则面临着训练交互空间大、训练目标设置困难，会严重影响 DRL 的可用性。为了便于对仿真实体的机动特性进行建模，在本节中将三维机动空间仿真实体实例化为战斗机，并对其利用 DRL 生成机动策略进行研究。

5.4.2　仿真实体建模

5.4.2.1　态势描述

态势信息是仿真实体进行决策的依据。本节将三维机动空间仿真实体实例化为战机，下面对战机的态势信息进行描述。描述战机面临的态势信息，是研究其机动决策的模型基础。参照马耀飞等[73]提出的空中态势评估参数，选取战机与目标区域中心的相对坐标、距离、相对速度等参量对态势信息进行描述。战机向目标区域进行机动的态势如式（5-5）所示

$$S=(\Delta x,\Delta y,\Delta z,d,V,V',\alpha) \tag{5-5}$$

式中，(Δx，Δy，Δz)为战机与目标区域中心的坐标差；d 为战机与目标区域中心的距离；V 为战机飞行速度；V' 为战机速度沿目标区域方向的速度分量；α 为战机速度矢量与目标区域中心视线夹角。各参量的位置如图 5-16 所示。

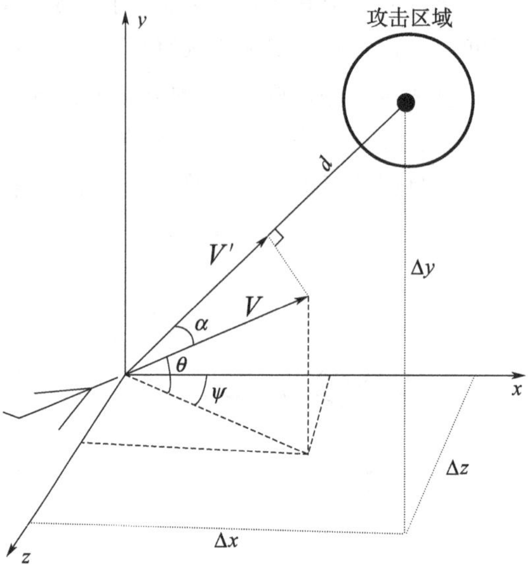

图 5-16　战机态势描述中参量几何示意图

设战机的坐标为（x_r，y_r，z_r），目标区域中心的坐标为（x_t，y_t，z_t），则上述各参数利用式（5-6）求解

$$\begin{cases}(\Delta x,\Delta y,\Delta z)=(x_r-x_t,y_r-y_t,z_r-z_t)\\ d=\sqrt{\Delta x^2+\Delta y^2+\Delta z^2}\\ \alpha=\arccos(\Delta z\sin\psi\cos\theta-\Delta x\cos\psi\cos\theta-\Delta y\sin\theta)\\ V'=V\cos\alpha\end{cases} \tag{5-6}$$

式中，θ 和 ψ 为航迹倾斜角和航迹偏转角。

5.4.2.2　物理建模

对于仿真实体的物理建模主要包括仿真实体的动力学模型和动作集。本节研究的重点是战机的机动，所以建立战机飞行动力学模型，主要考虑的是对战机飞行轨迹和基本性能的仿真。假设战机在运动过程中无侧滑运动，航迹倾斜角与俯仰角一致，发动机推力方向与速度方向一致，不考虑风速、重力变化以及地球自转、曲率等因素的影响。在航迹坐标系下飞机的 3 自由度质心动力学方程[74]如式（5-7）所示

$$\begin{cases}\dfrac{\mathrm{d}V}{\mathrm{d}t}=g(n_x-\sin\theta)\\ \dfrac{\mathrm{d}\theta}{\mathrm{d}t}=\dfrac{g}{V}(n_y\cos\gamma-\cos\theta)\\ \dfrac{\mathrm{d}\psi}{\mathrm{d}t}=-\dfrac{g}{V\cos\theta}n_y\sin\gamma\end{cases}\tag{5-7}$$

式中，n_x 为切向加速度；n_y 为法向加速度；γ 为滚转角；g 为重力加速度。

已知 n_x，n_y，γ，给定飞机 V，θ，ψ 初值的情况下，就可以由飞机的初始空间位置（x_0，y_0，z_0），计算出飞机当前空间位置（x，y，z），如式（5-8）所示

$$\begin{cases}x=x_0+\displaystyle\int_{t_0}^{t_1}V\cos\theta\cos\psi\,\mathrm{d}t\\ y=y_0+\displaystyle\int_{t_0}^{t_1}V\sin\theta\,\mathrm{d}t\\ z=z_0-\displaystyle\int_{t_0}^{t_1}V\cos\theta\sin\psi\,\mathrm{d}t\end{cases}\tag{5-8}$$

式中，控制量 n_x，n_y，γ 表达式为

$$\begin{cases}n_x=\dfrac{\Delta V}{g}+\sin\theta\\ n_y=\dfrac{1}{\cos\gamma}\left(\dfrac{\Delta V\Delta\theta}{g}+\cos\theta\right)\\ \gamma=-\dfrac{\Delta\psi V\cos\theta}{gn_y}\end{cases}\tag{5-9}$$

战机的机动动作在控制量作用下产生，机动轨迹由方程（5-9）计算的位置坐标组成。

关于战机动作集的构建，本节采用美国国家航空航天局学者提出的7种基本操纵动作，即最大过载俯冲、最大过载爬升、最大过载右转、最大过载左转、最大减速、最大加速和平稳直飞。

5.4.3 双网络机动决策算法

5.4.3.1 算法描述

在作战仿真实体机动过程中，一般从角度和距离对机动目标进行描述。例如：当两个战机对抗时，可以理解为当距离和偏离角度满足一定条件时，对方则进入了己方的攻击范围，而整个作战机动过程则是双方不断的使这两个条件有利于己方的过程。在本节将仿真实体所面临的机动任务从角度和距离两个维度进行分解，然后分别利用DRL算法获得相应的机动策略。

在深度强化学习中利用深度神经网络对相应机动策略进行拟合和参数化表示。以战机向目标区域机动为例，根据神经网络拟合的策略所针对的任务不同，分为角度捕获网络和距离捕获网络。其中角度捕获网络所拟合机动策略的任务是，缩小战机到目标点的视线与

战机速度之间的夹角 α（此角称为偏离角）；距离捕获网络所拟合机动策略的任务是，缩小战机与目标点之间的距离 d ，如图 5－17 所示。由于对战机进行建模时，战机动作为离散动作，状态空间为连续空间，而深度强化学习中的 DQN 算法，适合于状态空间连续、动作空间离散的情况，所以本节选择 DQN 算法作为基准算法，提出基于 DQN 的双网络自主机动决策算法。

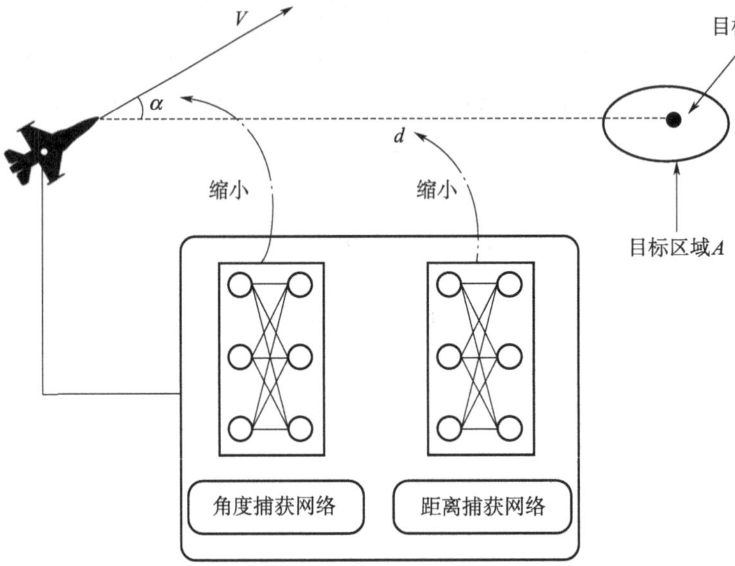

图 5－17　双网络拟合策略的任务

从战机与目标点的偏离角 α 和距离 d 两个维度出发，基于 DQN 算法构建角度捕获网络和距离捕获网络，分别对减小偏离角的机动策略和缩短距离的机动策略进行拟合。战机向目标区域进行自主机动时，首先通过角度捕获网络控制战机进行机动，使战机偏离角缩小到一个阈值后，利用距离捕获网络缩短战机与目标的距离，从而实现战机向目标的机动。

由于战机为三维机动空间实体，所以设置偏离角阈值 β 时，会以战机速度 V 的方向为中轴线形成一个锥形空间 Ω_t ，具体如图 5－18 所示。战机的活动空域为 Ω ；以战机速度 V 为轴线，在其正前方设置锥形训练空间 Ω_t ，顶角为 2β ；战机速度 V 与目标区域中心 C 的视线夹角为偏离角 α ，战机到目标点之间的距离为 d ，目标区域半径为 d' 。当偏离角 $\alpha < \beta$ 时，完成角度捕获；当距离 $d < d'$ 时，完成距离捕获，战机进入目标区域 A 。

基于 DQN 的双网络自主机动决策算法的原理如图 5－19 所示，构建基于 DQN 的角度捕获网络和距离捕获网络，两个网络的任务分别是减小战机偏离角和缩短战机与目标点之间的距离。两网络在作战态势的引导下由逻辑控制部分协调运作。当战机偏离角 α 过大时，角度捕获网络控制战机决策，依据态势进行机动，对战机航向进行调整，减小偏离角；当偏离角 α 满足要求时，距离捕获网络控制战机决策，使战机向目标区域机动，减小与目标点之间的距离。

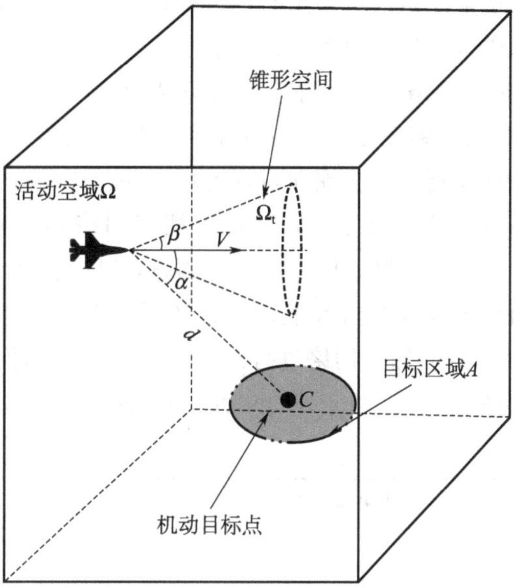

图 5 - 18　锥形空间位置示意图

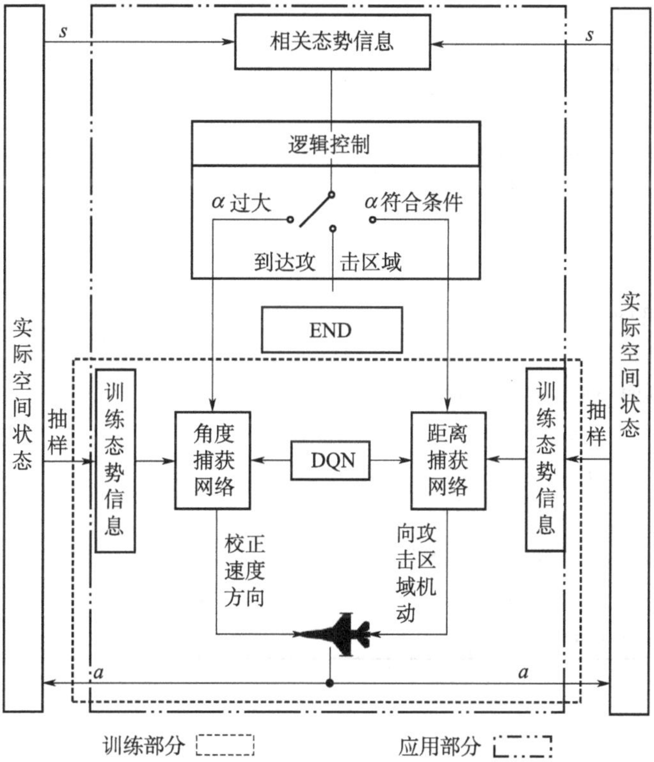

图 5 - 19　双网络自主机动决策算法原理图

基于 DQN 的角度捕获网络。在训练阶段，以均匀分布概率在空间 Ω 内随机抽取坐标作为 A 样本，基于 DQN 算法利用战机与环境交互产生的信息（s，a，r，s'），对神经网络进行训练，使其对减小偏离角的机动策略进行拟合。在工作阶段，态势信息输入角度捕获网络，输出动作控制决策，使偏离角 α 减小。

基于 DQN 的距离捕获网络，在训练阶段与角度捕获网络类似，只是交互空间为锥形空间 Ω_t ，神经网络拟合的是缩短战机与目标距离的机动策略。在工作阶段，态势信息输入距离捕获网络，输出动作指令，实现向目标区域 A 机动。

逻辑控制部分在态势信息的引导下，对角度捕获网络和距离捕获网络进行切换。当 $\alpha > \beta$ 时，使用角度捕获网络，对战机航向进行调整，减小偏离角 α 。当 $\alpha \leqslant \beta$ 且 $d > d'$ 时，则使用距离捕获网络支撑战机向 A 机动。在使用距离捕获网络的过程中，设置容错角度 γ ，当 $\alpha > \gamma$ 时，启用角度捕获网络进行纠正。当 $d < d'$ 时认为战机进入 A ，逻辑控制部分终止此次机动决策过程。基于 DQN 的双网络自主机动决策算法伪代码如算法 5.4.1 所示。

算法 5.4.1：基于 DQN 的双网络智能决策方法

```
Input: Airspace range Target area
Output: The successful times
For episode=1 to max_episode do
    Initialize state
    While True
    While (d > d' and α > β)
        count_1+=1
        action ← angle_net (state)
        next_state ← env (action)
        If count_1>set_times_1
          break
  While (d > d' and α < γ)
        count_2+=1
        action ← distance_net (state)
        next_state ← env (action)
        If count_2>set_times_2
            break
  If (d < d' and count_1+count_2 <set_times )
          break
Return: The successful times
```

5.4.3.2 理论分析

根据 5.4.2 节中的分析，类似于战机的三维机动空间仿真实体，具有机动空间大和不具备全向机动能力的特性。这两个特性增加了利用深度强化学习对仿真实体进行训练，获得机动策略的难度，对 DRL 算法的收敛性和效能都会产生不利影响，甚至使得仿真实体无法获得有效的机动策略。

本节结合战机探索能力特性、交互空间特性以及 DRL 的训练特征，设计了双网络自主机动决策算法。通过 5.4.3.1 节对算法的描述可知，角度捕获网络的目的是通过控制战机的机动减小战机的偏离角 α ，距离捕获网络的目的是通过控制战机的机动减小战机与目标区域的距离，使战机进入目标区域。下面对基于 DRL 训练这两个网络的交互空间和战机各向机动能力不均的影响进行分析。

对于角度捕获网络，在利用 DRL 算法对其进行训练时，训练目标位置依然均匀分布在战机的整个活动空域 Ω 。但该网络拟合的策略只需战机到目标点的偏离角 α 小于阈值 β ，即通过控制战机的机动将目标点笼罩在锥形空间 Ω_t 即可，具体如图 5 - 20 所示。

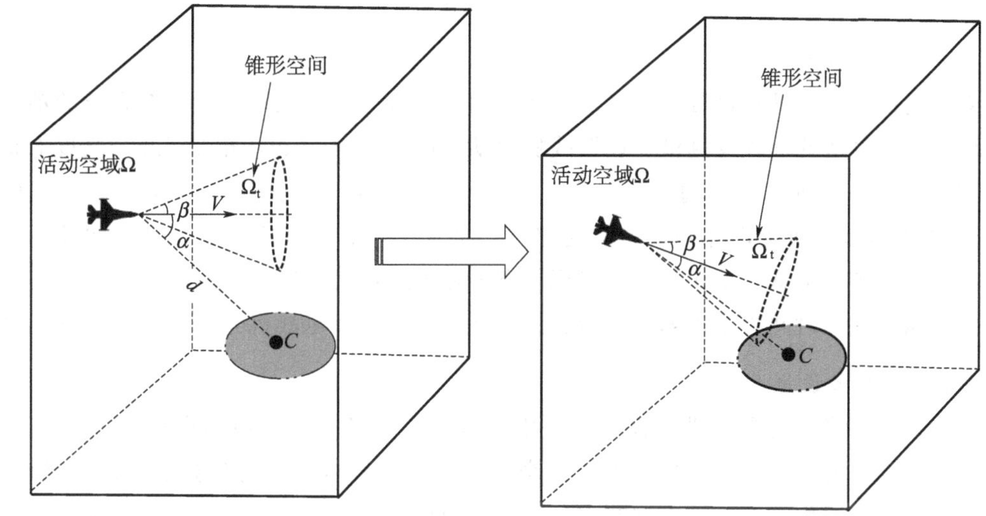

图 5 - 20　角度捕获网络完成捕获

尽管在选取训练目标位置时依然均匀分布于整个活动空域，但是偏离角 α 的范围为 [0, 180°]，利用 DRL 算法训练时其交互空间非常有限，大大降低了训练难度。

根据 5.4.3.1 节对算法的描述，角度捕获网络完成捕获后才会启动距离捕获网络，此时目标点与战机的相对位置已经处于锥形空间内。所以对于距离捕获网络，在利用 DRL 算法进行训练时，训练目标位置可以仅选在锥形空间 Ω_t 内。此时，充分利用了战机的前向机动能力，并且由于 $\Omega_t < \Omega$ 也有效缩小了训练过程中战机与环境的交互空间，有利于积累到有效的经验数据，提升深度强化学习算法的训练效果和性能。锥形空间 Ω_t 中 β 角的大小会对角度捕获网络和距离捕获网络的训练性能产生相反的影响，β 越大则锥形空间越大，有利于角度捕获网络的训练，但增大了距离捕获网络训练时的交互空间，增大了距离捕获网络的训练难度；反之，β 角越小则增大了角度捕获网络的训练难度，但是由于压缩了距离捕获网络训练时的交互空间，训练距离捕获网络的难度随之降低。在后续的实验中，本节将对双网络自主机动决策算法的有效性和应用规律进行分析验证。

总的来说，本节的算法是将一个训练难度较大的任务，分解为两个训练难度较小的任务。将直接向目标机动的任务，分解为角度捕获和距离捕获两个任务，压缩了利用 DRL

的交互空间，通过设置锥形空间，充分利用了战机较强的前向机动性能，避免了其各向机动性能分布不均带来的样本分布设计问题。

5.4.4 算法实验验证及分析

在 5.4.3 节提出的基于 DQN 的双网络自主机动决策算法的基础上，本节对基于 DRL 的双网络自主机动决策算法，在三维机动空间仿真实体自主机动决策中的有效性进行验证。向目标机动，是作战实体完成各种任务的基本机动行为之一。由于将三维机动空间仿真实体实例化为战机，本节将以战机向目标机动决策为实验场景，对算法的有效性进行验证。

5.4.4.1 测试环境

对战机活动空域进行设置主要考虑，战机向随机目标位置机动时，要有充分的动作空间，以满足对算法的训练及测试。设置战机活动空域 Ω 长 48 km，宽 20 km，高度 5 km。战机速度为 200～400 m/s，每 2 s 战机进行一次机动决策，设其目标区域 A 为距目标点 C 3 km 以内区域。机动动作包括：匀速平飞、加速平飞、减速平飞、爬升、俯冲、水平左转、水平右转七个基本动作。由战机根据态势自主进行动作选择。战机以 300 m/s 沿对角线穿过该空域的时间为 174 s，其决策时间间隔为 2 s，满足战机充分动作的空间要求。

5.4.4.2 超参数设置

在对神经网络结构参数进行设置时，主要考虑的因素是网络模型容量[75]。网络模型容量增大，意味着网络深度增加，可以拟合更加复杂的策略，但同时会带来计算量增加、梯度消失、梯度爆炸等问题。在本节中角度捕获网络设置了包含 7 节点的输入层和输出层以及一个包含 20 节点的隐藏层。输入和输出层的节点数由态势信息维度和基本动作数决定。

当采用常规决策方案，构建神经网络拟合的策略是，通过战机机动不断的减小战机与目标之间的距离，网络结构与距离捕获网络相同，输入层、输出层同样为 7 个节点，隐藏层一为 20 个节点，隐藏层二为 30 个节点。当采用本节提出的双网络决策算法时，由于在距离上对目标捕获的难度要远远大于角度上捕获，所以构建距离捕获网络时，适当增加了网络深度和隐藏节点数目，以增加网络模型的容量。距离捕获网络的输入层、输出层同样为 7 个节点，隐藏层一为 20 个节点，隐藏层二为 30 个节点。角度捕获网络和距离捕获网络均采用全连接网络。角度捕获网络和距离捕获网络的学习率设为 0.001，折扣因子为 0.9，网络参数更新一次在经验回放池中抽取的小批量数据量为 500，经验回放池容量为 10 000，激活函数选择 ReLu 函数。

在训练阶段，战机的初始位置位于设置空域的中心，初始速度、航迹倾斜角和航迹偏转角随机初始化，以使战机对状态获得更加充分的探索。对角度捕获网络进行训练时，在活动空域 Ω 内，训练目标点坐标按均匀分布随机抽样。对距离捕获网络则在飞机正前方的锥形空间 Ω_t 内，以均匀分布随机抽取训练目标点。在测试阶段，战机的初始位置不固定，并向随机出现的目标 C 点进行机动，进入目标区域 A 的成功率作为算法性能的衡量标准。

5.4.4.3　实验结果分析

在试验中采用常规的 DRL 决策算法，仿真实体并没有得到有效机动策略，几乎无法完成预定的机动任务。而采用本节提出的双网络决策方法，获得了有效的机动策略。为验证角度捕获网络和距离捕获网络有效性与锥形空间的关系，及双网络自主机动决策算法的有效性，设置仿真试验内容为：研究锥形空间与角度捕获网络捕获率的关系；研究锥形空间与距离捕获网络捕获率的关系；研究双网络自主机动决策算法有效性与时间限制的关系；研究双网络自主机动决策算法有效性与容错角度的关系；进行案例仿真，进一步验证双网络自主机动决策算法的有效性。

试验一，锥形空间顶角与角度捕获网络对目标区域中心 C 捕获率的关系。

设置顶角 2β 为 20°、60°、120°，垂线长度为 9 km 的三个锥形空间 Ω'_t、Ω''_t、Ω'''_t，分别进行角度捕获网络训练，其中 $\Omega'''_t > \Omega''_t > \Omega'_t$。

仿真结果如图 5-21 所示，随着训练周期增加，角度捕获网络的捕获率不断上升最后趋于平稳。锥形空间顶角从 20°变为 60°，训练效果有明显提升。从 60°增大至 120°时，收敛过程更短，但收敛后的捕获率较 60°条件下并无明显优势。主要原因是，角度捕获网络的作用是将战机偏转角 α 校正到小于阈值 β，使 A 进入锥形空间，当锥形空间顶角 2β 增大时，实现角度捕获的难度必然降低，成功率增高。

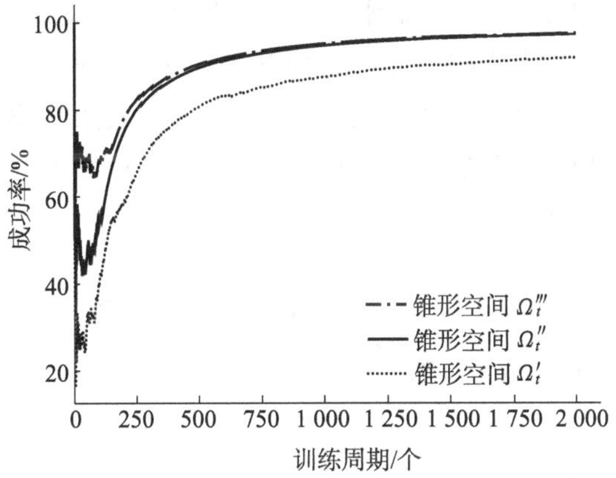

图 5-21　不同顶角时角度捕获成功率

试验二，锥形空间顶角与距离捕获网络对目标区域 A 捕获率的关系。

取锥形空间 Ω'_t 和 Ω''_t，顶角分别为 20°和 60°，垂线长度为 9 km，$\Omega''_t > \Omega'_t$。分别将 Ω'_t 和 Ω''_t 作为交互空间，对距离捕获网络进行训练。收敛后在各自空间内分别进行 1 000 次测试实验。

仿真结果如图 5-22 所示。锥形空间顶角为 20°时，成功进入 A 的概率为 97.2%，顶角为 60°时成功进入 A 的概率为 70.4%。随着 Ω_t 增大，战机成功进入日标区域的概率明显下降。主要原因是，战机的机动性能从其正前方向两侧衰减，随着锥形空间 Ω_t 的增大，距离捕获网络的训练效果受到战机机动性能各向不均匀的影响，积累到有效经验的难度增加，影响了网络对策略的逼近效果，进入目标区域的成功率下降。

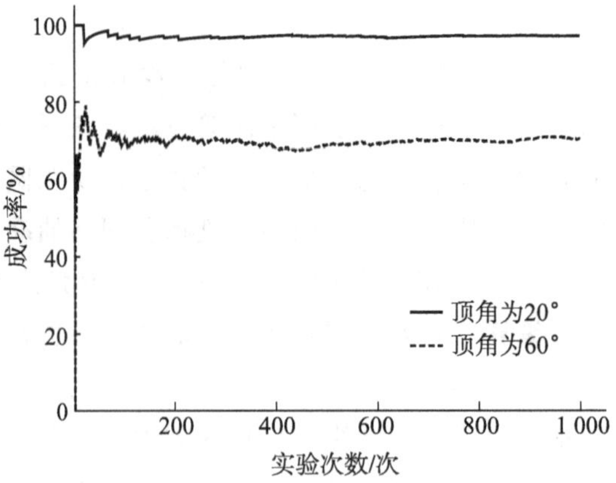

图 5-22　不同顶角时距离捕获网络成功率

试验三，对双网络自主机动决策算法的有效性进行验证分析。

设置锥形空间顶角为 60°，分别对角度捕获网络和距离捕获网络进行训练。

(1) 双网络决策算法成功率与时间限制的关系

在两个网络收敛后，容错角度设置为 30°，分别在时间限制设置为 100 s、140 s、180 s、240 s、280 s 时，各做 1 000 次试验。仿真结果如图 5-23 所示，时间限制从 100 s 提升到 140 s，其成功率从 50.2%提高到 78.3%，共提升了 28.3%；时间限制从 140 s 到 180 s 其成功率从 78.3%提高到 82.5%，共提升了 4.2%；从 180 s 到 240 s 其成功率从 82.5%提升到 83%，仅提升了 0.5%；从 240 s 到 280 s 其成功率从 83%提高到 83.2%，仅提升了 0.2%。随着限制时间延长，战机向目标区域机动决策的成功率不断提升，但提升幅度从最开始的 28.3%降到了 0.2%。

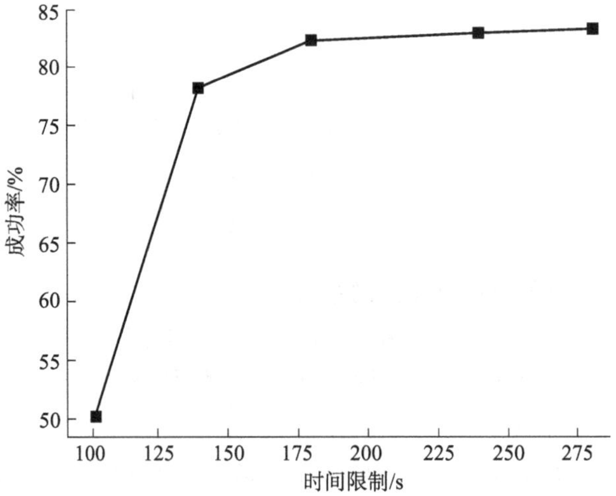

图 5-23　成功率随时间限制的变化图

战机取平均速度 300 m/s 时，穿过 Ω 对角线的时间为 174 s，结合仿真中成功率在时间限制为 180 s 前，提升幅度大的状况。从 100 s 到 180 s 其成功率提升了 32.5%，此过程中限制成功率提升的因素是时间，即战机没有足够的时间机动至距离较远的目标区域。从 180 s 到 280 s 其成功率提升了 0.7%，此过程中制约成功率提升的是双网络决策算法的性能，继续延长时间限制成功率不再有明显提升。

(2) 双网络自主机动决策算法成功率与容错角度的关系

时间限制为 180 s，容错角度取 30°、36°、45°、60°、90°时，各做 1 000 次试验。仿真结果如图 5－24 所示，容错角度从 30°提升到 36°时，飞机进入目标区域的成功率从 82.5% 提升到了 83%。但是此后，随容错角度的增加，进入目标区域的成功率不断下降。主要原因是，增加容错角度，延长了战机无效机动时间，使战机没有充足时间到达目标区域。

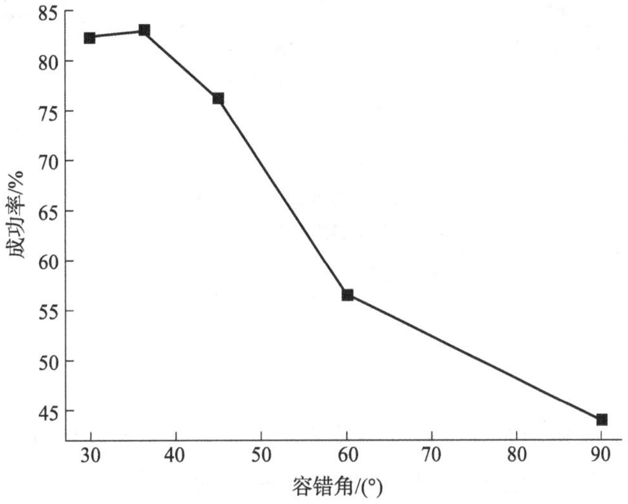

图 5－24　成功率随容错角度的变化图

试验四，案例仿真。

为进一步验证双网络自主决策算法的有效性，设计仿真案例为，固定翼战机的出发位置为 O 点，设置三个不同的目标区域，依次为 A_1、A_2 和 A_3。战机在 O 点位置获取 A_1 情报，自主机动至 A_1，获取 A_2 情报，自主机动至 A_2 后获取 A_3 坐标情报，最后机动至 A_3 区域。坐标情报可按时有效获取，不考虑情报源（如指挥中心、自身传感器等）影响。

仿真结果如图 5－25 所示，战机完成了自主向目标区域机动的任务。红色轨迹代表距离捕获网络进行机动决策，黑色轨迹代表角度捕获网络进行机动决策，两个网络通过逻辑控制部分协调决策，实现了战机向目标区域的自主机动。案例仿真结果更加直观地表明，双网络决策算法有效地解决了战机向己方目标区域自主机动决策的问题。

从试验一和试验二的结果可得，在网络超参数不变化的情况下，对于角度捕获网络和距离捕获网络，通过改变锥形空间参数的算法提升其中一方的性能，则必然造成另外一方性能下降。平衡角度捕获网络和距离捕获网络两者之间的矛盾，设计适中的锥形空间影响着该决策算法的性能。从试验三结果可以看出，战机自主向目标区域机动的成功率最高达到了 83%，相比于直接利用 DRL 无法获得有效的机动策略，充分证明了双网络自主机动决策算法的有效性；充足的机动时间是双网络自主机动决策算法性能发挥的保证；容错角

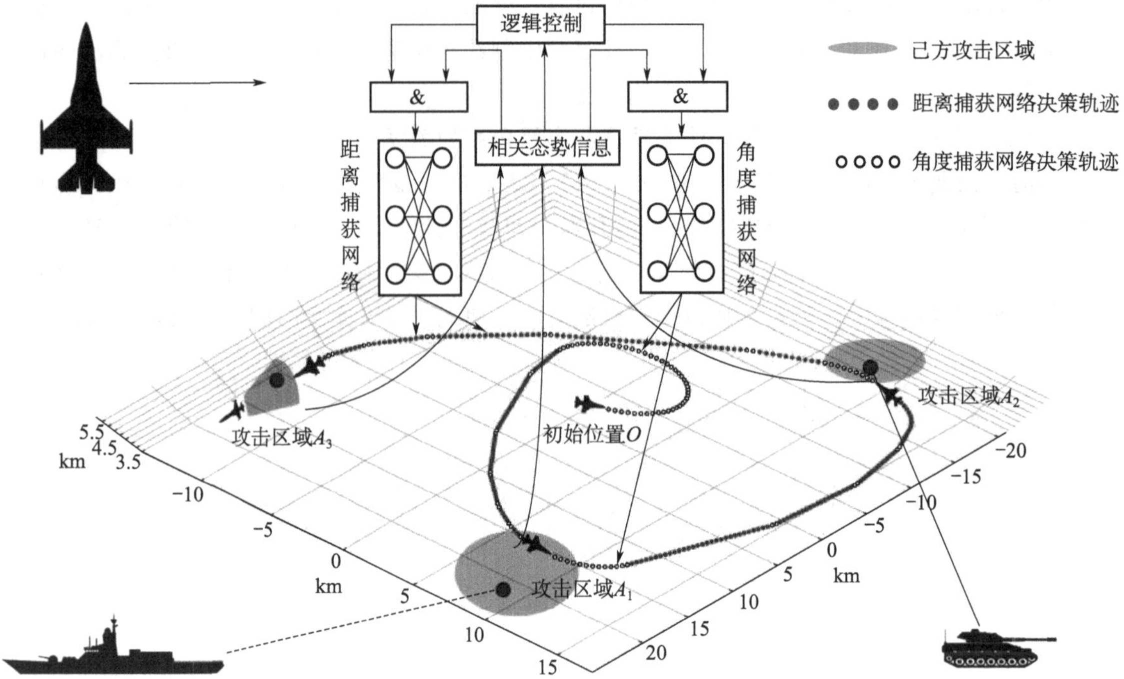

图 5-25　战机机动轨迹（见彩插）

度过大会增加战机无效机动时间，降低决策算法性能。试验四案例直观表明，该算法有效解决了基于深度强化学习的战机向目标区域自主机动的问题。

5.5　基于参数传递的多智能体深度强化学习算法

5.5.1　相关理论

以下主要对后续研究中所涉及的 AC 算法和 DDPG 算法进行分析，为后续新算法的提出、理论分析及实验验证等相关内容的展开做好铺垫。

5.5.1.1　行动者-评论员算法

AC 算法[76,77]将基于值函数的和基于直接策略搜索的强化学习结合在一起。相比基于直接策略搜索的 DRL，AC 算法可以实现单步更新，具有更高的更新效率和更小的方差；相比基于值函数的 DRL，AC 算法可以将动作空间扩展到连续高维的空间。如图 5-26 所示，在 AC 算法中 Actor 部分是策略函数部分，Critic 部分是值函数部分，在深度强化学习中 Actor 和 Critic 都用神经网络进行参数化表示。Actor 是动作的产生者，当 Actor 根据环境状态产生一个动作后，Critic 根据回报和环境状态产生一个时间差分（Temporal-Difference，TD）误差，Actor 产生的行为进行评价。Critic 以自举的形式实现参数更新，同时其输出引导着 Actor 进行参数更新。

Actor 网络参数 θ 的更新，如式（5-10）所示

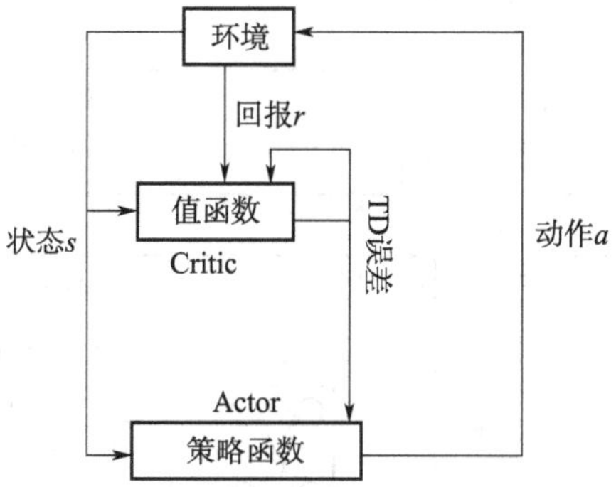

图 5-26 Actor-Critic 结构

$$\theta_{t+1}=\theta_t+\alpha(R_{t+1}+\gamma Q(s_{t+1},a)-Q(s_t,a))\nabla\ln\pi(A_t/S_t,\theta_t) \tag{5-10}$$

其中，$R_{t+1}+\gamma Q(s_{t+1},a)-Q(s_t,a)$ 为 TD 误差，π 表示 Actor 策略，α 表示学习率。Actor 的网络参数在 TD 误差的指引下进行更新。Critic 网络参数 w 的更新，如式（5-11）所示

$$w_{t+1}=w_t+\beta(R_{t+1}+\gamma Q(s_{t+1},a)-Q(s_t,a))\nabla Q(s_t,a\mid w_t) \tag{5-11}$$

其中，β 表示学习率。Critic 网络通过 TD 误差进行更新。伪代码如算法 5.5.1 所示。

算法 5.5.1：Actor-Critic

输入：可微参数化策略 $\pi(a\mid s,\theta)$

输出：可微状态行为值函数 $Q(s,a\mid w)$

步长：$\alpha^\theta>0\ \alpha^w>0$

初始化参数 θ，$w\in\mathbb{R}$

for episode=1 to max _ episode **do**

  Initialize s

  While (S is not terminal) **do**

    $A\sim\pi(\cdot\mid s,\theta)$

    S'，$R\leftarrow$ Take action A

    $\theta_{t+1}\leftarrow\theta_t+\alpha^\theta(R_{t+1}+\gamma Q(s_{t+1},a)-Q(s_t,a))\nabla\ln\pi(A_t/S_t,\theta_t)$ if S_{t+1} is terminal $Q(s_{t+1},a\mid w)\doteq 0$

    $w_{t+1}\leftarrow w_t+\alpha^w(R_{t+1}+\gamma Q(s_{t+1},a)-Q(s_t,a))\nabla(s_t,a\mid w_t)$

    $S\leftarrow S'$

end for

5.5.1.2 深度确定性策略梯度算法

深度确定性策略梯度[78]是基于 AC 架构的典型算法。具体来讲，DDPG 算法结合了 DPG[79]和 DQN 算法中通过设置经验回放池和目标网络打破训练数据间相关性，获得网络稳定收敛的思想。DDPG 算法将状态空间和动作空间均扩展到了高维连续空间，适用范围广。DDPG 算法的原理如图 5-27 所示。

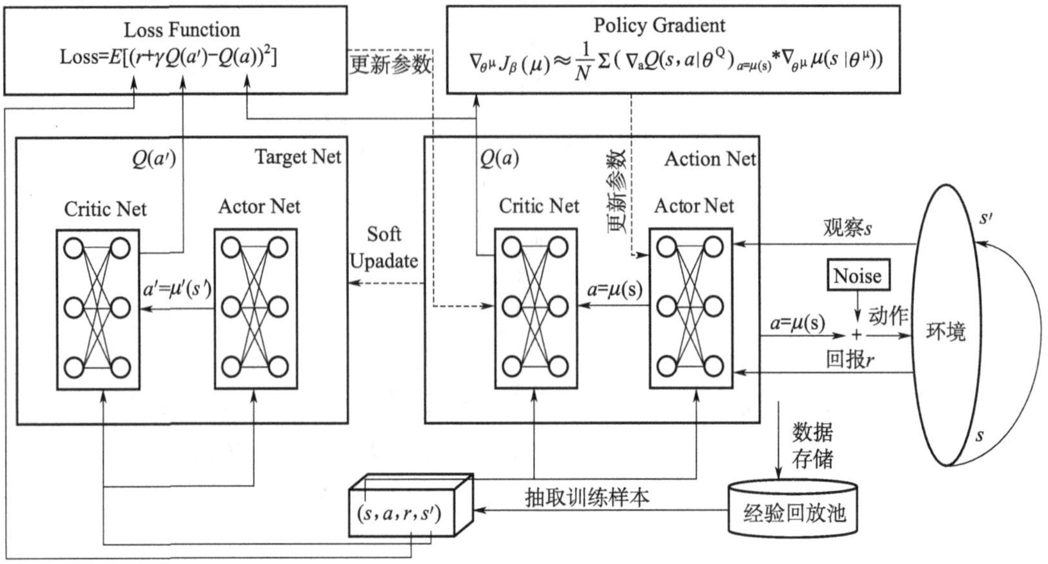

图 5-27　DDPG 算法原理

DDPG 一共设置了四个神经网络，其中两个组成目标网络（Target Net），用来对未来值函数进行评估，引导策略演化的方向，另外两个组成行为网络（Action Net），从而产生具体的影响环境的行为。其中 Target Net 的参数 θ' 是由 Action Net 参数 θ 采取软更新的方式获取，$\theta' \leftarrow \tau\theta + (1-\tau)\theta' \mid \tau \ll 1$。这里与 DQN 设置 Target Net 的目的相同，即打破当前状态的 Q 值与下一状态 Q 估计值的相关性。Action Net 中参数的更新涉及 Actor Net 和 Critic Net 参数的更新。Critic Net 的更新利用的公式如式（5-12）所示

$$\text{Loss} = \mathbb{E}[(r + \gamma Q(a') - Q(a))^2] \tag{5-12}$$

式中，r 是抽取样本中的回报；$Q(a')$ 是由状态 s' 输入 Target Net 中的 Critic Net 和 Actor Net 得到，即 $Q(a')_{a'=\mu'(s')}$，μ' 为 Target Net 中 Actor Net 所表示的策略。而 $Q(a)$ 是由训练样本中状态 s 输入 Action Net 中的 Critic Net 和 Actor Net 所得，即 $Q(a)_{a=\mu(s)}$。Action Net 中 Actor Net 采用策略梯度的方式进行更新，其更新公式如式（5-13）所示

$$\nabla_{\theta^\mu} J_\beta(\mu) \approx [\nabla_a Q(s,a \mid \theta^Q) \mid_{a=\mu(s)} * \nabla_{\theta^\mu}\mu(s \mid \theta^\mu)] \tag{5-13}$$

式中，θ^μ 为 Action Net 中 Actor Net 的参数；θ^Q 为 Action Net 中 Critic Net 的参数。伪代码如算法 5.5.2 所示。

算法 5.5.2：DDPG

Initialize critic _ net and actor _ net with weights θ^Q *and* θ^μ

Initialize target network Q' and μ' with weights $\theta^{Q'} \leftarrow \theta^Q$, $\theta^{\mu'} \leftarrow \theta^\mu$

Initialize replay buffer D

for episode=1 to max _ episode **do**

Initialize S

for t=1，T **do**

Select action $a_t = \mu(s_t \mid \theta^\mu) + N_t$

r_t，$s_{t+1} \leftarrow$ agent execute a at state s

store (s，a，r，s') in replay buffer D

Sample a random minibatch of M dates (s_i，a_i，r_i，s_{i+1}) from D

Set　$y_i = r_i + \gamma Q'(s_{i+1}, \mu'(s_{i+1} \mid \theta^{\mu'} \mid \theta^{Q'})$

Update the critic _ net by minimizing the loss function：

$$L = \frac{1}{M}\sum_i (y_i - Q(s_i, a_i \mid \theta^Q))^2$$

Update the actor _ net using the sampled policy gradient：

$$\nabla_{\theta^\mu} J \approx \frac{1}{M}\sum_i \nabla_a Q(s, a \mid \theta^Q) \mid_{s=s_i, a=\mu(s_i)} \nabla_{\theta^\mu} \mu(s \mid \theta^\mu) \mid s_i$$

update the target networks：$\theta^{\mu'} \leftarrow \tau\theta^\mu + (1-\tau)\theta^{\mu'}$，$\theta^{Q'} \leftarrow \tau\theta^Q + (1-\tau)\theta^{Q'}$

end for

end for

5.5.2　多智能体深度强化学习中的主要问题

当一个场景中同时存在多个决策者时就形成了多智能体系统。利用深度强化学习解决多智能体系统中的序列决策问题称为多智能体深度强化学习。5.5.1 节中涉及的行动者-评论员算法、基于策略搜索的 DDPG 算法以及基于值函数的 DQN 算法，均属于单智能体深度强化学习的范畴。将单智能体 DRL 向多智能体领域拓展，是研究多智能体序列决策问题的重要手段。

相比于单智能体，在多智能体系统中，智能体需同时与所处环境和其他智能体进行交互，其策略搜索同时受到环境和其他智能体行为策略的制约。对于多智能体深度强化学习，除了单智能体中存在的探索-利用平衡、信度分配、样本利用效率等问题，还存在多智能体学习目标难以制定的问题；多智能体策略同步演化，环境平稳性难以保持的问题；智能体数量增加，增加网络参数更新计算量，降低算法训练效率的问题等。

（1）多智能体学习目标的制定问题

在强化学习中，学习目标代表智能体行为策略的演化方向。根据智能体是否拥有独立学习目标，多智能体强化学习可以分为集中决策和自主决策两类。

集中决策的输入为所有智能体的全局观察，输出为联合行为决策方案，可以有效保持环境的平稳性。采用集中决策时，智能体没有独立目标，单个智能体不能从联合策略中抽取独立策略，并且在一个多智能体环境中难以同时存在多种智能体关系。集中决策时策略调整的依据为全局化奖励。在完全合作任务中可以最大化全局奖励作为所有智能体的共同目标，在非完全合作任务中，难以确定一个好的目标。此外，全局化奖励缺少对单个智能体的合理回报，进而产生“信度分配”的问题，容易造成“偷懒智能体”现象。比如，智能体 A 做出了动作 α ，智能体 B 也做出了行为 b ，假设动作 a 为无效动作，如果不区分两个智能体在全局奖励中的贡献度，则容易造成智能体 A 变为“偷懒智能体”。针对由于信度分配问题产生的“偷懒智能体”现象，Sunehag 等人[80]提出值分解网络，基于 DQN 网络为所有智能体设置单独 Q 值，进而通过求和获得联合行动的 Q 值。Kong 等人[81]结合集中决策和自主决策思想，设置指导智能体在融合其他执行智能体观测信息的基础上给出指导信息，执行智能体根据指导信息并结合自身局部观测进行行为决策。

自主决策为单个智能体基于所得信息进行行为决策。这类算法无法保证环境的平稳性，智能体通过通信获取其他智能体信息或对其他智能体进行策略估计等方式，弥补环境的非平稳性。这类决策算法中，单个智能体可以拥有独立的学习目标，在同一多智能体场景中可以同时存在多种智能体关系。然而，自主决策仅有智能体的个体奖励，缺少对全局奖励的评估，容易出现“囚徒困境”的问题，影响全局奖励。针对“囚徒困境”的问题，Mao 等人[82]通过全局动作奖赏对智能体策略进行评估，以克服个体奖赏带来的问题。

（2）多智能体环境非平稳的问题

在单智能体强化学习中，智能体与环境进行交互，可以用马尔可夫决策过程进行描述，智能体根据当前状态 s ，依据自身策略 π ，产生动作 a ，获得奖励 r ，环境状态变为 s' ，智能体根据获得的奖励对策略 π 进行调整，以获得更大的奖励。在整个过程中，建立函数以及环境状态的转移概率是不变的，这是应用强化学习的前提条件。

然而在多智能体场景中，智能体不仅与环境进行交互，同时还要与其他智能体进行交互。此时，其他智能体的策略也在进行演化，多个智能体同时进行策略学习。对于一个智能体来讲，其所处环境的状态转移概率和奖励函数均受到其他智能体策略演化的影响，所以多智能体环境出现了非平稳性，如图 5-28 所示。

正如第一部分所述。集中决策的多智能体强化学习，由于采用了全局观察作为输入，将联合决策方案作为输出，相当于将多智能体等同于一个智能体来对待，避免了环境非平稳的问题。但对于自主决策的多智能体强化学习，尽管每个智能体可以拥有独立策略，却无法保证环境的平稳性。环境的平稳性是强化学习的基本前提，为保证强化学习算法的有效性，需要对环境非平稳问题进行处理，主要包括，采用通信的方式对其他智能体的相关信息进行融合，如 Foerster 等人[83]提出的自适应的端到端的通信协议学习算法；采用为对手建模的方式，对其他智能体的策略进行估计，如 Raileanu[84]等人提出利用神经网络对其他智能体进行策略建模，从而估计其他智能体的行为；采用集中式训练分布式执行[85]的方式，对基于 AC 架构的算法，在训练阶段利用所有智能体的联合观察和联合行为对其 Critic 网络进行训练，而在执行阶段则利用 Actor 网络基于其局部观察做出行为决策，具体如 COMA 算法[86]、MADDPG 算法[87]等。

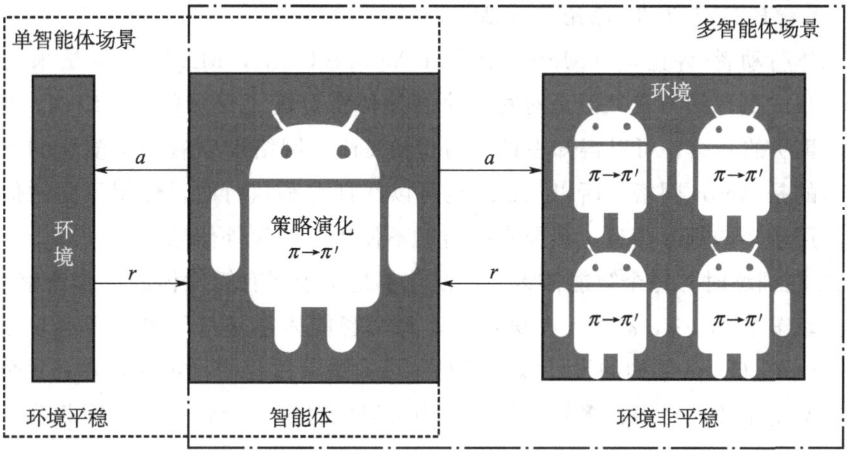

图 5-28 多智能体环境的非平稳性

（3）多智能体数量扩展问题

在多智能体深度强化学习中，智能体数量增加，会导致策略搜索的计算量增加，进而延长强化学习算法的训练时间，降低训练效率。

在集中决策的多智能体深度强化学习中，随着智能体数量的增加，所有智能体的联合观察空间和联合动作空间，会呈现指数级增大，从而产生“维度灾难”的问题[88]，进而延长模型收敛时间，降低算法效率。在自主决策的多智能体深度强化学习中，由于每个智能体具有独立的决策能力，所以每个智能体都具有一套拟合行为策略的神经网络。随着智能体数量的增加，每次进行策略更新时，更新神经网络参数的总计算量会随之增大，同样会延长算法的训练时间，限制智能体数量的扩展性。

针对上述问题，在接下来所提的基于参数传递的多智能体深度强化学习算法，通过集中训练、分布执行的运行方式保证了训练过程中环境的平稳性；采取独立的 Actor-Critic 结构使每个智能体可以有独立的训练目标；通过参数传递机制有效减少了需要训练的智能体数量，减少训练时间，增强了对智能体数量的扩展性。

5.5.3 基于参数传递的多智能体深度确定性策略梯度算法

前两节对相关的理论知识和多智能体深度强化学习中的主要问题进行了分析。以下将在多智能体 Actor-Critic 结构的基础上，结合 DDPG 算法，引入参数传递机制，提出了一种多智能体深度强化学习算法，即基于参数传递的多智能体深度确定性策略梯度算法（Multi-agent Deep Deterministic Policy Gradient with Parameters Transferring, MADDPG-PT）。该算法采用集中训练分布执行，可以在训练阶段保持环境的平稳性；执行过程中，单个智能体可依据 Actor 网络进行自主决策；引入参数传递机制，降低多智能体强化学习的策略更新计算量，增强对多智能体数量的扩展性，然后主要对基于参数传递的多智能体深度确定性策略梯度算法进行介绍，并对算法的有效性进行理论分析。

5.5.3.1 多智能体行动者-评论员算法

多智能体行动者-评论员（Multi - Agent Actor - Critic，MAAC）算法采用的是集中式训练、分布式执行的方式，但是对每一个智能体都分配了完整的 AC 结构。根据 5.3.1 节中对 AC 算法的介绍，可以得知在训练时是由 Critic 网络引领着策略演化的方向，而真正产生动作的是 Actor 网络，所以 AC 结构可以在训练和执行时，使用不同的信息。在训练时可以使用较多的额外信息，只要在执行时不使用这些额外信息即可。

MAAC 在训练时，每个智能体策略的演化都是基于所有智能体的联合观察 $\{o_1, \cdots, o_n\}$ 和联合动作 $\{a_1, \cdots, a_n\}$。在执行时，每个智能体都是基于自身观察 o_i 进行决策。多智能体 Actor - Critic 结构的设计保证了马尔可夫决策过程的稳定性，并且每个智能体可以拥有独立奖励函数，从而在多智能体场景中可以同时存在合作、竞争等关系。具体过程如图 5 - 29 所示。

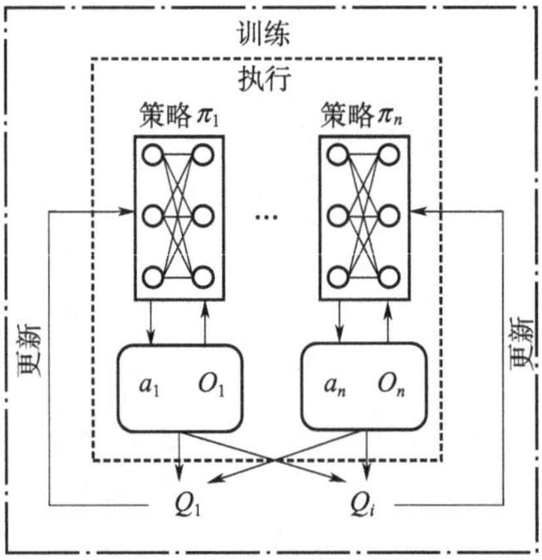

图 5 - 29 MAAC 示意图

假设一个场景中有 n 个智能体，其策略参数分别为 $\theta = \{\theta_1, \cdots, \theta_n\}$，其策略分别为 $\pi = \{\pi_1, \cdots, \pi_n\}$。则智能体 i 的期望回报为，$J(\theta_i) = \mathbb{E}[R_i]$ 对其进行求导可得

$$\nabla_{\theta_i} J(\theta_i) = E_{s\sim p^{\mu}, a_i\sim\pi_i}[\nabla_{\theta_i} \log\pi_i(a_i \mid o_i) Q_i^{\pi}(X, a_1, \cdots, a_n)] \tag{5 - 14}$$

$Q_i^{\pi}(X, a_1, \cdots, a_n)$ 是由 Critic 部分产生的状态行为值函数，在训练时使用了联合动作 $\{a_1, \cdots, a_n\}$，X 可以由所有智能体的联合观察组成 $\{o_1, \cdots, o_n\}$，当然也可以融合进其他额外信息。由于每个智能体有独立 Q_i^{π}，所以智能体可以单独设置奖励函数，这样可以在一个多智能体环境中同时存在竞争、合作等关系。

5.5.3.2 算法描述

在许多仿真场景中，通常多个仿真实体共同完成一个任务。例如：作战仿真中多个仿真实体，共同阻挡入侵者，以守卫重点目标。然而，仿真实体数量的增加会导致训练过程中网络参数更新计算量的增加，从而降低算法的训练效率。

从 5.2 节中对确定性策略梯度算法的分析可知，DDPG 是一种无模型的 AC 结构的算法，可以应用于动作空间和状态空间均为高维连续状态的情况。将 DDPG 算法与 MAAC 相结合，形成了适用于多智能体场景的 MADDPG 算法。本节引入了参数传递机制，提出了基于参数传递（Parameters Transferring）的多智能体深度确定性策略梯度（MADDPG－PT）算法。该算法采用集中式训练、分布式执行的 MAAC 框架，可以保证训练中的环境平稳性，并为每个智能体单独设置奖励函数；引入参数传递机制，则有效减轻了智能体数量增加对算法训练效率的影响。MADDPG－PT 算法原理图如图 5－30 所示。

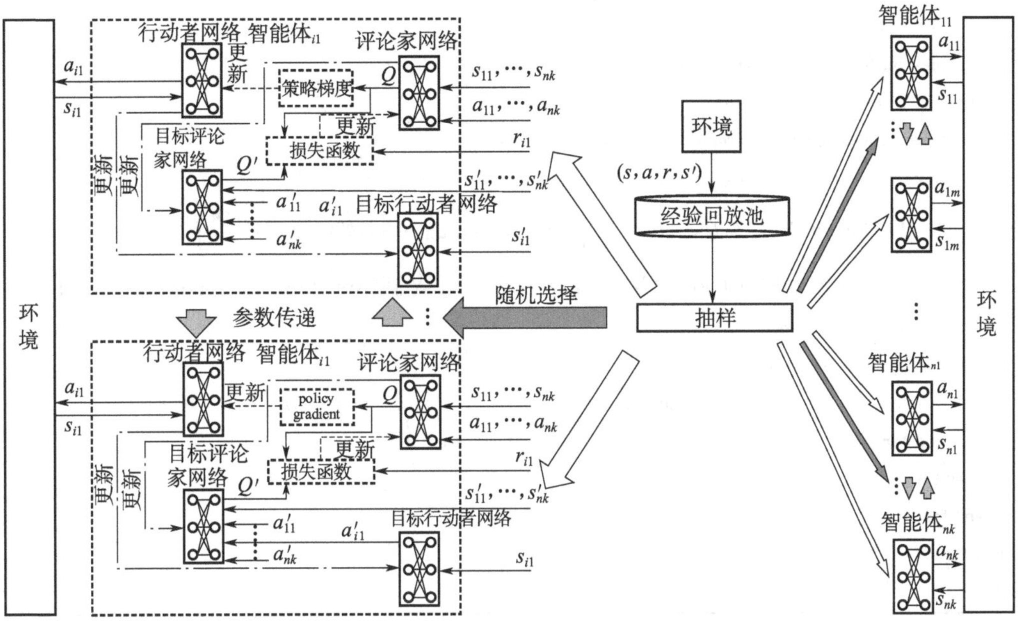

图 5－30　MADDPG－PT 算法原理图

经验回放池中的训练数据（$\boldsymbol{s}$，$\boldsymbol{a}$，$\boldsymbol{r}$，$\boldsymbol{s}'$），其中 $\boldsymbol{s}=\{s_{11}, \cdots, s_{nk}\}$ 代表着由每一个智能体的局部观察状态所组成的集合；$\boldsymbol{a}=\{a_{11}, \cdots, a_{nk}\}$ 代表着每一个智能体基于局部观察所采取的动作组成的集合；$\boldsymbol{r}=\{r_{11}, \cdots, r_{nk}\}$ 代表着每一个智能体基于其局部观察采取动作后所获得的奖励组成的集合。$\boldsymbol{a}'=\{a'_{11}, \cdots, a'_{nk}\}$ 是由每一个智能体的目标网络基于其所面临的 s' 产生，用来对 Q_{target} 进行估计。

在训练时，在一类同质智能体中随机选取一个智能体 agent_{ij} 。智能体 agent_{ij} 的 Critic 网络通过所有智能体产生的联合观察集合 s 和联合行为集合 $\boldsymbol{a}$ ，产生对 $Q_i^{\boldsymbol{\mu}}(s, a)$ 值的估计，并通过式（5－15）对 Actor 网络参数进行更新

$$\nabla_{\theta_{ij}} J(\boldsymbol{\mu}_{ij}) = \mathbb{E}_{s,a\sim D}\left[\nabla_{\theta_{ij}} \boldsymbol{\mu}_{ij}(a_{ij} \mid o_{ij}) \nabla_{a_{ij}} Q_i^{\boldsymbol{\mu}}(s,a) \big|_{a_{ij}=\boldsymbol{\mu}_{ij}(o_{ij})}\right] \tag{5-15}$$

式中，$\boldsymbol{\mu}_{ij}(a_{ij} \mid o_{ij})$ 代表着使用时 Actor 网络所逼近的确定性策略。通过式（5－16）对 Critic 网络进行参数更新

$$\nabla_{\theta'_{ij}} L(\theta_{ij}{}') = \mathbb{E}_{s,a,r,s'\sim D}\left[(Q_i^{\boldsymbol{\mu}}(s',a \mid \theta'_{ij}) - Q_{\text{target}})^2 \frac{\partial Q_i^{\boldsymbol{\mu}}}{\partial \theta'_{ij}}\right] \tag{5-16}$$

式中，$Q_{\text{target}} = r_{ij} + \gamma_{ij} Q^{\boldsymbol{\mu}}{}'(s'_{11}, \cdots, s'_{nk}, a'_{11}, \cdots, a'_{nk}) \big|_{a'_{ij}=\mu'_{ij}(o'_{ij})}$ ，$\mu' = \{\mu_{\theta''_{11}}, \cdots, \mu_{\theta''_{nk}}\}$ ，θ''_{ij} 代表着目标网络中 Critic 网络的参数。

算法 5.5.3 描述了 MADDPG－PT 的伪代码。

算法 5.5.3：MADDPG－PT

Initialize environment，agents network parmeters

for episode= 1 to max _ episode **do**

　for step= 1 to max _ step **do**

　　each agent k，$a = u(x)$

　　$x', r \leftarrow (a_1 \cdots, a_n)$ at state x

　　replay buffer $D \leftarrow (x, a, r, x')$

　for class= 1 to sum _ class **do**

　　for each class，agent i = random（$agent_{class}$）

　　sample minibatch (x, a, r, x') from D

　　update the critic network $\nabla_{\theta_{ij}'} \mathcal{L}(\theta_{ij}') = \mathbb{E}_{s,a,r,s' \sim \mathcal{D}} \left[(Q_i^{\mu}(s'_{11}, \cdots, s'_{nk}, a_{11}, \cdots, a_{nk} / \theta_{ij}') - Q_{target})^2 \frac{\partial Q_i^{\mu}}{\partial \theta_{ij}'} \right]$

　　update the actor network $\nabla_{\theta ij} J(\boldsymbol{\mu}_{ij}) = \mathbb{E}_{s,a \sim \mathcal{D}} [\nabla_{\theta_{ij}} \boldsymbol{\mu}_{ij}(a_{ij} \mid o_{ij}) \nabla_{a_{ij}} Q_i^{\mu}(s_{11}, \cdots, s_{nk}, a_{11}, \cdots, a_{nk}) |_{a_{ij} = \boldsymbol{\mu}_{ij}(o_{ij})}]$

　　if every n episodes **then**

　　　for agent in class **do**

　　　　net _ var（agent）= net _ parmeters（agent i）$* a$ + net _ parmeters（agent）*（$1-a$）

　　　end for

　　end if

　end for

　end for

end for

5.5.3.3　理论分析

利用多智能体 Actor－Critic 框架可以将单智能体深度强化学习中的 DDPG 算法，拓展到多智能体深度强化学习领域，形成 MADDPG（Multi－Agent DDPG，MADDPG）算法[89]。本节为提升多智能体深度强化学习算法的训练效率，通过引入参数传递机制，提出了 MADDPG－PT 算法。根据 5.5.3.2 节对 MADDPG－PT 算法的描述，该算法采用的是集中式训练、分布式执行的 MAAC 架构，在利用该算法进行训练时，同样使用的是所有智能体的联合动作 $\{a_1, \cdots, a_n\}$ 和联合观察 $\{o_1, \cdots, o_n\}$，保证了算法训练过程中多智能体环境的平稳性；每个智能体具有独立的 Actor－Critic 结构，可以为每个智能体设置独立的奖励函数，从而允许在同一场景中，智能体间存在如合作、竞争等不同关系；DDPG 算法拓展到多智能体环境中，同样可以支持状态空间和动作空间为高维连续空间的场景。

在多仿真实体场景中，经常存在多个仿真实体共同守护一个目标或多个仿真实体共同突防等场景，这些仿真实体往往具有相同的任务。在强化学习中，智能体根据其任务获得行为策略，不同任务以不同形式的回报函数引导智能体策略演进。相同任务的智能体，具有相同的回报函数，称为同质智能体。在同质智能体间引入参数传递机制是 MADDPG－PT 的关键。

在利用多智能体深度强化学习对智能体进行训练，使其获得行为策略的过程中，对于一组同质智能体，只需对其中一个智能体进行神经网络参数更新的相关计算，其他智能体通过参数传递的方式进行自身网络参数更新。这种网络参数更新的方式，避免了对智能体逐个进行网络参数更新计算，减少了需要训练的智能体个数，可以提升深度强化学习的训练效率。为保证智能体在训练初期对环境的充分探索性，设计采用了神经网络参数的异步更新机制和软更新机制。通过调节更新参数，可以实现同质智能体策略随训练程度的加深，逐渐趋于一致。

图 5－31 为 MADDPG 和 MADDPG－PT 算法训练过程中，更新网络参数所消耗时间示意图。其中，$agent_{ni}$ 表示第 n 类第 i 个智能体；t_n 代表着第 n 类同质智能体中，一个智能体网络参数更新的相关计算所需要消耗的时间。当使用 MADDPG 算法时，策略演进一次所消耗的时间为

$$t_{\text{maddpg}}=\sum_{i=1}^{m}k_i t_i \tag{5-17}$$

式中，k_i 代表着第 i 类智能体的个数；t_i 代表着单个第 i 类同质智能体进行一次网络参数更新相关计算所消耗的时间。当使用 MADDPG－PT 算法时，策略演进一次相关网络参数计算所消耗的时间为

$$t_{\text{maddpg-pt}}=\sum_{i=1}^{m}t_i+\sum_{i=1}^{m}(k_i-1)\Delta t=\sum_{i=1}^{m}[t_i+(k_i-1)\Delta t] \tag{5-18}$$

式中，∇t 表示同质智能体间，神经网络参数的传递时间。因为网络参数计算更新的时间 $t_i>\nabla t$，从式（5－17）和式（5－18）可以看出 $t_{\text{maddpg-pt}}<t_{\text{maddpg}}$。

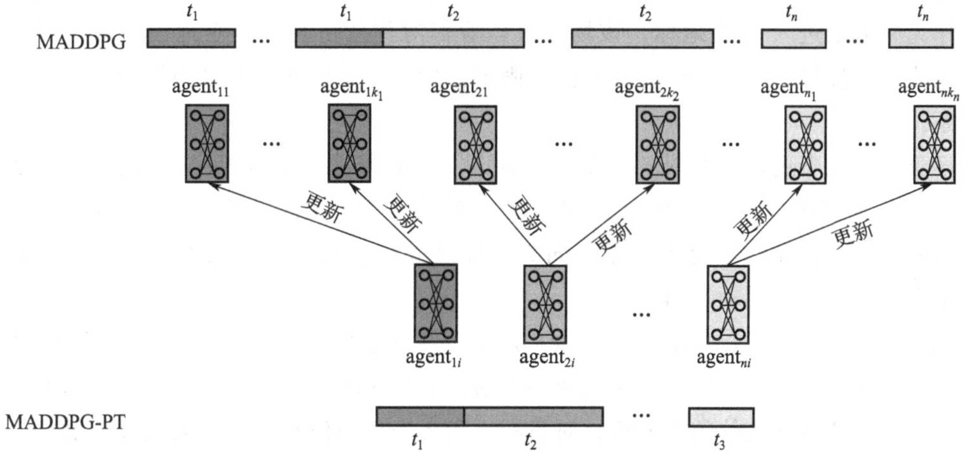

图 5－31　策略更新中 MADDPG 和 MADDPG－PT 的时间消耗

“探索与利用”是强化学习中的重要问题。智能体为了获得最大累计收益，需要在利用已知的有效策略和探索新策略之间进行平衡。对状态空间进行充分的探索，有助于智能体获得更优的策略。在 MADDPG－PT 算法中，考虑到训练初期，智能体尚未获得有效策略，为保持智能体对环境的充分探索性，可以使每个同质智能体的策略保持着一定的差异性。随着训练程度的加深，策略逐渐演进，逐渐增强同质智能体间网络参数的一致性。相比于 MADDPG 算法，从策略差异性的角度上，保证了同质智能体对状态空间探索的充分性。

根据 5.2 节中对 DQN 算法的描述可以得知，在 DQN 算法中为了打破训练数据间的相关性。行为网络参数间隔固定的时间步，将参数传递给目标网络，从而保持两者之间的差异性。受此启发，本节在同质智能体间采用了相似的参数传递机制，主要目的是保持智能体在训练初期对状态空间的探索性。与 DQN 算法不同的是，随着训练的进行需要逐步提升同质智能体间策略的一致性，以确保同质智能体最终收敛到同一策略。

MADDPG - PT 算法在训练过程中，采用参数异步传递机制和参数软更新机制。同质智能体间进行参数传递时，同时设置间隔时间步 n 和更新权重 w 。通过训练过程中对参数 n 和 w 的调整，即随着训练次数的增加，参数传递间隔时间步 n 逐渐减小，同时更新权重 w 逐渐增大，从而保证了初始阶段同质智能体对状态空间等式探索性和收敛阶段同质智能体行为策略的一致性。

5.5.4 算法实验验证及分析

5.5.4.1 测试环境

对于多仿真实体自主机动的研究，主要考虑的是多个仿真实体在自主机动中相互关系的体现。本节参照 OpenAI 公开的多智能体研究环境[90,91]，结合仿真实体的三种基本机动行为向目标机动、跟踪移动目标和逃离目标。设置了包括合作任务、竞争任务和混合任务的三种测试场景。

场景一为合作导航，如图 5 - 32（a）所示。在该场景中，N 个位置随机的仿真实体必须合作无碰撞地进入 N 个地标。该场景可以看作对作战仿真中多个地面装备实体自主机动进入战位的抽象，涉及多个仿真实体向固定目标的自主机动。场景中智能体的关系为合作关系。

场景二为追击逃逸，如图 5 - 32（b）所示。在该场景中，包括 N 个追击仿真实体和 M 个逃避仿真实体，以及两个可以阻挡仿真实体的障碍。在该场景中，追击仿真实体和逃避仿真实体之间存在的是竞争关系，同类实体之间存在的是合作关系。涉及跟踪移动目标、逃离目标等自主机动行为。

场景三为防守入侵，如图 5 - 32（c）所示。在该场景中，包括 N 个入侵仿真实体、M 个防守仿真实体、一个入侵者目标以及一个通信失联区域。该场景中移动速度较快的入侵实体，试图躲避防守实体的拦截后，对目标进行攻击。当仿真实体进入失联区域后，其他智能体无法得到其相关信息。在对抗智能体中具有一个领导者，可以得到所有仿真实体的位置、速度等信息并通知给盟友，帮助其更好地拦截入侵实体。在该场景中，仿真实体间同时存在着合作关系、竞争关系和通信。涉及向固定目标机动、跟踪移动目标和逃离目标三种基本机动行为。

5.5.4.2 超参数设置

在测试环境中，每个仿真实体使用的是相同的网络结构，包括 Actor 网络、Critic 网络、Target - Actor 网络和 Target - Critic 网络。每个网络有 2 个全连接层，每层有 64 个单元。学习率 $l=0.01$，学习的折扣因子 $\gamma=0.95$。Actor 网络和 Critic 网络采用 Adam[92]

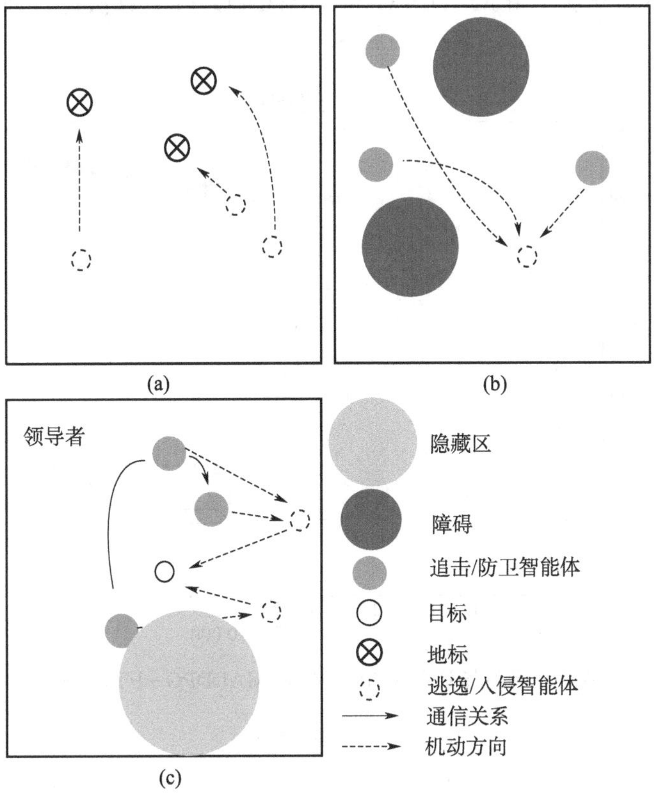

图 5 - 32　多智能体环境

进行优化，目标网络参数每训练 100 次更新一次，目标网络的软更新因子 $p=0.01$。

在同质智能体之间进行参数传递，同时使用了参数异步传递机制和参数软更新机制。在初始阶段，每训练 100 次同质智能体之间进行一次参数传递，参数传递的频率随着训练周期的增加而增加。同质智能体之间参数软更新因子 $\alpha=0.95$。

5.5.4.3　算法性能分析

本节在融合了三种基本机动行为且包含不同关系的多智能体场景中，以 MADDPG 算法为基准，对 MADDPG - PT 算法的有效性进行了检验。验证实验所使用的内存大小为 8 G，CPU 为 core i7，操作系统为 Ubuntu 16.04。软件开发使用 Python 3.5 进行编程，选择了 Tensorflow 1.12.0[93]搭建神经网络、利用 Gym 0.10.9[94]创建测试环境。仿真的结果是运行 7 次的平均周期奖励值。为了对 MADDPG - PT 的训练效率进行测试，本实验对平均每训练 1 000 个周期所需要的时间进行了统计。

(1) 对 MADDPG - PT 的性能进行验证

在合作导航场景中，设置了三个智能体和三个地标，分别使用 MADDPG 算法和 MADDPG - PT 算法进行训练，仿真结果如图 5 - 33 所示。在追击逃逸场景中，设置了三个追击智能体和一个逃逸智能体，逃逸智能体使用的 DDPG 算法，追击智能体分别使用 MADDPG 和 MADDPG - PT 算法进行训练，仿真结果如图 5 - 34 所示。在防守入侵场景中，设置了 2 个入侵智能体和 3 个防守智能体，对于防守智能体使用 MADDPG 算法进行训练，入侵智能体则分别使用 MADDPG 和 MADDPG－PT 算法进行训练，结果如图 5－35 所示。

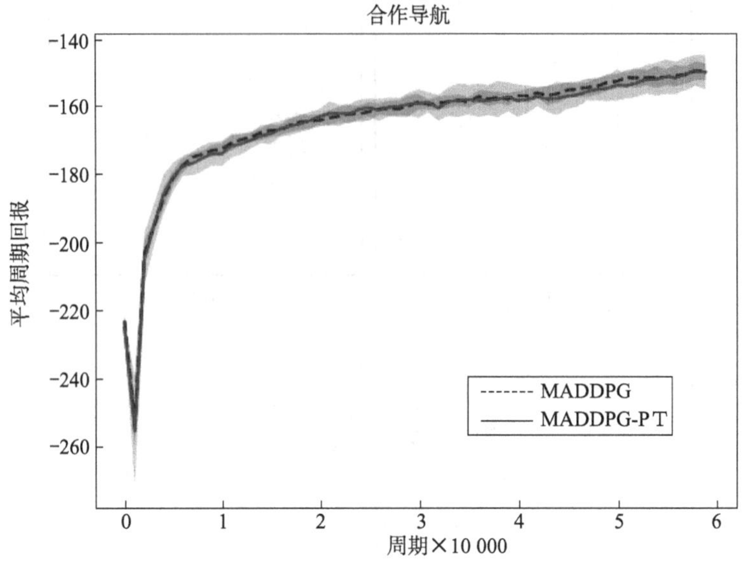

图 5－33　在合作导航场景中 MADDPG 和 MADDPG－PT 算法的平均回报

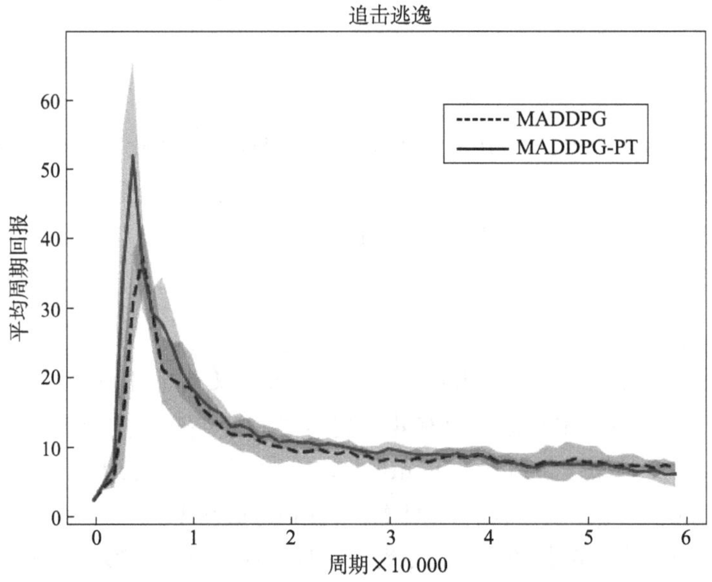

图 5－34　在追击逃逸场景中 MADDPG 和 MADDPG－PT 算法的平均回报

其中，在追击逃逸场景中，在训练的初始阶段追击实体获得的奖励迅速提升，意味着追击实体学会了对逃逸实体的追击，后续奖励迅速下降，则表明逃逸实体开始学会躲避追击实体；在防守入侵场景中，入侵实体开始阶段奖励迅速提升，表明入侵实体开始学会躲避拦截实体并对目标进行攻击，随后奖励缓慢下降，则表明防守实体开始学会保护目标，抵抗入侵实体的攻击。

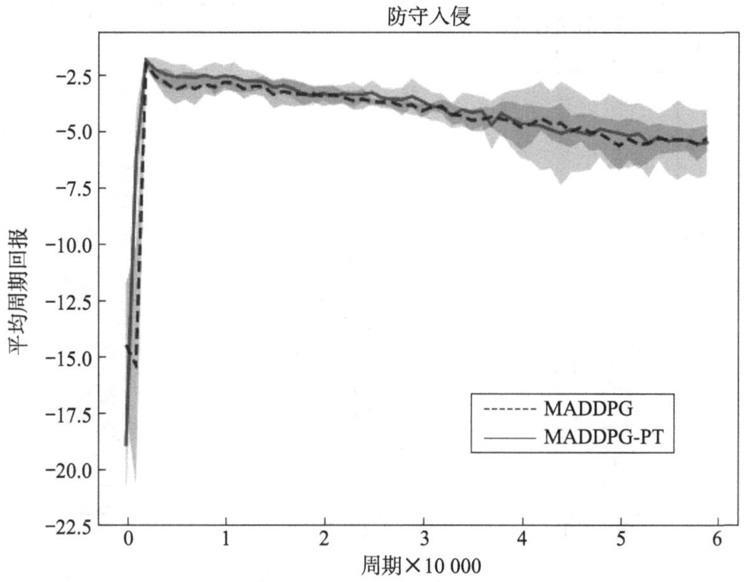

图 5-35　在防守入侵场景中 MADDPG 和 MADDPG-PT 算法的平均回报

从以上三个场景中，可以看出 MADDPG 算法和 MADDPG-PT 算法在性能上差异不大。主要原因是在多智能体场景中，具有相同任务的同质智能体，有着相同的奖励函数，并且最终会收敛到相同策略。训练过程中，在处理好“探索与利用”均衡问题的前提下，利用参数传递机制并没有影响智能体策略的演化，所以 MADDPG-PT 与 MADDPG 算法收敛到了几乎相同的水平。

（2）对 MADDPG-PT 的训练效率进行验证

在（1）实验的基础上，对训练 1 000 个周期的平均消耗时间进行了统计，结果如图 5-36 所示。在合作导航场景中 MADDPG-PT 比 MADDPG 的每 1 000 个训练周期的平均消耗时间减少了 13.5%；在追击逃逸场景中，MADDPG-PT 比 MADDPG 平均训练时间减少了 17.1%；在防守入侵场景中，MADDPG-PT 比 MADDPG 平均训练时间减少了 14%。主要原因是，在不影响智能体策略演化的前提下，MADDPG-PT 利用同质智能体间的参数传递，代替了对每一个智能体网络参数的迭代计算，减少了需要网络参数计算更新的智能体数量，从而节省了计算资源，提高了训练效率。

（3）对不同智能体数量下 MADDPG-PT 的有效性进行验证

在合作导航场景中，对智能体数量为 2、3、4、5 的情况，分别利用 MADDPG 和 MADDPG-PT 进行训练，得到的算法性能和训练效率对比分别如图 5-37 和图 5-38 所示。图 5-37 表明，在同一场景中，不同智能体数量的情况下，MADDPG-PT 算法的性能几乎与 MADDPG 相同。然而根据图 5-38 可以看出，智能体数量分别为 2、3、4、5 时，平均每 1 000 个训练周期，MADDPG-PT 的时间减少了 5.8%、13.5%、19.9%、22%。

在合作导航场景中，所有智能体之间是合作关系，并且是同一类智能体。由于 MADDPG-PT 算法是通过同质智能体之间参数传递的方式提升训练效率的，所以同质智能体的数量越多，则 MADDPG-PT 算法相对于 MADDPG 算法的训练效率提升越明显。

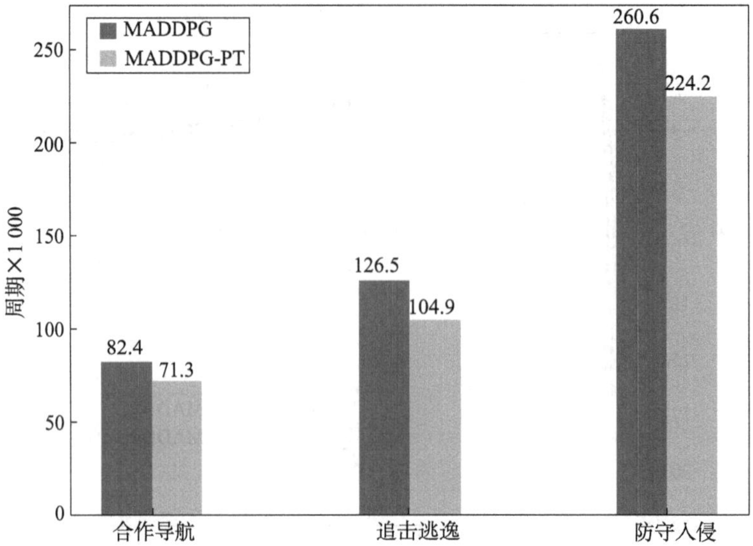

图 5-36 三种场景中 MADDPG 和 MADDPG-PT 算法平均训练时间

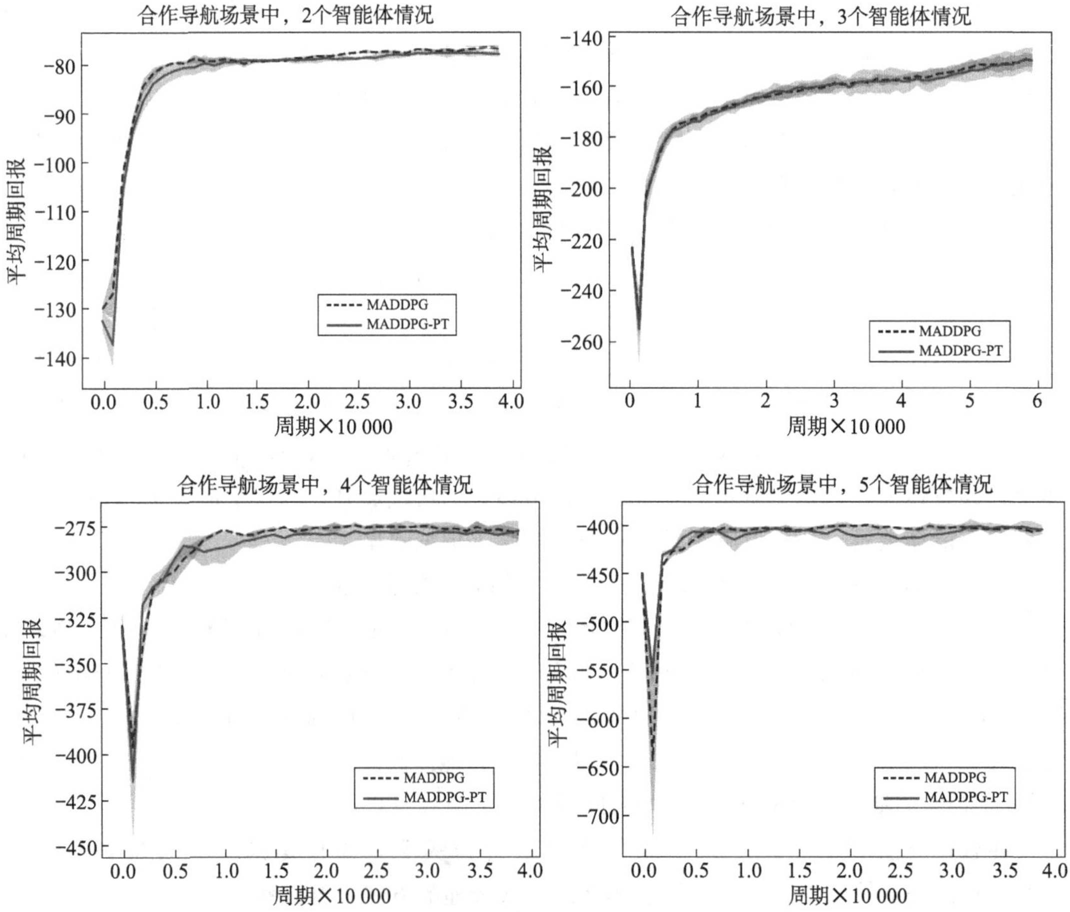

图 5-37 合作导航场景中不同智能体数量下 MADDPG-PT 与 MADDPG 算法平均回报

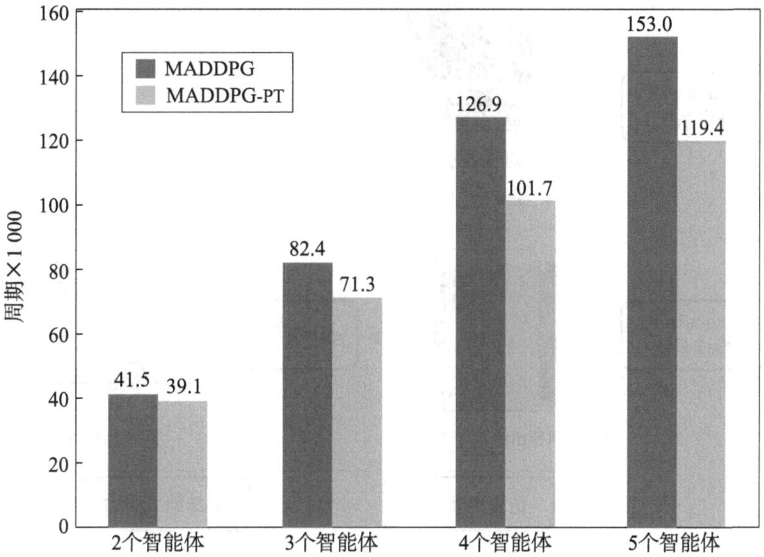

图 5-38　在合作导航场景中不同智能体数量下 MADDPG 和 MADDPG-PT 算法平均训练时间

5.6　深度强化学习算法应用实例分析

5.6.1　智能算法与仿真平台联结方案

对上文中所研究的战术机动策略生成算法的验证，是在 XSim 可扩展仿真平台上实现的。XSim 仿真平台采用基于智能体建模的思想对作战仿真实体进行构建，可以支持体系对抗层次上的仿真，其中每个仿真实体均采用组件式模块化结构，方便决策算法的融入，并且能够依据推演系统时间步对作战仿真实体实现单步控制。

深度强化学习算法运行平台与 XSim 仿真平台的联结方案如图 5-39 所示。该方案主要由深度强化学习算法运行平台、gRPC 模块、XSim 仿真平台和态势显示四部分组成。

DRL 算法运行平台采用的是 Ubuntu16.04 操作系统，通过深度学习框架 TensorFlow 1.12.0 构建神经网络，使用 Python 语言进行编程。其中，TensorFlow 是由谷歌公司开发的机器学习框架之一，目前在图像识别、自然语言处理等一些利用到深度学习的领域中具有广泛应用。算法运行平台的主要作用是支撑所采用的深度强化学习算法的调整和运行，并依据 XSim 仿真平台推演产生的态势信息，为仿真实体提供动作决策。

XSim 仿真平台采用的是 Ubuntu16.04 系统，使用 C++语言进行编程。其主要作用是对作战想定进行推演，为决策算法运行平台反馈相应的态势信息。每一个时间步仿真平台提供相应的态势信息，并根据算法平台的动作决策，推演出执行决策后的仿真态势。在态势显示方面，采用的是分布式显示，这样做的主要目的是提升仿真效率，节省仿真引擎所在平台的计算资源。

gRPC 是由 Google 公司开发的远程过程调用框架，其客户端可以直接调用另外一台机器上服务器应用程序的方法，就像调用本地对象一样，这使得创建分布式的应用和服务更

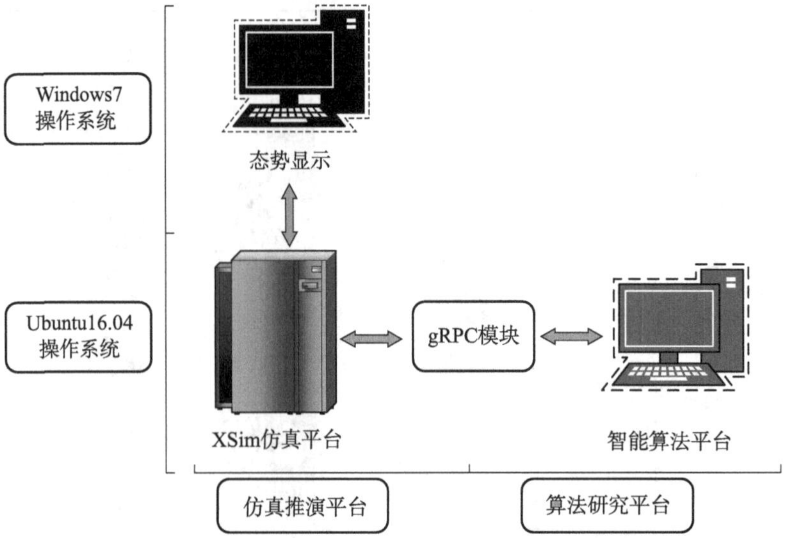

图 5-39 智能算法与仿真平台的联结方案

加方便。gRPC 可以支持 C++、Python、Java 等多种语言，进行通信的 gRPC 客户端和服务端可以运行在不同的语言环境和平台上。gRPC 的作用是将决策算法运行平台和 XSim 仿真推演平台相结合，实现跨平台通信。

本节所提的联结方案具有以下优势：一是决策算法和仿真推演引擎处于不同的平台下，可以采用不同的编程语言进行开发，而互不影响；二是显示、仿真推演和算法运行均在各自平台能够有效提升仿真效率。

5.6.2 作战想定设计及相关参数设置

5.6.2.1 作战想定描述

作战想定主要设计了两个场景，对算法获得机动策略的有效性进行验证。场景一为两架飞机进行对抗机动，其中蓝方飞机基于平台内置规则集进行机动，红方飞机采用 5.4.3 节提出的双网络决策算法进行训练。场景二为两架飞机与一架飞机进行对抗机动，其中蓝方飞机仍基于平台内置规则集进行机动，红方飞机则基于任务分解的思想，并采用 5.5.3 节提出的 MADDPG-PT 算法进行训练。

5.6.2.2 相关参数设置

红蓝战机的对抗空域为长 150 km、宽 100 km、高度在 3～8 km 范围。当红蓝任何一方的位置满足发射条件时会自动发射武器。红蓝双方凭借自身各种传感器感知空域内其他战机的位置。蓝方战机 B 进行机动决策采用的是基于仿真平台内置规则集的决策方法，规则集的规模大概有数百条。

(1) 红蓝双方单机对抗

在该实验中红方战机 R 进行机动决策采用的是 5.4.3 节提出的基于任务分解的双网络协同决策算法，选取的具体算法为 DQN。仿真实体 R 的角度捕获网络包含输入层和输出层以及两个 32 单元的隐藏层，采用的是全连接神经网络层。输入和输出层的单元数由态势信息维度和基本动作数决定。距离捕获网络与角度捕获网络采用了相同的网络结构。角度捕获网络和距离捕获网络的学习率设为 0.001，折扣因子为 0.9，网络参数更新一次在经验回放池中抽取的小批量数据量为 500，经验回放池容量为 30 000，激活函数选择 ReLu 函数。

动作空间主要由战机的七种基本动作构成即最大过载俯冲、最大过载爬升、最大过载右转、最大过载左转、最大减速、最大加速和平稳直飞。观察空间表示为

$$\boldsymbol{S}=(\Delta x,\Delta y,\Delta z,d,V,V',\alpha) \tag{5-19}$$

式中，(Δx，Δy，Δz) 为战机与目标区域中心的坐标差；d 为战机与目标区域中心的距离；V 为战机飞行速度；V' 为战机速度沿目标区域方向的速度分量；α 为战机速度矢量与目标区域中心视线夹角。各参量的位置如图 5-40 所示。

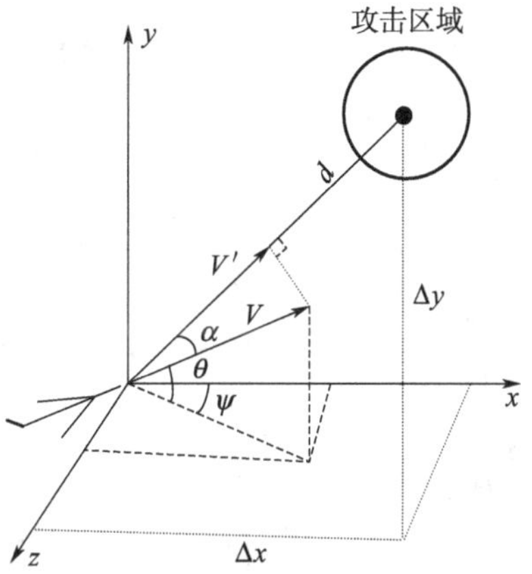

图 5-40　参量位置示意图

由于采用的是 5.4.3 节提出的双网络决策算法，所以在训练阶段涉及对角度捕获网络和距离捕获网络的训练。对红方战机 R 训练的目的是，使蓝方战机 B 落入 R 的攻击范围，而同时战机 R 又不进入蓝方战机 B 的攻击范围。红方战机的攻击区域为 $\alpha<\alpha_r$，，并且两机之间的距离 $d<d_r$，蓝方战机的攻击区域为 $\alpha<\alpha_b$，并且两机之间的距离 $d<d_b$。对角度捕获网络进行训练时，通过红方战机 R 与基于规则的蓝方战机 B 进行对抗交互，使红方战机 R 完成角度捕获的同时，避免落入蓝方战机的攻击范围。对于距离捕获网络进行训练仍在飞机正前方的顶角为 $2\alpha_r$ 的锥形空间内，以均匀分布设置趋近目标点的方式进行训练。

(2) 两架红方战机与单架蓝方战机进行对抗。

在该实验中采用的是 5.5.3 节提出的 MADDPG-PT 算法。仿真中的两架红方战机，采用相同的神经网络结构对机动策略进行拟合，包括 Actor 网络、Critic 网络、Target-

Actor 网络和 Target - Critic 网络。每个网络有 2 个全连接层，每层有 64 个单元。学习率 $l=0.01$，学习的折扣因子 $\gamma=0.95$。在训练过程中所有的 Actor 网络和 Critic 网络采用 Adam[95] 进行优化，Target 网络参数每训练 100 次更新一次，目标网络的软更新因子 $p=0.01$。

在仿真实体之间进行参数传递，同时使用了参数异步传递机制和参数软更新机制。在初始阶段，每训练 100 次仿真实体之间进行一次参数传递，参数传递的频率随着训练周期的增加而增加。同质智能体之间参数软更新因子 $\alpha=0.95$。

5.6.3 仿真实验及结果分析

结合前文设计的作战场景，对本章提出的深度强化学习算法的有效性进行验证。具体实验及结果分析如下。

(1) 红蓝双方单机对抗情形

红蓝双方单机对抗的仿真结果如图 5 - 41 和图 5 - 42 所示，其中红方战机 R 采用的是本节提出的双网络决策算法，蓝方战机 B 利用平台的内置规则集进行决策。

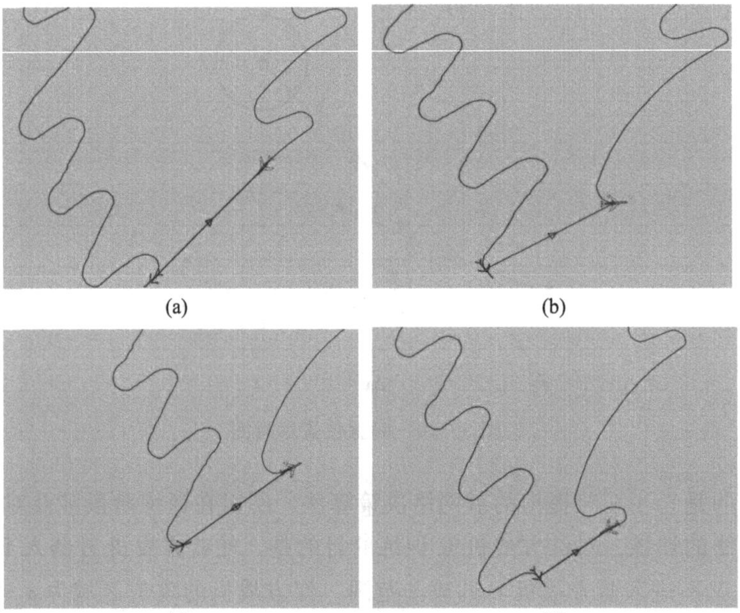

(a) (b) (c) (d)

图 5 - 41 红蓝单机对抗场景一（见彩插）

图 5 - 41 中按照时间顺序的态势发展为 (a)，(b)，(c)，(d)。可以看出，基于智能算法的红方战机 R 在初始时处于劣势，如图 (a) 所示；紧接着战机 R 开始转弯，避开不利于己方的位置，同时基于规则的蓝方战机 B 也开始有所动作，此时态势开始发生变化，如图 (b) 所示；在图 (c) 中态势发生了变化，红方战机 R 开始占据优势位置，蓝方战机 B 处于劣势；从图 (d) 中可以看出，蓝方战机 B 又开始进行调整，并且使态势发生了变

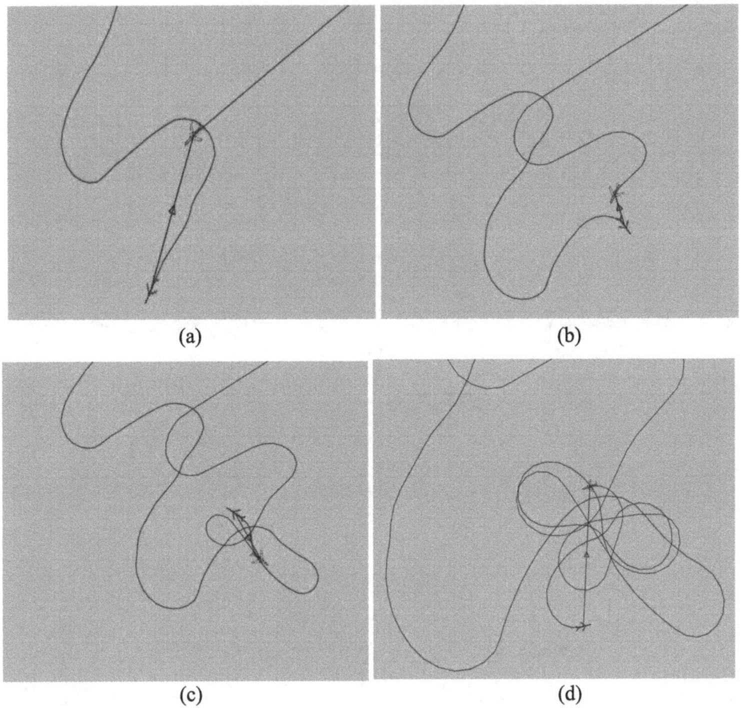

图 5-42　红蓝单机对抗场景二（见彩插）

化。从图 5-42 中的图（a）和图（b）可以看出，在蓝方战机 B 对红方战机 R 追击的过程中，产生了明显的剪刀型的轨迹，产生了追逐和躲避的动作。从图 5-41、图 5-42 中，可以看出采用双网络决策算法的红方战机 R，经过训练后获得了相应的机动策略。

(2) 两架红方战机与单架蓝方战机进行对抗情形

两架红方战机与单架蓝方战机对抗的仿真结果如图 5-43 所示，其中红方战机 R 采用的是本节提出的双网络决策算法和 MADDPG-PT 算法，蓝方战机 B 利用平台的内置规则集进行决策。从图（a）和图（b）可以看出，1 号机和 2 号机遇到基于规则的战机 B 后，开始分开对 B 采取行动；从图（c）和图（d）可以看出，蓝方战机 B 对 2 号机有优势时，1 号机开始靠近战机 B，当战机 B 对准 1 号机时，2 号机又开始向 B 机动；图（e）中态势再次进行了反复，战机 B 再次对准 2 号机，此时 1 号机又开始继续向 B 机动；最终，在图（g）中红方 1 号机满足了攻击条件，对蓝方战机 B 发起了攻击。从仿真结果可以看出，红方战机利用本节所提算法的确产生了有效的机动策略。

利用本节所提算法对红方战机进行训练后，使得战机 R 的神经网络能够依据态势信息进行决策。通过图 5-41 至图 5-43 的仿真结果可以看出，红方战机 R 能够利用本节所提算法自动生成行为策略并完成任务。

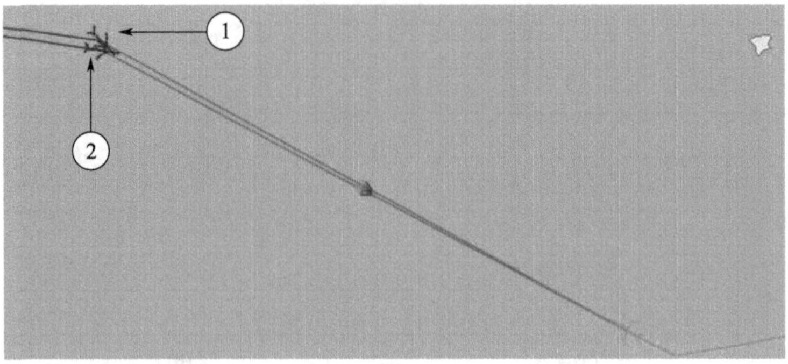

(a)

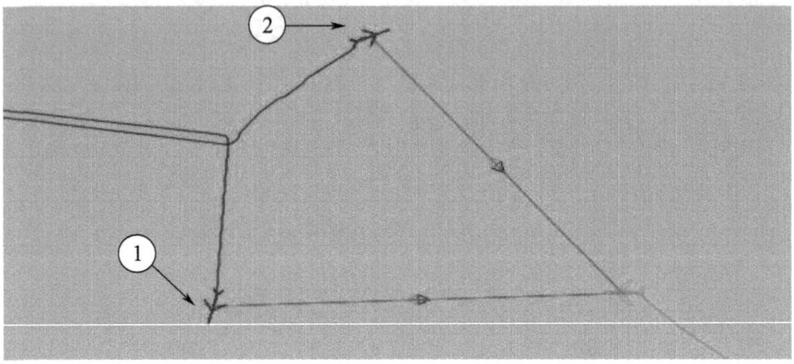

(b)

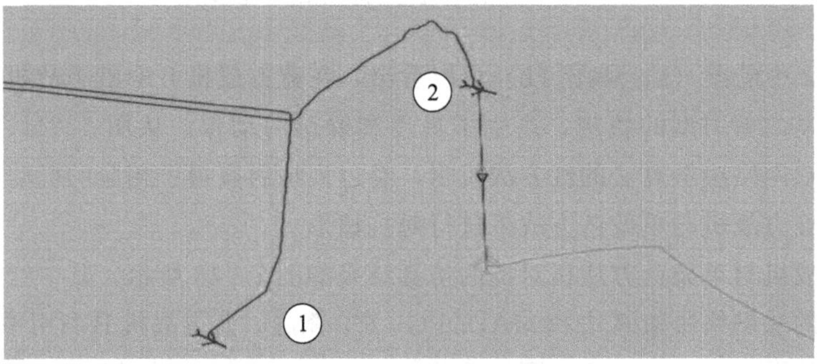

(c)

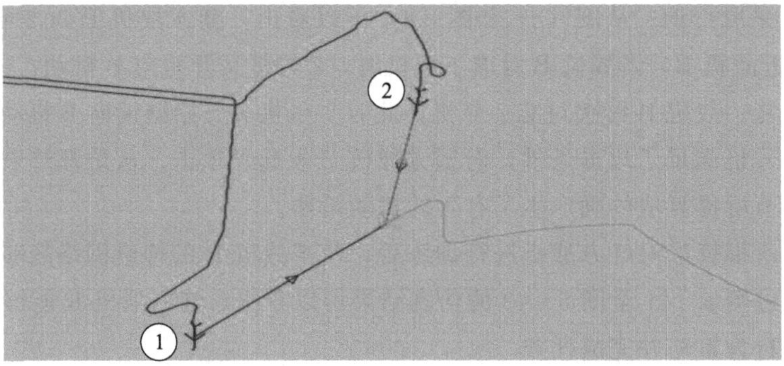

(d)

图 5－43　两架红方战机与单架蓝方战机对抗场景（见彩插）

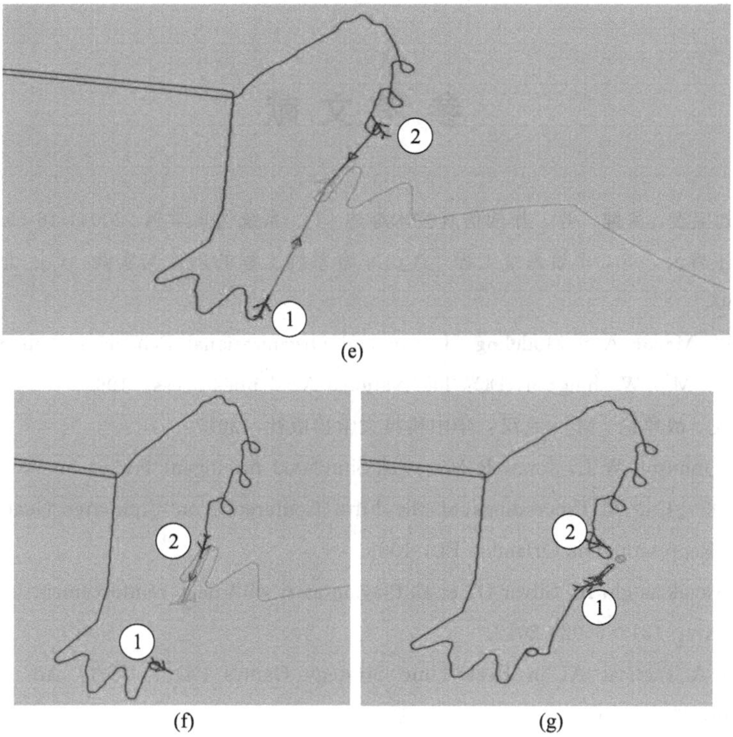

图 5-43　两架红方战机与单架蓝方战机对抗场景（续）（见彩插）

参考文献

[1] 黄柯棣，刘宝宏，黄健，等．作战仿真技术综述 [J]. 系统仿真学报．2004，16 (9)：1887－1895.

[2] 钱学森，王寿云，等．军事系统工程 [A]. 军事系统工程的理论与实践 [C]. 北京：国防工业出版社，1998.

[3] Pew R W，Mavor A S. Modeling Human and Organizational Behavior：Application to Military Simulations [M]. Washington，DC：The National Academies Press，1998.

[4] 克劳塞维茨．战争论 [M]. 武汉：华中科技大学出版社，2017.

[5] Laird J E，Johnson W L，Jones R M，et al. Simulated Intelligent Forces for Air：The Soar/IFOR Project 1995 [C]. In Proceedings of the Fifth Conference on Computer Generated Forces and Behavioral Representation. Orlando，FL，1995.

[6] Mnih V，Kavukcuoglu K，Silver D，et al. Playing atari with deep reinforcement learning [J]. arXiv preprint arXiv：1312.5602，2013.

[7] Gruber D A. Tactical AI in Real Time Strategy Games [D]. USA：Air Force Institute of Technology，2015.

[8] Tesauro G. Temporal difference learning and TD－Gammon [J]. Communications of the ACM，1995，38 (3)：58－68.

[9] Schaeffer J，Burch N，Björnsson Y，et al. Checkers is solved [J]. science，2007，317 (5844)：1518－1522.

[10] Anantharaman T，Campbell M S，Hsu F. Singular extensions：Adding selectivity to brute－force searching [J]. Artificial Intelligence，1990，43 (1)：99－109.

[11] Kocsis L，Szepesvári C. Bandit based monte－carlo planning [C] //European conference on machine learning. Springer，Berlin，Heidelberg，2006：282－293.

[12] Brown N，Sandholm T. Superhuman AI for heads－up no－limit poker：Libratus beats top professionals [J]. Science，2018，359 (6374)：418－424.

[13] Brown N，Sandholm T. Superhuman AI for multiplayer poker [J]. Science，2019，365 (6456)：885－890.

[14] Schulman J，Wolski F，Dhariwal P，et al. Proximal policy optimization algorithms [J]. arXiv preprint arXiv：1707.06347，2017.

[15] Mnih V，Kavukcuoglu K，Silver D，et al. Playing atari with deep reinforcement learning [J]. arXiv preprint arXiv：1312.5602，2013.

[16] Silver D，Schrittwieser J，Simonyan K，et al. Mastering the game of go without human knowledge [J]. Nature，2017，550 (7676)：354.

[17] Mnih V，Kavukcuoglu K，Silver D，et al. Human－level control through deep reinforcement learning [J]. Nature，2015，518 (7540)：529.

[18] Pang Z J，Liu R Z，Meng Z Y，et al. On reinforcement learning for full－length game ofstarcraft

[C] //Proceedings of the AAAI Conference on Artificial Intelligence. 2019, 33: 4691 - 4698.

[19] Sun P, Sun X, Han L, et al. Tstarbots: Defeating the cheating level builtin ai in starcraft ii in the full game [J]. arXiv preprint arXiv: 1809.07193, 2018.

[20] Reddy G, Wong - Ng J, Celani A, et al. Glider soaring via reinforcement learning in the field [J]. Nature, 2018, 562 (7726): 236.

[21] Banino A, Barry C, Uria B, et al. Vector - based navigation using grid - like representations in artificial agents [J]. Nature, 2018, 557 (7705): 429.

[22] Wang W Y, Li J, He X. Deep reinforcement learning for NLP [C] //Proceedings of the 56th Annual Meeting of the Association for Computational Linguistics: Tutorial Abstracts. 2018: 19 - 21.

[23] He J, Chen J, He X, et al. Deep reinforcement learning with a natural language action space [J]. arXiv preprint arXiv: 1511.04636, 2015.

[24] He K, Gkioxari G, Dollár P, et al. Mask r - cnn [C] //Proceedings of the IEEE international conference on computer vision. 2017: 2961 - 2969.

[25] Arjovsky M, Chintala S, Bottou L. Wasserstein gan [J]. arXiv preprint arXiv: 1701.07875, 2017.

[26] Brock A, Donahue J, Simonyan K. Large scalegan training for high fidelity natural image synthesis [J]. arXiv preprint arXiv: 1809.11096, 2018.

[27] Razavi A, van den Oord A, Vinyals O. Generating diverse high - resolution images with vq - vae [J]. 2019.

[28] Watkins C J C H. Learning from delayed rewards [J]. 1989, 15 (4): 233 - 235

[29] Tesauro G. TD - Gammon, a self - teaching backgammon program, achieves master - level play [J]. Neural computation, 1994, 6 (2): 215 - 219.

[30] Riedmiller M. Neural fitted Q iteration - first experiences with a data efficient neural reinforcement learning method [C] //European Conference on Machine Learning. Springer, Berlin, Heidelberg, 2005: 317 - 328.

[31] Lin L J. Self - improving reactive agents based on reinforcement learning, planning and teaching [J]. Machine learning, 1992, 8 (3 - 4): 293 - 321.

[32] Van Hasselt H, Guez A, Silver D. Deep reinforcement learning with double q - learning [C] // Thirtieth AAAI conference on artificial intelligence. 2016.

[33] Schaul T, Quan J, Antonoglou I, et al. Prioritized experience replay [J]. arXiv preprint arXiv: 1511.05952, 2015.

[34] Bellemare M G, Ostrovski G, Guez A, et al. Increasing the action gap: New operators for reinforcement learning [C] //Thirtieth AAAI Conference on Artificial Intelligence. 2016.

[35] Kulkarni T D, Narasimhan K, Saeedi A, et al. Hierarchical deep reinforcement learning: Integrating temporal abstraction and intrinsic motivation [C] //Advances in neural information processing systems. 2016: 3675 - 3683.

[36] Ravindran B, IIL R. Hierarchical Reinforcement Learning usingSpatio - Temporal Abstractions and Deep Neural Networks [J].

[37] Hausknecht M, Stone P. Deep recurrent q - learning for partially observablemdps [C] //2015 AAAI Fall Symposium Series. 2015.

[38] Oh J, Chockalingam V, Singh S, et al. Control of memory, active perception, and action inminecraft

[J]. arXiv preprint arXiv: 1605.09128, 2016.

[39] Schulman J, Levine S, Abbeel P, et al. Trust region policy optimization [C] //International conference on machine learning. 2015: 1889 - 1897.

[40] Schulman J, Wolski F, Dhariwal P, et al. Proximal policy optimization algorithms [J]. arXiv preprint arXiv: 1707.06347, 2017.

[41] Silver D, Lever G, Heess N, et al. Deterministic policy gradient algorithms [C]. 2014.

[42] Lillicrap T P, Hunt JJ, Pritzel A, et al. Continuous control with deep reinforcement learning [J]. arXiv preprint arXiv: 1509.02971, 2015.

[43] Littman M L. Value - function reinforcement learning in Markov games [J]. Cognitive Systems Research, 2001, 2 (1): 55 - 66.

[44] Li F, Qin J, Zheng W X. Distributed q - learning - based online optimization algorithm for unit commitment and dispatch in smart grid [J]. IEEE transactions on cybernetics, 2019.

[45] Littman M L. Markov games as a framework for multi - agent reinforcement learning [M] // Machine learning proceedings 1994. Morgan Kaufmann, 1994: 157 - 163.

[46] Yang L, Sun Q, Ma D, et al. Nash Q - learning based equilibrium transfer for integrated energy management game with We - Energy [J]. Neurocomputing, 2019.

[47] Yao H, Mai T, Wang J, et al. Resource Trading in Blockchain - based Industrial Internet of Things [J]. IEEE Transactions on Industrial Informatics, 2019.

[48] Bowling M, Veloso M. Multiagent learning using a variable learning rate [J]. Artificial Intelligence, 2002, 136 (2): 215 - 250.

[49] Buşoniu L, Babuška R, De Schutter B. Multi - agent reinforcement learning: An overview [M] // Innovations in multi - agent systems and applications - 1. Springer, Berlin, Heidelberg, 2010: 183 - 221.

[50] Tan M. Multi - agent reinforcement learning: Independent vs. cooperative agents [C] //Proceedings of the tenth international conference on machine learning. 1993: 330 - 337.

[51] Leibo J Z, Zambaldi V, Lanctot M, et al. Multi - agent reinforcement learning in sequential social dilemmas [C] //Proceedings of the 16th Conference on Autonomous Agents and MultiAgent Systems. International Foundation for Autonomous Agents and Multiagent Systems, 2017: 464 - 473.

[52] Foerster J, Assael IA, de Freitas N, et al. Learning to communicate with deep multi - agent reinforcement learning [C] //Advances in Neural Information Processing Systems. 2016: 2137 - 2145.

[53] Hausknecht M, Stone P. Deep recurrent q - learning for partially observablemdps [C] //2015 AAAI Fall Symposium Series. 2015.

[54] Foerster J N, Assael Y M, de Freitas N, et al. Learning to communicate to solve riddles with deep distributed recurrent q - networks [J]. arXiv preprint arXiv: 1602.02672, 2016.

[55] Sunehag P, Lever G, Gruslys A, et al. Value - Decomposition Networks For Cooperative Multi - Agent Learning [J]. ar Xiv preprint ar Xiv: 1706.05296, 2017.

[56] Foerster J N, Farquhar G, Afouras T, et al. Counterfactual multi - agent policy gradients [C] // Thirty - Second AAAI Conference on Artificial Intelligence. 2018.

[57] Lowe R, Wu Y, Tamar A, et al. Multi - agent actor - critic for mixed cooperative - competitive

environments [C] //Advances in Neural Information Processing Systems. 2017：6379 - 6390.

[58] Toubman A，Poppinga G，Roessingh J J，et al. Modeling CGF behavior with machine learning techniques：require - ments and future directions [C] //Proceedings of 2015 Interservice/Industry Training，Simulation，and Education Conference，2015：2637 - 2647.

[59] 岳师光．面向计算机生成兵力的意图识别建模与推理方法研究 [J]. 国防科学技术大学，2016：1 - 3.

[60] 徐享忠，杨建东，郭齐胜. 作战仿真试验理论体系研究 [J]. 装甲兵工程学院报，2018，32 (02)：98 - 103.

[61] RUSSELL S J，NORVIG P. Artificial intelligence：a modern approach [M]. Malaysia；Pearson Education Limited，2016.

[62] RIZK Y，AWAD M，TUNSTEL E W. Decision making in multi - agent systems：A survey [J]. IEEE Transactions on Cognitive and Developmental Systems，2018，10 (3)：514 - 529.

[63] Hernandez - Leal P，Kaisers M，Baarslag T，et al. A Survey of Learning in Multiagent Environments：Dealing with Non - Stationarity [J]. ar Xiv preprint ar Xiv：1707. 09183，2017.

[64] Klügl F，Bazzan A L. Agent - based Modeling and Simulation [J]. AI Magazine. 2012，33 (3)：29 - 40.

[65] J R Cares. Agent modeling：the use of agent - based model in military concept development [J]. Simulation Conference，2002：935 - 939

[66] Siebers P，Macal C M，Garnett J，et al. Discrete - event Simulation Is Dead，Long Live Agent - based Simulation! [J]. Journal of Simulation. 2010，4 (3)：204 - 210.

[67] Boyd，J. A discourse on winning and losing. Maxwell Air Force Base [R]. AL，USA：Air University Library Document No. M - U43947 (Briefing slides)，1987.

[68] 吴忠望，张汉峰，姚宏林．基于 OODA 环的天基信息支援防空反导作战建模 [D].，2013.

[69] Klein G. The Recognition - Primed Decision Model [M]. In Sources of Power：How People Make Decisions. MIT Press，1998：15 - 32.

[70] Pascual R，Henderson S. Evidence of naturalistic decision making in military command and control [J]. Naturalistic decision making，1997：217 - 226.

[71] Sokolowski J A. Human Behavior Modeling：A Real - World Application [M]. In Handbook of Real - World Applications in Modeling and Simulation. John Wiley& Sons，Inc. ，2012：26 - 92.

[72] Van Hasselt H，Guez A，Silver D. Deep reinforcement learning with double q - learning [C] //Thirtieth AAAI conference on artificial intelligence. 2016.

[73] 马耀飞，龚光红，彭晓源．基于强化学习的航空兵认知行为模型 [J]. 北京航空航天大学学报，2010，36 (4)：379

[74] 陈廷楠．飞机飞行性能品质与控制 [M]. 1 版．北京：国防工业出版社，2007：20

[75] LECUN Y，BENGIO Y，HINTON G. Deep learning [J]. Nature，2015，521 (7553)：436

[76] Sutton，R. S. and Barto，A. G. (2018) . Reinforcement Learning：An Introduction (2nd Edition). MIT Press.

[77] Konda V R，Tsitsiklis J N. Actor - critic algorithms [C] //Advances in neural information processing systems. 2000：1008 - 1014.

[78] Lillicrap T P，Hunt JJ，Pritzel A，et al. Continuous control with deep reinforcement learning [J].

arXiv preprint arXiv: 1509. 02971, 2015.

[79] Silver D, Lever G, Heess N, et al. Deterministic policy gradient algorithms [C]. 2014.

[80] Sunehag P, Lever G, Gruslys A, et al. Value - Decomposition Networks For Cooperative Multi - Agent Learning [J]. ar Xiv preprint ar Xiv: 1706. 05296, 2017.

[81] Long X, Xin B, Liu F, et al. Revisiting the Master - Slave Architecture in Multi - Agent Deep Reinforcement Learning [J]. ar Xiv preprint ar Xiv: 1712. 07305, 2017.

[82] Mao H, Gong Z, Ni Y, et al. ACCNet: Actor - Coordinator - Critic Net for " Learning - to - Communicate" with Deep Multi - agent Reinforcement Learning [J]. 2017.

[83] Foerster J, Assael Y, de Freitas N, et al. Learning to communicate with deep multi - agent reinforcement learning [C] //Advances in Neural Information Processing Systems. 2016: 2137 - 2145.

[84] Raileanu R, Denton E, Szlam A, et al. Modeling others using oneself in multi - agent reinforcement learning [J]. arXiv preprint arXiv: 1802. 09640, 2018.

[85] Oliehoek, F. A. , Spaan, M. T. J. , and Vlassis, N. (2008) . Optimal and approximate q - value functions for decentralized pomdps. JAIR, 32 (1): 289 - 353.

[86] Foerster J, Farquhar G, Afouras T, et al. Counterfactual Multi - Agent Policy Gradients [J]. 2017.

[87] Lowe R, Wu Y, Tamar A, et al. Multi - agent actor - critic for mixed cooperative - competitive environments [C] //Advances in Neural Information Processing Systems. 2017: 6382 - 6393.

[88] BELLMAN R, BELLMAN R E, COLLECTION K M R. Adaptive control processes: A guided tour [M]. Princeton University Press, 1961.

[89] LOWE R, WU Y, TAMAR A, et al. Multi - agent actor - critic for mixed cooperative - competitive environments [G] //GUYON I, LUXBURG U V, BENGIO S, et al. Advances in Neural Information Processing Systems. Curran Associates, Inc. , 2017: 6379 - 6390.

[90] R. Lowe, Y. Wu, A. Tamar, J. Harb, O. P. Abbeel, and I. Mordatch, "Multi - agent actor - critic for mixed cooperative - competitive environments," in Advances in Neural Information Processing Systems, 2017, pp. 6379 - 6390.

[91] I. Mordatch and P. Abbeel, " Emergence of grounded compositional language in multi - agent populations," in Thirty - Second AAAI Conference on Artificial Intelligence, 2018.

[92] KINGMA D P, BA J. Adam: A method for stochastic optimization [C] //The 3rd International Conference for Learning Representations. San Diego: 2015.

[93] An open source machine learning framework for everyone: tensorflow/tensorflow [CP/OL]. Google, 2019.

[94] A toolkit for developing and comparing reinforcement learning algorithms: openai/gym [CP/OL]. OpenAI, 2019.

[95] KINGMA D P, BA J. Adam: A method for stochastic optimization [C] //The 3rd International Conference for Learning Representations. San Diego: 2015.

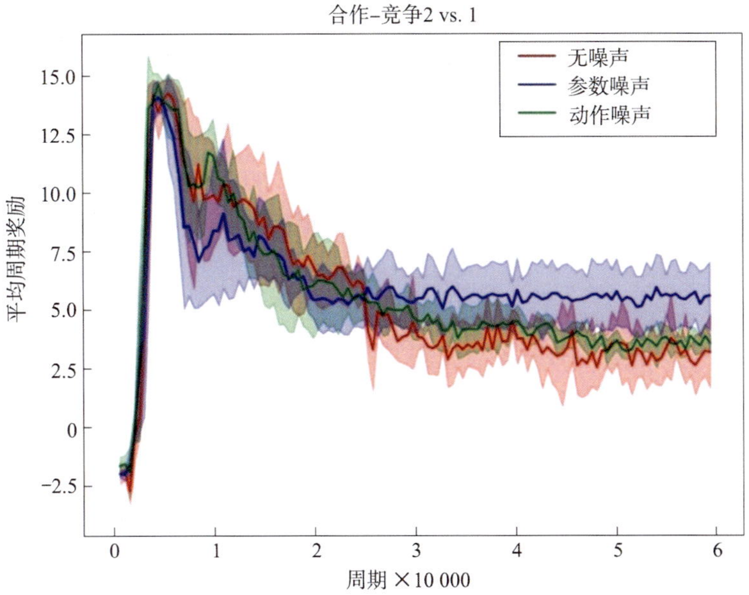

(a) 2 vs. 1合作竞争环境

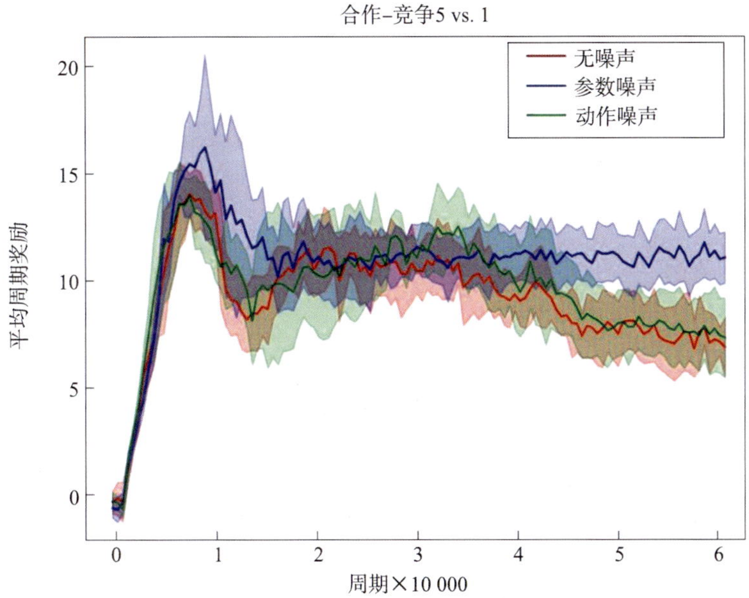

(b) 5 vs. 1合作竞争环境

图 4－43　参数噪声在合作竞争环境中的性能比较（P157）

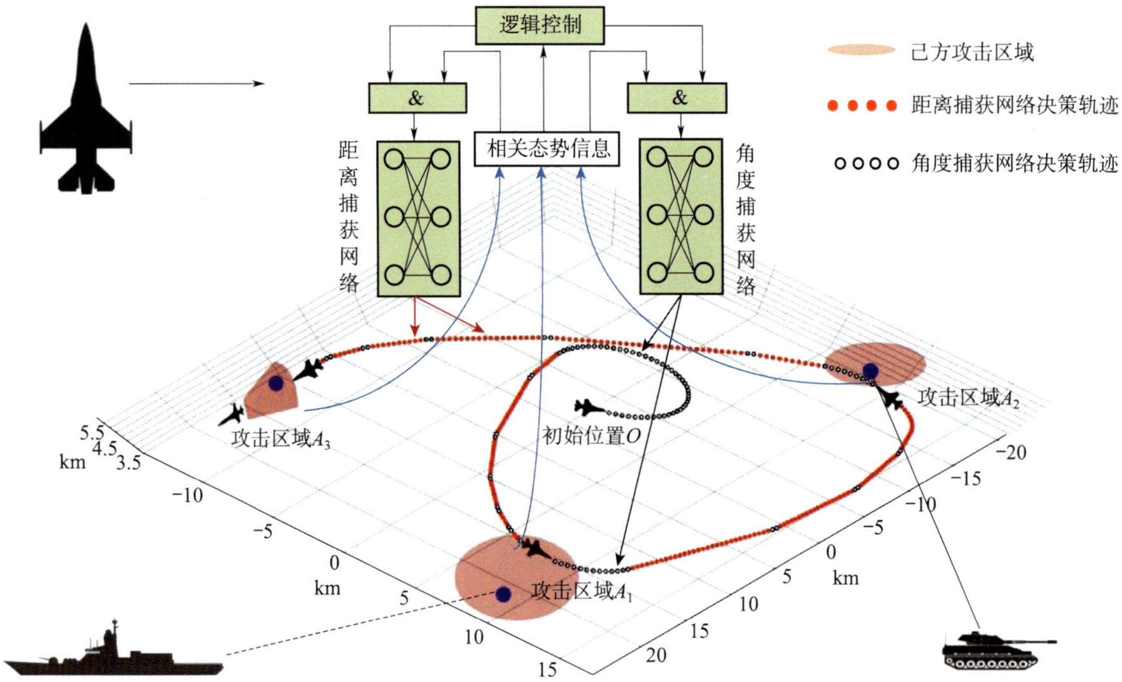

图 5-25　战机机动轨迹（P204）

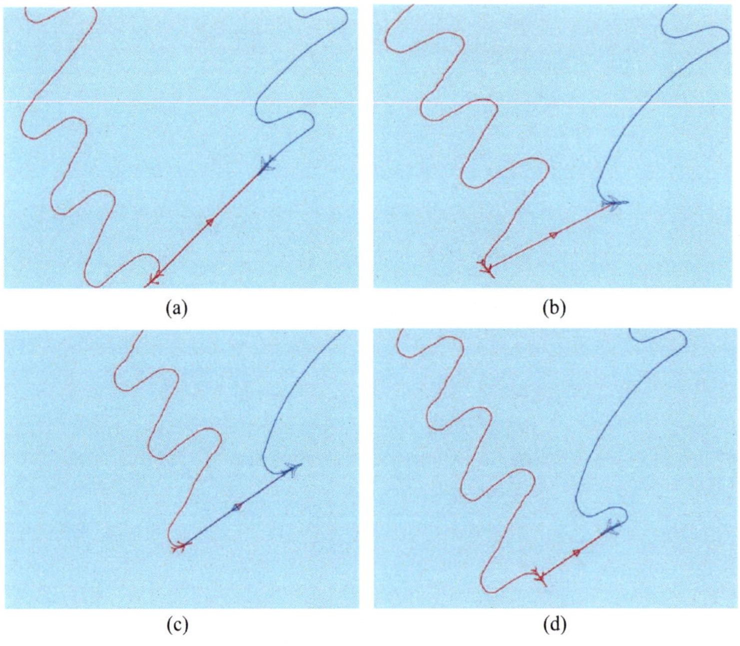

图 5-41　红蓝单机对抗场景一（P222）

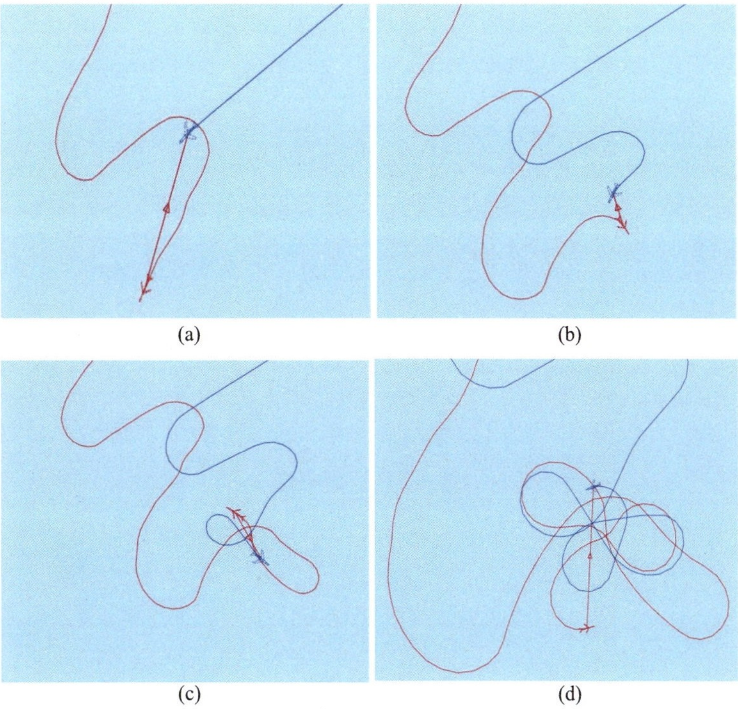

图 5-42　红蓝单机对抗场景二（P223）

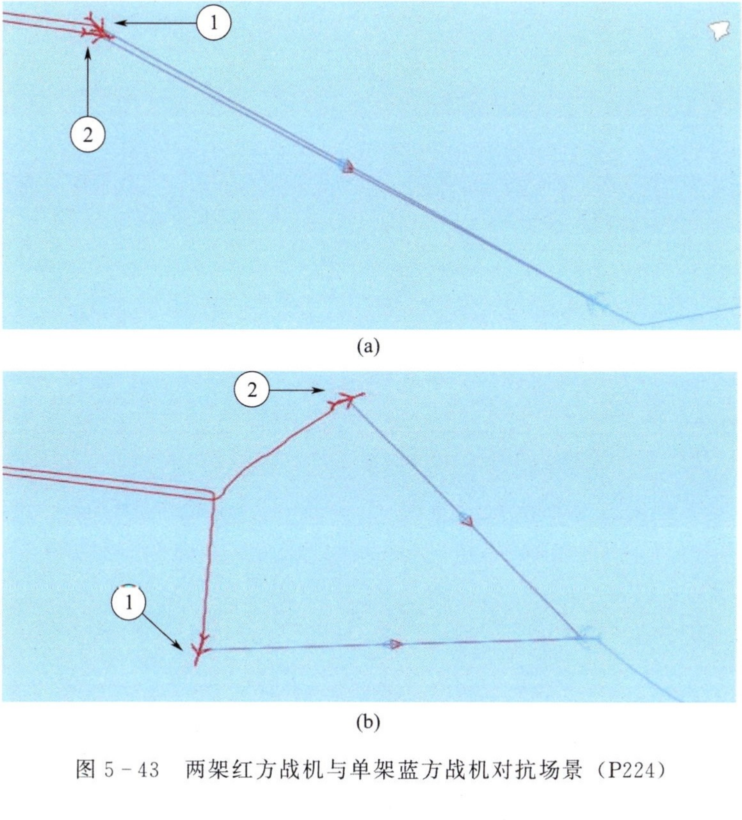

图 5-43　两架红方战机与单架蓝方战机对抗场景（P224）

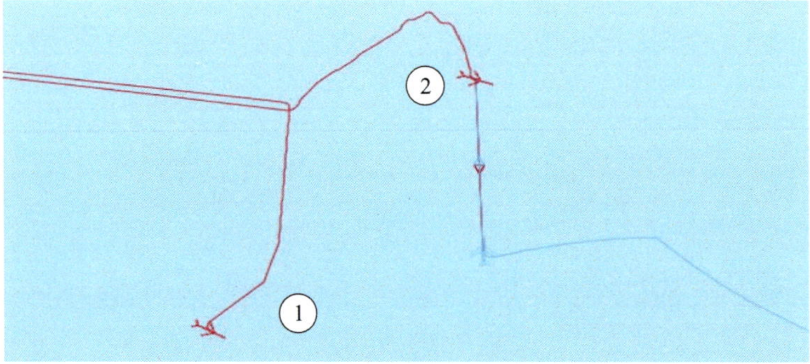

(c)

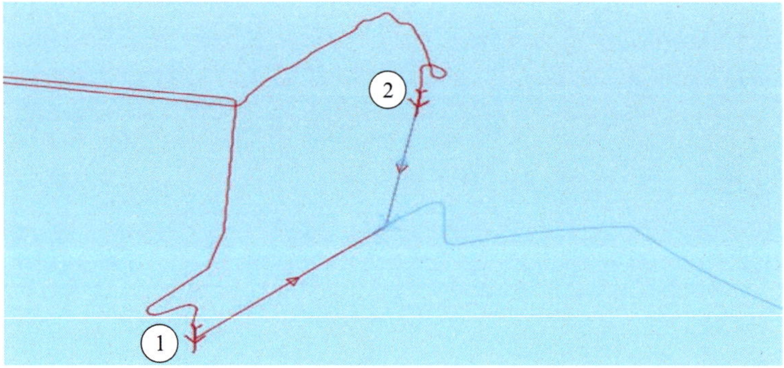

(d)

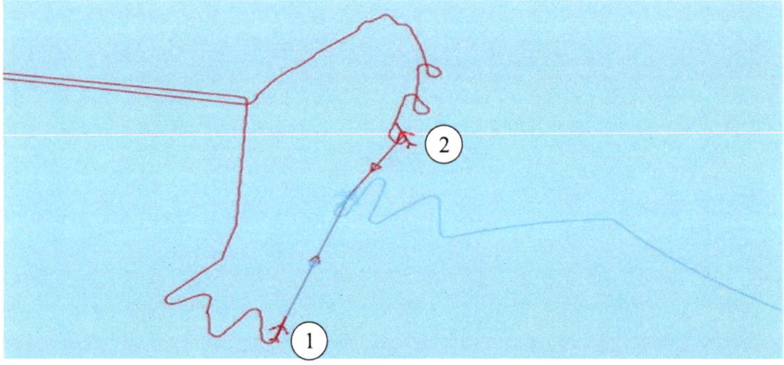

(e)

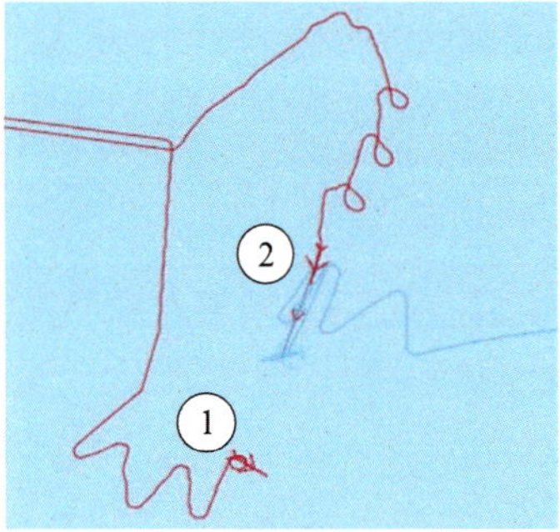

(f)

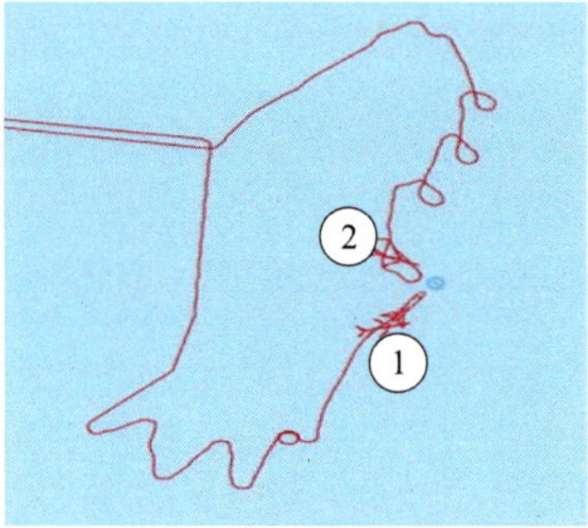

(g)

图 5-43　两架红方战机与单架蓝方战机对抗场景（续）（P225）